务实知识产权判例精选

QINFAN ZHUANLIQUAN PANLI

第10辑

侵犯专利权判例

主　编：程永顺

副主编：张晔华　吴莉娟

编　委

岑宏宇　陈　勇　关媛媛

韩元牧　胡　洪　刘晓军

欧　爽　裴　铮　王苏丹

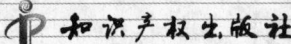

知识产权出版社

内容提要

本丛书收录了近千个自 2000 年以来全国各地各级具有审理知识产权案件管辖权的人民法院审理结案的具有典型性的知识产权案例。本丛书不仅对具体案例的一审、二审，甚至再审的裁判文书进行了全面梳理，而且提炼出每个案件的关键词、争议焦点，将每个案例立体化地呈现给读者。每个案例由 12 个部分组成，包括：案件的基本情况、案由、关键词、涉案法条、争议焦点、审判结论、起诉及答辩、事实认定、一审判决及理由、上诉理由、二审查明事实、二审判决及理由，便于读者进一步研究、利用。本书是侵犯专利权判例卷。

读者对象： 法官、律师、代理人、企业知识产权主管、法律顾问、高校师生。

责任编辑： 李　琳　卢海鹰			
版式设计： 卢海鹰		**责任校对：** 韩秀天	
特邀编辑： 刘　伟		**责任出版：** 卢运霞	

图书在版编目（CIP）数据

侵犯专利权判例/程永顺主编.—北京：知识产权出版社，2010.6
（务实知识产权判例精选）
ISBN 978 - 7 - 80247 - 896 - 1

Ⅰ.①侵… Ⅱ.①程… Ⅲ.①专利法—审判 - 案例—中国 Ⅳ.①D923.425

中国版本图书馆 CIP 数据核字（2010）第 070952 号

务实知识产权判例精选（第 10 辑）

侵犯专利权判例

程永顺　主编

出版发行： 知识产权出版社

社　　址： 北京市海淀区马甸南村 1 号		**邮　　编：** 100088	
网　　址： http://www.ipph.cn		**邮　　箱：** bjb@cnipr.com	
发行电话： 010 - 82000860 转 8101/8102		**传　　真：** 010 - 82005070/82000893	
责编电话： 010 - 82000860 转 8122		**经　　销：** 新华书店及相关销售网点	
印　　刷： 保定市中画美凯印刷有限公司		**印　　张：** 21.75	
开　　本： 787mm×1092mm　1/16		**印　　次：** 2010 年 6 月第 1 次印刷	
版　　次： 2010 年 6 月第 1 版		**定　　价：** 48.00 元	
字　　数： 389 千字			

ISBN 978 - 7 - 80247 - 896 - 1/D·987（2936）

前　言

北京务实知识产权发展中心是经北京市知识产权局、北京市民政局批准，于2005年12月成立的一家民办知识产权研究机构。自成立以来，北京务实知识产权发展中心本着"务实、独立、共享"的宗旨，重点关注实务研究，着力解决知识产权保护中遇到的实际问题，立足于研究成果为法律、政策的制定和决策者，为企业管理者提供决策参考，力求做到"说实话、办实事、出实招、求实效"。其所从事的业务包括：独立开展知识产权热点、难点问题实务研究；接受政府、企业事业单位、行业协会等委托，进行知识产权战略与策略及相关专项课题研究；进行知识产权侵权专题分析、论证、咨询，提供法律意见书；接受委托担任企业、事业单位知识产权顾问；组织开展知识产权专题论坛、讲座、研讨及培训活动；为解决纠纷进行策略分析，出谋划策，指导诉讼；应当事人的请求协调解决知识产权争端；组织编写出版知识产权实务刊物、书籍。故此，出版《务实知识产权判例精选》丛书，一直是务实中心近年来的核心业务项目。

改革开放三十年来，我国的《专利法》《商标法》《著作权法》等知识产权相关法律以及与之相配套的行政法规历经多次修改、完善，知识产权法律制度不断完善、发展；近年来，尤其是中国加入世界贸易组织（WTO）以来，中国知识产权法律的实施日渐成为国际、国内社会关注的焦点。而人民法院通过公正审判、严肃执法，加强知识产权司法保护，维护知识产权权利人及公众利益，大量判例作为知识产权法律实施的重要组成部分，受到社会的广泛关注。

尽管中国没有判例法传统，但人民法院生效的裁判文书记录了法院在司法审判过程中，如何将抽象的法律条文适用于具体案件，如何解释与适用各种法律原则，对知识产权制度的理论及实践研究具有重要的指导意义。自2000年起，各地法院按照最高人民法院"阳光工程"的要求，纷纷将各种知识产权裁判文书在网上公开（但其公布的数量和内容都是有限的）。但业界同行普遍认为，各地法院所公布的裁判文书均未经加工、编排，不便于业界对其研究、利用。

北京务实知识产权发展中心自成立以来，一直注重各类知识产权裁判文书的收集和整理工作，并对大量裁判文书进行归类整理，力图使海量的文书资源能够高效地呈现给使用者，方便读者阅读、使用、对比、分析、研究，使浩如烟海的知识产权裁判文书更具实践利用价值。为方便读者及研究人员利用本套丛书的资源，我们对丛书体例进行如下安排。

1. 在对裁判文书进行初步整理、加工的基础上，对案件的关键词、争议焦点进行归纳、总结。在体例上，每个案例由12个部分组成，包括：案件的基本情况、案由、关键词、涉案法条、争议焦点、审判结论、起诉及答辩、事实认定、一审判决及理由、上诉理由、二审查明事实、二审判决及理由，以便于读者进一步研究、利用。

2. 该丛书中涉及的案例不仅仅局限于某一特定地区或某一特定法院的裁判文书。本丛书中的案例打破了地域界限，将全国各地法院同类知识产权案件的裁判文书整合在一起，全面、宏观地给读者呈现中国知识产权审判概况。

3. 与一般的案例集在一册书中包含各类知识产权案件不同，该丛书的每一册仅涉及一类知识产权案件的某一方面，如反不正当竞争中的商业秘密、著作权中的网络著作权等，收集、整理的案例数量丰富，更能反映该类知识产权案件的状况，也便于法官、律师及企业更有针对性地选择参考。

4. 将同一类别的知识产权案件进行整合，便于读者就法院对同一或相似的法律问题的解释和裁决进行比较，了解各地法院对相关问题的看法，以及他们对相关问题进行考量时所考虑的因素。

5. 在基本案情部分，从多个方面对案件的相关情况进行介绍，方便读者阅读与检索，能够做到尽快根据相关信息，了解相关案例的情况。

6. 每个案例均按照诉讼程序进行层次分割，方便读者阅读。对部分裁判文书中的部分措辞进行调整，力求体现为对相关案例的客观评述，而不是简单地将相关裁判文书进行整合。

7. 鉴于中国知识产权相关法律制度历经多次修改，为使这些案例更具有利用价值和借鉴意义，本丛书选取的案例主要是近 10 年人民法院审结的案例。

需要说明的是，本丛书选择的案例并不一定在程序、实体、法律适用等各方面均为社会公众认可，而将其整理、编辑、出版的目的是为了学习、研究、参考，而不是作为法律执行的依据。希望本丛书对法官、律师、代理人、企业知识产权主管、法律顾问、大学在校学生具有较高的学习、研究、参考价值。

程永顺

2010 年 6 月

目　录

发明专利（机械领域）

发明专利（确认不侵权之诉）

发明专利（化学领域）

发明专利（电学领域）

实用新型专利（机械领域）

实用新型专利（电学领域）

发明专利（机械领域）

案例1：刘保昌与东泰纺织公司专利侵权纠纷案

原告（上诉人）：刘保昌

被告（被上诉人）：安徽省东泰纺织有限公司（下称"东泰纺织公司"）

一审法院：安徽省合肥市中级人民法院

一审案号：（2006）合民三初字第42号

一审合议庭成员：齐东海、朱治能、汪寒

一审结案日期：2006年7月24日

二审法院：安徽省高级人民法院

二审案号：（2006）皖民三终字第0021号

二审合议庭成员：余听波、张红生、杨静

二审结案日期：2006年12月5日

案由：专利侵权纠纷（侵权判定）

关键词：权利要求保护范围的确定、专利侵权的判定、相同侵权和等同侵权

涉案法条

《专利法》第五十六条第一款

《民事诉讼法》第六十四条第一款、第一百五十三条第一款第（一）项

《最高人民法院关于民事诉讼证据的若干规定》第二条、第四十一条第（二）项

《最高人民法院关于审理专利纠纷案件适用法律问题的若干规定》第十七条

争议焦点

● 确定专利权保护范围应遵循"以其权利要求的内容为准，说明书和附图可以用于解释权利要求"的原则，故涉案专利权保护范围应为权利要求书中明确记载的所有必要技术特征所确定的范围。

● 发明专利权的保护范围还应当包括与该必要技术特征相等同的特征所确定的范围。

审判结论

一审判决驳回原告刘保昌的诉讼请求。

二审判决驳回上诉，维持原判。

二审案件受理费 410 元，由刘保昌承担。

起诉及答辩

原告刘保昌诉称：其发明了自动换梭织机适用有梭织机用木梭换梭调整方法，并获得了专利权。这项专利技术无需增减织机原有任何零部件。但是，这个专利技术说明书中图一，却从原有公开技术中的无一只木梭到有一只木梭，这个区别是复杂的。在这个上面，确认使用的只能是有梭织机用普通木梭，而原有公开技术中的无一只木梭，使用的只能是换梭式木梭就是特殊木梭，这是从错误到正确的一个进步。因此，此项专利技术有了实质性的进步。有人认为这项专利技术，与原有公开技术是平行的、一样的，是又一种换梭调整方法，这个认识是错误的。通过这项专利技术应该去认识到怎样才能达到零机械故障织机的状态。现在所有这类厂家都没有达到这样的状态。原告的专利代理人曾通过安徽省科技厅情报所开发部马主任，做原告这个专利技术的委托人，通过信件向许多纺织厂家介绍这个项目。自向外界介绍以后，马主任告诉原告，他收到许多处纺织厂家来电话询问，并有意想来洽谈。被告的前身原肥东纺织厂，也曾通过原告的同学来电话询问这件事，但后来又没有消息了。半年后，原告的另外一位同学告诉原告，肥东纺织厂的经济效益现在上去了。原告据此认为被告使用了其专利技术，构成侵权，诉至法院，请求判令：1. 被告必须立即停止对 ZL02112782.4 "自动换梭织机适用有梭织机用木梭换梭调整方法"专利技术的侵权行为；2. 被告向原告赔偿 1 万元的经济损失。

被告东泰纺织公司辩称：其没有侵犯原告的专利权，原告也没有任何证据证明被告侵犯了其专利权，请求驳回原告的诉讼请求。

原告为支持自己的诉讼请求，提供如下证据：

证据 1：专利号 ZL02112782.4 发明专利证书、专利说明书和交纳年费收据，证明该项专利技术批准进入到法定授权保护阶段，技术内容和保护范围的证明文件等。

证据 2：《中国纺织标准汇编》P313～P320FZ94002－91 标准和 P429～P433 FZ94021－95 标准，证明本案涉案的专利，即这个新的换梭调整方法能够突破两个行业标准成为专利技术的必备条件。

证据 3：《1515 型织机修理工作法》P152 页中图 4－73，证明这种使用三用定规校正高低位置的调整方法已经落后，没有这样再去调整的理由。

证据 4：《织机》教科书第六章第 152～155 页，证明和介绍织机自动换梭机构的特征。

证据 5：申请法院调查取证所调取的谈话笔录和现场拍摄的照片 5 张，证明被告在自动织机上使用了与原告相同的专利技术生产织物。

被告对原告所举的证据 1、证据 2、证据 3、证据 4 的真实性、合法性均没有异议，但认为与本案不具关联性；对证据 5 的真实性、合法性、关联性均不持异议。

被告为反驳原告的诉讼请求，提供一份证据：2004 年 12 月 23 日安徽省合肥东泰纺织品销售有限公司与安徽省肥东县经济贸易委员会签订的该公司收购原肥东纺织厂破产财产的合同书，证明原肥东纺织厂和被告是两家不同的企业法人，肥东纺织厂并不是原告所说的被告的前身。

原告对被告的这份证据真实性、合法性没有异议，但对关联性有异议。

事实认定

经庭审质证，一审法院对原、被告所举证据分析认定如下：原告所提供证据 1 证明原告刘保昌是发明专利"自动换梭织机适用有梭织机用木梭换梭调整方法"的专利权人以及该专利的保护范围，对这份证据应予认定。证据 2 是出自《中国纺织标准汇编》，真实合法，能够证明原告的专利技术突破了行业标准，在技术上进行了改进，但不能证明被告侵权的事实。证据 3 节选自纺织工业出版社出版的《1515 型织机修理工作法》，真实性合法性能够认定，但与本案没有关联性，不能达到原告的证明目的，一审法院不予采信。证据 4 节选自《织机》教科书，真实性合法性能够认定，但与本案没有关联性，不能证明被告侵权的事实，一审法院不予采信。证据 5 是一审法院依原告申请调取的证据真实合法，与本案具有关联性，一审法院予以认定，能够证明被告的织机所采用的调整方法是使用三用定规校正梭库脚与梭箱底板的间距。

被告提供的合同书真实性、合法性能够认定，但与本案无关，原肥东纺织厂与本案被告的关系，不影响本案事实的认定，且该合同书上收购方是安徽省合肥东泰纺织品销售有限公司，与被告的名称也不一致，故该证据一审法院不予认定。

根据对原、被告所提供证据的认证，一审法院确认以下事实：原告刘保昌于 2002 年 3 月 16 日向国家知识产权局递交了"自动换梭织机适用有梭织机用木梭换梭调整方法"发明专利申请，2005 年 6 月 22 日被授予专利权，授权公告日为同一天。专利号为 ZL02112782.4。专利权人如期缴纳年费。

根据专利文书的记载，原告刘保昌专利的权利要求的内容是：1. 一种自动换梭织机适用有梭织机用木梭换梭调整方法，其特征在于：当 V 型螺丝把动力由冲嘴传递给推进滑动器，推进滑动器在梭库脚上把所用的有梭织机用的木梭由一边推到该木梭后上棱刚被推到前闸轨前边沿或该木梭后上棱已被推进距前闸轨前边沿 2mm 深位置瞬间时，先用手扶住该木梭，保持该木梭底部的平面与梭库脚导梭面的平面密接关系，再调整梭库上的可动轴在可动轴托脚上的位置，使前闸轨前边沿与前面凸边板之间即喇叭口的水平垂直距离大于该木梭后侧面的宽度，该水平垂直距离等于木梭后侧面的宽加上 2mm ～ 7mm 的间隙，使木梭后侧面的宽处在喇叭口中间的位置上；当前闸轨抬足时，即所使用的有梭织机用的木梭最高处轧在前闸轨与前面凸边板之间时，调整梭箱扬起背板臂杆用的螺丝分别在梭箱扬起背板长、短臂中的位置，使梭箱扬起背板底部的铁丝以该铁丝中间直线部分为准与梭箱底板平面等高，其误差不超过 ±1mm；再调整铁丝的弯曲程度，使梭箱扬起背板底部的铁丝与梭箱底板后边沿平行，之间间隙为该木梭宽的 1/3 ～ 1/4。

2. 如权利要求 1 所述的一种调整方法，其特征是：所述的前闸轨前边沿与前面凸边板之间的水平垂直距离等于木梭后侧面的宽加上 3mm 的间隙。

被告东泰纺织公司的有梭织机采用的是自动换梭调整方法，其特征是：校正梭库脚的高低位置，用三用定规检查梭库两脚与梭箱底板的距离。如果距离不对，可略松梭库轴螺母，用扳手口卡住螺母，并以角状杆为支点向上撬动，使轴在托脚长孔内向上移动，或轻击梭库轴，使轴向下移动进行调整。

一审判决及理由

一审法院认为：原告刘保昌经国家知识产权局授权的"自动换梭织机适用有梭织机用木梭换梭调整方法"发明专利，其依法缴纳年费，合法有效，对该发明专利应予保护。根据《专利法》的规定，判定发明专利权的保护范围以其权利要求的内容为准，根据原告刘保昌提供的专利文件，其专利的独立权利要求为：当 V 型螺丝把动力由冲嘴传递给推进滑动器，推进滑动器在梭库脚上把所用的有梭织机用的木梭由一边推到该木梭后上棱刚被推到前闸轨前边沿或该木梭后上棱已被推进距前闸轨前边沿 2mm 深位置瞬间时，先用手扶住该木梭，保持该木梭底部的平面与梭库脚导梭面的平面密接关系，再调整梭库上的可动轴在可动轴托脚上的位置，使前闸轨前边沿与前面凸边板之间即喇叭口的水平垂直距离大于该木梭后侧面的宽度，该水平垂直距离等于木梭后侧面的宽加上 2mm ～7mm 的间隙，使木梭后侧面的宽处在喇叭口中间的位置上；当前闸轨抬足时，即所使用的有梭织机用的木梭最高处轧在前闸轨与前面凸边板之间时，调整梭箱扬起背板臂杆用的螺丝分别在梭箱扬起背板长、短臂中的位置，使梭箱扬起背板底部的铁丝，以该铁丝中间直线部分为准与梭箱底板平面等高，其误差不超过 ±1mm；再调整铁丝的弯曲程度，使梭箱扬起背板底部的铁丝与梭箱底板后边沿平行，之间间隙为该木梭宽的 1/3 ～1/4。其从属权利要求为：所述的前闸轨前边沿与前面凸边板之间的水平垂直距离等于木梭后侧面的宽加上 3mm 的间隙。

被告的调整方法是用三用定规校正梭库脚的高低位置，即用三用定规检查梭库两脚与梭箱底板的距离。如果距离不对，可略松梭库轴螺母，用扳手口卡住螺母，并以角状杆为支点向上撬动，使轴在托脚长孔内向上移动，或轻击梭库轴，使轴向下移动进行调整。

将原告的权利要求所记载的必要技术特征与被控侵权方法的特征进行比对，原告的自动换梭织机适用有梭织机用木梭换梭的调整方法是在不增减织机的任何零部件、不改变织机原有装配规格的基础上，通过产品本身的梭子调整相关零部件的距离、位置。而被告采用的是三用定规调整梭库脚与梭箱底板的间距。因此，被告的技术方案并未落入原告的权利要求保护范围，被告方法的技术方案与原告方法发明专利的技术方案既不相同也不等同，故被告不构成侵权。原告的诉讼请求没有事实和法律依据，不能成立，应予驳回。据此，依照《专利法》第五十六条第一款、《民事诉讼法》第六十四条第一款、《最高人民法院关于民事诉讼证据的若干规定》第二条，判决如下：

驳回原告刘保昌的诉讼请求。

本案案件受理费 410 元，由原告刘保昌承担。

上诉理由

刘保昌不服上述一审判决，向二审法院提出上诉称：涉案专利是有效专利，该专利具有否认原有公开技术，即使用三用定规来调整的换梭调整方法的功能。原有公开技术的效果实在太差，被上诉人东泰纺织公司在知晓涉案专利后，就不会不去比对，也就不可能不使用涉案专利方法。因此，被上诉人东泰纺织公司肯定使用了涉案专利方法，构成了侵权。故请求二审法院依法撤销原判，支持上诉人的诉讼请求。

东泰纺织公司未提交书面答辩状，二审庭审中答辩称：其使用的换梭调整方法是公知技术，并没有侵犯涉案专利权；况且上诉人刘保昌也未能提供证据证明其使用了涉案专利方法。原判认定事实清楚，适用法律正确。故请求二审法院依法维持原判，驳回上诉人刘保昌的上诉请求。

二审查明事实

二审诉讼过程中，上诉人刘保昌新提交了两份证据：1.《梭子的修理与使用》（纺织工业出版社 1992 年 10 月第一版）一书，证明木制梭与尼龙梭没有差异。2.《1511 型自动织机保全图册》（纺织工业出版社 1980 年 10 月第二版）一书，证明被上诉人东泰纺织公司是不可能采用定规进行换梭调整的。被上诉人东泰纺织公司认为上述证据不是新证据，同时也不能实现其证明目的。

二审法院认为：上诉人刘保昌新提交的上述证据材料，不属于《最高人民法院关于民事诉讼证据的若干规定》第四十一条第（二）项规定的新证据，且亦无法实现其证明目的，故该证据不能作为认定本案事实的依据。上诉人刘保昌以该证据主张被上诉人东泰纺织公司不可能采用三用定规进行换梭调整的事实，应不予采信。

经二审庭审调查，原审认定的事实属实，二审法院予以确认。另，2006 年 11 月 22 日，就涉案专利的权利要求以及相关专业技术问题，本案合议庭向二审法院聘请的专家咨询员进行了咨询。

二审判决及理由

二审法院认为：涉案"自动换梭织机适用有梭织机用木梭换梭的调整方法"发明专利，系刘保昌于 2002 年 3 月 16 日申请，国家知识产权局于 2005 年 6 月 22 日授予专利权并公告，该专利的权利人为刘保昌。刘保昌如期缴纳专利年费，该专利仍在保护期内，故刘保昌依法享有的专利权应予保护。

涉案专利系自动换梭织机适用有梭织机用木梭换梭的调整方法，并不延及产品，而该换梭调整方法则是由记载在其权利要求 1 中的所有技术特征构成的一个完整的技术方案。根据《专利法》第五十六条第一款的规定，确定专利权保护范围应遵循"以其权利要求的内容为准，说明书和附图可以用于解释权利要求"的原则，故涉案专利权保护范围应为权利要求书中明确记载的所有必要技术特征所确定的范围。据此，依据国家知识产权局最终公告的涉案专利权利要求书文本，专利权利要求 1 是对该专利技术方案的全部必要技术特征的描述，其权利要求 2 是对权利要求 1 技术特征的进一步限定，属于权利要求 1 项下的从属权利要求。上述技术特征组合在一起，则限定了涉案专利权的保护范围。同时，根据《最高人民法院关于审理专利纠纷案件适用法律问题的若干规定》第十七条的规定，发明专利权的保护范围还应当包括与该必要技术特征相等同的特征所确定的范围。

判断东泰纺织公司所使用的换梭调整方法是否落入涉案专利的权利保护范围，关键要查明东泰纺织公司所使用的换梭调整方法和刘保昌的涉案专利方法是否一致。

涉案专利方法权利要求 1 中技术特征可归纳为：

A. 当 V 型螺丝把动力由冲嘴传递给推进滑动器，推进滑动器在梭库脚上把所用的有梭织机用的木梭由一边推到该木梭后上棱刚被推到前闸轨前边沿或该木梭后上棱已被推进距前闸轨前边沿 2mm 深位置瞬间时，先用手扶住该木梭，保持该木梭底部的平面与梭库脚导梭面的平面密接关系，再调整梭库上的可动轴在可动轴托脚上的位置，使前闸轨前边沿与前面凸边板之间即喇叭口的水平垂直距离大于该木梭后侧面的宽度，该水平垂直距离等于木梭后侧面的宽加上 2mm ~ 7mm 的间隙，使木梭后侧面的宽处在喇叭口中间的位置上；

B. 当前闸轨抬足时，即所使用的有梭织机用的木梭最高处轧在前闸轨与前面凸边板之间时，调整梭箱扬起背板臂杆用的螺丝分别在梭箱扬起背板长、短臂中的位置，使梭箱扬起背板底部的铁丝，以该铁丝中间直线部分为准与梭箱底板平面等高，其误差不超过 ±1mm；

C. 再调整铁丝的弯曲程度，使梭箱扬起背板底部的铁丝与梭箱底板后边沿平行，之间间隙为该木梭宽的 1/3 ~ 1/4。

从整体技术方案所欲达到的目的和所能实现的技术效果，结合技术特征的两个必要条件，即独立性和价值性分析，东泰纺织公司所使用的换梭调整方法仅包含一个技术特征：用三用定规来校正梭库脚的高低位置，即用三用定规检查梭库两脚与梭箱底板的距离。如果距离不对，可略松梭库轴螺母，用扳手口卡住螺母，并以角状杆为支点向上撬动，使轴在托脚长孔内向上移动，或轻击梭库轴，使轴向下移动进行调整。

将东泰纺织公司所使用的换梭调整方法的技术特征与涉案专利的权利要求所记载的必要技术特征进行比对，可见：前者只有一个技术特征，缺少专利方法中的后两个技术特征；且前者仅有的技术特征与涉案专利的技术特征 A 既不相同，也不等同，二者具有质的区别。涉案专利是在不增减织机的任何零部件、不改变织机原有装配规格的基础上，用手扶住木梭进行换梭调整的。而东泰纺织公司则是采用三用定规来检查、调整梭库脚与梭箱底板的间距，达到换梭调整的目的。因此，东泰纺织公司所使用的换梭调整方法与涉案专利方法既不相同，也不等同，并未落入涉案专利的权利保护范围，其行为未侵犯涉案专利权。上诉人刘保昌认为被上诉人东泰纺织公司不可能采用三用定规进行换梭调整，肯定使用了其专利方法，但未能提供充足的证据予以证明，故其上诉请求二审法院不予支持。原判认定事实清楚，适用法律正确，应予维持。据此，依照《民事诉讼法》第一百五十三条第一款第（一）项之规定，判决如下：

驳回上诉，维持原判。

二审案件受理费 410 元，由刘保昌承担。

案例 2：施特里克斯公司与圣利达公司、华普超市专利侵权纠纷案

原告（被上诉人）：施特里克斯有限公司（Strix Limited），（下称"施特里克斯公司"）
被告（上诉人）：宁波圣利达电气制造有限公司（下称"圣利达公司"）
被告：华普超市有限公司（下称"华普超市"）

一审法院：北京市第二中级人民法院
一审案号：（2005）二中民初字第 00013 号
一审合议庭成员：张晓津、何暄、潘伟
一审结案日期：2005 年 12 月 19 日

二审法院：北京市高级人民法院
二审案号：（2006）高民终字第 571 号
二审合议庭成员：刘继祥、钟鸣、焦彦
二审结案日期：2006 年 7 月 20 日

案由：专利侵权纠纷（现有技术）

关键词：专利侵权、专利权保护范围、现有技术、等同原则、技术效果

涉案法条

《专利法》第十一条第一款、第五十六条第一款、第六十三条第二款
《民法通则》第一百三十四条第（一）项、第（七）项
《民事诉讼法》第一百五十三条第一款第（二）项、第（三）项
《最高人民法院关于审理专利纠纷案件适用法律问题的若干规定》第十七条、第二十一条

争议焦点

- 所谓已有技术抗辩，是指被控侵权物与专利权利要求所记载的专利技术方案等同的情况下，如果被告答辩并提供相应证据，证明被控侵权物与一项已有技术等同，则被告的行为不构成侵犯原告的专利权。
- 在审查已有技术抗辩是否成立时，应当比较技术方案之间的差异，而非技术效果。

审判结论

一、撤销北京市第二中级法院（2005）二中民初字第 00013 号民事判决；

二、驳回施特里克斯公司的诉讼请求。

一审案件受理费 5 510 元，由施特里克斯公司负担，二审案件受理费 5 510 元，由施特里克斯公司负担（于二审判决生效之日起 7 日内交纳）。

起诉及答辩

原告施特里克斯公司起诉称：其在 1995 年 6 月 9 日向（原）中国专利局提出了名称为"煮沸水器皿的热敏控制器"发明专利申请，并于 2004 年 3 月 24 日被授予专利权，专利号为 00103897.4。现发现由圣利达公司制造的型号为"SLT－102"的热敏控制器在技术方案上完全覆盖了原告专利的保护范围，构成对原告专利权的侵犯。被告华普超市销售了上述侵权产品，故诉至法院，请求判令被告圣利达公司停止制造、销售和许诺销售涉案被控侵权产品，赔偿原告经济损失 20 万元；判令被告华普超市停止销售涉案侵权产品。

被告圣利达公司答辩称：原告没有充分证据证明型号为"SLT－102"的热敏控制器是由被告公司制造的。从原告指控的"SLT－102"的热敏控制器结构看，在技术方案上没有落入原告的专利保护范围，而是按照公知技术实施的，故不构成对原告专利权的侵犯，不同意原告提出的诉讼请求。

被告华普超市答辩称：华普超市购进的涉案产品有合法来源，因此无义务核查是否为侵权产品，不同意原告提出的诉讼请求。

事实认定

一审法院经审理查明：原告在 1995 年 6 月 9 日向（原）中国专利局提出了名称为"煮沸水器皿的热敏控制器"发明专利申请，并于 2004 年 3 月 24 日被授予专利权，专利号为 00103897.4。

该专利权利要求 1 记载的内容为："一种整体的热敏过热保护控制器组件，用于以热接触的方式安装在一个煮沸水器皿的盛水容器的底部，它包括：一个模塑的控制器体；一对相互隔开的热敏可复位过热保护双金属致动器，安装在控制器体一个面上相互隔开的位置，以便在使用中与所述底部有相等的良好热接触，并在器皿的加热器由于器皿无水但开关接通或水煮干而产生过热时能够致动，但在器皿照常煮水时则不致动；两组设于控制器体的开关接点，每组与一相应的致动器相联系，并在该致动器致动时可将其打开，从而切断器皿加热器的电源；所述两个致动器在基本相同的温度下致动。"该权利要求 1 限定的技术方案中所包含的技术特征为：A. 一种整体的热敏过热保护控制器组件，用于以热接触的方式安装在一个煮沸水器皿的盛水容器的底部；B. 一个模塑的控制器体；C. 一对相互隔开的热敏可复位过热保护双金属致动器，安装在控制器体一个面上相互隔开的位置，以便在使用中与所述底部有相等的良好热接触，并在器皿的加热器由于器皿无水但开关接通或水煮干而产生过热时能够致动，但在器皿照常煮水时则不致动；D. 所述两个致动器在基本相同的温度下致动；E. 两组设于控制器体的开关接点，每组与一相应的致动器相联系，并在该致动器致动时可将其打开，从而切断器皿加热器的电源。其中，对于"基本相同的温度"，原告于 2004 年 7 月 6 日作出声明，表示公差为 ±10℃。

2004 年 9 月 21 日，原告以公证形式从华普超市朝阳门店购买了 4 只由浙江苏泊尔炊具股份有限公司生产的"苏泊尔牌"SWF18A5T－200 快速电水壶，每只单价为 139 元。"SLT－102"热敏控制器是该电水壶底部所使用的一部件，其结构为：由两只双金属片组成，两只双金属片放在底盘上的两只固定位内，设在底盘中间的电热元件紧密接触，底盘内设静触点、动触点，一接线柱与静触点连接后穿过控温器外壳，另一接线柱与动触点连接后穿过控温器外壳，双金属片推动磁棒使动触点往下推动，从而使静触点、动触点脱离接触，2 只控制器串联在接线柱、电热元件的回路中。根据上述结构，所限定的技术特征为：a. 一种整体的热敏过热保护控制器组件，用于以热接触的方式安装在一个煮沸水器皿的盛水容器的底部；b. 一个模塑的控制器体；c. 一对安装在控制器体一个面上热敏可复位过热保护双金属致动器，在使用时盛水容器底部有相等的良好热接触，在盛水器皿无水煮干而产生过热时能够致动，在盛水器皿照常煮水时致动器则不致动；d. 两个致动器在一定温度下致动；e. 设于控制器体的两组开关接点与相应的致动器相关联，并在致动器致动时随之相开合。在庭审过程中，使用原告提供的测试设备对一只"SLT－102"热敏控制器的两个致动器致动温度进行了测试，分别为 137℃ 和 144℃。

圣利达公司首先不认可"SLT－102"热敏控制器系其产品；其次，认为"SLT－102"热敏控制器与涉案专利相比较，前者的两个双金属致动片是紧邻的，而涉案专利两个双金属致动片是隔开了相当的距离；"SLT－102"热敏控制器的两个致动器致动温差有 7℃，说明不是在基本相同的温度下致动。针对被告的上述意见，原告认为被控侵权产品的两个双金属致动片即使是紧邻的也仍然被隔开了相当的距离；两个致动器致动温差为 7℃ 仍然属于基本相同温度的范畴。原告还向法庭补充提交了从圣利达公司网址上下载的宣传资料，该资料称其一直从事电水壶及其配件的制造，包括"SLT－102"型产品。

诉讼中，圣利达公司为支持其已有技术抗辩的主张，向法庭提交了一份 CN89208920 的专利文献，该技术主题为全自动控温电热水壶，由电加热器和温控器组成控温防空烧装置，1 只温控器烧坏后形成通路，另外 1 只温控器替代起到保险作用，所披露的技术特征为，1. 底座由底盘、底盖组成；2. 两只温控器放在底座上的两个圆孔内，温控器相互隔开；3. 一只以上温控器安装在底座上控温器铜盖、静触点、瓷棒、双金属片、动触点、胶木盖、控温外接线柱组成，两只温控器串联在导线、电热元件的回路中；4. 双金属致动温度 98℃ ±3℃，回复后控制温度为 95℃ ～100℃。据此，圣利达公司认为"SLT－102"热敏控制器是按照该技术方案实施的，二者属于等同的技术方案。原告认为上述技术特征 4 并没有披露涉案专利特征 D，该技术方案与涉案专利以及被控侵权产品均不构成等同。

上述事实，有"煮沸水器皿的热敏控制器"发明专利证书及专利文件、原告于 2004 年 7 月 6 日作出的声明、"苏泊尔牌"SWF18A5T－200 快速电水壶、从圣利达公司网站上下载的宣传资料、CN89208920 的专利文献以及双方当事人的陈述等在案佐证。

一审判决及理由

一审法院认为：本案中，原告指控涉案侵权的产品是"SLT－102"热敏控制器。被告圣利达公司否认其制造了该产品，但是，根据原告提供的从被告圣利达公司网站上下载的宣传资料上看，已经明确指出该公司是电热壶配件的生产商，所列明的产品型号中已经包括有"SLT－102"，据此一审法院认定"SLT－102"热敏控制器系被告圣利达公司制造的产品。

在此基础上，一审法院需要解决以下两个焦点问题，第一，判定"SLT－102"热敏控制器是否落入了涉案专利的保护范围；第二，"SLT－102"热敏控制器所使用的技术方案是否与 CN89208920 的专利文献所记载的技术方案等同。

首先，关于"SLT－102"热敏控制器是否落入了涉案专利的保护范围问题，就二者的必要技术特征相比较，被控侵权产品的 a、b、e 特征与涉案专利的 A、B、E 特征相同。

根据涉案专利权利要求书的表述，两个双金属致动器是相互隔开的，在专利说明书中对于"相互隔开"这一点，在实际距离上并没有作出进一步限定，因此，对于"相互隔开"应当解释为二者之间有隔断体或存在隔断距离，使二者不发生接触。现被控侵权产品的两个双金属致动器中间被塑料隔断分开，其结构位置符合涉案专利技术方案中的"相互隔开"的状态，而不构成被告所述二者紧邻、没有被隔开一定距离的位置状态，因此，被控侵权产品的 c 特征与涉案专利的 C 特征相同。

在涉案专利权利要求书中，对于两个双金属致动器致动是在"基本相同的温度下"同样没有作出具体限定。根据诉前原告就此作出的声明，在不同环境下，进行热接触的致动器的标称温度差值为 ±10℃。因此，根据权利要求书的字面解释，其限定点应当是温差数值，而不是某一具体的感温值。根据当庭演示的结果，被控侵权产品的两个双金属致动器的致动温度差值为 7℃，在原告声明的温差范围内，据此认定两个双金属致动器是在基本相同的温度下致动，故被控侵权产品的 d 特征与涉案专利的 D 特征相同。综上，"SLT－102"热敏控制器全面覆盖了涉案专利权利要求中记载的技术方案的全部必要技术特征。

其次，关于"SLT－102"热敏控制器所使用的技术方案是否与 CN89208920 的专利文献所记载的技术方案构成等同。关于已有技术抗辩，是指被控侵权物与专利权利要求所记载的专利技术方案等同的情况下，如果被告答辩并提供相应证据，证明被控侵权物与一项已有技术等同，则被告的行为不构成侵犯原告的专利权。根据对上述两技术特征的比较，"SLT－102"热敏控制器与 CN89208920 专利文献技术方案的 1、2、3 技术特征等同。"SLT－102" 热敏控制器设置的两个双金属致动器体现的创造性既表现在结构上同时又体现在功能上。该特征与 CN89208920 专利文献技术方案的特征 4 是否构成等同，需要审查二者是否以基本相同的手段，实现基本相同的功能，达到基本相同的效果，并且本领域的普通技术人员无须经过创造性劳动就能够联想到的。"SLT－102" 热敏控制器的两个双金属致动器与发热的底部有相等的良好热接触，同时在基本相同的温度下发生致动时，在顺序上没有强制性的限制，在设置功能上也不是体现为保险的功能。而在 CN89208920 专利文献技术方案中，先是一只温控器烧坏后成通路，另外一只温控器替代起到保险作用，也就意味着无论哪一只温控器在烧坏后，另外一只才能起保险作用，二者是存在先后顺序的。据此，两个特征在使用的技术手段和实现的技术功能上不等同，进而认定 "SLT－102" 热敏控制器的技术方案与该已有技术不等同，因此，被告圣利达公司提出的已有技术抗辩主张不成立。

根据《专利法》的有关规定，原告作为涉案发明专利的权利人，其享有的专利权受保护。在发明专利权被授予后，他人未经专利权人许可，不得为生产经营目的制造销售其专利产品。现被告圣利达公司制造、销售 "SLT－102" 热敏控制器的涉案行为构成对原告施特里克斯公司专利权的侵犯，应依法承担停止侵权行为，并赔偿经济损失的民事责任。鉴于原告未就其实际损失或被告因侵权行为获利进行举证，一审法院将参考涉案专利权被授予的时间长短、被告实施侵权行为的时间以及 "苏泊尔" 牌 SWF18A5T－200 快速电水壶每只的单价等因素予以酌定。

根据《专利法》的有关规定，销售不知道是未经专利权人许可而制造并售出的专利产品，能证明其合法来源的，不承担赔偿责任。现原告对于华普超市销售的含有被控侵权产品的快速电水壶具有合法来源的事实不持异议，因此，华普超市应停止销售含有涉案被控侵权产品的快速电水壶。

综上，依照《专利法》第十一条第一款、第五十六条第一款、第六十三条第二款，《民法通则》第一百三十四条第（一）项、第（七）项，《最高人民法院关于审理专利纠纷案件适用法律问题的若干规定》第十七条、第二十一条之规定，判决如下：

一、圣利达公司于一审判决生效后，立即停止制造、销售 "SLT－102" 热敏控制器；

二、圣利达公司于一审判决生效后 10 日内，赔偿施特里克斯公司经济损失 2 万元；

三、华普超市于一审判决生效后，停止销售含有 "SLT－102" 热敏控制器的 "苏泊尔牌" SWF18A5T－200 快速电水壶；

四、驳回施特里克斯公司的其他诉讼请求。

案件受理费 5 510 元，由施特里克斯公司负担 1 510 元（已交纳），由圣利达公司负担 4 000 元（于一审判决生效后 7 日内交纳）。

上诉理由

圣利达公司不服原审判决，向二审法院提出上诉，请求撤销原审判决，驳回施特里克斯公司的诉讼请求。理由为：1. 原审判决将权利要求中的双金属致动器的位置关系"相互隔开"解释为"二者之间有隔断距离，使二者不发生接触"有误，根据现有技术的披露、禁止反悔原则、涉案专利说明书中记载的发明目的、涉案专利关于该特征的解释，其间至少应当有"相当"的距离。2. 原审判决对于被控侵权产品与现有技术，即89208920.2 号实用新型专利技术方案不相等同的认定是错误的。被控侵权产品"SLT－102"热敏控制器与 89208920.2 号实用新型专利技术方案中双金属致动器工作时均不具有"在顺序上的强制性限定"；"SLT－102"热敏控制器与89208920.2 号实用新型专利技术方案中的双金属致动器工作时都具有互为保险作用的功能，因此，被控侵权产品与89208920.2 号实用新型专利技术方案相等同。施特里克斯公司和华普超市服从原审判决。

二审查明事实

二审查明事实与一审基本相同。

二审判决及理由

二审法院认为：《专利法》第五十六条第一款规定，发明或者实用新型专利权的保护范围以其权利要求的内容为准，说明书及附图可以用于解释权利要求。本案中，施特里克斯公司的专利权利要求 1 限定的技术方案中所包含的技术特征为：A. 一种整体的热敏过热保护控制器组件，用于以热接触的方式安装在一个煮沸水器皿的盛水容器的底部；B. 一个模塑的控制器体；C. 一对相互隔开的热敏可复位过热保护双金属致动器，安装在控制器体一个面上相互隔开的位置，以便在使用中与所述底部有相等的良好热接触，并在器皿的加热器由于器皿无水但开关接通或水煮干而产生过热时能够致动，但在器皿照常煮水时则不致动；D. 所述两个致动器在基本相同的温度下致动；E、两组设于控制器体的开关接点，每组与一相应的致动器相联系，并在该致动器致动时可将其打开，从而切断器皿加热器的电源。涉案专利权利要求 1 与"SLT－102"热敏控制器相比，其权利要求 1 要求保护的全部必要技术特征均为被控侵权产品"SLT－102"热敏控制器的技术特征所覆盖，因此，圣利达公司制造的"SLT－102"热敏控制器落入施特里克斯公司涉案专利的保护范围。上诉人关于涉案专利权利要求 1 中"相互隔开"应解释为隔开到"相当"距离的程度的上诉请求没有事实和法律依据。

本案中，上诉人圣利达公司主张被控侵权产品"SLT－102"热敏控制器是按照89208920.2 号实用新型专利实施的。所谓已有技术抗辩，是指被控侵权物与专利权利要求所记载的专利技术方案等同的情况下，如果被告答辩并提供相应证据，证明被控侵权物与一项已有技术等同，则被告的行为不构成侵犯原告的专利权。本案二审审理中，当事人争议的焦点在于"SLT－102"热敏控制器的技术特征 d 与 89208920.2 号实用新型专利的技术特征 4 是否相同或等同。应当明确，在审查圣利达公司所主张已有技术抗辩是否成立时，应当比较"SLT－102"热敏控制器与 89208920.2 号实用新型专利的技术方案，而非技术效果。涉案专利权利要求 1 中的技术特征 D 为两个致动器在一定温度下致动，即设定的致动温度是相同的。"SLT-102"热敏控制器也具有该技术特征。在 89208920.2 实用新型专利装有两只控温器的技术方案中，技术特征 4 为双金属致动温度 98℃±3℃，回复后控制温度为 95℃～100℃，该技术特征在设定的具体致动温度这一点上确与"SLT-102"热敏控制器不同，但是，在设定的致动温度相同这一点上是一样的，即两个致动器有着相同的致动温度。原审判决对此未予认定，显属错误。

原审判决认定"SLT-102"热敏控制器在基本相同的温度下发生致动时，在顺序上没有强制性的限制，在设置功能上也不是体现为保险的功能；而在 89208920.2 号实用新型专利技术方案中，2 只温控器是存在先后顺序的，互为保险，据此认为二者在技术手段和实现的技术功能上不等同。实际上，"SLT-102"热敏控制器和 89208920.2 号实用新型专利技术方案中的控温器有着相同的结构，其技术方案也是相同的，保险功能及顺序上的限制仅是 89208920.2 号实用新型专利中控温器的技术效果，"SLT-102"热敏控制器同样具有上述技术效果。原审法院认定"SLT-102"热敏控制器与 89208920.2 号实用新型专利技术方案不构成等同错误，二审法院予以纠正。

综上所述，圣利达公司"SLT-102"热敏控制器虽然落入涉案专利保护范围，但其技术方案与 89208920.2 号实用新型专利等同，圣利达公司关于其被控侵权产品按照已有技术实施不构成侵权的抗辩成立。原审判决认定事实和适用法律错误，应予改判。上诉人圣利达公司上诉有理，应予支持。依照《民事诉讼法》第一百五十三条第一款第（二）项、第（三）项之规定，二审法院判决如下：

一、撤销北京市第二中级法院（2005）二中民初字第 00013 号民事判决；

二、驳回施特里克斯公司的诉讼请求。

一审案件受理费 5 510 元，由施特里克斯公司负担（已交纳），二审案件受理费 5 510 元，由施特里克斯公司负担（于二审判决生效之日起 7 日内交纳）。

案例3：绍勒公司与萨维奥公司专利侵权纠纷案

原告（被上诉人）：绍勒有限责任两合公司（Saurer GmbH &Co. KG）（下称"绍勒公司"）

被告（上诉人）：萨维奥纺织机械股份公司（Savio Macchine Tessili S. p. a）（下称"萨维奥公司"）

一审法院：北京市第二中级人民法院
一审案号：（2004）二中民初字第 11038 号
一审合议庭成员：刘薇、何暄、张晓津
一审结案日期：2005 年 12 月 19 日

二审法院：北京市高级人民法院
二审案号：（2006）高民终字第 576 号
二审合议庭成员：张冰、李燕蓉、焦彦
二审结案日期：2006 年 12 月 22 日

案由：专利侵权纠纷

关键词：专利侵权、现有技术、赔偿数额、专利侵权的判定、必要技术特征

涉案法条
　　《专利法》第十一条第一款、第十三条、第五十六条第一款
　　《民法通则》第一百三十四条第（一）项、第（七）项

争议焦点
- 关于已有技术抗辩，是指被控侵权物与专利权利要求所记载的专利技术方案等同的情况下，如果被告答辩并提供相应证据，证明被控侵权物与一项已有技术等同，则被告的行为不构成侵犯原告的专利权。
- 确定赔偿数额时，要以证据能证明的在中国境内的生产和销售数额为准计算赔偿额。

审判结论
　　北京市第二中级人民法院（2004）二中民初字第 11038 号判决判定萨维奥公司立即停止侵犯绍勒公司享有的"生产交叉卷绕筒子的纺织机械"专利权的行为并支付专

利使用费 50 万元。

二审调解结案，双方当事人自愿达成如下协议：

一、作为对绍勒公司放弃其依据 ZL96112477.6 号专利权可对萨维奥公司所提出的所有主张的补偿，萨维奥公司将向绍勒公司支付一次性赔偿款；

二、萨维奥公司将于双方签署本协议后 15 日内将该一次性赔偿款支付至绍勒公司指定的账户；

三、绍勒公司同意不会再次提起任何法律程序，以主张萨维奥公司的 ORION M/L 型络筒机侵犯其 ZL96112477.6 号中国专利或该专利在其他国家和地区的对应专利权，并且许可萨维奥公司及其控股公司于萨维奥公司全球销售的 ORION M/L 型络筒机中免费使用 ZL96112477.6 号中国专利或该专利在其他国家和地区的对应专利，该许可为非独占许可，萨维奥公司不得分许可或转许可给他人；

四、双方同意对本协议的所有条款保密；

五、本案一审案件受理费 147 510 元，由绍勒公司负担（已交纳）；二审案件受理费 147 510 元，由萨维奥公司负担（已交纳）。

起诉及答辩

原告绍勒公司起诉称：原告于 1996 年 10 月 28 日向（原）中国专利局申请了名称为"一种生产交叉绕卷筒子的纺织机械"的发明专利，并于 2002 年 4 月 3 日获得授权。现发现被告生产的"ORION"M/L 两种型号的络筒机涵盖了原告专利的全部技术特征。被告未经原告许可，使用上述产品在中国境内举办了展览，并进行了销售，该行为构成了对原告专利权的侵犯。而且被告制造侵权产品的行为结果发生在中国境内，对此中国法院也应有管辖权。现起诉要求被告停止上述侵权行为，赔偿损失 3 750 万元人民币。

被告萨维奥公司答辩称：原告技术方案已被已有技术披露，不具备新颖性，萨维奥公司现已向中国知识产权局申请该专利权无效，因此本案应当中止诉讼；另外，萨维奥公司的络筒机是参照已有技术的技术特征进行设计，不构成对原告专利权的侵犯；原告也未能证明被告在中国境内实施了制造和销售行为。综上，被告不同意原告的诉讼请求。

事实认定

一审法院经审理查明：1996 年 10 月 28 日，W. 施拉夫霍斯特公司向原中华人民共和国专利局申请了名称为"生产交叉卷绕筒子的纺织机械"发明专利。该项申请于 1997 年 6 月 11 日公开，于 2002 年 4 月 3 日被授予专利权，专利号为 ZL96112477.6。2004 年 2 月 20 日，原专利权人变更为绍勒公司。

涉案"生产交叉卷绕筒子的纺织机械"发明专利的权利要求书第一项，内容记载为"带有许多相邻排列工位的生产交叉卷绕筒子的纺织机械，它们各具有卷绕成交叉卷绕筒子的络纱装置、各种纱线接头装置和纱线处理装置以及更换管纱装置，其特征在于，更换管纱装置具有一个传动装置，该传动装置有一个经络纱锭位计算机控制的步进电动机和一个联动装置组成，其中，步进电动机通过联动装置与一个驱动更换管纱装置的操作装置的盘形凸轮组件连接。"

2004年10月12日至16日，萨维奥公司参加了在中国国际展览中心举办的"第9届中国国际纺织机械展览会"，其参展的产品中有"ORION"自动络筒机。诉讼中，绍勒公司称"ORION"自动络筒机具备涉案专利的全部必要技术特征。萨维奥公司称，参展的涉案被控侵权产品与专利技术方案相比，不同之处在于只有一个络纱机头，没有多个工位，没有络纱锭位计算机，而是采用控制卡控制电机，所使用的电机也是普通电机，不是步进电机。一审法院应绍勒公司的请求，在审理案件过程中，前往中国国际展览中心对"ORION"自动络筒机的结构进行了证据保全，拍摄了照片。根据照片显示，萨维奥公司参展的是一个纺纱机头；有计算机控制设备。同时，一审法院在展会现场取得了一份萨维奥公司签字认可的"ORION"自动络筒机说明书。在该说明书第22页进行了以下描述，"在短短15秒内，便捷可靠的落纱小车变可以将筒纱落下，将空的筒管放好，并且将两纱尾放到预定位置上，由于周期缩短以及没有等待时间，从而最大限度地提高了效率以及生产能力。也就是说，因为各单锭的生产数据随时发送到电脑，电脑就会根据各筒纱到达设定长度的时间先后安排落纱小车的停留位置，从而最大限度地缩短了等待时间。"绍勒公司认为，虽然萨维奥公司展出的只是一个纺纱机头，但是在实际应用的设备中，相邻的多个纺织工位这一特征是不可缺少的；从照片和产品说明书上看，络筒机有中央电脑控制器；普通电机应当使用220V直流电，而萨维奥公司使用的是24V直流电，据此应确定其使用了步进电机。此外，原告还向法庭提供了一份公证书，其内容证明被告向武汉一棉集团有限公司销售了涉案被控侵权产品，且该产品中使用了步进电机。

根据原告提供的上述证据线索，一审法院前往武汉一棉集团有限公司依法进行了调查取证。在查证过程中，取得了一份销售合同，该合同证明2001年5月30日，被告向武汉一棉集团有限公司销售了"ORION"M型自动络筒机3台，每台60锭，合同总价款为507 500欧元；在调查现场，对其中一台"ORION"M型自动络筒机进行了勘验，经向武汉一棉集团有限公司技术人员询问，得知该设备中使用了步进电机，它是由属于中央控制系统的计算机控制，其再控制凸轮组件进行工作。该步进电机的型号为：TYPE KH56QM 2B043 NO. 1525 JAPAN SERVO CO. LTD. MADE IN INDONISIA.，与原告在互联网上下载的日本某公司步进电机的型号一致。

原告针对其主张的赔偿数额，提供了从中国国际招标网上下载的资料，该资料显示在涉案专利权被授予后，被告的自动络筒机产品在中国多家招标机构组织的招标活动中多次中标。原告据此认为，被告在中国境内销售的涉案被控侵权产品约有3万台，按照每台2 500欧元市场价格以及每台5%的利润计算，其获利应为3 750万元。

诉讼中，萨维奥公司称其实施的被控侵权的技术方案属于现有技术，它参考了美国US4844358号发明专利和日本JP昭59－71424号发明专利，并就此举证了上述已经公开的两份专利的部分中文译文。其中，美国US4844358号发明专利的申请日为1986年

7 月 23 日，它公开了以下必要技术特征：自动生产交叉卷绕络筒的纺织机械；可交叉卷绕成络筒的络纱装置；具有纱线接头装置、纱线处理装置、更换管纱装置；齿轮传动装置；马达和小齿轮作为传动装置，中央控制部件控制马达；马达通过小齿轮与驱动更换管纱的操作装置的齿轮连接。日本 JP 昭 59 – 71424 号发明专利的公开日为 1984 年 4 月 23 日，它公开了以下必要技术特征：络纱机；生产交叉卷绕络纱筒；具有线轴供给装置；离合器、动作杆作为传动装置，旋转滚筒的旋转轴；步进电机驱动旋转滚筒。

另查，"ORION" M 与 L 型自动络筒机的区别仅在于 M 型是由人工取筒，L 型是由机械手自动取筒。

上述事实，有 ZL96112477.6 号专利证书、著录变更登记证书、中华人民共和国长安公证处公证书、中国国际招标网上下载的资料、美国 US4844358 号发明专利和日本 JP 昭 59 – 71424 号发明专利的部分中文译文、法庭调查笔录、现场勘验照片、记录以及开庭记录和当事人的陈述等在案佐证。

一审判决及理由

一审法院认为：根据本案诉讼双方争议的事实，一审法院需要解决以下三个焦点问题：第一，涉案专利与被控侵权的技术方案之间的对比关系；第二，被告实施的被控侵权的技术方案是否构成已有技术；第三，如何确定赔偿数额。

首先，在涉案专利与被控侵权的技术方案之间的对比关系方面，被告称二者不同之处在于其产品只有一个络纱机头，没有多个工位，没有络纱锭位计算机，而是采用控制卡控制电机，所使用的电机也是普通电机，不是步进电机。根据一审法院现场调查的事实，涉案被控侵权产品在实际应用中包含相邻的多个纺织工位、使用步进电机的技术特征；根据武汉一棉集团有限公司技术人员的陈述，涉案被控侵权产品具有步进电机，结合被告产品说明书中的叙述，各单锭的生产数据需要传输给计算机，由其安排落纱小车的停留位置，这也就意味着该计算机是指导落纱锭位的，并控制步进电机。对被告称其涉案产品采用控制卡控制电机的说法，一审法院不予采信。综上，本案被控侵权产品具备涉案专利的全部必要技术特征。

其次，被告提出的已有技术抗辩理由是否成立。关于已有技术抗辩，是指被控侵权物与专利权利要求所记载的专利技术方案等同的情况下，如果被告答辩并提供相应证据，证明被控侵权物与一项已有技术等同，则被告的行为不构成侵犯原告的专利权。根据被告提供的美国 US4844358 号发明专利和日本 JP 昭 59 – 71424 号发明专利文献，将二者已经披露的技术特征组合后，与涉案专利相比较，仍未完全披露步进电机由络纱锭位计算机控制这一技术特征，因此，本案被控侵权产品与其举证的该已有技术不等同。一审法院对被告提出的已有技术抗辩理由不予支持。

基于上述认定，被告产品的技术特征已经完全落入了原告专利权的保护范围，构成对原告专利权的侵犯。根据《专利法》的有关规定，在发明专利权被授予后，他人未经专利权人许可，不得为生产经营目的制造、使用、许诺销售、销售其专利产品。对于原告要求判令被告停止制造行为，因被控侵权行为地发生在中华人民共和国境外，中华人民共和国法院对此不具有管辖权，对原告的该项诉讼请求一审法院不予支持。被告将其涉案产品在展览会上进行参展的行为构成专利法所禁止的许诺销售行为，被告应停止该侵权行为。

最后，关于如何确定本案的赔偿数额。虽然原告为支持其提出的索赔额请求，向法庭提供了被告的自动络筒机产品在中国多家招标机构组织的招标活动中多次中标的记录，但是该记录显示的中标标的物是自动络筒机，不能确定是本案被控侵权的"ORION"型号的自动络筒机，对原告依据招标记录估算被告在中国境内销售涉案被控侵权产品约有 3 万台的观点，一审法院无法采信。因此，根据现有证据，无法认定被告在原告专利权被授予后，在中国境内销售了涉案被控侵权产品。被告向武汉一棉集团有限公司销售的 3 台"ORION"M 型自动络筒机，该销售行为发生在原告专利申请公布后被授予专利权之前，根据《专利法》的有关规定，被告作为该发明的实施者，应当向原告支付适当的费用。对具体数额，一审法院将参照该 3 台设备的总价款予以酌定。

综上，依照《专利法》第十一条第一款、第十三条、第五十六条第一款，《民法通则》第一百三十四条第（一）项、第（七）项之规定，判决如下：

一、萨维奥公司于一审判决生效后，立即停止侵犯绍勒公司享有的"生产交叉卷绕筒子的纺织机械"专利权的行为；

二、萨维奥公司于一审判决生效后 10 日内，向绍勒公司支付专利使用费 50 万元；

三、驳回绍勒公司提出的其他诉讼请求。

案件受理费 147 510 元，由绍勒公司负担 47 510 元（已交纳），由萨维奥公司负担 10 万元（于一审判决生效后 7 日内交纳）。

上诉理由

上诉人萨维奥公司不服北京市第二中级人民法院（2004）二中民初字第 11038 号民事判决，向二审法院提起上诉，请求撤销原审判决，或依法改判。

二审调解结果

本案在审理过程中，经二审法院主持调解，双方当事人自愿达成如下协议：

一、作为对绍勒公司放弃其依据 ZL96112477.6 号专利权可对萨维奥公司所提出的所有主张的补偿，萨维奥公司将向绍勒公司支付一次性赔偿款；

二、萨维奥公司将于双方签署本协议后 15 日内将该一次性赔偿款支付至绍勒公司指定的账户；

三、绍勒公司同意不会再次提起任何法律程序，以主张萨维奥公司的 ORION M/L 型络筒机侵犯其 ZL96112477.6 号中国专利或该专利在其他国家和地区的对应专利权，并且许可萨维奥公司及其控股公司于萨维奥公司全球销售的 ORION M/L 型络筒机中免费使用 ZL96112477.6 号中国专利或该专利在其他国家和地区的对应专利，该许可为非独占许可，萨维奥公司不得分许可或转许可给他人；

四、双方同意对本协议的所有条款保密；

五、本案一审案件受理费 147 510 元，由绍勒公司负担（已交纳）；二审案件受理费 147 510 元，由萨维奥公司负担（已交纳）。

案例4：多玛公司与林强、瓯宝公司专利侵权纠纷案

原告（被上诉人）：多玛两合有限公司（下称"多玛公司"）
被告（上诉人）：温州瓯宝五金有限公司（下称"瓯宝公司"）
被告：林强

一审法院：北京市第二中级人民法院
一审案号：（2007）二中民初字第14446号
一审合议庭成员：刘薇、冯刚、梁立君
一审结案日期：2007年12月20日

二审法院：北京市高级人民法院
二审案号：（2008）高民终字第944号
二审合议庭成员：张雪松、张冬梅、李燕蓉
二审结案日期：2008年8月28日

案由：专利侵权纠纷

关键词：专利侵权、消除影响、销毁、赔偿数额、混装、样品、变更诉讼请求

涉案法条

《专利法》第十一条、第五十六条、第六十条、第六十三条第二款

《民法通则》第一百三十四条第一款第（一）项、第一百五十三条第一款第（一）项

争议焦点

● 确定赔偿数额时，法院会根据涉案侵权行为的性质、情节、规模，参照该产品的销售价格，一般市场利润率等因素酌定具体的赔偿数额。

审判结论

一、林强立即停止销售侵犯多玛公司涉案外观设计专利权（专利号为ZL99301533.6）和发明专利权（专利号为ZL99801116.9）的涉案产品；

二、瓯宝公司立即停止制造、销售侵犯多玛公司涉案外观设计专利权（专利号为ZL99301533.6）和发明专利权（专利号为ZL99801116.9）的涉案产品；

三、瓯宝公司赔偿多玛公司经济损失 48 万元及为诉讼支出的合理费用 2 万元；

四、驳回多玛公司的其他诉讼请求。

如果未按一审判决指定的期间履行给付金钱义务，应当依照《民事诉讼法》第二百三十二条之规定，加倍支付迟延履行期间的债务利息。

二审法院判决驳回上诉，维持原判。

一审案件受理费 19 614 元，由多玛公司负担 6 614 元（已交纳），由林强负担 500 元（于二审判决生效之日起 7 日内交纳），由瓯宝公司负担 12 500 元（于二审判决生效之日起 7 日内交纳）；二审案件受理费 8 800 元，由瓯宝公司负担（已交纳）。

起诉及答辩

原告多玛公司起诉称：多玛公司于 1999 年 5 月 6 日申请了发明专利"自动关门器"，于 2003 年 7 月 9 日获得授权；于 1999 年 1 月 15 日申请了外观设计专利，于 2000 年 6 月 21 日获得授权。被告瓯宝公司制造、销售侵犯上述专利的产品。原告多玛公司向被告瓯宝公司发出警告，被告瓯宝公司承认侵权并保证不再侵权，但继续制造、销售侵权产品。被告林强销售侵权产品。故原告多玛公司诉至法院，请求法院判令：1. 被告林强立即停止销售涉案侵权产品；2. 被告瓯宝公司立即停止制造、销售涉案侵权产品；3. 两被告销毁库存的全部涉案侵权产品；4. 被告瓯宝公司将用于制造、销售涉案侵权产品的全部图纸、专用设备、产品说明书、广告宣传材料等相关资料以及模具或其他工具交付给原告；5. 被告瓯宝公司在《法制日报》上刊登致歉声明以消除影响；6. 被告瓯宝公司赔偿原告经济损失 100 万元及诉讼合理支出 201 447 元；7. 两被告承担本案全部诉讼费用。

被告林强答辩称：原告找到林强购买涉案产品，林强从库房中找到两个，型号为 3302 和 302，卖给了原告。这两个产品 2006 年 9 月从被告瓯宝公司购买的。林强不知道涉案产品是否侵权，有合法来源。请求法院判决驳回原告对林强的诉讼请求。

被告瓯宝公司答辩称：瓯宝公司过去曾生产过不超过 2 000 个侵犯原告涉案专利权的产品，其中一半已经销毁。瓯宝公司此后未大量生产涉案产品，原告公证购买的涉案产品是瓯宝公司的样品。请求法院判决驳回原告对瓯宝公司的诉讼请求。

事实认定

一审法院查明：1999 年 1 月 15 日，多玛公司向国家知识产权局申请了名称为"闭门器"的外观设计专利，2000 年 6 月 21 日获得授权，专利号为 ZL99301533.6。1999 年 5 月 6 日，多玛公司向国家知识产权局申请了名称为"自动关门器"的发明专利，2003 年 7 月 9 日获得授权，专利号为 ZL99801116.9。该发明专利的独立权利要求为：具有一个设计为长形的一体的机体的自动关门器，它有一个平行于下侧布置的上表面，两个连接下侧和上表面的对置的侧面以及两个构成机体沿纵向长度边界的端面；有在下侧上沿纵向长度从端面伸出的安装板，以及有在两个侧面上的轴承座，用于与连杆系统连接的轴可旋转地支承在轴承座内，其特征为：侧面始于下侧和终止于上表面处，它们弯曲和/或倾斜地相互聚拢，以及轴承座设在其从下侧上升的正面和侧面之间。

2004年5月12日，多玛公司致函瓯宝公司，该函称：多玛公司系涉案发明专利"自动关门器"的权利人。瓯宝公司制造、销售的300系列自动关门器侵犯了涉案发明专利权。要求瓯宝公司立即停止侵权行为。2004年6月9日，瓯宝公司致函多玛公司，该函称：瓯宝公司承认其300型产品与前述专利相似，极有可能造成侵权，表示道歉，并将更改产品的外形。此后，瓯宝公司在多玛公司人员的监督下，销毁了300型产品，并拍摄了照片。照片中显示的轴承座的上表面上有"OUBAO"图文组合商标的钢印。

2006年9月14日，北京市海淀区公证处制作了（2006）海证民字第7646号公证书。该公证书记载：2006年9月21日，中联知识产权调查中心调查员王军在公证人员的监督下，以普通消费者的身份在北京市西三环南路甲20号蓝景丽家丽泽建材城E-37号摊位购买了两个瓯宝302型闭门器，购买单价为110元。在这两个闭门器的包装盒上均印有"OUBAO"图文组合商标和"瓯宝"商标以及"上海凯迪瓯宝五金有限公司""302"的字样，在产品上印有"OUBAO"图文组合商标，合格证上记载："产品名称：闭门器；出厂日期：2006年7月10日"，并印有"上海凯迪瓯宝五金有限公司"和"OUBAO"图文组合商标。这两个闭门器的轴承座的上表面上没有"OUBAO"图文组合商标的钢印。

多玛公司主张上述两个产品落入涉案发明专利保护范围且与涉案外观设计专利相同，瓯宝公司对此表示认可，但主张这两个产品是其于2004年生产的样品，提供给林强，包装盒、合格证是林强混装的，林强认可是其混装的，但无法提供该包装盒及合格证对应的产品。

"OUBAO"图文组合商标是案外人陈晓建于1996年5月14日申请的，并于2007年7月28日获得注册商标专用权。

2006年8月28日，北京市海淀区公证处制作了（2006）海证民字第7190号公证书。该公证书记载：在域名为"oubao.com"的网站中，显示"上海凯迪瓯宝五金有限公司"和"版权所有2006 © 温州瓯宝五金有限公司"，并记载："瓯宝闭门器每年生产、销售达150万套闭门器，其中80%出口，且销售每年递增30%。目前，瓯宝公司拥有10个系列100多种闭门器产品，产品使用寿命经试验可达100万次以上。"该网站及瓯宝公司的产品手册均显示，300型系列闭门器包括301、301D、302、302D、303、303D，共同使用相同的照片和设计图纸。瓯宝公司认可，该网站及产品手册均是瓯宝公司的。

另查，多玛公司主张其为本案诉讼支出专利检索费1万元、法律服务费15.8万元、调查费32 447元、公证费3 000元。

以上事实有原告多玛公司提交的专利证书、专利登记簿副本、专利授权公告、专利公报、信函、照片、公证书及公证购买的产品实物、产品手册、账单、发票；被告瓯宝公司提交的商标信息以及双方当事人陈述及庭审笔录等证据材料在案佐证。

一审判决及理由

一审法院认为：原告多玛公司经国家知识产权局核准授予的涉案"闭门器"外观设计专利（专利号为 ZL99301533.6）和"自动关门器"发明专利（专利号为 ZL99801116.9），现仍处于有效期内，受法律保护。任何单位或者个人未经专利权人许可，都不得实施其专利。

根据相关法律规定，外观设计专利权的保护范围以表示在图片或者照片中的该外观设计专利产品为准。原告多玛公司在被告林强处经公证购买的涉案产品，与原告多玛公司的涉案外观设计专利相同，故一审法院认定涉案产品为侵犯原告多玛公司的涉案外观设计专利权的产品。经比对，原告多玛公司在被告林强处经公证购买的涉案产品，与原告多玛公司的涉案发明专利相同，故一审法院认定涉案产品为侵犯原告多玛公司的涉案发明专利权的产品。

被告瓯宝公司制造涉案产品，侵犯了原告多玛公司享有的涉案外观设计专利权和发明专利权。

被告瓯宝公司主张涉案产品是其于 2004 年制造的样品，但根据一审法院审理查明的涉案产品合格证记载的时间为 2006 年 7 月 10 日、2006 年 8 月 28 日的瓯宝公司网站中显示的 300 型系列闭门器的照片和设计图纸、瓯宝公司于 2004 年销毁产品与公证购买的产品的区别等事实，一审法院认为被告瓯宝公司的上述主张依据不足，一审法院不予采信。

被告林强虽主张涉案公证购买的产品的包装盒和产品合格证是其混装的，但其既未能提供公证购买产品对应的包装盒和产品说明书，又未能提供公证购买的包装盒和产品合格证对应的产品，故其上述主张缺乏依据，一审法院不予采信。

鉴于被告林强销售的涉案产品来源于被告瓯宝公司，根据相关法律规定，被告应承担停止销售的法律责任。原告多玛公司关于被告林强停止销售涉案侵权产品的诉讼请求，一审法院予以支持。

被告瓯宝公司制造、销售涉案侵权产品，依法应当承担停止侵权、赔偿损失的法律责任。但原告多玛公司所提具体赔偿数额过高，事实依据不足，一审法院不予全额支持。一审法院将根据被告瓯宝公司涉案侵权行为的性质、情节、规模，参照该产品的销售价格，一般市场利润率等因素酌定具体的赔偿数额。关于原告多玛公司为诉讼支出的费用，一审法院将根据与本案诉讼有最直接关系的原则予以确定具体的数额。

鉴于被告瓯宝公司并未侵犯原告多玛公司的人身权利，故原告多玛公司关于被告瓯宝公司登报致歉、消除影响的诉讼请求，一审法院不予支持。

鉴于停止侵权、赔偿损失的责任已足以制止两被告的侵权行为，故一审法院对原告多玛公司提出的两被告销毁库存的全部涉案侵权产品、被告瓯宝公司将用于制造、销售涉案侵权产品的全部图纸、专用设备、产品说明书、广告宣传材料等相关资料以及模具或其他工具交付给原告多玛公司的诉讼请求，一审法院不予支持。

综上，一审法院依据《专利法》第十一条、第五十六条、第六十条、第六十三条第二款，《民法通则》第一百三十四条第一款第（一）项之规定，判决如下：

一、林强于一审判决生效之日起立即停止销售侵犯多玛公司涉案外观设计专利权（专利号为ZL99301533.6）和发明专利权（专利号为ZL99801116.9）的涉案产品；

二、瓯宝公司于一审判决生效之日起立即停止制造、销售侵犯多玛公司涉案外观设计专利权（专利号为ZL99301533.6）和发明专利权（专利号为ZL99801116.9）的涉案产品；

三、瓯宝公司于一审判决生效之日起10日内，赔偿多玛公司经济损失48万元及为诉讼支出的合理费用2万元；

四、驳回多玛公司的其他诉讼请求。

如果未按一审判决指定的期间履行给付金钱义务，应当依照《民事诉讼法》第二百三十二条之规定，加倍支付迟延履行期间的债务利息。

案件受理费19 614元，由多玛公司负担6 614元（已交纳），由林强负担500元（于一审判决生效之日起7日内交纳），由瓯宝公司负担12 500元（于一审判决生效之日起7日内交纳）

上诉理由

瓯宝公司不服一审判决，向二审法院提起上诉，请求撤销一审判决，改判驳回多玛公司的相关索赔请求。理由是：1. 多玛公司购买的"瓯宝"牌闭门器为302型和3302型两种产品，多玛公司在一审诉讼中明确3302型产品不作为侵权产品在本案中主张，一审判决认定多玛公司认可两个产品侵权，超出了多玛公司的诉讼请求。2. 关于302型产品，瓯宝公司早在2004年即已认可侵权并书面致歉，并于2004年11月在多玛公司的监督下销毁了库存的侵权产品及生产模具，停止了制造与销售。一审法院认定瓯宝公司在2004年11月以后继续制造和销售了侵权产品，依据不足。（1）虽然多玛公司购买的瓯宝公司的产品包装盒内的302型产品的合格证日期是2006年，但是，该产品是2004年以前瓯宝公司送给林强的样品，从被控侵权产品的特征可以看出被控侵权产品是使用过的产品。在多玛公司的诱买下，林强找了一个包装盒将此样品混装进去，一审判决认定侵权产品来源于瓯宝公司，与事实不符。（2）2006年8月，瓯宝公司网站上的产品手册中显示了302型产品的信息，但该产品手册是2003年的产品手册，瓯宝公司由于疏忽未对网站内容进行及时更新。（3）有关侵权产品与销毁照片的侵权产品不一致的问题，瓯宝公司已经作出了合理解释，钢印商标和丝印商标仅仅是在生产环节上多一道工序而已，而一审竟然将此作为认定瓯宝公司再次开模制造的依据。3. 即使认定瓯宝公司侵权成立，瓯宝公司侵权的性质、情节、规模相当轻微，因为2004年瓯宝公司停止侵权后，流失在市场上的侵权产品微乎其微，根本没有对多玛公司造成损害。

多玛公司和林强服从一审判决。

二审查明事实

二审法院查明与一审法院相同。

二审判决及理由

二审法院认为：本案中，多玛公司指控侵权的产品是瓯宝公司生产、林强销售的300型系列闭门器，双方均认可300型系列闭门器产品包括301、301D、302、302D、303、303D六种型号，不包括3302型产品。多玛公司为取证的需要，在林强处购买的闭门器产品为302型和3302型两个产品。多玛公司在一审审理过程中明确表示放弃以3302型产品作为证据使用，并不意味着其变更了诉讼请求。根据二审法院查明的事实，多玛公司购买的闭门器302型产品的外观与多玛公司主张权利的外观设计专利构成相同外观设计，该产品的技术方案落入了多玛公司主张权利的发明专利的保护范围，瓯宝公司生产的300型系列产品构成对多玛公司享有的外观设计专利权和发明专利权的侵犯。一审法院的审理并未超出多玛公司诉讼请求的范围。

瓯宝公司上诉主张涉案302型产品是林强将瓯宝公司于2004年送给他的样品混装进一个包装盒卖给多玛公司的，其并未在2004年之后继续生产、销售，但林强并未向法院提供与公证购买产品对应的包装盒和产品合格证，也未提供与公证购买的涉案产品的包装盒及合格证对应的产品，瓯宝公司亦未就其主张提供相关证据；而且，涉案302型产品合格证记载的时间为2006年5月29日，2006年8月28日瓯宝公司的网站中仍然显示300型系列闭门器的照片和设计图纸，瓯宝公司于2004年所销毁的产品与公证购买的涉案302型产品在有无"OUBAO"图文组合商标的钢印方面存在明显区别，故瓯宝公司的相关上诉主张缺乏事实和法律依据，二审法院不予支持。

一审法院根据瓯宝公司涉案侵权行为的性质、情节、规模，参照该产品的销售价格，一般市场利润率等因素酌定的具体赔偿数额以及根据与本案诉讼有最直接关系的原则酌情确定的为诉讼支出的合理费用并无不当。

综上，瓯宝公司的上诉理由缺乏事实和法律依据，对其上诉请求，二审法院不予支持。一审判决认定事实基本清楚，适用法律正确。依据《民事诉讼法》第一百五十三条第一款第（一）项之规定，判决如下：

驳回上诉，维持原判。

一审案件受理费19 614元，由多玛公司负担6 614元（已交纳），由林强负担500元（于二审判决生效之日起7日内交纳），由瓯宝公司负担12 500元（于二审判决生效之日起7日内交纳）；二审案件受理费8 800元，由瓯宝公司负担（已交纳）。

案例5：费希尔厂与奇丰公司、鸿立公司、虹桥公司、孙成来专利侵权纠纷案

原告（上诉人）：阿图尔-费希尔股份公司费希尔厂（Fischerwerke Artur Fischer GmbH & Co. KG）（下称"费希尔厂"）

被告（上诉人）：上海奇丰不锈钢标准件有限公司（下称"奇丰公司"）

被告（被上诉人）：上海鸿立装饰设计工程有限公司（下称"鸿立公司"）

被告（被上诉人）：上海虹桥经济技术开发区联合发展有限公司（下称"虹桥公司"）

被告（被上诉人）：孙成来

一审法院：上海市第二中级人民法院

一审案号：（2006）沪二中民五（知）初字第12号

一审合议庭成员：芮文彪、何渊、陆萍

一审结案日期：2006年12月19日

二审法院：上海市高级人民法院

二审案号：（2007）沪高民三（知）终字第12号

二审合议庭成员：张晓都、于金龙、李澜

二审结案日期：2007年4月19日

案由：专利侵权纠纷（共同侵权）

关键词：专利侵权、共同侵权、连带赔偿、停止侵权、必要技术特征、专利侵权判定、赔偿数额、新证据、专家证言、善意第三人赔偿责任的免除

涉案法条

《专利法》第十一条第一款、第五十六条第一款、第六十三条第二款

《民法通则》第一百一十八条

《民事诉讼法》第一百五十二条第一款、第一百五十三条第一款第（一）项、第一百五十八条

《专利法实施细则》第二十条第一款、第二十一条第二款

《最高人民法院关于审理专利纠纷案件适用法律问题的若干规定》第二十一条、第二十二条

争议焦点

- 虽然某一行为人没有直接实施制造侵权产品的行为，但如果其作为与直接侵权人紧密合作的单位，对直接侵权人制造侵权产品进行销售具有共同故意，因此，则系共同实施了制造、销售侵权产品的行为，应承担连带赔偿责任。
- 被告在施工过程中将侵权产品用于墙面石板上，并最终将含有侵权产品大厦交付的行为，属于为生产经营目的销售、使用侵权产品的行为，侵犯了原告的专利权。使用含有侵权产品的建筑物，并非为生产经营目的使用侵权产品。
- 如果证明涉案专利产品是通过合法的销售渠道购得，则符合专利法规定的免除赔偿责任的情形。
- 如果专利权人因侵权所受到的具体损失及侵权人因侵权所获利益均难以确定，法院可根据专利权的类别、侵权行为的性质和情节以及专利权人因调查、制止侵权所支付的合理费用等因素，酌情确定赔偿数额。
- 法院在各方当事人均不反对的情况下，聘请专家证人对所涉专业问题进行解释、说明，由聘请的专家证人出庭发表专家意见，接受法庭和各方当事人的询问，并由其进一步对质询意见作了必要、合理的说明。

审判结论

一、被告奇丰公司、被告孙成来停止对原告费希尔厂享有的名称为"紧固件"（专利号为：ZL91100552.8）发明专利权的侵害；

二、被告奇丰公司、被告孙成来连带赔偿原告费希尔厂经济损失人民币5万元；

三、驳回原告费希尔厂的其余诉讼请求。

负有金钱给付义务的当事人如未按原判指定的期间履行给付义务，应当依照《民事诉讼法》第二百三十二条之规定，加倍支付迟延履行期间的债务利息。

本案一审案件受理费人民币10 010元，由原告费希尔厂负担人民币4 505元，由被告奇丰公司、被告孙成来共同负担人民币5 505元。本案诉讼保全费人民币1 320元、专家咨询费人民币3 000元，由被告奇丰公司、被告孙成来共同负担。

二审判决驳回上诉，维持原判。

负有金钱给付义务的当事人如未按原判指定的期间履行给付义务，应当依照《民事诉讼法》第二百三十二条之规定，加倍支付迟延履行期间的债务利息。

本案二审案件受理费人民币10 010元，由上诉人费希尔厂负担人民币5 005元，由奇丰公司负担人民币5 005元。

起诉及答辩

原告诉称：其于1993年3月12日在中国取得第ZL91100552.8号名称为"紧固件"的发明专利。2004年12月，原告发现在由被告鸿立公司施工的娄山关路55号新虹桥大厦工地上使用的涉案紧固件产品系侵权产品。原告经调查发现，被告虹桥公司系新虹桥大厦的产权人，被告鸿立公司在施工中使用的侵权产品系被告奇丰公司和被告孙成来制造、销售的，被告奇丰公司还在其网站上（www. sh－qifeng. com）介绍该公司在不锈钢紧固件应用领域、工程幕墙产品配套方面得到广大客户支持，并刊载了侵权产品图片。原告认为被告奇丰公司和被告孙成来作为关联企业有分工地实施了从生产到销售侵权产品的行为，构成共同侵权，被告奇丰公司还使用、许诺销售侵权产品，被告鸿立公司销售、使用侵权产品，被告虹桥公司使用含有侵权产品的建筑物为他人提供有偿服务，亦构成共同侵权。因此，原告认为四被告共同侵犯其专利权，请求法院判令：1. 被告奇丰公司、被告孙成来立即停止共同制造、销售，被告奇丰公司停止使用、许诺销售侵权产品行为，并销毁全部库存的侵权产品和生产模具等专用工具；2. 被告奇丰公司停止在其网站上刊登侵权产品图片；3. 被告鸿立公司立即停止使用、销售侵权产品，并销毁库存产品；4. 被告虹桥公司立即停止使用、销售侵权产品，并销毁全部库存产品；5. 四位被告连带赔偿原告包括合理费用在内的经济损失人民币 50 万元；6. 4 位被告在全国性报刊上刊登公告向原告赔礼道歉。

被告奇丰公司辩称：其从未生产、销售过涉案紧固件产品。关于公司网站上刊载的产品图片，是因为公司是江苏振亚特种螺钉有限公司的"振亚"牌螺钉的经销商，所以网站上的图片是该公司的产品。因此，奇丰公司并未侵权，请求法院驳回原告的诉讼请求。

被告鸿立公司辩称：其使用的涉案紧固件产品是从被告孙成来处购买来的，鸿立公司并不知道是侵权产品，故不构成侵权。

被告虹桥公司辩称：其将新虹桥大厦工地装修工程包工包料给被告鸿立公司，该公司是否使用了侵犯原告专利的紧固件产品，虹桥公司根本无从知晓，故原告认为虹桥公司侵权不成立。

被告孙成来辩称：涉案紧固件产品是其制造并销售给被告鸿立公司的，但该产品是参照"振亚"牌螺钉制造的，与原告的专利不相同，不构成侵权。

原告向一审法院提交如下证据：1. 专利登记簿副本、发明专利证书及说明书、2006 年专利费收据；2. （2005）沪黄一证经字第 8952 号公证书、（2004）沪证外经字第 43393 号公证书；3. 上海市房地产登记册房屋状况及产权人信息材料一组；4. 上海平克顿咨询有限公司的调查报告及翻译材料；5. 被告奇丰公司、鸿立公司、虹桥公司的企业基本信息；6. 公证保全费发票和复印材料发票。

被告奇丰公司向一审法院提交如下证据：《补充协议》、孙成来的《证明》《购销协议》、产品质保书、发货清单、授权书、振亚螺钉宣传资料。被告鸿立公司向一审法院提交如下证据：《购销协议》、收款收据、发货清单、产品质保书。被告虹桥公司向一审法院提交如下证据：《新虹桥大厦大修改造工程施工合同》。被告孙成来向一审法院提交如下证据：《购销协议》、收款收据、发货清单、振亚螺钉宣传资料。

事实认定

一审法院经审理查明：

1991 年 1 月 30 日，原告向（原）中国专利局申请了名称为"紧固件"的发明专利，1993 年 3 月 12 日被授予专利权，专利号为 ZL91100552.8。该专利权利要求 1 表述如下："一种由金属制成的紧固件，特别是用于屋面板的紧固件，具有一个螺杆和一个可以插入一个孔深较浅的钻孔的底切内的胀锥，一个近似于椭圆形的、螺杆穿过其中的金属制的撑开构件可推置在胀锥上，其特征在于，撑开构件是一个弯成屋顶状的环，其弯形后的端部贴靠在胀锥的锥形外表面上，通过向下压可使这些端部撑入钻孔的底切内。"

被告孙成来系个体工商户，字号名称为东台市溱东镇奇丰不锈钢制品厂（下称"东台奇丰厂"）。2004 年 3 月 10 日，被告孙成来出具一份《授权书》，主要内容如下：为了双方利益，拓宽发展空间，授权奇丰公司自 2004 年 3 月 10 日至 2006 年 3 月 10 日期间，在对外业务经营过程中使用东台奇丰厂的相关宣传资料、厂名、电话等。

2004 年 5 月 14 日，被告虹桥公司与被告鸿立公司签订了《新虹桥大厦大修改造工程施工合同》，由被告鸿立公司承包新虹桥大厦的大修改造工程。

2004 年 10 月 20 日，被告鸿立公司作为甲方与乙方"东台市溱东镇奇丰不锈钢制品厂上海直销处（厦门路 160 号）"在厦门路 160 号签订了一份《购销协议》，约定甲方向乙方订购 10 900 套大理石不锈钢膨胀螺杆，每套 2.85 元，合同签订后一周内付定金 3 000 元。该协议"乙方签字盖章"处加盖有东台奇丰厂的章，公章下方的"委托代理人"处有被告奇丰公司法定代表人王秀的签名。同月 25 日，被告鸿立公司按约支付定金，王秀收取了 3 000 元定金，并开具收据一张，在该收据"经办"处写有"王秀代"，收据盖有东台奇丰厂的章。同年 11 月 10 日，被告孙成来将制造的 10 900 套大理石不锈钢膨胀螺杆交付被告鸿立公司。被告鸿立公司将该批产品全部用于新虹桥大厦大修改造工程。

2004 年 12 月 27 日，上海市公证处接受申请委派公证人员至娄山关路 55 号新虹桥大厦工地进行证据保全公证，在该工地上取得了涉案紧固件产品，并拍摄了 16 张照片，根据公证书记载该工地的施工单位为被告鸿立公司，施工场地内的石板上使用有涉案紧固件产品，盛放涉案紧固件产品的包装盒上印有"奇丰不锈钢标准件"字样。

2005 年 9 月 19 日，上海市黄浦区第一公证处接受申请委派公证人员对被告奇丰公司的网站（www.sh-qifeng.com）内容进行公证保全。根据公证书记载，该网站的"公司简介"网页刊载有"上海奇丰不锈钢标准件有限公司自 2001 年成立以来，在不锈钢紧固件应用领域和工程幕墙产品配套方面得到广大客户的信赖和支持，……本公司产品在沪众多著名工程应用中获得一致好评，典型工程有：浦东国际机场候机大厅大理石矸挂件工程……地址：上海市厦门路 160 号甲，电话：021-63527999……，网址：http://www.sh-qifeng.com，厂址：东台溱东工业园区，电话：0515-5521353"等内容；"产品介绍"网页中的"点支幕墙系列"刊载了 6 个锚栓的图案。

庭审中，被告奇丰公司、被告孙成来确认印有"奇丰不锈钢标准件"字样的包装盒系奇丰公司的产品包装盒；奇丰公司网站（www.sh-qifeng.com）上刊载的"厂址：

东台溱东工业园区，电话：0515 – 5521353"系孙成来的东台奇丰厂的厂址和电话，"上海市厦门路160号甲"是奇丰公司和孙成来的东台奇丰厂共同的办公场地。

本案审理中，合议庭委托上海市知识产权服务中心聘请的专家证人出庭就在新虹桥大厦改造工程工地上公证保全取得的涉案紧固件产品（下称"系争紧固件产品"）与原告专利权利要求1所描述的技术特征是否相同发表了专家意见。专家证人认为：原告发明专利独立权利要求的必要技术特征包括：1. 螺杆；2. 胀锥；3. 一个撑开构件是一个弯成屋顶状的环，其弯形后的端部贴靠在胀锥的锥形外表面上，通过向下压可使这些端部撑入钻孔的底切内的三个必要技术特征，被控侵权的产品包含有：1. 螺杆；2. 胀锥；3. 套；4. 可使贴靠在胀锥锥面上的、三个弯成屋顶状的环段，环段的下端部撑入钻孔的底切内的四个特征，系争紧固件产品的1、2、4技术特征分别与原告发明专利的三个必要技术特征对应相同。

上述事实由原告提供的ZL91100552.8发明专利证书及权利要求书、专利登记簿副本、（2004）沪证外经字第43393号公证书、（2005）沪黄一证经字第8952号公证书、上海市房地产登记册房屋状况及产权人信息材料，奇丰公司提供的《授权书》，鸿立公司、孙成来提供的《购销协议》、收款收据、发货清单、个体工商户营业执照，虹桥公司提供的《新虹桥大厦大修改造工程施工合同》，专家证人证词等证据以及一审法院的审理笔录等予以证实，一审法院予以确认。

一审判决及理由

一审法院认为：本案主要争议焦点在于：1. 系争紧固件产品的技术特征与原告专利的必要技术特征是否相同；2. 被告奇丰公司与被告孙成来是否共同实施了制造、销售系争紧固件产品的行为；3. 4名被告应当承担的法律责任。

关于第一个争议焦点，一审法院认为，我国法律规定，发明或者实用新型专利的保护范围以其权利要求的内容为准，说明书及附图可以用于解释权利要求。权利要求书应当说明发明或者实用新型的技术特征，清楚、简要地表述请求保护的范围。独立权利要求应当从整体上反映发明或者实用新型的技术方案，记载解决技术问题的必要技术特征。原告专利的独立权利要求记载的必要技术特征包括：1. 一个螺杆；2. 一个可以插入一个孔深较浅的钻孔底切内的胀锥；3. 一个螺杆穿过其中的金属制撑开构件，该撑开构件是一个弯成屋顶状的环，其弯形后的端部贴靠在胀锥的锥形外表面上，通过向下压可使这些端部撑入钻孔的底切内。上述三个技术特征为原告专利权的保护范围。而系争紧固件产品的技术特征有螺杆，螺杆的一端为胀锥，螺杆上配有螺帽，胀锥与螺帽之间依次是一个具有三个弯成屋顶状的环段和一个套环，具有三个弯成屋顶状的环段的上、下端部分别贴靠在套环的下端部和胀锥的锥面上，当螺帽沿螺杆向胀锥方向旋转时产生一个下压力作用在套环的上端部时，套环的下端部压迫具有三个弯成屋顶状的环段上端部，使具有三个弯成屋顶状的环段的下端部沿胀锥的锥面向外扩展，直至撑入钻孔的底切内。经比对，系争紧固件产品的技术特征与原告专利的必要技术特征相同，故系争紧固件产品的技术特征落入原告专利权的保护范围，构成专利侵权。

关于第二个争议焦点，一审法院认为，被告奇丰公司与被告孙成来的东台奇丰厂是两个紧密合作的单位。首先，奇丰公司是经孙成来的授权在网站上将东台奇丰厂的厂址、电话作为奇丰公司销售的产品的生产厂家的地址、电话予以刊登的；其次，奇丰公司与孙成来在上海的经营场所相同，均为"上海市厦门路160号甲"，该处既是奇丰公司的主要营业地，又是孙成来的直销处；再次，在孙成来不在上海的直销处期间，奇丰公司的法定代表人王秀代孙成来签订了《购销协议》，还替孙成来收取定金并开具收据；最后，孙成来交付给被告鸿立公司的10 900套侵权产品用的是奇丰公司的产品包装盒。综合上述事实，一审法院认定奇丰公司与孙成来之间关系紧密，两被告共同实施了销售侵权产品的行为。此外，被告奇丰公司虽然没有直接实施制造侵权产品的行为，但该公司作为与被告孙成来的东台奇丰厂紧密合作的单位，对被告孙成来制造侵权产品进行销售具有共同故意，因此，一审法院认定两被告系共同实施了制造、销售侵权产品的行为。该两被告关于两者之间只存在松散的合作关系、奇丰公司并未销售侵权产品的辩称显然与事实不符，一审法院不予采信。

关于第三个争议焦点，一审法院认为，原告作为涉案发明专利的专利权人，合法权益受《专利法》保护。根据法律规定，发明和实用新型专利权被授予后，除专利法另有规定的以外，任何单位或者个人未经专利权人许可，都不得实施其专利，即不得为生产经营目的制造、使用、许诺销售、销售、进口其专利产品，或者使用其专利方法以及使用、许诺销售、销售、进口依照该专利方法直接获得的产品。被告奇丰公司网站上"产品介绍"网页中点支幕墙系列刊载的六个锚栓的图案，与其销售的侵权产品基本一致，全面覆盖了原告专利独立权利要求记载的全部技术特征，系侵权产品的图片，因此原告关于被告奇丰公司未经其许可在网站上许诺销售侵权产品，侵犯其专利权的诉讼请求，一审法院予以支持。原告根据被告奇丰公司在网站上的介绍认为该被告使用了侵权产品，对此，一审法院认为该网站上的介绍内容不足以证明奇丰公司在这些工程上使用侵权产品，故对原告的该项诉讼请求不予支持。被告奇丰公司与被告孙成来未经原告许可共同制造、销售侵权产品，侵犯了原告的专利权，因此，两被告应承担停止侵权、赔偿损失的民事责任。对于原告要求该两被告销毁全部库存的侵权产品和生产模具等专用工具的诉讼请求，因不属于民事责任的承担方式，故一审法院对该项诉讼请求不予支持。

被告鸿立公司在施工过程中将侵权产品用于墙面石板上，并最终将含有侵权产品大厦交付的行为，属于为生产经营目的销售、使用侵权产品的行为，侵犯了原告的专利权。由于该批侵权产品已全部用于新虹桥大厦的墙体内并交付，故原告要求该被告停止侵权行为及销毁库存产品已无可能，因此，对于原告的该项诉讼请求一审法院难以支持。同时，鉴于被告鸿立公司已证明其产品的合法来源，且无证据证明被告鸿立公司系明知侵权产品而销售使用，故原告要求该被告共同承担赔偿责任的诉讼请求，一审法院不予支持。

被告虹桥公司使用含有侵权产品的建筑物，并非为生产经营目的使用侵权产品，故一审法院对原告要求该被告停止侵权、销毁全部库存侵权产品并赔偿损失、赔礼道歉的诉讼请求，不予支持。

对于原告要求被告赔偿其经济损失包括合理费用人民币50万元的诉讼请求。一审法院认为，鉴于原告因被告奇丰公司、被告孙成来侵权所受到的具体损失及该两被告因侵权所获利益均难以确定，一审法院将根据原告专利权的类别、该两被告侵权行为的性质和情节以及原告因调查、制止侵权所支付的合理费用等因素，酌情确定赔偿数额。

对于原告要求被告奇丰公司、被告孙成来、被告鸿立公司在全国性报刊上刊登公告向原告赔礼道歉的诉讼请求，一审法院认为，没有证据表明上述三被告的侵权行为损害了原告的商业信誉、产品声誉，故一审法院对该项诉讼请求不予支持。

综上，依据《专利法》第十一条第一款、第五十六条第一款、第六十三条第二款，《专利法实施细则》第二十条第一款、第二十一条第二款，《最高人民法院关于审理专利纠纷案件适用法律问题的若干规定》第二十一条、第二十二条，《民法通则》第一百一十八条之规定，判决如下：

一、被告奇丰公司、被告孙成来停止对原告费希尔厂享有的名称为"紧固件"（专利号为：ZL91100552.8）发明专利权的侵害；

二、被告奇丰公司、被告孙成来应于一审判决生效之日起10日内连带赔偿原告费希尔厂经济损失人民币5万元；

三、驳回原告费希尔厂的其余诉讼请求。

本案案件受理费人民币10 010元，由原告费希尔厂负担人民币4 505元，由被告奇丰公司、被告孙成来共同负担人民币5 505元。本案诉讼保全费人民币1 320元、专家咨询费人民币3 000元，由被告奇丰公司、被告孙成来共同负担。

上诉理由

费希尔厂、奇丰公司均不服一审判决，向二审法院提起上诉。

费希尔厂上诉的主要理由为：1. 原审法院判决确认的赔偿数额过低。第一，在原审法院对奇丰公司的账册资料进行证据保全时，奇丰公司拒不履行示证义务，故应承担由此造成的不利后果，法院应当从重确定赔偿数额；第二，二审阶段提供的新的证据材料显示，奇丰公司与孙成来一方面明知自己的侵权行为，一方面仍在继续实施，其侵权行为范围广泛，给上诉人费希尔厂造成的损失长久、巨大；第三，涉案的专利系发明专利，专利法对其保护力度最大，审查标准掌握最严，而侵权产品生产成本极低，价格差别悬殊，仅就查明的10 900件侵权产品造成的损失就超过10万元，故实际损失远远超过50万元。2. 被上诉人鸿立公司知晓所购产品是未经专利权人许可而制造、售出的侵权产品，也无法证明其所购产品的合法来源，不应被免除赔偿责任。3. 由于大修改造后的新虹桥大厦的用途是进行商用出租，故被上诉人虹桥公司对涉案侵权产品的使用也属于生产经营的目的使用侵权产品，应连带赔偿上诉人的经济损失。故请求改判上诉人奇丰公司与各被上诉人共同连带赔偿其经济损失 50 万元，并承担全部诉讼费用。

针对费希尔厂的上诉请求及理由，奇丰公司、鸿立公司、虹桥公司均答辩认为，费希尔厂的上诉理由没有事实、法律依据，请求驳回其上诉。

奇丰公司上诉的主要理由为：1. 上诉人奇丰公司与被上诉人孙成来的东台奇丰厂是两个独立的民事主体，涉案的《购销协议》与奇丰公司没有任何关系，奇丰公司既未参与制造也未参与销售侵权产品，更不知道该产品为侵权产品，故原审法院对奇丰公司与孙成来属于"共同制造、销售侵权产品"的认定显属错误。2. 原审法院程序不当。仅依据专家证人证言而不是鉴定机构出具的意见，便确定涉案产品为侵权产品。3. 原审被告孙成来总共才生产了 10 900 套涉案产品，总价值仅 31 065 元，原审法院确定的 5 万元赔偿数额明显过高，没有依据。故请求撤销原判，驳回费希尔厂的诉讼请求。

针对奇丰公司的上诉请求及其理由，费希尔厂答辩认为：奇丰公司的上诉理由亦没有事实、法律依据，请求驳回其上诉。鸿立公司、虹桥公司则表示，由于奇丰公司的上诉请求及其理由并不涉及他们与奇丰公司之间的权利义务关系，故不发表答辩意见。

二审查明事实

二审程序中，上诉人费希尔厂提供的新的证据材料为上海市黄浦区公证处于 2006 年 11 月 20 日出具的（2006）沪黄一证经字第 9357 号公证书，以证明奇丰公司在涉讼后，将其侵权产品图片移至其网站的其他页面，侵权行为的范围广、数量多、持续时间长，也足以证明其与原审被告孙成来经营的东台奇丰厂构成共同侵权。

上诉人奇丰公司提供的新的证据材料是编号为 01172319 的增值税发票，该发票上载明的购货单位为奇丰公司，销货单位为江苏振亚特种螺钉有限公司，开票时间为 2004 年 5 月 23 日，以证明奇丰公司网站上刊载的广告中的产品是从江苏振亚特种螺钉有限公司处购得。

针对费希尔厂提供的新的证据材料，奇丰公司、鸿立公司、虹桥公司均认为该证据不属于新证据的范围，不同意质证，且证据本身并不能反映费希尔厂所要证明的观点，与本案的争议焦点缺乏关联性。

针对奇丰公司提供的新的证据材料，费希尔厂认为，该增值税发票应于一审诉讼期间提交，原审法院对奇丰公司进行账册材料证据保全时，其拒不提供，故明显不属于新证据的范围，不同意质证。鸿立公司、虹桥公司未发表质证意见。

对于费希尔厂提供的新的证据材料，二审法院认为，由于该证据系费希尔厂通过搜索引擎来查找被上诉人孙成来经营的东台奇丰厂的信息资料，而作为本案的原审原告即主张其"紧固件"专利被侵权的权利人费希尔厂，其完全可以在一审庭审结束前就该证据向法院提供，且费希尔厂也没有向二审法院解释其迟至二审阶段才提供的理由，故不属于二审新证据的范围，二审法院不予采纳。

对于奇丰公司提供的新的证据材料，二审法院认为，由于该增值税发票等账册资料一直为奇丰公司自己保管，其亦应在一审阶段向法院提供，且在费希尔厂一审阶段申请法院前去证据保全时，拒不提供，故该证据显然不属于二审新证据的范围，二审法院亦不予采纳。

二审法院经审理查明，原审判决认定事实属实，予以确认。

二审判决及理由

二审法院认为：费希尔厂作为专利权人，就"紧固件"发明专利享有的合法权益受法律保护。除专利法另有规定的以外，任何单位或个人未经专利权人许可，均不得实施其专利，即不得为生产经营目的进行制造、使用、许诺销售、销售等。发明专利的保护范围以其权利要求的内容为准，说明书及附图可以用于解释权利要求。由于奇丰公司、东台奇丰厂共同制造、销售的被控侵权产品的技术特征覆盖了"紧固件"发明专利权利要求中记载的全部技术特征，落入了专利权的保护范围，构成对费希尔厂"紧固件"发明专利的侵害，应承担停止侵权、赔偿损失的民事责任。

由于费希尔厂因侵权所受的损失以及奇丰公司、东台奇丰厂因侵权获得的利益均难以确定，原审法院根据涉案专利权的类别、侵权人的侵权性质与情节、并考虑权利人为制止侵权行为所支付的合理开支等因素酌情确定的 5 万元赔偿数额，并无不当。虽然上诉人费希尔厂提出在两侵权人的相关网站上有被控侵权产品的广告以及参与众多工程项目的介绍，足以可见其牟利巨大，但仅凭该些网站中的产品以及工程介绍尚不能由此证明两侵权人的实际生产、销售行为，故其关于原审判决赔偿数额过低的上诉理由缺乏事实与法律依据，二审法院不予支持。

依据《专利法》第六十三条第二款规定，为生产经营目的使用或者销售不知道是未经专利权人许可而制造并售出的专利产品，能够证明其产品合法来源的，不承担赔偿责任，故原审法院作出的鸿立公司、虹桥公司依法应免除赔偿责任的认定并无不当。理由为：首先，上诉人费希尔厂并没有提供证据证明鸿立公司和虹桥公司实际知道其大厦改造工程中使用的紧固件产品是未经专利权人许可而制造的侵权产品；其次，根据鸿立公司提供的《购销协议》已清楚表明，由虹桥公司享有产权、鸿立公司进行施工的新虹桥大厦改造工程中使用的紧固件产品系奇丰公司、东台奇丰厂共同制造、销售，换言之，鸿立公司、虹桥公司已证明了其使用的紧固件产品是通过合法的销售渠道从奇丰公司、东台奇丰厂处购得，符合了专利法规定的免除赔偿责任的情形，故在本案中不再承担赔偿责任。上诉人费希尔厂提出的鸿立公司与虹桥公司并不是为生产经营目的使用或者销售不知道是未经专利权人许可而制造并售出的专利产品，鸿立公司也不能进一步证明侵权产品的合法来源，因此两公司应当承担连带的侵权赔偿责任的上诉理由，二审法院亦不予支持。

虽然奇丰公司与孙成来经营的东台奇丰厂是两个各自独立注册的公司，但结合本案相关事实与证据，即奇丰公司在网站上用东台奇丰厂的厂址、电话作为自己的生产厂家的地址、电话，"上海市厦门路 160 号甲"既是奇丰公司的主要营业地，又是东台奇丰厂的上海直销处，以及涉案的侵权紧固件产品使用奇丰公司的产品包装盒等一系列证据表明，两者的合作关系紧密，原审法院由此认定共同实施了对涉案侵权产品的制造、销售并无不当。又由于涉案被控侵权产品的技术特征与"紧固件"发明专利技术特征之间需要比对，原审法院在各方当事人均不反对的情况下，聘请专家证人对所涉专业问题进行解释、说明，由聘请的专家证人出庭发表专家意见，接受法庭和各方当事人的询问，并由其进一步对质询意见作了必要、合理的说明。根据原审庭审笔录的反映，在专家证人当庭陈述完意见后，奇丰公司没有提出任何异议或反驳意见，况且，奇丰公司至今亦未提出足以推翻专家意见的证据和理由。另有关赔偿数额的问题，如前所述，原审法院根据涉案专利权的类别、侵权人的侵权性质与情节以及权利人为制止侵权行为所支付的合理开支等因素酌情确定的 5 万元赔偿数额，并无不当。综上，上诉人奇丰公司提出的其没有共同实施制造、销售侵权产品，原审程序违法以及原判赔偿数额过高的上诉理由均不能成立，二审法院同样不予支持。

综上所述，原审法院审判程序合法，认定事实清楚，适用法律正确，应予以维持。依照《民事诉讼法》第一百五十二条第一款、第一百五十三条第一款第（一）项、第一百五十八条之规定，判决如下：

驳回上诉，维持原判。

负有金钱给付义务的当事人如未按原判指定的期间履行给付义务，应当依照《民事诉讼法》第二百三十二条之规定，加倍支付迟延履行期间的债务利息。

本案二审案件受理费人民币 10 010 元，由上诉人费希尔厂负担人民币 5 005 元，由奇丰公司负担人民币 5 005 元。

案例6：爱发科株式会社与常州泵厂、怀古公司专利侵权纠纷案

原告（上诉人）： 爱发科株式会社

被告（被上诉人）： 常州市华东真空泵厂（下称"常州泵厂"）

被告（被上诉人）： 上海怀古机电科技发展有限公司（下称"怀古公司"）

一审法院： 上海市第二中级人民法院

一审案号：（2007）沪二中民五（知）初字第133号

一审合议庭成员： 杨煜、胡宓、陆萍

一审结案日期： 2007年8月20日

二审法院： 上海市高级人民法院

二审案号：（2007）沪高民三（知）终字第116号

二审合议庭成员： 张晓都、于金龙、王静

二审结案日期： 2007年11月21日

案由： 专利侵权纠纷

关键词： 专利侵权、证据保全、必要技术特征、技术特征比对、权利要求的解释、技术术语

涉案法条

《专利法》第五十六条第一款

《民事诉讼法》第一百三十条、第一百五十二条、第一百五十三条第一款第（一）项、第一百五十七条、第一百五十八条

争议焦点

- 发明专利权的保护范围以其权利要求的内容为准，说明书及附图可以用于解释权利要求。如果被控侵权产品的技术方案未覆盖专利权利要求记载的全部技术特征，则不构成专利侵权。
- 专利权利要求书中的技术术语，应当首先以专利说明书及附图为依据进行解释。在不能直接通过专利说明书及附图获得明确解释的情况下，则可以根据所属技术领域里的技术人员对该技术术语的通常理解来进行解释，并可借助技术工具书、百科全

书、字典等来确定所属技术领域里的技术人员对技术术语含义的通常理解。对本案"汽缸"一词的理解，必须首先根据涉案专利说明书及附图进行解释。

审判结论

驳回原告爱发科株式会社的诉讼请求。

一审案件受理费人民币 5 800 元，由原告爱发科株式会社负担。

二审判决驳回上诉，维持原判。

二审案件受理费人民币 5 800 元，由上诉人爱发科株式会社负担。

起诉及答辩

原告诉称：其系"两级旋转真空泵"发明专利的专利权人，被告常州泵厂制造并销售、被告怀古公司销售的 SV301 和 SV401 真空泵的技术特征落入原告专利权保护范围，两被告构成专利侵权。据此，请求法院判决被告常州泵厂停止制造、销售侵犯原告专利权的 SV301 和 SV401 真空泵，不得以任何形式实施原告专利；被告怀古公司停止销售上述真空泵；被告常州泵厂立即销毁所有库存侵权产品及制造侵权产品的专用模具、生产设备等；被告常州泵厂赔偿原告经济损失人民币 30 万元。

被告常州泵厂辩称：其生产销售的 SV301 和 SV401 真空泵并未落入原告专利权保护范围，不构成专利侵权，据此请求法院驳回原告的诉讼请求。

被告怀古公司未答辩。

事实认定

一审法院经审理查明：

原告爱发科株式会社原名日本真空技术株式会社，2001 年 7 月变更为现在的名称。日本真空技术株式会社于 1994 年 9 月向（原）中国专利局申请了"两级旋转真空泵"的发明专利，并于 2001 年 2 月 10 日获得专利授权，专利号为 ZL94115134.4。该专利的独立权利要求为：一种两级旋转真空泵，包括：第一级泵，其位于高真空侧；第二级泵，其与第一级泵直接相连，并位于低真空侧；和泵壳，其贮存向所述第一级泵的第一汽缸和所述第二级泵的第二汽缸提供的油，其特征在于：所述第一级泵和所述第二级泵通过公共主轴直接与马达相连，所述第一级泵的所述第一汽缸与大气相通，所述第二级泵的所述第二汽缸配置在所述泵壳内，几乎全部浸没在所述的油中，所述第一汽缸由空气直接冷却，而所述第二汽缸由冷却用的油间接冷却。

被告常州泵厂系 SV301、SV401 真空泵的生产单位。2007 年 1 月 23 日，原告自被告怀古公司处购买了 SV301、SV401 真空泵各一台。SV301 和 SV401 真空泵的使用说明书相同，说明书中记载：●本机为使油量管理简便，扩大了油量指示范围。只要油面在这个油量指示范围内，泵都能工作。●加油：加真空泵油至上下两条油位指示线之间（用泵体外壳上的铸出线和标牌上的上限、下限表示）。只要油面保持在上下两条油位指示线之间，泵就可工作。实物中泵体外壳上的铸出线和标牌上标注线不完全吻合，铸出线的上限和下限分别略高于标注线的上限和下限。经对 SV301、SV401 真空泵实物进行测量并以高度为标准计算，若将油加至铸出线的上限，第二汽缸有 65% 浸在油中，当油量至铸出线的下限时，第二汽缸有 22% 浸在油中；若将油加至标注线的上限，第二汽缸有 59% 浸在油中，当油量至标注线的下限时，第二汽缸有 20% 浸在油中。

被告常州泵厂对 SV301 和 SV401 真空泵包含了原告专利独立权利要求中除"第二汽缸几乎全部浸没在所述的油中"和"第二汽缸由冷却用的油间接冷却"之外的其他技术特征没有异议。

在一审法院 2007 年 5 月 23 日至常州泵厂进行证据保全时查封的该厂 2006 年度和 2007 年度的财务账册及增值税发票中，有 8 张 2006 年销售 SV301 真空泵的发票、3 张 2006 年销售 SV401 真空泵的发票、2 张 2007 年销售 SV301 真空泵的发票、4 张 2007 年销售 SV401 真空泵的发票，销售价格在 6 000 元到 8 500 元间不等。

以上事实由原告专利证书、权利要求书、原告公司登记资料、证据保全资料、产品实物等证据材料证明。

一审判决及理由

一审法院认为：

发明专利权的保护范围以其权利要求的内容为准，说明书及附图可以用于解释权利要求。根据原告专利权利要求，"第二级泵的第二汽缸配置在所述泵壳内，几乎全部浸没在所述的油中"是专利的必要技术特征之一。

根据 SV301、SV401 真空泵产品使用说明书，真空泵工作时，油量应维持在上下两条油位指示线之间（用泵体外壳上的铸出线和标牌上的上限、下限表示）。因被告产品铸出线与标注线不完全吻合，而铸出线的上限略高于标注线的上限，因此，根据被告说明书，真空泵在正常工作时，油量最高可达铸出线的上限。根据前述测算结果，当油量至铸出线的上限时，第二汽缸有 65% 浸在油中，而随着真空泵的运转，油量逐渐降低，第二汽缸浸在油中的比例也将逐渐减少。即，根据被告的指示，在真空泵正常工作时，第二汽缸最多仅有 65% 浸在油中，显然不具备"几乎全部浸没在所述的油中"的特征。

原告称，原告专利权利要求中的第二汽缸并非指整个缸体，仅指用于包容转子的汽缸壁和转子，当油量加至铸出线时，汽缸壁和转子是几乎浸没在油中的。对此，一审法院认为，对第二汽缸的理解应该根据权利要求书，并参考说明书和附图。在上述材料中，原告从未对第二汽缸做过"仅指用于包容转子的汽缸壁和转子"的解释；相反，从文件及附图的表达来看，第二汽缸系指放置在泵壳内的整个部件，该部件应几乎全部浸没在油中。现原告在诉讼中将"汽缸壁和转子"从该部件中剥离并解释为"汽缸"，没有任何事实依据，一审法院不予支持。

原告还称，被告产品中所谓的第二汽缸部分不仅包含第二汽缸，还包含第一汽缸和第二汽缸间的隔板，虽然该隔板与第二汽缸呈一体结构，但本质上应属于第一汽缸，因此，在计算第二汽缸浸没油中的比例时，应该去除隔板因素。对此，一审法院认为，原告人为将被告产品中处于第二级泵泵壳内、呈一体化、不可分割的第二汽缸的缸体解释为第二汽缸和隔板，没有事实依据，一审法院不予支持。

综上，被告常州泵厂生产销售、被告怀古公司销售的真空泵不具备"第二汽缸几乎全部浸没在所述的油中"的技术特征，未落入原告专利权利保护范围，不构成专利侵权。据此，依照《民事诉讼法》第一百三十条、《专利法》第五十六条第一款的规定，判决如下：

驳回原告爱发科株式会社的诉讼请求。

案件受理费人民币5 800元，由原告爱发科株式会社负担。

上诉理由

原告爱发科株式会社不服一审判决，向二审法院提起上诉，要求：撤销原判；常州泵厂停止制造、销售侵犯其系争发明专利权的真空泵，并不得以任何形式实施上述专利；怀谷公司停止销售上述侵权真空泵；常州泵厂立即销毁所有剩余的侵权产品及制造侵权产品的专用模具、生产设备等；常州泵厂赔偿上诉人经济损失人民币30万元并承担本案诉讼费。其主要上诉理由为：1. 原审程序违法。原审法院在庭前证据交换时未将专利权利要求的"汽缸"结构归纳为争议焦点；上诉人提供的《辞海》对"汽缸"的解释，属于反驳证据，但原审法院未进行质证，也未予采纳或认定。2. 原判认定事实错误。（1）原判认为"第二汽缸系指放置在泵壳内的整个部件"和"第二汽缸包括中间隔板"明显缺乏依据，有悖事实。汽缸不应包括中间隔板和用于储油的矩形槽部件、用于安装的突出部件。（2）原判将第二汽缸认定为"放置在泵壳内的整个部件"，并按高度计算得出第二汽缸最多仅有65%浸没在油中的结论，显属错误，应按体积计算比例。3. 原判未对"第二汽缸由冷却用的油间接冷却"这一技术特征进行比对。

被上诉人常州泵厂答辩认为：原判认定事实清楚，适用法律正确，诉讼程序合法。其主要答辩理由为：1. 上诉人系争发明专利的必要技术特征之一，即"第二级泵的第二汽缸配置在所述泵壳内，几乎全部浸没在所述的油中"，被控侵权产品并不具备该特征。2. 上诉人对汽缸理解错误。（1）第二汽缸应包括缸盖、工作腔、转子、叶片和排气阀门，即配置在第二级泵泵壳内的整个部件，而非仅指包容转子的汽缸壁和转子。（2）《辞海》与本案无关联性，本案的第二汽缸应根据权利要求书、说明书和附图来理解。

被上诉人怀谷公司未提供答辩意见。

二审查明事实

二审中，各方当事人均未向二审法院提供新的证据材料。

二审判决及理由

二审法院认为：发明专利权的保护范围以其权利要求的内容为准，说明书及附图可以用于解释权利要求。如果被控侵权产品的技术方案未覆盖专利权利要求记载的全部技术特征，则不构成专利侵权。

上诉人认为，原审程序违法。原审法院在庭前证据交换时未将专利权利要求的

"汽缸"结构归纳为争议焦点；上诉人提供的《辞海》对"汽缸"的解释，属于反驳证据，但原审法院未进行质证，也未予采纳或认定。二审法院认为，首先，法院在审理中归纳案件争议焦点的目的，是为了便于当事人在案件审理过程中更好地收集提交证据并进行质证、辩论，以便提高法院审理案件的效率和质量，原审法院未将专利权利要求的"汽缸"结构归纳为争议焦点，并不影响原审法院对本案案件的基本事实作出认定。其次，专利权利要求书中的技术术语，应当首先以专利说明书及附图为依据进行解释。在不能直接通过专利说明书及附图获得明确解释的情况下，则可以根据所属技术领域里的技术人员对该技术术语的通常理解来进行解释，并可借助技术工具书、百科全书、字典等来确定所属技术领域里的技术人员对技术术语含义的通常理解。对本案"汽缸"一词的理解，必须首先根据涉案专利说明书及附图进行解释。根据系争专利说明书和附图的描述，并结合系争专利第二级泵的第二汽缸几乎全部浸没在油中的目的在于利用油冷温度高于空冷温度的原理，从而达到防止冷凝性气体液化的技术效果，原审法院将系争专利第二级泵的第二汽缸解释为是指放置在泵壳内的整个部件，并无不当。在本案中，"汽缸"一词的含义根据专利说明书及附图已经能够确定，故无需再根据《辞海》对其进行解释。上诉人认为原审程序违法的上诉主张，二审法院不予支持。

上诉人认为，原判认定事实错误。1. 原判认为"第二汽缸系指放置在泵壳内的整个部件"和"第二汽缸包括中间隔板"明显缺乏依据，有悖事实。汽缸不应包括中间隔板和用于储油的矩形槽部件、用于安装的突出部件。2. 原判将第二汽缸认定为"放置在泵壳内的整个部件"，并按高度计算得出第二汽缸最多仅有65%浸没在油中的结论，显属错误，应按体积计算比例。二审法院认为，首先，如上所述，根据本案系争专利的说明书及附图，可以认定第二汽缸不应仅指转子和供其回转的圆筒形部件，而应是指放置在泵壳内的整个部件。其次，被控侵权产品第一汽缸和第二汽缸之间并无独立的中间隔板，因此不能将第二汽缸人为地分割成汽缸和中间隔板。原审法院对上述两节事实的认定，并无不妥。此外，根据本案专利说明书和附图，本案被控侵权产品的第二汽缸是否"几乎全部浸没在油中"的衡量标准，应以汽缸被油浸没的高度与汽缸高度之比来衡量，因此，上诉人认为应按体积来计算浸没比例的理由，不能成立。原判认定事实错误的上诉理由，二审法院不予支持。

上诉人认为，原判未对"第二汽缸由冷却用的油间接冷却"这一技术特征进行比对。二审法院认为，被控侵权产品要对专利技术构成侵权，必须覆盖该专利权利要求记载的所有技术特征。本案被控侵权产品因不具备系争专利"第二级泵的第二汽缸配置在所述泵壳内，几乎全部浸没在所述的油中"的必要技术特征，故未对上诉人系争专利构成侵权，因此原判是否对"第二汽缸由冷却用的油间接冷却"这一必要技术特征进行比对，已无实际必要。上诉人认为原判遗漏技术特征比对的上诉理由，二审法院不予支持。

综上，上诉人的上诉请求及理由无事实及法律依据，应予驳回。据此，依照《民事诉讼法》第一百三十条、第一百五十二条、第一百五十三条第一款第（一）项、第一百五十七条、第一百五十八条之规定，判决如下：

　　驳回上诉，维持原判。

　　本案二审案件受理费人民币 5 800 元，由上诉人爱发科株式会社负担。

案例7：李宪奎与伟城公司专利侵权纠纷案

原告（上诉人）：李宪奎

被告（被上诉人）：广州伟城房地产开发有限公司（下称"伟城公司"）

一审法院：广东省广州市中级人民法院

一审案号：（2003）穗中法民三初字第216号

一审合议庭成员：林幼吟、李胜、谢平

一审结案日期：2004年9月23日

二审法院：广东省高级人民法院

二审案号：（2004）粤高法民三终字第300号

二审合议庭成员：欧修平、孙明飞、高静

二审结案日期：2005年7月6日

案由：专利侵权纠纷（先用权）

关键词：专利侵权、先用权、委托、原有范围、继续使用

涉案法条

《专利法》第五十六条第一款、第六十三条第一款第（二）项

《民事诉讼法》第一百五十三条第一款第（一）项

争议焦点

- 在专利申请日前已经制造相同产品、使用相同方法或者已经作好制造、使用的必要准备，并且仅在原有范围内继续制造、使用的，不视为侵犯专利权。从先用权本身的性质来看，虽说先用权是对专利权的限制，但先用权相对专利权已经是一种较弱的权利，再对先用权做诸多的限制，将与先用权制度的精神背道而驰。

- 本案涉及的是一种施工方法，与制造或使用产品不同的是，这种"原有范围"的界定就更为困难得多。在专利申请日前就已经制造或使用与专利相同的产品，目前普遍认为对"原有范围"应进行量化，即不得超过申请日前原有设备的正常生产能力可以达到的产量。而施工方法的"原有范围"相对制造或使用产品来说，是无形的、抽象的，故不能用量化的标准来衡量。

● 伟城公司是广州丽影华庭商住楼工程的发展商，其并不是直接实施涉案施工方法的主体，其只是委托省建筑院和华固公司进行设计和施工，在省建筑院、华固公司均享有先用权的情况下，伟城公司在广州丽影华庭商住楼工程中所使用的施工方法也没有侵犯李宪奎的专利权。

审判结论

驳回原告李宪奎的诉讼请求。

本案一审案件受理费人民币 5 510 元由原告李宪奎负担。

二审法院判决驳回上诉，维持原判。

本案二审案件受理费 5 510 元，由上诉人李宪奎负担。

起诉及答辩

原告李宪奎诉称：原告发明的"挡土墙的成形方法"已由国家知识产权局于 2001 年 2 月 10 日授予专利权，专利号为 ZL98125100.5 号。被告伟城公司在丽影华庭商业楼基坑支护工程中，采用了原告上述专利。被告未经原告同意就使用原告的专利，侵犯了原告的专利权。被告采用原告的专利进行施工比采用传统方法施工，至少节省 50% ~ 60% 的工程成本，造成原告使用费以及为调查专利侵权及代理诉讼请律师等费用的损失。请求判令：1. 被告停止侵害原告的 ZL98125100.5 号"挡土墙的成形方法"发明专利权；2. 被告赔偿原告的损失 20 万元。

被告伟城公司辩称：其在开发丽影华庭商住楼时，委托的设计方是广东省建筑设计研究院，施工单位是广东华固岩土工程有限公司，这两个单位不是本案被告，即使侵权成立，也应该由这两个单位来承担责任，伟城公司主观上没有过错，要求驳回原告的诉讼请求。另外，伟城公司工程使用的方法和原告的专利方法不同，且设计方广东省建筑设计研究院在 1998 年 8 月 18 日已经设计出基坑的支护方法，并报有关部门审批。即使原告认为伟城公司的基坑方法侵权，伟城公司也认为由于设计方的设计方案早于原告的专利申请日，因此设计方和施工方对该施工方法享有先用权，不侵犯原告的专利方法。原告曾以相同的理由起诉过广东省建筑设计研究院，案号是（2001）穗中法知初字第 169 号，开庭后原告认为该案被告有先用权，原告撤诉了。

为支持其主张，原告向一审法院提交下列证据材料：

1. 专利号为 ZL98125100.5 号"挡土墙的成形方法"《发明专利证书》及专利年费收据。

2. 上述专利授权公告的《发明专利说明书》（含《权利要求书》《说明书》及《说明书附图》），以上证据拟证明原告享有专利权的事实。

3. 被控侵权的广州珠影厂东边丽影华庭东侧基坑围护结构现场照片一张。

4. 广州丽影华庭商住楼东区基坑支护平面图图纸一张，标明日期是 2001 年 12 月，兴建单位是被告，设计单位是广东省建筑设计研究院，设计制图是麦劲儒。以上证据拟证明被告侵犯原告专利权的事实。

5. 2003 年 7 月 18 日原告与广州市胜特建筑科技开发有限公司签订的《专利实施许可合同》，拟证明原告主张的索赔数额。

被告为支持其抗辩，提交了下列证据：

1. 2001 年 12 月 21 日被告与广东省建筑设计研究院签订的广州市赤岗珠影东侧丽影华庭二期边坡支护设计审图合同。

2. 被告与广东华固岩土工程有限公司 2001 年 12 月 13 日签订的丽影华庭商住楼二期基坑喷锚支护工程施工协议书。

3. 与原告提交的图一致的广州丽影华庭商住楼东区基坑支护平面图图纸、另有该基坑工程的 A、B、C、C1、D、E 区基坑支护剖面图和喷锚网立面孔位布置及钢筋编网图。

4. 广州市建委 1998 年 9 月 28 日《关于法政路 063 – 064 综合大楼基坑支护设计方案审查意见》、该法政路工程 1998 年 10 月 26 日设计图纸会审情况记录（一），1998 年 8 月 18 日该工程设计方案，标明是 1998 年 8 月的该工程东、西、南、北面剖面图，设计制图亦是麦劲儒。该工程分部工程竣工验收证明书。

被告还申请：1. 法院调取（2001）穗中法知初字第 169 号案件材料。2. 证人麦劲儒出庭作证。

事实认定

一审法院经审理查明：原告于 1998 年 12 月 8 日向国家知识产权局申请名称为"挡土墙的成形方法"的发明专利，并获得授权。该专利申请公开日是 1999 年 6 月 16 日，颁证日是 2001 年 2 月 10 日，授权公告日是 2001 年 4 月 4 日，专利号为 ZL98125100.5号。该专利的权利要求书记载其独立权利要求为：一种挡土墙的成形方法，其步骤包括：a）基本沿竖直方向采用水泥拌合法形成多个成排布置的水泥拌合桩；b）在紧靠上述基本沿竖向的水泥拌合桩的前侧的外侧边沿该桩的纵向设置钢性筋；c）在上述基本沿竖向的多个成排的水泥拌合桩后面形成多个地锚。该专利权利要求书的第 6 项从属权利要求还写明：根据权利要求 1 所述的方法，其特征在于在上述基本沿竖向的水泥拌合桩的前侧沿水平方向设置多排横向腰梁，上述地锚中的预应力筋顶端锚固于该横向腰梁上。被告曾对原告提交的上述专利的权利要求书、说明书复印件的真实性提出异议，后原告提交了广东省专利信息中心检索的相关资料，被告未提交相反证据。

关于被控侵权的工地是否使用了原告的专利方法，原告确认被告提交的广州丽影华庭商住楼东区基坑支护工程图纸的真实性。图纸上显示各区基坑支护都有搅拌桩（基本沿竖直方向形成多个成排布置，A 区部分位置无）和搅拌桩后面有钢化管土钉、预应力锚索、锚杆，原告称后三者即地锚，在除 A 区外的其余各区在紧靠搅拌桩的前外侧位置都沿该桩的纵向设置有钢管桩，原告称即是钢性筋。图纸上在各区基坑支护的搅拌桩前面一定距离还有一斜坡状加强筋喷锚网（钢筋砼面），搅拌桩后面的钢化管土钉、预应力锚索、锚杆的头穿出搅拌桩前面挂在该网上。被告称加强筋后面与搅拌桩之间的空隙是边坡土体。

原告认为 A 区虽没有钢管桩，但钢筋砼面和其他区的钢管桩一样即相当于钢性筋，原告认为被告工地使用了原告的专利方法。被告认为其支护结构是由钢筋砼面、边坡土体及土锚组成，搅拌桩和钢管桩都不重要，A 区也有一部分无搅拌桩和钢管桩；而原告专利是由搅拌桩、钢性筋、土锚组成三角支架起作用，被告方法与原告专利不同。

被告称其上述工程是由广东省建筑设计研究院设计的，并提交了 2001 年 12 月 21 日被告与广东省建筑设计研究院签订的广州市赤岗珠影东侧丽影华庭二期边坡支护设计审图合同作为证明，其中约定设计审图费为 4 万元，原告对该合同的真实性没有异议。

被告还称上述工程的施工方是广东华固岩土工程有限公司，并提交了被告与广东华固岩土工程有限公司于 2001 年 12 月 13 日签订的丽影华庭商住楼二期基坑喷锚支护工程施工协议书作为证明，其中约定工程造价为 130 余万元，原告亦无异议。

原告认为设计方和施工方都是被告委托的，所有的设计、施工方案均须经被告同意，方法的使用人是被告，故应由被告承担相关责任。被告认为如构成侵权，直接实施侵权行为的是设计单位和施工单位。

原告对被告提交的法政路 063－064 综合大楼基坑支护工程的设计方案、审查意见、会审记录等三份证据的真实性没有异议。该设计方案第 15 页的南、西、北侧剖面图有与前述赤岗珠影东侧丽影华庭二期边坡支护设计图纸基本一样的钢筋砼面、钢管桩、搅拌桩、土锚，但在钢筋砼面（亦称"挂网喷锚"）与搅拌桩之间无边坡土体（麦劲儒到庭陈述，被告亦予确认）。原告方开始确认上述施工方法与原告专利一致，但认为根据专利法的规定，被告只能在法政路 063－064 工程使用该方法，被告在本案基坑工程使用该施工方法超出了使用范围。被告认为在原有范围内使用不应限于一个工地。原告方后又认为法政路工程的方法和原告专利方法不同，与被控侵权的工地的方法亦不同，不存在先用权问题。原告方还认为法政路工程使用了其在 1995 年和 1997 年申请的另外两个专利的方法，而不是被告自己发明创造的，故没有先用权。原告还称其 1995 年专利已覆盖了 1998 年专利的主要技术特征。在本案中原告未提交其 1995 年和 1997 年专利的有关证据，亦未主张此两项专利的权利。被告认为被控侵权的工地和法政路工程的方法都覆盖了原告 1998 年专利的方法。

关于法政路工程的施工时间，被告提交的分部工程竣工验收证明书写明：开工日期 1998 年 10 月 20 日，竣工日期 1999 年 4 月 12 日。上述证据中的会审记录和验收证明还显示该工程建设单位是广州建利房地产有限公司，设计单位和施工单位亦分别是广东省建筑设计研究院和广东华固岩土工程有限公司，验收证明亦有上述三单位印章和经办人员签名，其中包括广东省建筑设计研究院的麦劲儒，但无工程质量监督主管部门的印章。麦劲儒亦到庭作证证明上述工程的开工时间是 1998 年 10 月中旬。原告以竣工验收证明无工程质量监督主管部门的印章为由否认该证明的真实性，但未提交相反的证据证明。

关于一审法院（2001）穗中法知初字第 169 号案，经查阅卷宗，该案是原告诉广东省建筑设计研究院关于广州市体育西路商旅二区综合楼工程侵犯本案专利权纠纷案，被告亦曾以法政路工程作为先用权抗辩，后原告以双方已庭外和解为由撤诉，但卷宗中无双方和解协议的材料。现本案双方当事人对和解内容说法不一，原告称是广东省建筑设计研究院承认侵权，并支付了律师费和诉讼费用，被告认为是原告承认广东省建筑设计研究院有先用权，被告方证人麦劲儒称是未确定侵权与否，但广东省建筑设计研究院对原告作了一些补偿。双方均无提交相应的证据。

关于原告主张赔偿 20 万元的依据，原告提交了 2003 年 7 月 18 日原告与广州市胜特建筑科技开发有限公司签订的《专利实施许可合同》，其中约定原告将其包括本案专利在内的五项专利普通许可给该公司，许可费为被许可方每项用专利方法施工的基坑支护工程的总承包造价的 10%。原告认为被告工程的造价为 130 万元，参照专利实施许可费的倍数并包括律师费用计算出上述索赔数额。被告认为应按设计合同来计算。

一审判决及理由

一审法院认为：原告李宪奎的名称为"挡土墙的成形方法"，专利号为 ZL98125100.5 的发明专利权合法有效，应受法律保护。发明专利权的保护范围以权利要求的内容为准，根据原告专利授权公告的权利要求书，该专利的独立权利要求的必要技术特征在于：一种挡土墙的成形方法，其步骤包括：a）基本沿竖直方向采用水泥拌合法形成多个成排布置的水泥拌合桩；b）在紧靠上述基本沿竖向的水泥拌合桩的前侧的外侧边沿该桩的纵向设置钢性筋；c）在上述基本沿竖向的多个成排的水泥拌合桩后面形成多个地锚。

被告是广州珠影厂东侧丽影华庭东区工程的发展商，虽不是工程建筑和设计的具体实施方，但相关工程的建筑和设计均是由被告委托进行，被告应对相关工程中施工方法承担相应的法律责任。

将被控侵权的工地使用的施工方法与原告的专利方法相比较，包括：a）基本沿竖直方向采用水泥拌合法形成多个成排布置的水泥拌合桩；b）在紧靠上述基本沿竖向的水泥拌合桩的前侧的外侧边沿该桩的纵向设置钢性筋；c）在上述基本沿竖向的多个成排的水泥拌合桩后面形成多个地锚等三个技术特征，应认定被控侵权的工地使用了原告专利的施工方法。至于被控工程的搅拌桩前面还有边坡土体，在边坡土体上还有钢筋砼面，均是附加的技术特征，不影响被控工程使用了原告专利方法的认定。

根据被告提交的法政路 063－064 综合大楼基坑工程的资料，该工程方案亦包括前述原告专利的三个必要技术特征，至于该工程在基坑侧还有钢筋砼面，没有边坡土体，均是附加的技术特征，不影响前述认定。鉴于该工程是在原告专利申请日前已完成设计和审批，且已开始施工，虽然发展商与本案被告不同，但该工程的设计方和施工方均与本案被控工程相同，且均是在广州的建筑工程，根据《专利法》第六十三条第一款第（二）项关于在先使用不视为侵犯专利权的规定，应认定该工程的设计单位对其在设计方案中使用原告专利必要技术特征的三个步骤的施工方法是在原有范围内继续使用，不视为侵犯专利权，本案被告按此设计单位设计的方案委托施工亦未侵犯原告的专利权。

综上所述，依照《专利法》第五十六条第一款、第六十三条第一款第（二）项的规定，判决如下：

驳回原告李宪奎的诉讼请求。

案件受理费人民币 5 510 元由原告李宪奎负担。

上诉理由

李宪奎不服原审判决，向二审法院提起上诉，请求：1. 撤销广州市中级人民法院（2003）穗中法民三初字第 216 号判决。2. 判令伟城公司在其工程中使用了李宪奎的专利，构成侵权。事实和理由：

一、专利法上的先用权范畴不包括使用他人的先用权，即使用他人的先用权也对专利权人构成侵权。根据《专利法》第六十三条第一款第（二）项的规定，先用权是指"在专利申请日前已经制造相同产品、使用相同方法或者已经作好制造、使用的必要准备，并且仅在原有范围内继续制造、使用的"。从中可以看出先用权只能是自己在先使用的情况下才能拥有先用权，而不是使用他人的先用权或让他人为自己的利益使用该他人拥有的先用权。原审判决中未认定伟城公司有在先使用的事实，而是以伟城公司工程设计单位的所谓在先使用，作为认定伟城公司拥有先用权的事实依据，这是不符合专利法对先用权的规定的，原审适用法律错误。

二、先用权只能是自己使用，不包括将先用权转让他人使用，也不包括受让使用他人的先用权。作为工程建设方的伟城公司以工程设计单位拥有这项基坑支护技术的先用权，主张自己也有这项技术的先用权，所以不构成侵权，伟城公司未在先使用的情况下也拥有先用权，这种先用权显然不是他自己的，是伟城公司受让了工程设计单位的先用权。但这种受让的先用权是违背专利法的。

三、设计单位在本案工程中使用自己在先使用的专利方法超出了原有范围，这不是先用权的使用，而是设计单位在法政路 063－064 综合大楼基坑工程中在先使用了与李宪奎的专利相同的方法，设计单位只能在该工程范围内使用，即在原有图纸设计的工程规模范围内继续使用。设计单位再为伟城公司重新设计基坑支护工程不但超出了原有使用范围，而且还是转让他人使用专利方法，原审认定伟城公司有先用权是违反专利法的。原审以设计单位在广州地区使用认定为原有范围也是没有法律根据的。专利法规定的原有范围是指"制造相同产品、使用相同方法或者已经作好制造、使用的必要准备"所投入的专门和只能用于该发明创意（专利技术）的已经形成有形财产（如专用设备）的范围（这是围绕发明创意而形成的范围），而不是指原有的发明创意的范围（这实际上去掉了发明创意的范围，是对无范围的发明创意进行无限的使用，即在先使用之后的无范围的使用专利）。发明创意可以用文字表述，也可以用图纸表述，文字和图纸只是原有发明创意的载体，不能认为是原有使用范围。因此，不能认为设计单位使用发明创意在先并在图纸上设计了一项工程，那么他就可以用这个发明创意为他人有偿地在图纸范围内（在图纸上）继续设计使用，即可以不断地为他人有偿地在图纸上使用该发明创意（专利技术），或不断地用专利方法为他人有偿地设计这样的图纸用于工程施工。把原有范围理解为一个城市也没有法律依据，原审判决这是用判决的形式在一个城市内，除专利权人以外，又多确定了一个可以无限地使用专利技术（发明创意）的主体，即在一个城市内又多确认了一个除专利权人以外的专利权收益权主体。对原有范围的不正确认识是原审判决错误的根源，这是没有理解《专利法》第九条和第六十三条第一款第（二）项所规定的真正含义。因此，原审判决认定伟城公司有先用权是超出专利法所规定的先用权使用范围的，是错误的。

伟城公司答辩称：一、关于先用权的问题。原来的设计方案是原来的设计单位、施工单位利用相同的设计方法进行施工，依照专利法的有关规定，利用原有的设计方案，先用权是存在的。二、涉案专利的技术特征共有三个，伟城公司的技术方案是有一个边坡的，没有装有钢管桩也可以支护基坑，因此，伟城公司不存在侵权行为。请求维持原判决，驳回上诉。

二审查明事实

经二审审理查明：原审法院认定事实属实，二审法院予以确认。

另查明：2003年7月1日，李宪奎向原审法院提起诉讼，请求判令：1. 伟城公司停止侵害李宪奎的 ZL98125100.5 号"挡土墙的成形方法"的发明专利权。2. 伟城公司赔偿李宪奎的损失 20 万元。

二审判决及理由

二审法院认为：本案属于方法发明专利侵权纠纷。本案所涉及的 ZL98125100.5 方法发明专利，专利权人为李宪奎，该专利目前处于合法有效状态，该专利应依法受到保护。

李宪奎上诉认为，对于设计单位在涉案专利申请日以前就已经使用的与专利方法相同的施工方法，在专利申请日以后如果仍在不同的工程中继续使用，已超出了《专利法》第六十三条第一款第（二）项中有关先用权规定的"原有范围"的范畴，应认定为侵权行为。二审法院认为：根据《专利法》第六十三条第一款第（二）项规定，在专利申请日前已经制造相同产品、使用相同方法或者已经作好制造、使用的必要准备，并且仅在原有范围内继续制造、使用的，不视为侵犯专利权。李宪奎对设计单位省建筑院和施工单位华固公司在本案被控侵权工程中所使用的施工方法包含了涉案专利的三个必要技术特征没有异议，对省建筑院和华固公司在涉案专利申请日以前即法政路 063－064 综合大楼基坑工程中使用的施工方法包含了涉案专利的三个必要技术特征也没有异议，二审法院予以确认。我国在专利法中确立先用权原则，是为了保护正常投资，维护社会经济生活的稳定。享有先用权的人在专利权人提出专利申请以前就已经投入了一定的人力和物力去开发、实施新技术或新方法，或者已经为实施新技术、新方法做了大量的准备工作，如果在专利权人获得专利以后必须停止实施这个技术、方法，这种结果对先用权而言，是不公平的。而且，从先用权本身的性质来看，虽说先用权是对专利权的限制，但先用权相对专利权已经是一种较弱的权利，再对先用权做诸多的限制，将与先用权制度的精神背道而驰。所以，从公平的角度出发，应当允许享有先用权的人在一定范围内继续实施这个技术或者方法。本案涉及的是一种施工方法，与制造或使用产品不同的是，这种"原有范围"的界定就更为困难得多。在专利申请日前就已经制造或使用与专利相同的产品，目前普遍认为对"原有范围"应进行量化，即不得超过申请日前原有设备的正常生产能力可以达到的产量。而施工方法的"原有范围"相对制造或使用产品来说，是无形的、抽象的，故不能用量化的标准来衡量。李宪奎认为设计单位省建筑院和施工单位华固公司已在法政路 063－064 综合大楼基坑工程中在先使用了包含涉案专利必要技术特征的施工方法，在其获得专利权后，设计单位和施工单位享有的先用权只能局限在法政路 063－064 综合大楼基坑工程范围内使用，而不允许在其他工程中使用其施工方法，其实质无异于剥夺了先用权人享有的先用权，使"先用权"成为一次就全部用尽的权利，这显然不符合先用权的本意。故二审法院认为，由于省建筑院和华固公司在本案广州丽影华庭商住楼工程以及另案法政路 063－064 综合大楼基坑工程中所使用施工方法均包含了涉案专利的三个必要技术特征，而且法政路 063－064 综合大楼基坑工程的施工时间早于涉案专利的申请日，可以认定省建筑院和华固公司在涉案专利申请日以前就已经使用了包含涉案专利必要技术特征的施工方法；省建筑院和华固公司作为涉案施工方法的设计者和施工者，他们的职责就是"设计"和"施工"等，因此，李宪奎的专利获得授权后，省建筑院和华固公司根据自己研究开发的施工方法在其他的工程中继续使用包含涉案专利必要技术特征的施工方法，可以认定省建筑院和华固公司是在"原有范围"地继续使用，并没有侵犯李宪奎的专利权。

伟城公司是广州丽影华庭商住楼工程的发展商，其并不是直接实施涉案施工方法的主体，其只是委托省建筑院和华固公司进行设计和施工，在省建筑院、华固公司均享有先用权的情况下，也就是说，省建筑院、华固公司在广州丽影华庭商住楼工程中所使用施工方法并未侵犯涉案专利权的情况下，伟城公司在广州丽影华庭商住楼工程中所使用的施工方法也没有侵犯李宪奎的专利权。

综上所述，原审判决认定事实清楚，适用法律正确，依法应予维持。二审法院依照《专利法》第六十三条第一款第（二）项，《民事诉讼法》第一百五十三条第一款第（一）项之规定，判决如下：

驳回上诉，维持原判。

二审案件受理费 5 510 元，由上诉人李宪奎负担。

案例 8：索尼公司与名极公司专利侵权纠纷案

原告（被上诉人）：索尼株式会社（下称"索尼公司"）
被告（上诉人）：中山市名极电池有限公司（下称"名极公司"）

一审法院：广东省广州市中级人民法院
一审案号：（2004）穗中法民三知初字第 555 号
一审合议庭成员：黄雪梅、郑志柱、刘冬梅
一审结案日期：2004 年 12 月 30 日

二审法院：广东省高级人民法院
二审案号：（2005）粤高法民三终字第 95 号
二审合议庭成员：林广海、于小山、邱永清
二审结案日期：2005 年 6 月 6 日

案由：专利侵权纠纷

关键词：证据保全、诉前禁令、赔偿金额、酌情、行政确权、公证、鉴定报告

涉案法条

《专利法》第十一条第一款、第五十六条第一款
《民事诉讼法》第一百五十三条第一款第（一）项
《民法通则》第一百三十四条第一款第（一）项、第（七）项、第二款
《最高人民法院关于审理专利纠纷案件适用法律问题的若干规定》第十七条第一款、第二十一条
《最高人民法院关于民事诉讼证据的若干规定》第二条

争议焦点

● 专利权的保护范围应当以权利要求书中明确记载的必要技术特征所确定的范围为准，也包括与该必要技术特征相等同的特征所确定的范围。
● 被告未经原告许可，制造、销售了侵犯原告专利权的产品，依法应承担停止制造销售侵权产品、销毁库存侵权产品和生产模具并赔偿经济损失的民事责任。

审判结论

一、被告名极公司立即停止制造、销售侵犯原告索尼公司的 951171127 号"电池装

置和用于电池装置的安装装置"发明专利权的产品的行为，销毁库存的侵权产品和专用生产模具。

二、被告名极公司一次性赔偿原告索尼公司经济损失人民币 10 万元。

一审案件受理费人民币 3 510 元、证据保全费 1 000 元均由被告名极公司负担（上述费用原告已预交，一审法院不予退回，由被告在履行上述给付义务时径付原告）。

二审法院判决驳回上诉，维持原判。

二审案件受理费人民币 3 510 元由名极公司负担。

起诉及答辩

原告索尼公司诉称：其于 1995 年 9 月 2 日向（原）中国专利局申请了"电池装置和用于电池装置的安装装置"发明专利，并于 2002 年 9 月 4 日获得授权，专利号为 951171127，该专利的优先权日期为 1994 年 9 月 2 日。被告在未经原告许可的情况下，制造原告的专利电池产品，并对外销售，其侵权产品型号为 FM960。经对比，被控侵权产品完全采用了原告专利的必要技术特征，属全面覆盖的专利侵权。为此，请求判令：1. 被告立即停止侵权；2. 被告立即销毁侵权产品及模具；3. 被告赔偿原告损失 10 万元；4. 诉讼费由被告承担。

被告名极公司辩称：被控侵权产品与原告专利不同。被告没有生产被控侵权产品，法院应原告的申请所作的证据保全没发现被告有生产模具；保全到的产品是从深圳科特力电讯有限公司购进的。即使产品侵权，被告也只承担停止销售的责任，不存在赔偿损失的问题。

原告为支持其诉讼主张，在举证期限内提供的证据有：

1. 证据 1 是原告的专利证书、权利要求书、说明书及附图和专利登记簿副本，证明原告的专利合法有效，受法律保护。

2. 证据 2 是（2004）粤公证内字第 17138 号公证书，记载黄德隆、MUHAMMED YAKOOB ALLADIN 于 2004 年 3 月 29 日在被告处公证购买被控侵权产品的事实，证明被告生产销售被控侵权产品。

3. 证据 3 是原告专利与被控侵权产品对比的鉴定报告，证明被控侵权产品落入原告专利保护范围。

被告为支持其诉讼主张，在举证期限内提供的证据有：

盖有"深圳市科特力电讯有限公司专用章"、日期记载为 2004 年 3 月 19 日的购货清单和收据，证明被告销售的被控侵权产品有合法来源。

经开庭质证，被告对原告的证据 1、2 的真实性、合法性和关联性没有异议；对证据 3，认为该鉴定报告是由原告的代理人委托鉴定单位作出的，存在瑕疵。原告对被告提供的证据，认为购货清单没有载明主体，不能确定与被告有关；单独凭收据不能证明交易行为的存在。

事实认定

经审理查明：原告于 1995 年 9 月 2 日向原中国专利局申请了"电池装置和用于电

池装置的安装装置"发明专利，该专利的优先权日是 1994 年 9 月 2 日，公开日是 1996 年 8 月 7 日，2002 年 9 月 4 日获得授权，同日公告，专利号为 951171127，主分类号为 H01M 2/10，该专利的年费已缴纳至 2005 年 9 月 2 日，目前处于有效状态。

原告的"电池装置和用于电池装置的安装装置"发明专利的权利要求 1 是一种电池装置，它包括：一壳体，其内设置有电池盒单元，并且在其外部周围的侧表面上具有装载表面部分，所述装载表面部分可与主装置的安装表面部分相连接，和装在所述壳体内的所述电池盒单元内的电池；其特征是所述壳体的装载表面部分具有识别槽，该槽在接合表面上具有敞开的开口端，并且在主装置上以平行于装载方向的方向由所述开口端延伸，所述接合表面以与装载表面部分成直角的方向在壳体的装载表面上形成。

广东省公证处（2004）粤公证内字第 17138 号公证书记载，该处公证人员与黄德隆、MUHAMMED YAKOOB ALLANIN 于 2004 年 3 月 29 日来到中山市坦洲镇金门大街合胜工业区曙光路 1 号被告处，在公证人员的监督下，黄德隆、MUHAMMED YAKOOB ALLANIN 以普通消费者的身份向被告购买了型号为 FM960 的电池两块，并取得盖有被告公章的"INVOICE"一张。

2004 年 7 月 13 日，一审法院应原告的申请，依法作出（2004）穗中法民三禁字第 1 号民事裁定书，裁定"提取被申请人名极公司被控侵权产品样品、对生产模具拍照；复印或扣押被申请人名极公司关于被控侵权产品的销售合同、订单、入库单、出库单以及财务账册，包括被申请人名极公司储存在电脑硬盘、软盘等介质中的相关材料"等内容，并于 2004 年 7 月 27 日到被告处进行了证据保全。在被告处提取了 FM960 型号的电池芯和电池壳各一个，并对被告的产品陈列柜进行拍照。所拍照片显示，被告陈列柜中陈列了多种电池产品。2004 年 7 月 29 日被告向一审法院提交其制造销售电池的部分账册和"说明"，"说明"称"广州中院于 2004 年 7 月 27 日于我公司所拍摄及查封的电池的品种，与我公司现提供的会计账册复印件所记录的品种相符，该账册是我司于 2002 年至今生产及销售上述电池的全部记录。"经开庭质证，原、被告双方确认一审法院在被告处提取的 FM960 型号电池壳为半成品。

将被控侵权的型号为 FM960 的电池装置的技术方案与原告"电池装置和用于电池装置的安装装置"专利权利要求 1 对比，被控侵权产品也是一种电池装置，它包括：一壳体，其内设置有电池盒单元，并且在其外部周围的侧表面上具有装载表面部分，所述装载表面部分可与主装置的安装表面部分相连接，和装在所述壳体内的所述电池盒单元内的电池；其特征是所述壳体的装载表面部分具有识别槽，该槽在接合表面上具有敞开的开口端，并且在主装置上以平行于装载方向的方向由所述开口端延伸，所述接合表面以与装载表面部分成直角的方向在壳体的装载表面上形成。双方当事人在庭审中确认被控侵权产品的技术方案全面覆盖了原告专利权利要求 1 的必要技术特征。

被告认为其只有销售被控侵权产品的行为，而且销售的被控侵权产品有合法来源，提供的证据是 2004 年 3 月 19 日盖有"深圳市科特力电讯有限公司专用章"的"购货清单"和"收据"。

另查明，被告的经营范围是：生产、加工、销售镍氢、镍镉电池及配套产品、锂离子电池及配套产品；销售充电器、皮套、电池。

被告向一审法院提供的制造销售电池的部分账册未反映被控侵权产品的情况，原告也未提供其因被控侵权行为遭受的经济损失的证据，请求法院在法律规定的范围内酌定。

一审判决及理由

一审法院认为：原告于1995年9月2日向原中国专利局申请了"电池装置和用于电池装置的安装装置"发明专利，并于2002年9月4日获得授权，专利号为951171127。该专利合法有效，应受法律保护。

将被控侵权产品的技术方案与原告专利相对比，被控侵权产品的技术方案全面覆盖了原告专利权利要求1的必要技术特征，落入了原告专利保护范围。

关于被告是否有制造被控侵权产品行为的问题。审查被告的经营范围，其中包括生产、加工镍氢、镍镉电池及配套产品、锂离子电池及配套产品。被告的生产经营范围表明被告有生产加工电池的能力，并可从事电池及配套产品的生产活动。原告举出的证据2公证购买了FM960型号电池，一审法院在被告处保全证据时提取了FM960型号的电池壳半成品，现场拍摄的照片显示被告处陈列有多种电池产品。被告向一审法院提交的"说明"也承认其有"生产和销售"行为，承认一审法院"2004年7月27日于我公司所拍摄及查封的电池的品种，与我公司现提供的会计账册复印件所记录的品种相符"。根据这些证据应认定被告有制造被控侵权产品的行为。被告辩称，黄德隆等人公证购买和法院保全的实物都是因原告委托别人多次要求从被告处购买电池，被告应其要求从深圳市科特力电讯有限公司购买来的，至于法院保全的电池壳半成品，是该公司附送的。一审法院认为，被告举出的"购货清单"和"收据"没有其他证据予以佐证，不能证明其没有制造行为。被告关于"附送半成品"的抗辩没有相应证据证实，一审法院不予认定。被告不能合理解释其陈列多种电池产品的事实，对其没有制造行为的抗辩，一审法院不予采纳。

关于被告销售的被控侵权产品是否有合法来源的问题。被告在庭审中承认其销售了被控侵权产品，但提供"购货清单"和"收据"为证据，辩称其销售的被控侵权产品有合法来源。如前文所述，这两份证据没有其他证据予以佐证，结合上文关于被告有制造被控侵权产品行为的认定，一审法院对被告关于其销售的被控侵权产品有合法来源的辩解不予采纳。

综上所述，被告未经原告许可，制造、销售了侵犯原告专利权的产品，依法应承担停止制造销售侵权产品、销毁库存侵权产品和生产模具并赔偿经济损失的民事责任。至于赔偿数额，被告提供的关于制造销售电池产品的财务账册不能采信，原告也未提供其因侵权行为遭受的经济损失的证据，请求法院酌定。一审法院参考原告的专利性质、被告的生产规模、销售范围，支持原告赔偿10万元的请求。根据《民法通则》第一百三十四条第一款第（一）项、第（七）项、第二款，《专利法》第十一条第一款、第五十六条第一款，《最高人民法院关于审理专利纠纷案件适用法律问题的若干规定》第二十一条的规定，判决如下：

一、被告名极公司自一审判决发生法律效力之日起立即停止制造、销售侵犯原告索尼公司的 951171127 号"电池装置和用于电池装置的安装装置"发明专利权的产品的行为，销毁库存的侵权产品和专用生产模具；

二、被告名极公司自一审判决发生法律效力之日起 10 日内一次性赔偿原告索尼公司经济损失人民币 10 万元。

案件受理费人民币 3 510 元、证据保全费 1 000 元均由被告名极公司负担（上述费用原告已预交，一审法院不予退回，由被告在履行上述给付义务时径付原告）。

上诉理由

名极公司不服原审判决，提起上诉称：原审判决事实不清，证据不足，适用法律不当。对案件事实的认定完全凭主观臆断，判决明显不公，过分袒护索尼公司。

一、关于名极公司是否有制造被控侵权产品的问题

有生产加工电池的能力不等于有生产侵权产品的技术条件，具备生产条件也不能说已制造了侵权产品。索尼公司购买电池只说明有销售行为。保全的 FM960 电池壳本身不能说明谁是生产者。而现场拍摄的名极公司陈列的多种电池产品照片，并非索尼公司所指控的侵权产品，而是名极公司自己研制的产品。两者型号规格、结构、用途、技术性能完全不同。名极公司提交会计账册的"说明"，表明提交的会计账册与名极公司生产销售的电池产品相符，而该会计账册并没有被控产品的记录，一审法院认为名极公司承认有"生产和销售"行为纯属子虚乌有。一审判决认定名极公司制造被控侵权产品的所有依据均与"生产"无关。名极公司没有生产其专利产品的设备和模具，一审庭审中，索尼公司始终没有向法庭提供任何证据证明名极公司有生产制造其专利产品的技术条件和行为。索尼公司也当庭表示，其证据 2 证明的是销售行为，而非生产行为。诉前，索尼公司曾向原审法院提出了证据保全申请，想当然地要求查封名极公司的生产线设备和模具等。原审法院作出裁定后立即采取了保全措施。但是，法院并没有发现名极公司具有索尼公司所指称的生产线设备和模具，只查封、扣押了名极公司在深圳市科特力电讯有限公司购买及附送的几个电池壳和电池芯。所谓的"专用生产模具"根本不存在，一审法院竟然判决名极公司立即"销毁专用生产模具"。

二、关于被控产品是否有合法来源的问题

庭审中，名极公司向法庭提交了"购货清单"和"收据"，证明产品的进货渠道和合法来源。但是，一审判决的逻辑是名极公司举出的"购货清单"和"收据"没有其他证据予以佐证，所以不能证明其没有制造行为，而不能证明其没有制造行为即是有制造行为。因为有制造行为，所以"购货清单"和"收据"不能采信。这一推理显然已陷入循环论证的困境。对于"购货清单"和"收据"的真实性，索尼公司否认，依法

应由索尼公司承担举证责任，名极公司没有提供"其他证据予以佐证"的责任，因为一笔简单的交易有"购货清单"和"收据"已足以证明交易的事实，未必有书面合同才能说明交易的存在。庭审中，索尼公司一共向法庭提交了3份证据，以上3项证据与待证事实"专用模具"及"生产行为"风马牛不相及，令人不解的是，一审判决支持了"立即销毁专用模具"的诉讼请求，却未能证明存在专用模具的事实。法官显然置《最高人民法院关于民事诉讼证据的若干规定》第二条规定于不顾。

三、关于被控产品是否构成专利侵权的问题

索尼公司的951171127号专利共有9项权利要求，其中权利要求1项涉及电池装置本身，即一壳体。如权利要求书所述，构成该项专利（电池装置）的全部必要技术方案包括：（1）识别槽技术；（2）电池盒单元的形成；（3）壳体侧面的导引槽；（4）充电指示安装槽；（5）侧表面的连接端子。5项技术方案共同构成电池装置专利（即一壳体）。本案仅对权利要求1（识别槽技术方案）的必要技术特征进行了对比分析。即使被控侵权产品的识别槽技术方案与权利要求1完全相同，也只是对权利要求1的全面覆盖，而非对电池装置专利的全面覆盖。专利说明书第7页记载了发明的目的："本发明的目的就是提供一种电池装置，它能够清楚可靠地确定电池装置的类型，用以阻止不正当的电池类型错误地安装于主装置上，从而防止了主装置的损坏。"其目的是防止他人生产的电池在索尼电器产品上使用，以达到商业垄断的目的。如上所述，索尼公司的专利产品电池装置必须具备权利要求1~5的全部技术特征，否则就是废品。同样，如果被控产品（壳体）只有识别槽技术与之相同不具备其他必要的技术特征，那么，根本不能实现专利相同的功能，达到基本相同的效果。换句话说，被控产品要达到可以在索尼公司电器产品上使用的目的，就必须具备权利要求1~5的全部技术特征。因为壳体外表面的每一个技术特征都必须符合主装置的要求，才能与主装置吻合配对。如壳体侧面的导引槽稍有偏移，或槽的大小稍有误差，就无法与主装置配合。所以，如果被控产品仅有部分技术特征与专利相同，就根本达不到与专利基本相同的功能和技术效果，那么就不能认为是专利侵权。

四、关于赔偿金额的自由裁量权的法律适用问题

一审判决既违背客观事实，也有悖法律精神。就事实而言，名极公司根本没有生产其专利产品，"生产规模"一说纯属法官的主观臆造。既然名极公司提供的关于制造销售电池产品的财务账册不能采信，本案根本就没有任何可以供法院参考的有关"生产规模"的证据材料。因而，所谓的"生产规模"只能凭空想象。至于销售范围，一审也查明了名极公司是在索尼公司引诱下发生的交易。除此，名极公司未在其他任何渠道销售过被控侵权产品。法院参考的"销售范围"也仅此而已。在法律适用方面，根据《最高人民法院关于审理专利纠纷案件适用法律问题的若干规定》第二十一条之规定，法院可以在5 000~30万元范围内确定赔偿数额的前提是：权利人确有损失但难以确定或者侵权人获得的利益难以确定。如果权利人能证明在某些区域有侵权产品，但确实无法统计、计算的，才可以适用自由裁量的规定。索尼公司没有证明除本身诱买的几个壳

体外，名极公司在哪些范围内销售过其产品，连起码的说明也没有。并且，名极公司销售的十几个电池装置获得的利润是很容易确定的。因此，法院应当依据该规定的第二十条，以"侵权获利"的方式来计算、确定赔偿数额，而不应该滥用自由裁量权。名极公司向索尼公司出售的十几个电池，电池装置部分（壳体）价格也不过七八十元，其利润不超过十元。但是，一审判决的赔偿数额竟然达到 10 万元之多。索尼公司诱使名极公司销售被控产品，该产品不会流入市场，市场占有率为零，其本身并没有任何损失可言。根据民事赔偿的填平原则，没有损失就不应该赔偿。须特别强调指出的是，一审法院连本案的标的物专利产品一种电池装置（电池外壳）都有意无意的搞错了。为了暗示名极公司有生产行为，判决书称电池装置为半成品，电池为侵权产品。事实上，电池由外壳、电芯、电路板三部分组成。与本案有关的仅仅是外壳部分，即电池装置部分。一审法院显然把电池成品视为索尼公司的专利。

综上所述，名极公司没有生产索尼公司的专利产品，其销售行为是在索尼公司的引诱下进行的，且证明了合法来源。名极公司从未在其他渠道销售过被控产品，索尼公司不存在损失的问题。而且，被控产品即使覆盖了权利要求的全部技术特征，在未对其他 4 项技术方案的技术特征进行对比的情况下，也不能得出被控产品构成对 951171127 号专利整体技术方案全面覆盖侵权的结论。为此，请求二审法院依法撤销原审判决，驳回索尼公司的诉讼请求。

索尼公司答辩认为：原审判决认定事实清楚、证据充分、适用法律正确。

一、一审判决认定事实清楚正确、证据充分，名极公司关于其并未制造侵权产品的上诉理由缺乏证据，不能成立。一审法院认定名极公司生产和销售侵权电池产品构成专利侵权，为一审法院在执行证据保全以及法庭的举证和质证过程中所认定的证据所充分支持。名极公司未能提出任何相反证据对所有相关事实认定提出异议，其关于法院在其生产场所保全到侵权电池半成品的辩解显然不符合逻辑。

1. 在证据保全执行过程中，一审法院在名极公司工厂的生产区查封了侵权电池的半成品，包括侵权电池外壳和电池芯，名极公司向一审法院提供的"说明"承认，一审法院查封的电池的品种与该公司于 2002 年至今生产及销售电池的电池品种相符。上述证据已经证明，名极公司具有对侵权电池的生产和销售行为。名极公司主张其生产行为不成立，但没有提供相反证据和令人信服的理由。第一，名极公司上诉称这些被查封的电池盒和电池芯均为案外人深圳市科特力电讯有限公司附送的，没有证据支持。即使在名极公司提交的深圳市科特力电讯有限公司出具的"购货清单"的真实性可以确认的情况下，该清单上只是注明"随货附送上述型号电池外壳各一个"，并没有注明还同时附送电池芯。第二，名极公司关于其没有生产行为的辩解理由牵强附会，缺乏基本的逻辑性。名极公司只是一味强调被查封电池半成品的来源，但没有对为何深圳市科特力电讯有限公司要向其附送电池外壳，而且为何电池外壳和电池芯出现在其生产区作出任何解释。根据常理，名极公司作为专业的电池生产厂家，将电池半成品置于其生产区域，除非提供充分的证据和合理的解释，否则应当认定这些半成品是用于生产电池成品的。第三，名极公司企图以一审法院并没有发现生产设备和模具为由，否认其制造侵权产品的事实。据索尼公司所知，生产被控侵权产品除了专用的模具外，并不需要专门的生产线或其他专门生产设备，而且模具的体积较小，非常容易移动和隐藏。一审法院在执行证据保全过程中没有发现模具，正是因为名极公司不配合法院的执行，故意隐藏侵权证据的结果。

2. 结合从名极公司处公证购买的侵权电池，以及其他相关证据，足以认定名极公司从事了制造和销售侵权电池的活动。在名极公司不能提供反证的情况下，一审法院查封的名极公司生产车间的侵权电池半成品和名极公司自己的"说明"已经证明名极公司实施了生产行为。同时，名极公司对外销售侵权电池，其本身是一个专业制造电池及配套产品的生产厂家，以及名极公司承认所陈列的多种电池产品为其生产等事实，进一步形成了一个完整、符合逻辑的证据链，足以证明名极公司是侵权电池产品的制造和销售者。一审法院在综合考虑诸多事实和证据的基础上，根据双方举证的情况和证据规则作出认定，完全符合《民事诉讼法》和《最高人民法院关于民事诉讼证据的若干规定》的相关规定。至于被控侵权产品是否有合法来源，在已经确认名极公司制造侵权产品的情况下，名极公司是否还从案外人处购进侵权产品，与本案无关。此外，名极公司关于其销售侵权产品的行为是在被索尼公司的引诱下进行的辩解，没有任何事实依据。

3. 名极公司在上诉状中故意偷换概念，意图误导二审法院。首先，名极公司列举了一审判决书第6页的判决理由和依据，但是关于证据保全的样品和名极公司提交的"说明"的描述与一审判决书并不一致。名极公司故意漏掉被同时查封的电池芯，将原审法院查封的电池半成品简单地描述为"电池壳"，并进而否认该"电池壳"为半成品。事实上，在一审开庭质证过程中，名极公司已经确认法院查封的为半成品。名极公司还将"说明"中关于名极公司确认一审法院所拍摄和查封的电池的品种与该公司提供的会计账册复印件所记录的品种相符，错误地转述为"会计账册复印件与原件相符"，意在否认其先前承认的所查封的电池与该公司于2002年以来生产及销售电池的品种相符。其次，名极公司还错误解释了索尼公司的专利保护范围。名极公司称一审法院将本案的标的物搞错了，认为"电池装置"即为"外壳部分"，索尼公司的专利仅仅涉及该外壳部分，而电池成品与本案无关，企图否认其生产的电池成品为侵权产品。事实上，索尼公司第951171127号发明专利的独立权利要求1中明确记载，本专利为一种电池装置，包括壳体和装在所述壳体内的电池盒单元内的电池。虽然该专利的区别技术特征主要在壳体上，但不可否认索尼公司的专利产品是整个电池装置，而不是单独的电池外壳。名极公司的该上诉理由显然不能成立。

二、一审法院认定被控侵权产品构成侵犯索尼公司的专利权完全正确，名极公司关于判断专利侵权必须对比全部技术特征的上诉主张没有法律依据，不能支持。名极公司认为认定本案被控侵权产品是否构成专利侵权，必须同时对比权利要求1～5的全部技术特征，否则被控产品就根本达不到与专利基本相同的功能和技术效果，就不能认为是专利侵权。名极公司将是否能够实现与专利相同的功能和技术效果来作为认定专利侵权的标准，没有任何法律依据，显然是对法定和公认的专利侵权判定原则的错误认识。《专利法》第五十六条规定，"发明或者实用新型专利权的保护范围以其权利要求的内容为准，说明书及附图可以用于解释权利要求"。就本案专利而言，权利要求 1 是一项关于电池装置的独立权利要求，记载该专利的所有必要技术特征，包括共有技术特征（即现有技术）和区别技术特征，而权利要求 2~5 是从属权利要求，是对独立权利要求的区别技术特征的进一步限定，所记载的是附加技术特征。因此，该发明专利权的保护范围应当首先以权利要求 1 的内容为准。原审法院在就权利要求 1 的必要技术特征与被控侵权产品的技术特征进行对比，确认后者完全落入前者保护范围的情况下，认定被控产品构成对索尼公司专利权的侵犯，完全符合法律的规定。名极公司似乎在混淆必要技术特征和附加技术特征的概念。

三、原审判决根据名极公司侵权行为的性质和情节等确定了较为适当的损害赔偿数额。名极公司不遵循法院的要求，不披露其生产经营侵权产品情况的做法不仅表现出名极公司恶意侵权的意图和动机，而且给本案的赔偿数额的确定造成了相当的困难。名极公司侵权行为的性质比较严重。公证购买的结果表明，名极公司销售的侵权产品涉及的型号多达 5 个。名极公司在向一审法院提交财务账册时曾书面"说明"，其所提交的账册为该公司自 2002 年以来生产销售被法院所保全的电池（包括本案侵权产品）的全部记录。但是，一审法院经审查上诉人提供的财务账册，发现该账册并没有包含被控侵权产品的生产和销售情况，致使法院无法查明其生产销售侵权产品的实际获利情况。名极公司故意隐瞒侵权产品的生产经营情况，体现了名极公司侵权的主观恶意，名极公司应当为此行为承担相应的法律责任。同时，索尼公司由于名极公司的侵权活动遭受了沉重的损失和负担，为调查制止名极公司的侵权活动，聘请律师追究名极公司的侵权责任和保护公司和其用户的合法权益付出了相当的代价。在名极公司的侵权获利以及公司的实际损失均无法查明的情况下，一审法院根据《专利法》和《最高人民法院关于审理专利纠纷案件适用法律问题的若干规定》的有关规定，在法定幅度内，根据索尼公司专利的性质，名极公司的生产规模、销售范围等情节，判令名极公司赔偿人民币 10 万元，完全符合本案的事实和法律。名极公司主张仅根据其被公证的销售行为的实际获利来确定赔偿额，于法无据，不能支持。

综上所述，一审法院所作的判决事实认定清楚，符合现行法律法规及有关司法解释的规定，请求法院予以维持，驳回上诉。

二审判决及理由

二审法院认为：索尼公司取得的第 951171127 号发明专利权现处于有效法律状态，依法应受到保护。根据《专利法》第五十六条第一款的规定，发明专利权的保护范围以其权利要求的内容为准，说明书及附图可以用于解释权利要求。《最高人民法院关于审理专利纠纷案件适用法律问题的若干规定》第十七条第一款对于上述法条明确解释为：专利权的保护范围应当以权利要求书中明确记载的必要技术特征所确定的范围为准，也包括与该必要技术特征相等同的特征所确定的范围。第 951171127 号发明专利权利要求书中明确记载的必要技术特征有二，一是权利要求 1，二是权利要求 6，分别对应电池装置和用于电池装置的安装装置。索尼公司提起本案的诉讼只涉及电池装置，因而保护范围应当以权利要求 1 所确定的范围为准。将索尼公司在名极公司公证购买的被控侵权产品与第 951171127 号发明专利权利要求 1 进行对比，被控侵权产品的技术特征包含了权利要求 1 的全部必要技术特征，落入第 951171127 号发明专利权的保护范围，名极公司在一审开庭审理中对此不持异议，其侵犯专利权的事实应当予以确认。名极公司对于被控侵权产品不构成专利侵权的上诉理由不能成立。

涉案的被控侵权产品是索尼公司在名极公司处通过公证购买的方式取得，而名极公司本身具有制造电池的能力，这是客观事实。名极公司主张被控侵权产品是向他人购买，虽然提交了"购货清单"和"收据"，但是，该证据既不能证明名极公司与他人之间存在真实的交易关系，又不能证明"购货清单"所记载的产品与被控侵权产品之间的对应关系，也不能证明被控侵权产品有合法来源，名极公司对此没有进一步举证，因此，名极公司的相关主张依法不能予以支持，原审判决认定名极公司有制造被控侵权产品的行为并无不当。

原审法院在被侵权人所受的损失和侵权人所获的利益难以确定，以及没有专利许可使用费可以参照的情况下，依据最高人民法院相关司法解释的规定，采用定额赔偿来确定赔偿额，所确定的赔偿数额也在法定幅度内，所作判决并无不当。

综上所述，名极公司提出的上诉缺乏事实依据和法律依据，其上诉请求应当予以驳回。原审判决认定事实清楚，适用法律正确，二审法院予以维持。依照《民事诉讼法》第一百五十三条第一款第（一）项的规定，判决如下：

驳回上诉，维持原判。

二审案件受理费人民币 3 510 元由名极公司负担。

案例 9：邱亮南与正宏泰公司专利侵权纠纷案

原告（上诉人）：邱亮南
被告（被上诉人）：广州市正宏泰科贸有限公司（下称"正宏泰公司"）

一审法院：广东省广州市中级人民法院
一审案号：（2004）穗中法民三知初字第 144 号
一审合议庭成员：李胜、穆健、谢平
一审结案日期：2005 年 6 月 23 日

二审法院：广东省高级人民法院
二审案号：（2005）粤高法民三终字第 254 号
二审合议庭成员：欧修平、黄伟明、高静
二审结案日期：2006 年 3 月 23 日

案由：专利侵权纠纷

关键词：专利侵权、必要技术特征、等同侵权、专利权的保护范围

涉案法条
《专利法》第五十六条第一款
《民事诉讼法》第一百二十八条、第一百五十三条第一款第（一）项
《最高人民法院关于审理专利纠纷案件适用法律问题的若干规定》第十七条

争议焦点
- 专利权的保护范围应当以权利要求书中明确记载的必要技术特征所确定的范围为准，也包括与该必要技术特征相等同的特征所确定的范围。
- 等同特征是指与所记载的技术特征以基本相同的手段，实现基本相同的功能，达到基本相同的效果，并且本领域的普通技术人员无需经过创造性劳动就能够联想到的特征。

审判结论
驳回原告邱亮南的诉讼请求。
一审案件受理费 1 010 元，由原告邱亮南负担。

二审法院判决驳回上诉，维持原判。

二审案件受理费 1 010 元，由上诉人邱亮南负担。

起诉及答辩

原告诉称：1999 年 11 月 10 日，其就"一种红外线防盗网"向国家知识产权局提出发明专利申请，该申请于 2000 年 5 月 10 日公布，经实质性审查后于 2003 年 5 月被授予发明专利权，专利号为 ZL99117200.0，授权公告日为 2003 年 5 月 7 日。该发明专利的独立权利要求是："1. 一种由 CPU、红外线发射器（1）、红外线接收器（2）、功率驱动器（6）、电压驱动器（7）、带管状孔的固定装置（3）、线槽（8）、蜂鸣器（B1）、执行器（J）、晶振（X）、电源和连接线等构成的红外线防盗网，其特征在于：所说的红外线发射器（1）及红外线接收器（2）以 1-1 相对的方式通过带管状孔的固定装置（3）设置在线槽（8）内，同时线槽在管状孔出口位置相应开有出孔（9），使 1-1 相对的红外线发射器/红外线接收器构成网线的两端，网线的数量与红外线发射器/红外线接收器的数量相等，网线的密度和夹角是通过调整带管状孔的固定装置在线槽内的安装位置而实现，网线的长度是通过调整两端线槽的相对位置而改变，由 CPU（80C51）的 I/O 口控制红外线发射器（1）与红外线接收器（2），每对红外线发射器/红外线接收器之间的脉冲射线的编码方式完全不同。"在上述发明专利申请的临时保护期内，被告正宏泰公司就开始使用原告邱亮南的发明；上述发明专利申请被授予专利权后，未经专利权人原告邱亮南的许可，被告以生产经营为目的实施原告的 ZL99117200.0 发明专利，生产一种名为"红外光栅对射探测器"的系列防盗报警产品，并通过参加交易展会、刊登商品广告、互联网、印制宣传册等方式向市场公开宣传和推介该"红外光栅对射探测器"系列防盗报警产品。原告购买了被告生产的一对上述产品，型号是 BEL-HZ04L05，并收集了被告上述产品的部分广告宣传资料。经与原告专利的技术特征比较，被告生产的"红外光栅对射探测器"产品的技术特征完全覆盖原告的专利保护范围。原告就一种红外线防盗网的发明专利申请获得授权后，其专利权应受到法律保护。依照《专利法》的有关规定，原告有权要求被告支付该专利临时保护期内的使用费；同时在原告专利 ZL99117200.0 的保护期内，被告正宏泰公司未经原告许可，为生产经营目的制造、销售、许诺销售该专利产品，构成对原告专利权的侵害，依法应承担侵权的民事责任。为此，原告提起诉讼，其诉讼请求为：1. 判令被告停止侵犯原告 ZL99117200.0 号发明专利权的行为；2. 判令被告向原告支付使用费和赔偿金共计人民币 2.5 万元；3. 判令被告向原告公开赔礼道歉并消除影响；4. 判令被告赔偿原告因调查制止侵权所支付的费用 300 元；5. 本案一切费用由被告承担。

被告正宏泰公司辩称：其自成立以来，依法经营，十分尊重他人的知识产权，从未侵犯他人的知识产权。首先，原告诉称被告侵犯其专利权，但事实上，被告所制造生产的被控侵权产品与原告专利所保护的内容大相径庭，根本不落入其专利保护范围。原告诉称被控侵权产品为侵权产品缺乏事实依据和法律依据。其次，原告要求支付使用费、赔偿金和调查费用，缺乏事实依据和法律依据，不能予以支持。再次，原告要求被告向其公开赔礼道歉并消除影响的诉请，由于作为民事责任形式的"赔礼道歉、消除影响"，其适用有特定的要求，一般应适用于涉及侵犯他人名誉权、商誉权等人身权的场合，而专利权是一种财产权，侵犯专利权不涉及上述权利问题，对于专利侵权纠纷不应适用"赔礼道歉、消除影响"的民事责任。故原告此诉请亦不应得到支持。综上所述，原告的各项诉请均缺乏事实依据和法律依据，请求法院依法驳回原告全部诉请。

事实认定

一审法院经审理查明：1999年11月10日，原告邱亮南就"一种红外线防盗网"向国家知识产权局提出发明专利申请，该申请于2000年5月10日公布，授权公告日为2003年5月7日，专利号为ZL99117200.0。该发明专利的独立权利要求是："1. 一种由CPU、红外线发射器（1）、红外线接收器（2）、功率驱动器（6）、电压驱动器（7）、带管状孔的固定装置（3）、线槽（8）、蜂鸣器（B1）、执行器（J）、晶振（X）、电源和连接线等构成的红外线防盗网，其特征在于：所说的红外线发射器（1）及红外线接收器（2）以1-1相对的方式通过带管状孔的固定装置（3）设置在线槽（8）内，同时线槽在管状孔出口位置相应开有出孔（9），使1-1相对的红外线发射器/红外线接收器构成网线的两端，网线的数量与红外线发射器/红外线接收器的数量相等，网线的密度和夹角是通过调整带管状孔的固定装置在线槽内的安装位置而实现，网线的长度是通过调整两端线槽的相对位置而改变，由CPU（80C51）的I/O口控制红外线发射器（1）与红外线接收器（2），每对红外线发射器/红外线接收器之间的脉冲射线的编码方式完全不同。"

2003年12月17日，原告在被告处公证购买"红外光栅对射探测器"8对（其中包括BEL-HZ02L05、BEL-HZ04L05等8种型号）。本案涉及的产品型号为BEL-HZ04L05。经与原告专利权利要求书对比，被控侵权产品的结构为，一种由CPU、红外线发射器、红外线接收器、功率驱动器、电压驱动器、管状外壳、蜂鸣器（B1）、执行器（J）、晶振（X）、电源和长条形线路板构成的红外光栅对射探测器。所有电路元器件焊接在长条形线路板上，长条形线路板直接趟入管状外壳的卡槽内，管状外壳无开孔或开槽，用特殊塑料能直接被红外光透射的原理，实现光路链接；采用"管状外壳+长条状线路板"的安装结构，而使得被控侵权产品的每对发射器/接收器在管内的位置和数量确定；双方确认被告产品的方案是采用的分时扫描方式避免信号的干扰。

被告认为其产品特征与原告专利必要技术特征不同：1. 产品中没有带管状孔的固定装置、不具有线槽、没有连接线；2. 没有出孔（9），而是一条狭长透红外光材料做成的滤光带或遮光屏；3. 网线的密度和夹角不可调；4. 其产品采用的是分时扫描的开关信号技术，无需编码设置也不涉及编码方法，与原告的"每对红外线发射器/红外线接收器之间的脉冲射线的编码方式完全不同"是两种不同的技术。而原告认为被告产品技术特征与原告专利的技术特征相同或等同。

上述事实，有原告提供的证据：1. 发明专利证书；2. 专利年费收据；3. 发明专利说明书；4. E–MAIL 来往信函；5. 被告网页资料；6. 被告广告资料；7. 公证书。被告提供的证据：1.《新编英汉计算机与信息技术术语精解》相关页；2.《新英汉计算机大辞典》相关页；3.《数字电路与逻辑设计》相关页；4.《英汉电子学精解辞典》；5. 原告专利的公开说明书；6. 被控侵权产品的工作流程图及说明；7. 原告的专利产品模型。开庭笔录等证据证实。

一审判决及理由

一审法院认为：原告的"一种红外线防盗网"的发明专利依法由国家知识产权局授权，且也缴纳相关年费，该专利合法有效，应受法律的保护。

本案所涉发明专利的保护范围确定，《专利法》第五十六条第一款规定："发明或者实用新型专利权的保护范围以其权利要求的内容为准，说明书及附图可以用于解释权利要求。"依据上述规定和最高人民法院法释〔2001〕21 号司法解释第十七条的规定，发明专利权的保护范围以权利要求书中明确记载的必要技术特征所确定的范围为准。因此，原告诉请保护的是本案发明专利 ZL99117200.0 的保护范围是其权利要求 1 所确定的范围。

本案双方争议的焦点是：被告产品是否与原告专利的必要技术特征相同或等同，是否落入原告的专利保护范围。双方的争议焦点具体表现为：1. 被控产品中是否具有带管状孔的固定装置、线槽、连接线？2. 被控产品没有出孔，而是一条狭长透红外光材料做成的滤光带或遮光屏，该技术是否与原告专利出孔构成等同？3. 被控产品网线的密度和夹角是否可调？4. 被控产品采用的是分时扫描的开关信号技术，是否属于不同的编码方式？

一、关于第一个争议焦点

原告认为，被告称其产品中没有带管状孔的固定装置（3），没有连接线、线槽，故不同于原告的技术特征。这是被告的误解或有意曲解。从原告专利说明书及附图 1 中不难看出，带管状孔的固定装置（3）是罩在红外线发射器/红外线接收器外的带管状孔的装置，其作用是固定红外线发射器/红外线接收器与管状孔的相对位置，在被告产品的红外线发射器和红外线接收器上，毫无例外都有一个带管状孔的黑色塑料装置，该装置上的圆柱状脚起到与电路板固定的作用，保持管状孔与红外线发射器和红外线接收器的相对固定关系，这就是权利要求书中所说的带管状孔的固定装置；各种电子元器件要发挥正常功能，现有技术条件下，通常都会采用连接线的方式将它们连起来，至于是哪种具体连接线，专利权利要求书中并没有具体限定，也就是说权利要求书中的"连接线"是外延较大的上位概念，而被告将权利要求书中的"连接线"说成"连接电线"，就缩小了范围，其实"连接电线"只是"连接线"的其中之一，是外延较小的下位概念，被告产品明显采用了连接线，不然就无法正常工作。所以被告产品具有"连接线"技术特征。被告产品的红外线发射器及红外线接收器也是以 1－1 相对的方式通过带管状孔的固定装置设置在线槽内，被告的产品也有线槽。

被告认为，参考原告专利说明附图的第 1 图可以得知，原告是先在每一固定装置（3）内设置一小线路板，在小线路板上装设有前述必要的基本电器元件，如此即以每个"固定装置（3）＋小线路板＋必要基本电器元件"形成一模块单元，接着拿若干模块单元以连接线各自串接，并设在线槽内，而被告是先焊接在长条形线路板上后再整个一片趟进管状外壳的卡槽内，没有线槽，连接线，此技术手段的明显不同而使实现的功能和获得效果也完全不同，因此不等同。其产品中没有带管状孔的固定装置（3），没有连接线，故不同于原告的技术特征。

一审法院认为，被告产品都有一个带管状孔的黑色塑料装置，是带管状孔的固定装置，而且对"连接线"的理解应以专利权利要求书记载的内容为准，而不能以说明书记载的内容来界定专利保护范围，原告陈述的理由成立，被告的产品具有固定装置和连接线、线槽。

二、关于第二个争议焦点

原告认为，虽然被告产品的确没有权利要求书中所说的出孔（9），取而代之的是一条狭长透红外光材料做成的滤光带或遮光屏，被告在其产品说明书中称它为"专利的黑色滤光片，对可见光有极好的滤除作用，而对红外光则具有很好的透光率"，故被告的滤光带或遮光屏与原告的出孔（9），系等同特征。两者对于本发明所要解决的技术问题来说，在手段/功能/效果等方面，具有基本相同的特征，且这种替代对于该领域内的普通技术人员来讲是显而易见的。进一步讲就是，两者都是让红外光透过的手法，实现红外线发射与接收 1－1 对应的功能，最终达到 CPU 识别处理红外射线及良好防盗的效果，由于是红外线防盗网，要让红外线通过，实现发射接收相对应，除了开孔可让红外线通过，该领域内的普通技术人员很自然会想到用滤光片来让红外线通过，根本无需经过创造性劳动就能够联想到。

被告认为，原告的线槽开设有孔以供脉冲射线（即红外线）从中通过，而被告管状外壳上不开孔，被告是采用了一种能透红外线的特殊塑料材料来解决光路链接（即不开孔时如何能使脉冲射线不被阻挡，而仍能正常传输）的问题，二者技术手段明显不同，不构成等同。

一审法院认为，根据《最高人民法院关于审理专利纠纷案件适用法律问题的若干规定》第十七条第二款的规定："等同特征是指与所记载的技术特征以基本相同的手段、实现基本相同的功能，达到基本相同的效果，并且本领域的普通技术人员无需经过创造性劳动就能联想到的特征。"从本案事实来看，被告产品管状外壳无开设任何开孔或开槽，而是直接利用特殊塑料能直接被红外光透射的原理，实现光路链接。相比较而言，两者使用的手段、具有的功能和实现的效果不同，并非该专利所属领域的普通技术人员不经过任何创造性劳动就能联想到的特征，故二者该技术特征不构成等同，被告的辩称理由成立。

三、关于第三个争议焦点

原告认为，被告认为其产品网线的密度和夹角不可调的理解太过机械化。就被告的某个具体产品而言，网线的密度和夹角可能是不可调的。其实原告专利权利要求所描述的"网线的密度和夹角是通过调整带管状孔的固定装置在线槽内的安装位置而实现"，是就红外线防盗网系列产品而言。原告专利权利要求的保护范围并非指某一类光束的某个产品，而是多类光束的多种产品，如2束、3束、4束、5束，而被告的是系列产品，体现了该特征。

被告认为，原告专利由于每一装有红外发射器/接收器的固定装置均成为一模块，而将各模块分别用柔软的连接线连接，如此，由于模块可相对于线槽做转动，因此可实现网线夹角可调；由于各模块之间是用软连接线连接，因此可调整模块间的间距，从而实现网线密度可调；而被控侵权产品的红外发射器/接收器在被控侵权产品上的位置已经固定，故红外发射器/接收器的夹角和密度不可调，二者根本不同，功能和效果也各不相同，不构成等同。

一审法院认为，被控产品的红外发射器/接收器的位置已经固定，其夹角和密度不可调。原告的专利中对该特征的陈述应理解为在同一产品上进行夹角和密度的调整，原告认为被告产品通过系列产品方式来实现其夹角和密度的调整的理由不能成立，原告的辩称理由不能成立。

四、关于第四个争议焦点

原告认为，在红外线发射/接收过程中，CPU通过编程分别对每束红外射线进行处理，首先使发射端形成每对编码方式完全不同的红外脉冲射线，也正因为这样，CPU才能在接收端正确区分各束不同的红外脉冲射线，进而可按防卫要求，设置不同报警条件，实现防盗报警的目的。根据被告提交的证据，可以得出其产品在一个信号周期内的各束红外射线编码方式，其时间和波形的综合体现是完全不同的或者说其编码方式完全不同。其实被告是在有意曲解编码方式在本案中的含义，以引人误解。原告所保护的不是完全不同的编码方法，而是完全不同的编码结果。

被告认为，其产品每对射线的编码完全相同，采用的是分时扫描、开关信号技术，与原告的"由CPU（80C51）的I/O口控制红外线发射器（1）与红外线接收器（2），每对红外线发射器/红外线接收器之间的脉冲射线的编码方式完全不同"是两种不同的技术。原告专利任一工作时刻都有多束脉冲射线发出，因此，为避免同时工作的这多条脉冲射线相互干扰，故采用完全不同的编码方式，使其获得的各识别标志完全不同的编码设置，而被控侵权产品由于不会有多根射线同时发出，故不存在干扰，也就不存在编码设置的问题。二者原理和技术手段根本不同，也不构成等同。

一审法院认为，原告专利权利书界定的该技术特征为"每对红外线发射器/红外线接收器之间的脉冲射线的编码方式完全不同"，而被控侵权产品采用的方案是：每对红外线发射器/红外线接收器之间的脉冲射线的编码方式是相同的，只允许每一工作时刻只有一束脉冲射线发出，通过时间的控制来达到避免干扰的目的，与原告的该专利技术特征不同。被告的辩称理由成立。

综上所述，被告的产品的技术特征与原告的专利权利要求书所界定的必要技术特征不完全相同或等同，被控侵权产品的技术特征未完全覆盖原告的专利保护范围，被控侵权产品未落入原告专利保护范围，原告诉称被告生产的被控侵权产品侵犯其专利权的理由不能成立，其诉讼请求一审法院不予支持。依照《专利法》第五十六条第一款、《民事诉讼法》第一百二十八条的规定，判决如下：

驳回原告邱亮南的诉讼请求。

本案案件受理费 1 010 元，由原告邱亮南负担。

上诉理由

邱亮南不服原审判决，向二审法院提起上诉，请求：1. 撤销广东省广州市中级人民法院（2004）穗中法民三知初字第 144 号民事判决；2. 判令正宏泰公司停止侵犯邱亮南 ZL99117200.0 号发明专利权的行为；3. 判令正宏泰公司向邱亮南支付使用费和赔偿金共计人民币 2.5 万元；4. 判令正宏泰公司赔偿邱亮南因调查制止侵权所支付的费用 300 元；5. 本案一、二审诉讼费用由正宏泰公司承担。其上诉的事实与理由为：一审判决认定事实错误。

1. 关于被控侵权产品中一条狭长透红外光材料做成的滤光带或遮光屏，与专利的出孔是否构成等同技术的问题。邱亮南认为，正宏泰公司在一审中称其产品"管状外壳上不开孔，是采用了一种能透红外线的特殊塑料材料来解决光路链接的问题"，一审判决中也认为"被控侵权产品的管状外壳无开设任何开孔或开槽，而是直接利用特殊塑料能直接被红外光透射的原理，实现光路链接"，上述观点违背技术常识。被控产品在"出孔"处封口的塑料中加了特定的颜料，这种特定的颜料可以过滤光线中的可见光，使红外线顺利通过。在塑料中加特定的颜料过滤光线中的可见光，是本领域内普通技术人员所知道的常识，并被广泛使用。这类技术手段，在涉案专利权利要求书中记载的红外线接收器（2）上已经普遍被采用，在被控产品中的红外线接收器上也已经使用，所以被控产品在"出孔"使用配有特定颜料的封口塑料，是显而易见的，对于所属领域的普通技术人员来讲是不需经过任何创造性劳动就能联想到的特征。被控产品虽使用了所谓的特殊塑料让红外光透射，但是该特殊塑料是安放在被控产品管状外壳上的，也就是说管状外壳在安放该特殊塑料的位置是被开设出了一条狭长的出口或槽，该出口或槽在管状孔出口位置与专利的出孔系同样技术特征。该出口或槽本身单独就能实现红外线发射与接收 1－1 对应的功能，最终达到 CPU 识别处理红外射线及防盗的效果，在该出口或槽的位置加装能让红外光透过的特殊塑料后，也能实现红外线发射与接收 1－1 对应的功能，最终达到 CPU 识别处理红外射线及防盗的效果，这对该专利所属领域的普通技术人员来讲，是不需要任何创造性劳动就能联想到的特征，至于说加装的特殊塑料还有诸如滤除可见光、防雨防尘等功能，那是另一码事。

2. 关于被控侵权产品网线的密度和夹角是否可调的问题。一审判决认定涉案专利中对网线密度和夹角调整的陈述应理解为在同一产品上进行夹角和密度的调整。这一认定没有依据：第一，专利权利要求书和说明书没有仅针对同一产品调整夹角和密度的文字记载和描述；第二，从权利要求书的技术特征描述看，密度和夹角的实现是既针对红外线防盗网系列产品又针对同一产品而言的；第三，从撰写发明专利申请文件的技术角度讲，将一种能生产出不同型号规格的系列产品的技术仅表达成针对某一具体型号规格产品的技术，这有悖常理；第四，原审法院按被控侵权产品的型号分案起诉、合并审理，这种分案审理不利于专利技术特征的全面客观科学的分析；第五，一审法院运用同一专利权利要求对包括本案在内的4个案件作出判决，本身从逻辑上就说明涉案发明专利关于技术特征的表述是包含系列产品的。一审判决将"密度和夹角的实现"认定为"密度和夹角是否可调"，是对专利权利要求书的错误理解。本案所涉专利的权利要求书关于密度和夹角的表述是："网线的密度和夹角是通过调整带管状孔的固定装置在线槽内的安装位置而实现。"由此可见，关于"网线的密度和夹角"是"实现"而非"调整"或"可调"，"调整"的是"带管状孔的固定装置在线槽内的安装位置"。至于密度和夹角是否可调，这不是权利要求书关注的问题，权利要求书表述的是"调整带管状孔的固定装置在线槽内的安装位置"实现"网线的密度和夹角"，而不是调整网线的密度和夹角。一审判决认为，被控产品的红外发射器/接收器的位置已经固定，其夹角和密度不可调。邱亮南认为，这与本案所涉专利的权利要求书记载的技术特征并不矛盾，且恰恰落入其保护范围。"被控产品的红外发射器/接收器的位置已经固定"就是通过调整带管状孔的固定装置在其管状外壳内的安装位置而达到的，从而实现了被控产品现有的密度和夹角。

3. 关于被控侵权产品的每对红外线发射器/红外线接收器之间的脉冲射线的编码方式是否完全不同的问题。邱亮南认为，一审判决上述认定的错误表现在两个方面，一是混淆了技术手段与编码方式（结果）的关系，二是把属于编码方式关键因素之一的时间因素从整个信号过程中孤立出来。正宏泰公司使用的所谓分时扫描、开关信号技术，会产生不同的编码方式，所谓分时扫描开关信号技术是一种技术手段，而编码方式是在一种或几种技术手段下产生的技术结果。涉及编码方式有多个因素：如波形、时间、频率等，编码方式就是在一个信号周期内多个因素的组合结果，其中时间是必要因素之一，这是电子电路学科领域的常识。正宏泰公司在一审中辩称其"被控侵权产品由于不会有多根射线同时发出，故不存在干扰，也就不存在编码设置的问题"，一审判决也认为"被控侵权产品采用的方案是：每对红外线发射器/红外线接收器之间的脉冲射线的编码方式是相同的，只允许每一工作时刻只有一束脉冲射线发出，通过时间的控制来达到避免干扰的目的，与涉案专利该技术特征不同"。正宏泰公司和一审判决的上述表述都犯了同样的错误：将时间因素从编码方式的整个信号周期中孤立出来。

正宏泰公司答辩认为：依据全面覆盖和等同原则，被控侵权产品均不落入涉案专利保护范围，不构成侵权。从技术角度去分析，被控侵权产品与涉案专利技术也是根本不同的。综上，正宏泰公司的被控侵权产品不侵犯涉案专利权，邱亮南所述事实和理由均不能成立，原审判决认定事实清楚，适用法律正确，请求依法驳回邱亮南的诉讼请求，维持一审判决。

二审查明事实

经二审审理查明，原审判决认定事实基本属实，二审法院予以确认。

另查明：涉案专利权利要求2载明："根据权利要求1所述的红外线防盗网，其特征在于：所说的红外线发射器/红外线接收器既可以由一个CPU控制，也可以用一个CPU控制红外线发射器，用另一个CPU控制红外线接收器，采用两个CPU的控制方式时，两个CPU之间必须进行同步通讯（S、L、C）。"

涉案专利的背景技术中，提及一种对射式的主动红外线探测器，这类产品的工作原理是各束红外线均为同一频率，同一编码，要求在红外线接收器全部被遮挡时才产生报警信号。涉案专利说明书中载明："本发明的目的是针对对射式主动红外线探测器工作可靠的优点，对其分辨力低下，防御面狭窄的弱点，提出一种能提高对射式主动红外线探测器的分辨力，同时达到增加红外线发射器/红外线接收器对数的目的，使其能构成多条间距可调，网线夹角可变，网线装置可随意增减的红外线防盗网。"

2004年2月17日，邱亮南向原审法院提起诉讼，请求判令：1. 正宏泰公司停止侵犯邱亮南的ZL99117200.0号发明专利权的行为；2. 判令正宏泰公司向邱亮南支付使用费和赔偿金共计人民币2.5万元；3. 判令正宏泰公司向邱亮南公开赔礼道歉并消除影响；4. 判令正宏泰公司赔偿邱亮南因调查制止侵权所支付的费用300元；5. 本案一、二审诉讼费用由正宏泰公司承担。

二审判决及理由

二审法院认为：本案为发明专利权侵权纠纷案件。邱亮南的ZL99117200.0号"红外线防盗网"发明专利权处于有效期间，依法应当予以保护。

根据一、二审查明的事实，以及双方当事人在一审的诉讼请求和答辩意见、二审的上诉请求和答辩情况，本案的争议焦点是被控侵权产品与涉案专利的必要技术特征是否相同或等同，有无落入涉案专利的保护范围。具体可分解为：1. 被控侵权产品中一条狭长透红外光材料做成的滤光带或遮光屏与涉案专利的出孔是否构成等同；2. 被控侵权产品网线的密度和夹角是否可调，是否落入涉案专利该技术特征；3. 被控侵权产品的每对红外线发射器/红外线接收器之间的脉冲射线的编码方式是否落入涉案专利的该技术特征。

《专利法》第五十六条第一款规定，发明或者实用新型专利权的保护范围以其权利要求的内容为准，说明书及附图可以用于解释权利要求。《最高人民法院关于审理专利纠纷案件适用法律问题的若干规定》第十七条规定，专利权的保护范围应当以权利要求书中明确记载的必要技术特征所确定的范围为准，也包括与该必要技术特征相等同的特征所确定的范围。等同特征是指与所记载的技术特征以基本相同的手段，实现基本相同的功能，达到基本相同的效果，并且本领域的普通技术人员无需经过创造性劳动就能够联想到的特征。涉案专利的保护范围应当根据上述法律规定予以确定。经过比对，被控侵权产品与涉案专利在出孔、网线的密度和夹角以及编码方式这三个技术特征不完全相同，二审法院将根据专利侵权判定的基本原则，分析被控侵权产品与涉案专利是否构成等同侵权。

一、被控侵权产品中一条狭长透红外光材料做成的滤光带或遮光屏与涉案专利的"出孔"是否构成等同的问题。涉案专利独立权利要求1对出孔的描述是"所说的红外线发射器（1）及红外线接收器（2）以1—1相对的方式通过带管状孔的固定装置（3）设置在线槽（8）内，同时线槽在管状孔出口位置相应开有出孔（9），使1—1相对的红外线发射器/红外线接收器构成网线的两端"。而被控侵权产品是在管状外壳上设置一条狭长的透红外光材料做成的滤光带或遮光屏，通过滤光带或遮光屏实现光路链接。邱亮南认为，涉案专利并没有限定"出孔"的大小及形状，是上位概念，"出孔"的目的就是为了形成红外线通道，而被控侵权产品虽未直接在管状外壳上开孔，但在管状外壳上设置一条狭长的透红外光材料做成的滤光带或遮光屏，其实就是在管状外壳上开设了一条狭长的"槽"，这个槽状的滤光带或遮光屏也形成了红外线通道，故被控侵权产品的"开槽"等同于涉案专利的"出孔"。二审法院认为，涉案专利的"出孔"，使用的是机械的、"开孔导光"的技术手段，"出孔"的位置是与带管状孔的固定装置的位置相对应的。由于红外线发射器/红外线接收器是通过带管状孔的固定装置设置在线槽内，实则可认定有红外线发射器/红外线接收器、有带管状孔的固定装置之处即有出孔，出孔的目的是为了实现无任何遮挡物的光路链接，实现红外线发射与接收的功能，最终达到提高红外线探测器分辨力以及防盗的目的。而被控侵权产品并不具备上述技术特征，被控侵权产品不是采用机械的、"开孔导光"的技术手段，而是通过在管状外壳上设置一条狭长的透红外光材料做成滤光带或遮光屏、利用材料的特性来实现一种有遮挡物的光路链接。涉案专利虽未限定出孔的具体形状、大小，但限制了出孔的位置，即"线槽在管状孔出口位置"，也限制了出孔的数量，即与红外线发射器/红外线接收器的数量相对应，而被控侵权产品是在管状外壳上设置了一条狭长的、贯穿管状外壳并与管状外壳成一体化的滤光带或遮光屏，与涉案专利出孔的技术特征不同，涉案专利出孔的技术特征也不能扩大保护到被控侵权产品的"开槽"。故二审法院认为涉案专利"出孔"与被控侵权产品设置的滤光带或遮光屏，虽然都是为了实现光路链接的功能和效果，但两者使用的技术手段完全不同，不能认定为等同特征。

二、被控侵权产品网线的密度和夹角是否可调，是否落入涉案专利该技术特征的保护范围。据涉案专利独立权利要求1记载："网线的密度和夹角是通过调整带管状孔的固定装置在线槽内的安装位置而实现的。"而被控侵权产品的红外线发射器/红外线接收器都已焊接在长条形线路板上，红外线发射器/红外线接收器的位置是固定的，是不可变的。邱亮南认为，原审判决将涉案专利权利要求中密度和夹角的"实现"理解为密度和夹角的"可调"或"调整"是错误的，被控侵权产品在设计时通过调整带管状孔的固定装置的安装位置来实现网线密度和夹角的变化，故落入涉案专利的保护范围。

二审法院认为，从涉案专利说明书中记载的内容可知，涉案专利的发明目的，包含网线的"间距可调""夹角可变"这两项内容。如何实现"间距可调""夹角可变"的目的，从涉案专利的独立权利要求书上看，它是通过调整"带管状孔的固定装置在线槽内的安装位置"而实现的。由此可见，涉案专利安装在线槽内带管状孔的固定装置的位置不是固定的，而是活动的，是可以根据需要来调整带管状孔固定装置的位置。由于1-1相对应的红外线发射器/红外线接收器构成网线的两端，红外线发射器/红外线接收器是以1-1相对的方式通过带管状孔的固定装置设置在线槽内，所以，通过调整安装在线槽内带管状孔的固定装置的位置，产生的后果就是网线间距、夹角的随之调整。调整带管状孔的固定装置的位置是前因，网线密度、夹角的可调、可变性是后果。涉案专利的独立权利要求非常清楚地限定了网线的密度和夹角的可变性是通过什么方式调整什么装置来实现的，没有歧义。被控侵权产品的红外线发射器/红外线接收器是焊接在长条形线路板上，红外线发射器/红外线接收器的位置是固定的，不可能通过调整红外线发射器/红外线接收器的位置来实现网线间距、夹角的可调、可变性。即便被控侵权产品在设计时可以通过其他的方式实现网线间距、夹角的可调、可变性，但这与涉案专利的技术手段完全不同，不构成等同特征。

　　三、被控侵权产品的每对红外线发射器/红外线接收器之间的脉冲射线的编码方式是否落入涉案专利的该技术特征。涉案专利独立权利要求1载明，"由CPU（80C51）的I/O口控制红外线发射器（1）与红外线接收器（2），每对红外线发射器/红外线接收器之间的脉冲射线的编码方式完全不同。"如何理解上述技术特征，可以借助于权利要求书、说明书以及附图进行解释。首先，涉案专利是针对传统对射式主动红外线探测器的不足之处发明的红外线防盗网。传统对射式主动红外线探测器的不足之处在于各束红外线均为同一频率，同一编码，这导致红外线接收器全部被遮挡时才会产生报警信号，分辨率不高。涉案专利为提高对射式主动红外线探测器的分辨力，采用了每对红外线发射器/红外线接收器之间的脉冲射线的编码方式完全不同的方式，一旦某对红外线发射器/红外线接收器的脉冲射线被遮挡而无需脉冲射线全部被遮挡时就会产生报警信号，这进一步提高了对射式主动红外线探测器的分辨力。其次，涉案专利的红外线发射器/红外线接收器采用的是同步通讯的技术方案。这可从涉案专利的权利要求2得出上述结论。涉案专利权利要求2进一步说明红外线发射器/红外线接收器可以由一个CPU控制，也可由2个CPU分别控制红外线发射器和红外线接收器，采用后一种方式时两个CPU之间必须进行同步通讯。也就是说，涉案专利的若干红外线发射器是同时发射若干束编码方式完全不同的脉冲射线，相应的红外线接收器则同步接收各自对应的脉冲射线。也正是基于涉案专利采用的是"同时发射""同步接收"的技术方案，为了避免各束脉冲射线的相互干扰，涉案专利将每对红外线发射器/红外线接收器之间设置了完全不同的编码方式，使红外线接收器能够正确识别相对应的红外线发射器发射的脉冲射线。

　　被控侵权产品采用的是分时扫描、开关信号的技术方案，这种技术方案是采用每对红外线发射器/红外线接收器之间发射脉冲射线有一个时间差，在同一时刻只有一束脉冲射线发出，通过逐一发射、高速循环的方式达到避免干扰的目的。邱亮南确认被控侵权产品采用的是这种技术方案。同时，邱亮南也认为被控侵权产品采用的技术方案虽然不同，但仍然可以得出每对红外线发射器/红外线接收器之间的脉冲射线的编码方式是完全不同的结论，已落入涉案专利的保护范围。

二审法院认为，涉案专利采用的编码方式以及被控侵权产品采用的分时扫描的方式，目的都是为了避免各束脉冲射线之间的相互干扰，提高防盗报警的分辨率，从而实现达到安全防范的效果。但是两者采用的是不同的技术手段：涉案专利采用的是同步通讯的方式，通过设置脉冲射线的编码方式达到目的，侧重点在于编码方式的不同；被控侵权产品采用的是分时扫描、开关信号的方式，通过逐一发射脉冲射线的时间差达到抗干扰的目的，侧重点在于时间，而与编码方式没有关系。再从涉案专利的发明目的上看，其是针对"同一频率、同一编码"的现有技术提出的新的技术方案，这个新的技术方案就在于其设置了完全不同的编码方式的脉冲射线。因此，涉案专利该技术特征不能扩大保护到与编码方式没有关系的分时扫描的技术方案，被控侵权产品与涉案专利该技术特征不构成等同侵权。

综上所述，原审判决认定事实清楚，适用法律正确，依法应予维持。邱亮南的上诉理由不成立，二审法院予以驳回。依照《民事诉讼法》第一百五十三条第一款第（一）项之规定，判决如下：

驳回上诉，维持原判。

二审案件受理费 1 010 元，由上诉人邱亮南负担。

案例 10：两优培九公司与颜大龙专利侵权、植物新品种侵权 纠纷案

原告（上诉人）： 南京两优培九种业有限公司（下称"两优培九公司"）
被告（被上诉人）： 颜大龙

一审法院： 江苏省南京市中级人民法院
一审案号： （2005）宁民三初字第 411 号
一审合议庭成员： 王劲松、夏雷、徐新
一审结案日期： 2006 年 5 月 22 日

二审法院： 江苏省高级人民法院
二审案号： （2006）苏民三终字第 0119 号
二审合议庭成员： 吕娜、顾韬、陈芳华
二审结案日期： 2006 年 10 月 26 日

案由： 专利侵权及植物新品种侵权纠纷

关键词： 专利侵权、植物新品种权、独占实施许可、植物新品种权使用费、检验报告

涉案法条
《专利法》第五十六条第一款
《民事诉讼法》第六十三条第一款、第一百五十三条第一款第（一）项
《植物新品种保护条例》第三十九条第一款

争议焦点
● 行政机关所作出的行为应具有较高的证明效力，但必须具备行为合法规范这一基本前提。

审判结论
驳回原告两优培九公司的诉讼请求。
一审诉讼费 12 915 元、其他诉讼费用 200 元均由原告两优培九公司承担。
二审法院判决驳回上诉，维持原判。
二审案件受理费 12 915 元，其他诉讼费 200 元，合计 13 115 元，由两优培九公司

负担。

起诉及答辩

原告两优培九公司诉称：两系杂交稻"两优培九"系江苏省农业科学院国家水稻"863"课题组邹江石研究员主持育成，是国家重点推广品种。该品种于 2002 年 1 月获得植物新品种权，品种权号 CNA20000064.0，其制种技术已于 2000 年 12 月获得国家发明专利，专利号为 ZL98111352.4。经权利人授权，原告独占实施上述知识产权。原告发现，被告于 2005 年在建湖县建阳镇西阳村以"培两优慈四"名义生产授权品种"两优培九"500 亩。"两优培九"是由母本培矮 64S 与父本 9311（扬稻 6 号）组配而成的两系杂交稻，"培两优慈四"是由母本培矮 64S 与父本慈选 4 号组配而成的两系杂交稻，两个品种的母本相同，父本不同。原告请求盐城市农林局对制种田父本植株取样送有关部门鉴定，结论为 9311，非慈选 4 号。被告未经许可擅自生产"两优培九"品种违反《植物新品种保护条例》和《专利法》的有关规定，侵犯"两优培九"的知识产权，故请求判令被告立即停止生产授权品种"两优培九"的侵权行为，并登报消除影响；赔偿原告经济损失 78.6 万元；支付原告因调查、制止侵权所发生的费用 4 500 元；承担本案全部诉讼费用。

被告颜大龙辩称：盐城市农林局作为执法单位取样、封存、送检，被告并不知情，即使被告拒绝也应由公证机关采取证据保全，故鉴定程序不合法，被告有理由怀疑其真实性，鉴定结论不应作为证据使用，请求驳回原告的诉讼请求。

原告赔偿数额主张的计算方法是：专利使用费每亩 55 元的 3 倍 × 400 亩 = 66 000 元；品种权使用费按照原告 2005 年授权许可销售单位的每斤 2 元标准的 3 倍计算，即每斤 6 元；产量按照平均亩产 300 斤计算，400 亩共计产量为 12 万斤，应当支付的品种权使用费为 72 万元。两项总计 78.6 万元。

原告为支持其诉讼请求，提交如下证据：

1. 原告企业法人营业执照；
2. 发明证书、权利要求书、2005 年专利年费缴纳收据；
3. 植物新品种权证书、2005 年品种权年费缴纳收据；
4. 两优培九品种权和专利权授权使用协议书；
5. 两优培九审定证书；
6. 培两优慈四品种权申请公告；
7. 盐城市农林局询问笔录；
8. 盐城市农林局农业执法大队证明；
9. 盐城市农林局鉴定委托书；
10. 南京农业大学种子检测中心出具的检测报告；
11. 两优培九制种合同；
12. 两优培九许可销售合同；

13. 费用凭单；

14. 孙年玉证明一份；

15. 杂交水稻种子预约生产合同 1 份。

经一审法院要求，原告申请盐城市农林局农业执法支队支队长阎安、副支队长徐寿尧到庭作证。

被告在举证期限内提交鉴定申请 1 份，并提交实物照片两张，但在庭审中将该申请和证据撤回。

事实认定

经过当事人举证、质证，一审法院对相关证据的认证如下：被告颜大龙对原告两优培九公司提交证据的真实性均无异议，一审法院确认其真实性。被告认为，盐城市农林局在鉴定过程中取样、封存、送检程序不合法，尤其是委托送检时间为 2005 年 9 月 5 日，取样时间则为 9 月 11 日，而且取样未通知被告到场，鉴定结果未通知被告，超越权限作为，故该鉴定结论被告不予认可。为查明事实，4 月 14 日庭审中，一审法院重新为本案设定补充举证期限，在 5 月 16 日庭审中，经原告申请，一审法院通知盐城市农林局派员到庭作证。就此，被告颜大龙认为原告申请证人出庭已超过举证期限，一审法院认为，通知盐城市农林局派员到庭作证对于查明本案相关事实，保证案件公正审理有重要作用，故不予采纳被告主张。另外，对于原告提交的证据 13 出差报销单，原告庭审中陈述系 2005 年 7～9 月间为维权出差费用的部分账目，因此难以细分系针对本案的相关支出费用，且被告对该证据与本案的关联性亦质疑，故一审法院对该证据与本案的关联性不予认定。

一审法院查明以下主要事实：1998 年 6 月 10 日，江苏省农业科学院向国家知识产权局申请"一种利用两系法培育亚种间杂交稻组合的方法"，并于 2000 年 12 月 29 日获得授权，授权公告日为 2001 年 1 月 31 日，专利号为 ZL98111352.4。该专利的独立权利要求是：一种杂交稻的培育方法，包括播种父母本，在母本植株抽穗期喷施赤霉素，其特征在于：利用籼粳中间型不育系培矮 64S 作母本，以籼稻 9311 作父本配制杂交种。2000 年 8 月 30 日，江苏省农业科学院向国家农业部申请两优培九水稻品种植物新品种权，2002 年 1 月 1 日获得授权，品种权号为 CNA20000064.0。2005 年 4 月 18 日，江苏省农业科学院与原告两优培九公司签订植物新品种权和专利权授权使用协议，由原告两优培九公司在两优培九水稻适宜种植区域内独家拥有该品种植物新品种和专利权的使用权，江苏省农业科学院及其他任何单位、个人未经原告许可，不得使用，且上述权利在向江苏省农业科学院备案的情况下，可以许可他人使用，就植物新品种权使用费双方约定两优培九公司每年支付 200 万元。

原告两优培九公司发现被告颜大龙未经许可擅自生产涉嫌侵权的水稻种后，即向盐城市农林局举报，盐城市农林行政执法支队遂于 2005 年 8 月 9 日对被告颜大龙生产种子的行为进行询问。颜大龙陈述，其生产的种子系培两优慈四，因此母本是培矮 64S，但父本是慈选4号，并非9311。故盐城市农林局于2005年9月5日出具鉴定委托书，并于9月11日取样，送南京农业大学鉴定。10月22日，南京农业大学种子检测中心经过分子检测，依据电泳结果，出具该样品系9311、非慈选4号结论的检测报告。

庭审中，被告颜大龙除否认其生产种子所用父本系9311外，对母本系培矮64S及种子生产方法与原告专利方法相同不持异议；并确认如构成侵权，对原告主张的赔偿计算方式也认可。被告生产的有争议的水稻种子已全部收割销售完毕。

另查明，原告两优培九公司与案外人吴有峻签订的制种技术专利许可与种子收购合同中约定的每亩专利许可费为55元。两优培九公司与盐城市射海种业有限公司（下称"射海公司"）签订的两优培九种子许可销售防伪标识申领协议中约定，射海公司销售被许可生产的两优培九种子须粘贴防伪标识，防伪标识按每公斤一枚的数量向原告购买，费用为每枚4元。

一审判决及理由

一审法院认为：未经植物新品种权权利人许可，以商业目的生产或者销售授权品种的繁殖材料的，应承担侵权责任；另外，经合法授权的专利权应受法律保护，未经许可制造、销售专利产品的行为构成侵权，也应承担相应法律责任。原告两优培九公司通过与权利人订立独占实施许可合同，取得涉讼专利权和植物新品种权的独占实施许可权，作为相关权利的利害关系人，依法有权对侵权行为提出起诉，但对主张的侵权行为有责任提供合法有效的证据予以证明。

庭审中，被告除认为生产的种子父本是慈选4号而非9311外，对生产的方法与原告涉讼专利相同不持异议，对涉讼植物新品种两优培九系母本为培矮64S与父本9311杂交而成也不持异议。因此，一审法院认为，本案的争议焦点应为盐城市农林局取得的证据是否应在本案中予以采信。

原告提交的证据中，无法证明盐城市农林局采取何种方式进行取样，在取样过程中，也无证据证明曾通知相对人到场。虽然该局执法人员到庭作证称颜大龙取样时到现场，但拒绝签字，但在行政档案证据材料中并不能反映该过程。另外，该局两名执法人员在庭审中作证时就取样数量的陈述未达成一致，因此，取样的科学性、真实性现有证据均不足以证明。

且盐城市农林局在尚未完成取样行为时，即早于该取样行为6天出具鉴定委托书，不符合行政行为的一般规律。检验报告出具后，并无证据证明盐城市农林局曾通知颜大龙本人，因此，颜大龙如对该结论有异议，则失去了通过相关程序进行救济的渠道。

在行政行为中，行政机关依其职权取得的相关证据应可以在民事案件中作为证据采信，但由于行政机关与其行政行为相对人在地位上的不对等，理应对行政行为在程序与合法性上有较高的要求，也即，在行政行为的程序与合法性上存在重大瑕疵的证据不能直接纳入到民事案件中作为定案证据使用，否则将会对当事人的权益产生损害。

综上，原告两优培九公司提交证据不能有效证明被告颜大龙在生产种子时所采用的父本系 9311，因此也就不能证明被告颜大龙在生产种子时采用了原告涉讼专利方法，同样也不能证明所生产的种子系原告涉讼植物新品种两优培九。依照《民事诉讼法》第六十三条第一款，《专利法》第五十六条第一款，《植物新品种保护条例》第三十九条第一款的规定，判决如下：

驳回原告两优培九公司的诉讼请求。

案件诉讼费 12 915 元、其他诉讼费用 200 元均由原告两优培九公司承担。

上诉理由

上诉人两优培九公司的上诉请求为：1. 撤销一审判决，依法改判，支持上诉人的诉讼请求；2. 本案一、二审诉讼费用由被上诉人承担。其主要上诉理由为：

一、一审法院认定事实错误、被上诉人侵权事实清楚

（一）一审法院关于"取样的科学性、真实性现有证据均不足以证明"的认定错误。1. 一审法院对上诉人提交证据的真实性均予以了确认，这说明上诉人提交证据所反映的事实是客观存在的。盐城市农林行政执法支队出具的证明和南京农业大学种子检测中心出具的检验结论均在上诉人提交的证据之列。被上诉人对上述两份证据的真实性未提出异议，一审法院亦确认了其真实性，这证明盐城市农林局在被上诉人制种田取样并送样检测的客观事实是存在的。同时，盐城市农林局两位执法人员分别出庭作证，证明盐城市农林局在被上诉人制种田取样并送样检测的客观事实。两位证人陈述内容一致，仅在封存的样品数量上有所差异，但也已在签字时予以了更正，并注明记忆有误。2. 被上诉人在答辩状及庭审过程中并未质疑取样的科学性，仅认为在取样过程中未通知被上诉人，取样、封存、送检程序不合法。上诉人认为一审法院应居中裁判，裁定当事人之间争议事实，而不应在双方并无争议的事项，即"取样的科学性和真实性"问题上自行得出结论。

（二）一审法院关于盐城市农林局具体行政行为在程序与合法性上存在重大瑕疵的认定错误。1. 盐城市农林局是适格的行政执法主体。植物新品种案件包括品种侵权案件和假冒授权品种案件。我国法律赋予了省级以上农业行政部门查处品种侵权案件的职责，同时赋予了县级以上农业行政部门查处假冒授权品种案件的职责。因此，盐城市农林局依法履行职责，不存在不合法之处。2. 盐城市农林局取样行为在程序上无重大瑕疵。盐城市农林局取样时被上诉人在取样现场，检测报告出来后通知了被上诉人，其取样行为并无不当。对此，盐城市农林局执法人员也出庭作证，作为执法人员出具的证词应具有较高的证明力。3. 一审法院认为"在尚未完成取样时，即早于该取样行为 6 天出具鉴定委托书，不符合行政行为的一般规律"，该认定并未考虑到盐城市农林局出具的有关说明，在该份说明中，盐城市农林局对委托鉴定、抽样方式、抽样人员以及被上诉人在抽样现场等情况进行了说明，而一审判决对此并未涉及。

二、一审法院对证据的审查标准明显不当

1. 本案中，追究的是被上诉人的民事责任而非行政责任，一审法院应当适用民事

案件中证据的审查、证明标准，而一审法院对此并未加以区别，而是将本案作为行政案件审理。2. 在当事人对行政机关的具体行政行为未提起行政诉讼的情况下，则不应在民事诉讼中对该具体行政行为的合法性和程序正当性进行审查，否则对行政机关是不公正的。在民事案件中对行政机关依职权取得的证据，应侧重于审查证据的真实性。对该证据的合法性审查，应当审查的是提供证据方从行政机关收集、取得该证据的手段是否合法以及该证据本身是否具有法定形式。3. 一审法院在被上诉人对盐城市农林局行政行为未提起行政诉讼的情况下，即认定该行政行为在程序和合法性上存在重大瑕疵，该认定不当。上诉人从盐城市农林局调取相关证据未侵犯被上诉人合法权益或违反我国强制性法律规定，一审法院完全否认上诉人通过合法渠道从盐城市农林局调取的证据对案件客观事实的证明价值，使上诉人不能获得法律及时、有效的救济与保护。

三、一审法院未查清本案的一项重要事实，即被上诉人亲本种子来源

被上诉人陈述其亲本种子来自江苏神农大丰种业科技有限公司（下称"神农大丰公司"），而该公司孙年玉证明未向被上诉人提供亲本种子。被上诉人不真实说明亲本种子来源，其陈述具有欺骗性。

四、一审法院在价值取向上出现偏差，导致实体上不公正的判决结果

植物新品种是农业领域发明创造最活跃、应用价值最大的智力成果，对农业生产、农民增收具有重要作用。但一审法院在价值取向上没有体现以上因素。

被上诉人颜大龙庭审答辩称：一审法院认定事实清楚，适用法律正确，请求二审法院驳回上诉。

二审查明事实

双方当事人的举证、质证及二审法院认证情况：

两优培九公司在二审第一次开庭审理前向二审法院提交以下证据：1. 江苏南京刘洪律师事务所于2005年8月17日致江苏省盐城市种子站（下称"盐城种子站"）的函，内容为：请求盐城种子站对该站工作人员仇贵才参加对颜大龙制种田的取样情况及仇贵才自身执法资质进行说明；2. 盐城种子站于2005年8月22日的复函，内容为：仇贵才系该站工作人员，具备执法资质及种子检验员资质。2005年9月11日，该站安排仇贵才配合盐城市农林行政执法支队到建湖县建阳镇西阳村制种田取样，取样过程中颜大龙一直在场，但拒绝签字。两优培九公司提供上述证据用以证明，盐城市农林局取样过程具备科学性和真实性。两优培九公司认为，由于工作交接问题，上述证据的提交超过二审举证期限，因此应当作为二审新的证据纳入二审质证范围。颜大龙认为，上述证据已超过举证期限，因此不应作为二审新的证据。颜大龙同时对上述证据的形式真实性不持异议，但认为其反映的内容并不真实。

二审法院认为，两优培九公司提供的上述证据虽已超过二审举证期限，但可能影响到本案最终的实体处理，因此可以将其纳入二审质证范围。鉴于颜大龙对上述证据的形式真实性不持异议，因此二审法院对上述两份证据的形式真实性予以认定，至于关联性

问题，二审法院将综合本案的相关事实予以认定。

本案在二审审理期间，为进一步查清案情，经二审法院要求，双方当事人继续提供了以下证据：

两优培九公司提供的证据：3. 盐城市农业局于 2006 年 9 月 21 日出具的情况说明，内容为该局于 2005 年 9 月 11 日至颜大龙制种田取样及检测情况的陈述。在该份说明中，盐城市农业局同时确认盐城种子站系该局直属单位，具体负责全市种子质量管理工作。4. 江苏省农林厅苏农业〔2005〕36 号文件及附件，内容为全省种子检验员名单，其中仇贵才的资质号为苏种企检第 0101144 号。5. 仇贵才的江苏省行政执法证。两优培九公司提供上述证据用以证明，盐城市农林局取样过程具备科学性和真实性。

颜大龙提供的证据：1. 建湖县庆丰镇朱港村村民委员会（下称"朱港村委会"）于 2006 年 10 月 14 日出具的证明，内容为该村为神农大丰公司的特约生产基地，生产的品种为培两优慈四。父本为慈选四号，母本为培矮 64S。因 2005 年的亲本种子有剩余，父本剩余 250 斤，母本剩余 1 200 斤。经神农大丰公司曹正海经理介绍，该村将剩余种子以父本每斤 2 元，母本每斤 18 元出售给颜大龙。颜大龙 2005 年的种子产量为 28 900 斤，由朱港村帮其将种子交给神农大丰公司，价格为每斤 4.5 元。神农大丰公司对颜大龙种植种子的情况并不知情。2. 朱港村委会出具给颜大龙的培两优慈四亲本种子款收据 1 张，金额为 22 100 元，日期为 2006 年 1 月 8 日。3. 颜大龙出具的收条 1 张，内容为收到培两优慈四种子款 107 950 元，日期为 2006 年 1 月 8 日。4. 朱港村委会的记账凭证 3 份，内容为反映颜大龙种子款的账目往来。5. 朱港村农民负担款项结算清单，内容为颜大龙种子款的结算情况。颜大龙提供上述证据用以证明其所制种的种子品种为培两优慈四，来源于神农大丰公司，最终的种子产品也由神农大丰公司收购。

颜大龙还向二审法院申请证人曹正海出庭作证，并提供了神农大丰公司出具的关于曹正海的身份证明，证明曹正海系该公司员工，2005 年担任该公司质检科科长，2006 年 4 月担任内控部部长。经二审法院准许，曹正海当庭对颜大龙涉案种子情况进行了陈述，其陈述内容与朱港村委会证明及颜大龙的陈述基本一致。

针对两优培九公司提供的证据 3 盐城市农业局的情况说明，颜大龙对该份证据的形式真实性予以认可，但认为其中所反映的内容不真实。对于两优培九公司提供的证据 4、5，颜大龙没有异议。据此，二审法院对上述证据的形式真实性予以认定，至于关联性问题，二审法院将综合本案的相关事实予以认定。

两优培九公司对颜大龙提供的证据 1~5 以及曹正海的证言的真实性均不予认可，认为上述证据反映的内容并不真实。二审法院认为，颜大龙提供的证据 1~5 形式要件完备，两优培九公司虽对其真实性予以否认，但并未提供足以反驳的相反证据。同时，曹正海本人业已出庭作证，据此，二审法院对颜大龙提供上述证据的形式真实性予以认定，至于关联性问题，二审法院将综合本案的相关事实予以认定。

在二审期间，颜大龙向二审法院提出申请，请求对其所提供的盐城市农林局封存的种子样包进行鉴定，以确定其所制种的种子品种。两优培九公司认为，颜大龙所提供的种子样包上未注明品种名称，也不能反映出取样地点，因此不同意对此进行鉴定。二审法院认为，颜大龙并未提供证据证明其所提供的种子样包系来源于涉案被控侵权的亲本种子，也无法再行提供双方当事人一致认可的鉴定样品。因此，颜大龙的该项申请不具备鉴定条件，二审法院对其鉴定申请依法不予准许。

在本案庭审结束后，两优培九公司向二审法院提出申请，请求二审法院调查以下证据：1. 朱港村委会与神农大丰公司之间的制种合同；2. 朱港村相关制种"培两优慈四"农户的制种生产和销售凭证；3. 朱港村相关种子生产许可证；4. 与颜大龙提交的记账凭证有关的全部成册原始凭证。二审法院经审查认为，两优培九公司的该项申请缺乏法律依据，依法决定对其申请不予准许。两优培九公司不服，向二审法院提出复议，二审法院经审查后依法驳回其复议申请。

二审判决及理由

本案在二审中的争议焦点为：1. 颜大龙是否侵犯了两优培九公司的涉案专利权和植物新品种权；2. 如构成侵权，颜大龙应承担何种民事责任。

关于一审查明的事实，颜大龙没有提出异议。两优培九公司对一审判决关于涉案植物新品种权使用费为 200 万元的认定提出异议，认为使用费应为 500 万元，对一审查明的其他事实没有异议。对双方当事人均无异议的事实部分，二审法院予以确认。

关于涉案植物新品种权使用费问题，两优培九公司认为，结合其与江苏省农业科学院签订的授权协议第五条约定、《江苏省农科院非营利性研究机构管理意见》第十六条规定，可以得出涉案植物新品种权使用费为 500 万元的结论。二审法院认为，上述条款仅是就与涉案植物新品种有关的其他权益所作的约定，并不能当然视为对品种权使用费的约定。两优培九公司的该项主张缺乏事实依据，二审法院不予采纳。一审判决此项认定并无不当，二审法院予以确认。

根据一审法院查明的事实，结合二审双方当事人举证情况，二审法院认为：

两优培九公司关于颜大龙侵犯其涉案专利权、植物新品种权的诉讼主张不能成立。理由是：两优培九公司对其诉讼主张所提供的证据不足。

本案的关键在于，盐城市农林局委托南京农业大学所作的检验报告不能被采信。理由是：盐城市农林局的取样送检过程存在重大瑕疵。本案中，两优培九公司始终不能提供充分证据证明盐城市农林局取样时曾通知颜大龙到场，也无法提供反映盐城市农林局取样过程的有关行政档案记录。同时，盐城市农林局在取样之前即出具鉴定委托书，并在鉴定委托书中注明取样地点、数量、类型，其行为亦不符合常情。颜大龙也一直对涉案检验报告提出异议，表示对盐城市农林局的取样行为并不知情，取样时其并不在场。一般情况下，行政机关所作出的行为应具有较高的证明效力，但必须具备行为合法规范这一基本前提。本案中，由于盐城市农林局取样送检行为不规范并存在重大瑕疵，二审法院无法确信检验报告中的送检样本来源于颜大龙的制种田，故不能依据该份检验报告认定颜大龙构成侵权。两优培九公司关于涉案检验报告应予采信的上诉理由不能成立，二审法院不予采纳。

两优培九公司认为，根据其提供的盐城市农林行政执法支队出具的证明、盐城市农林行政执法支队相关工作人员的证人证言以及盐城市农业局、盐城种子站出具的证明等证据，可以认定颜大龙参与了取样过程，涉案送检样本系取自颜大龙的制种田。二审法院认为，上述单位和个人是取样送检的实施方，不能仅凭其陈述即认定两优培九公司的主张成立，两优培九公司也未提供其他证据进行佐证。据此，两优培九公司的该项主张缺乏事实和法律依据，二审法院不予采纳。同时，颜大龙也在本案二审中对其种子品种、来源、销售流向进行了合理解释，并提供了相应证据。两优培九公司虽对此提出异议，但并未提供足以反驳的相反证据。

综上，二审法院认为，上诉人两优培九公司对其诉讼主张未能提供充分证据予以证明，应承担举证不能的法律后果。据此，上诉人两优培九公司的上诉请求和理由不能成立，二审法院不予支持。一审判决认定事实清楚，适用法律正确，依法应予维持。依照《民事诉讼法》第一百五十三条第一款第（一）项之规定，判决如下：

驳回上诉，维持原判。

二审案件受理费 12 915 元，其他诉讼费 200 元，合计 13 115 元，由两优培九公司负担。

案例 11：王永光与天伦公司专利侵权纠纷案

原告（上诉人）：王永光

被告（被上诉人）：佛山市天伦电器有限公司（下称"天伦公司"）

一审法院：广东省佛山市中级人民法院

一审案号：（2005）佛中法民三初字第 478 号

一审合议庭成员：郭云雄、赵明、甘志娟

一审结案日期：2005 年 12 月 14 日

二审法院：广东省高级人民法院

二审案号：（2006）粤高法民三终字第 85 号

二审合议庭成员：林广海、王恒、邓燕辉

二审结案日期：2007 年 1 月 29 日

案由：专利侵权纠纷

关键词：中止审理、无效宣告、技术对比、等同特征、专利权的保护范围

涉案法条

《专利法》第二十六条第四款、第五十六条第一款

《民事诉讼法》第六十四条第一款、第一百五十三条第一款第（一）项

《最高人民法院关于审理专利纠纷案件适用法律问题的若干规定》第十一条、第十七条

争议焦点

- 由于发明专利在授权时已进行了实质审查，被告在答辩期间内请求宣告该项专利权无效的，人民法院可以不中止诉讼，因此本案可以不中止审理。
- 人民法院审理侵犯知识产权纠纷案件，在确保公正的前提下应当尽可能提高审判效率。对于可以作出不侵权结论的案件，无须等待行政确权程序的结论。本案是否有必要中止审理，不取决于原告是否已经对专利复审委员会的《无效宣告请求审查决定书》提起行政诉讼，而取决于原告起诉指控的侵权行为是否成立。
- 由于二审时原告涉案专利被国家知识产权局专利复审委员会宣告部分无效，因此，

原告在本案二审期间发明专利权的保护范围应当以专利复审委员会维持其有效部分的权利要求的内容为准。

审判结论

驳回原告王永光的诉讼请求。

一审案件受理费 5 510 元，保全费 1 270 元，合计 6 780 元，由原告王永光负担。

二审法院判决驳回上诉，维持原判。

二审案件受理费 5 510 元，由王永光负担。

起诉及答辩

原告诉称：原告于 1991 年 1 月 9 日递交了名称为"全密封自动多功能电烹锅"的发明专利申请，1992 年 4 月 8 日，（原）中国专利局授权公告，专利号为 ZL91100026.7。原告在 2004 年 2 月发现被告未经原告许可制造专利产品，标称"华丰牌"TL50 - 900B、TL60 - 1000B、TL30 - 700B 型多功能电压力锅，被告的生产、销售行为构成了对原告专利权的侵犯。为维护原告的合法权益，诉至一审法院，请求判决：1. 判令被告立即停止侵权及销毁侵权产品；2. 判令被告销毁侵权模具，回收市场上的侵权产品；3. 判令被告在国家级新闻媒体上向原告赔礼道歉；4. 判令被告承担诉讼费并赔偿原告经济损失人民币 15 万元。

被告辩称：第一，"华丰牌"电压力锅缺少 ZL91100026.7 专利权要求的多个必要技术特征，没有侵犯其专利权。1. "华丰牌"电压力锅不仅不密封，且没有压紧，锅盖与锅体的扣合是松动的，完全没有压缩密封圈，更加不存在实现此技术目的相应部件"压紧旋钮"。2. "华丰牌"电压力锅压力不可调，也没有压力调节器，这是"华丰牌"产品与山东"多星牌"产品的重要区别。3. "华丰牌"电压力锅弹性臂不是横向设置，位移传递件和电热板的支撑都不在弹性臂的远端（或中心），不相同也不等同。第二，ZL91100026.7 专利赖以维持成立的特征是具有"闪动位置调节器"，压力可调，"华丰牌"电压力锅没有"闪动位置调节器"，没有调压功能，是已有技术的自由应用，也不构成侵权。按北京第一中级人民法院（2002）一中行初字第 527 号生效行政判决书中"在本专利中，'设置在闪动开关上的闪动位置调节器即压力调节器'的作用在于'可以方便的选取锅内压力值'，这一技术特征没有在对比文件中公开，即本专利中闪动位置调节器没有被对比文件 1 公开"的认定，这是原告专利与王超桂在先专利申请 ZL90109422 的唯一区别。因此，被告不具备这一特征的产品是已有技术应用，并未侵犯 ZL91100026.7 专利的专利权。第三，ZL91100026.7 专利不符合《专利法》第三十三条、第二十六条以及第二十二条第二款的规定，应为无效专利，本案应当中止审理。被告通过对比本案专利申请公开公告文本和授权专利公告文本后，清楚发现本案专利申请过程中多处修改不符合《专利法》第三十三条、第二十六条的规定，超出了原说明书和权利要求书记载的范围。第四，被告的"华丰牌"电压力锅早已停止生产与销售，本案所指控的侵权行为已不存在。综上，被告没有侵犯 ZL91100026.7 专利的专利权，原告专利应当是无效专利，被告又提出无效宣告请求，请求法院依法驳回原告的诉讼请求或者中止本案的审理。

原告为支持其诉讼请求，向法院提交了如下证据：证据1：原告身份证复印件；证据2：原告专利登记簿副本、专利检索报告；证据3：被告工商登记资料；证据4：被告销售侵权产品证据、侵权实物；证据5：北京市高级人民法院（2004）高民终字第61号判决书；证据6：专利许可合同、备案证明、许可费用收入证明。

被告对上述证据的真实性没有异议，一审法院对上述证据的真实性予以确认。

被告为反驳原告的诉讼请求，向法院提交了如下证据：证据1：ZL91100026.7专利无效宣告请求书以及附页，证据2：ZL91100026.7发明专利申请公开说明书，证据3：ZL91100026.7发明专利审定授权说明书，证据4：ZL90109422发明专利说明书，证据5：专利复审委员会第3841号无效宣告审查决定，证据6：北京市第一中级人民法院（2002）一中行初字第527号行政判决书。

原告对证据1~4的真实性没有异议，一审法院对上述证据的真实性予以确认，对证据5~6要求核对原件，被告无法提供原件，由于证据5、证据6均是原告专利在无效审查及诉讼中的法律文书，原告应持有上述法律文书，原告在庭审时没有提供相反证据证明上述法律文书与原件不同，故一审法院对证据5、证据6的真实性予以确认。

事实认定

经审理查明：1991年1月9日，原告王永光就"全密封自动多功能电烹锅"向（原）中国专利局申请发明专利，该申请于1992年4月8日公开，1993年6月23日公告授权，专利号为ZL91100026.7。该专利的独立权利要求为：1. 一种全密封自动多功能电烹锅，采用"["式结构将锅盖（5）、密封圈（6）、锅体（7）实现压紧密封，所述"["式结构及锅盖（5）、密封圈（6）、锅体（7）与电热板（8）、闪动开关（13）共同组成所述的电烹锅的压力自动控制机构，其特征在于：a. 所述"["式结构可以是"["字结构或"口"字结构或环形直立柱式的"桶"式结构，它由直立柱（1）、从直立柱（1）的上部横向设置的刚性臂（2），以及从直立柱（1）的下部横向设置的弹性臂（3）组成，通过压紧旋钮（12）将锅盖（5）、密封圈（6）、锅体（7）与锅体（7）底部设立的电热板（8）一起压紧在"["式结构的刚性臂（2）和弹性臂（3）之间，实现压紧密封；b. 所述压力自动控制机构由"["式结构中的弹性臂（3）、设置在弹性臂（3）远端（或中心）上的位移传递件（17）及设置在直立柱（1）下部的刚性支撑（16）上的闪动开关（13）以及锅盖（5）、密封圈（6）、锅体（7）、电热板（8）共同组成，电热板（8）、闪动开关（13）与电源接成串联电路，由锅内压力使弹性臂（3）向下位移带动闪动开关（13）来控制电热板（8）的加热状况而实现对电烹锅的内压力的自动控制，还可以通过闪动开关（13）上的闪动位置调节器（15）选取调节锅内压力。

2004年3月9日，原告王永光在北京市海淀区中央电视塔前的大中电器中塔店，购买了型号为 TL50 – 900B、TL60 – 1000B、TL30 – 700B 的"华丰牌"多功能电压力锅各 1 台，并取得发票 3 张。上述购买行为由北京市公证处作了公证。上述多功能电压力锅均由被告天伦公司生产。

2005 年 11 月 1 日一审法院对被告采取保全措施时，在被告处扣押了"华丰牌""飞鹿牌""飞普纳牌"电压力锅共 4 个。其中一审法院扣押的"华丰牌"电压力锅与原告公证购买的"华丰牌"电压力锅相同。

前述三种型号（TL50 – 900B、TL60 – 1000B、TL30 – 700B）的"华丰牌"电压力锅（即本案被控产品）的结构是相同的。一审法院当庭组织双方当事人就上述被控产品与原告发明专利之间进行了技术对比。

原告认为被控产品与原告专利除了一个特征为等同外，其余均相同。等同特征为：原告的"［"式结构设置在弹性臂的中心，即前述独立权利要求中的 b. 所述压力自动控制机构由"［"式结构中的弹性臂（3）、设置在弹性臂（3）远端（或中心）上的位移传递件（17）……被控产品是将该部分装置放在闪动开关处，但两者达到的结构功能效果是一样，构成等同；被控产品的锅盖把手就是原告专利所述的压紧旋钮，被控产品是通过旋转锅盖将整个锅体密封；原告专利的调压旋钮（即闪动位置调节器）是一个中心面，而被控产品也有一个调压旋钮，被控产品的调压旋钮是一个点，目的、功能一致，并非被告所称是在出厂时调试用，二者构成相同。

被告的技术对比意见如下：1. 原告专利是将锅盖、密封圈、锅体、发热盘等压紧密封，被控侵权产品并没有压紧，是松垮的，通电加热后由密封圈实现密封，原告专利有一压紧旋钮，被控侵权产品没有压紧旋钮；2. 原告专利有一调压器（即闪动位置调节器），方便用户进行调压，被控侵权产品也有调压的装置，但仅仅是作为出厂前校准锅内压力使用，用户是不能自行调压的；3. 原告所称的位移传递件，被控侵权产品安装在闪动开关上，原告专利是弹性臂的中心或远端，位置不同已经影响效果，原告专利在中心，致使锅底变形后难以恢复，但被控侵权产品则容易变形也容易恢复。

另查：原告向一审法院提交了北京市高级人民法院（2004）高民终字第 61 号判决书（原告证据 5），用以说明类似案件已被生效判决认定侵权。从该判决书对该案被控产品"多星牌"安全自动电压力锅的描述看，"多星牌"电压力锅在锅底下部的支撑件上安装有压力控制机构的电路开关，可以通过闪动开关上的闪动位置调节器选取调节锅内压力；"多星牌"电压力锅采用扣牙结构将锅盖、密封圈压紧在内锅体上实现密封；等等。此外，原告也不能向一审法院提交上述"多星牌"电压力锅产品作为参考。

一审判决及理由

一审法院认为：原告王永光的 ZL91100026.7 发明专利在法定保护期内，依法应受法律保护。被告天伦公司辩称，被告已在答辩期内向国家知识产权局专利复审委员会对 ZL91100026.7 发明专利提出无效宣告的请求，本案应中止审理。由于发明专利在授权时已进行了实质审查，同时根据《最高人民法院关于审理专利纠纷案件适用法律问题的若干规定》第十一条"人民法院受理的侵犯发明专利权纠纷案件或者经专利复审委员会审查维持专利权的侵犯实用新型、外观设计专利权纠纷案件，被告在答辩期间内请求宣告该项专利权无效的，人民法院可以不中止诉讼"的规定，本案可以不中止审理，对被告天伦公司要求本案中止审理的辩称，一审法院不予支持。

《专利法》第五十六条第一款规定，发明或实用新型专利权的保护范围以其权利要求的内容为准，说明书和附图可以用于解释权利要求。《最高人民法院关于审理专利纠纷案件适用法律问题的若干规定》第十七条进一步指出，上述所指的专利权保护范围应当以权利要求书中明确记载的必要技术特征所确定的范围为准，也包括与该必要技术特征相等同的特征所确定的范围；等同特征是指与所记载的技术特征以基本相同的手段，实现基本相同的功能，达到基本相同的效果，并且本领域的普通技术人员无需经过创造性劳动就能够联想到的特征。

经庭审技术对比，一审法院认定被控产品与原告专利独立权利要求中明确记载的必要技术特征相比有如下差别：1. 原告专利是通过压紧旋钮将锅盖、密封圈、锅体、电热板一起，压紧在"〔"式结构的刚性臂和弹性臂之间，实现压紧密封。而被控产品锅盖与锅体之间没有压紧，锅盖与锅体的结合是松动的，不产生纵向（向下）的压紧作用力，通过密封圈受热后膨胀来实现密封，被控产品没有压紧旋钮。原告称被控产品的锅盖把手就是压紧旋钮明显缺乏依据。2. 原告专利在锅底下部有闪动位置调节器，可以选取调节锅内压力。被控侵权产品调压的装置是设置在闪动开关上，只能在出厂前（或专业维修时）技术人员通过调压测试并固定下来，用户使用时无法调节锅内压力。被控产品不存在原告专利描述的闪动位置调节器（压力调节器），不可以选取调节锅内压力。3. 原告专利的位移传递件设置在弹性臂的远端（或中心）。说明书中进一步指出"弹性臂远端的位移即是锅内压力的函数，这一关系简单而稳定，是本发明的根本依据。借此实现了不在锅盖和锅体上开压力引出孔，就能测量和控制锅内压力"。而被控产品的弹性臂不是横向设置，位移传递件也不在弹性臂的远端（或中心），而是在闪动开关上。上述位移传递件的设置二者有明显不同，这种不同直接导致原告专利所依赖的锅内压力函数的确定以及相应的调压装置（即前述第2点中闪动位置调节器的设置），而被控产品恰恰没有上述调压装置。功能和效果均不相同，故不存在适用等同原则的情形。

综上所述，被控产品与原告专利权利要求记载的必要技术特征相比具有明显的区别技术特征，故被控产品的技术没有完全覆盖原告专利的必要技术特征，并未落入原告专利权的保护范围。

至于原告引用北京市高级人民法院（2004）高民终字第61号判决书（原告证据5），用以说明类似案件已被生效判决认定侵权的问题。经审查发现该案的被控产品"多星牌"电压力锅和本案被控产品"华丰牌"电压力锅在压紧密封和调压装置等方面存在明显不同，前者落入原告专利保护范围与否同本案无必然关系。

被告天伦公司生产销售被控产品的行为不构成对原告专利权的侵犯。原告指控被告天伦公司侵犯其专利权的主张缺乏事实与法律依据，一审法院对其诉讼请求不予支持。依照《专利法》第五十六条第一款，《最高人民法院关于审理专利纠纷案件适用法律问题的若干规定》第十七条和《民事诉讼法》第六十四条第一款的规定，判决如下：

驳回原告王永光的诉讼请求。

案件受理费 5 510 元，保全费 1 270 元，合计 6 780 元，由原告王永光负担。

上诉理由

王永光不服上述民事判决，向二审法院提起上诉，称：1. 涉案专利说明书中实施例（图2）的"压紧旋钮（12）"，就是被控产品中的锅盖把手，一审认定被控产品没有压紧旋钮是错误的。一审认定"被控产品锅盖与锅体之间没有压紧，锅盖与锅体的结合是松动的，不产生纵向（向下）的压紧作用力"，也是错误的。被控侵权物存在锅盖把手、锅盖、锅体和电热板等结构，与涉案专利技术特征一一对应且实际的功能效果完全相同。2. 被控侵权物上具有闪动位置调节器，其实现的功能效果与涉案专利的闪动位置调节器完全相同；被控侵权物上的位移传递件与涉案专利的位移传递件属于等同的技术特征。综上所述，被控侵权产品具备相同或等同于专利权利要求1上记载的所有技术特征，被控侵权产品覆盖了涉案专利所有权利要求1的技术特征，落入了涉案专利的保护范围。因此，请求二审法院撤销一审判决，依法改判。

天伦公司答辩称：原审判决认定被控产品"缺少压紧旋钮""锅盖和锅体结合松动，不产生纵向压紧作用力"、被控产品"不存在王永光专利所描述的闪动位置调节器（压力调节器），不可以选取调节锅内压力"、被控产品"弹性臂不是横向设置，位移传递件也不在弹性臂的远端（或中心）"是正确无误的，一审判决应予维持，王永光的上诉应予驳回。

二审查明事实

经审理，二审法院确认原审法院查明的上述事实。

二审法院另查明：2006 年 10 月 12 日，国家知识产权局专利复审委员会作出第8713 号《无效宣告请求审查决定书》，认为所属技术领域的技术人员不能从说明书充分公开的内容中得到或概括得出权利要求1中a部分所记载的各部件连接关系适用于"桶"式结构的技术方案，权利要求1中a部分所记载的各部件连接关系适用于"桶"式结构的技术方案超出了说明书公开的范围，因此权利要求1所描述的"桶"式结构的技术方案得不到说明书的支持，不符合《专利法》第二十六条第四款的规定。根据图2所示的"桶"式结构技术方案，在工作状态下，焊接为一体的刚性臂/锅盖承受由圆桶上沿内翻边所施加的向下的外力，在此技术方案中一体的刚性臂/锅盖是这种外力的承受者而圆桶上沿内翻边才是外力的施加者，图2技术方案在工作状态下实际情况为刚性臂/锅盖、密封圈、锅体与锅体底部设置的电热板一起，压紧在"["式结构的圆桶上沿内翻边和弹性臂之间，与权利要求1所述"将锅盖（5）、密封圈（6）、锅体（7）与锅体（7）底部设置的电热板（8）一起，压紧在'['式结构的刚性臂（2）和弹性臂（3）之间"不符合，由于此种情况下是由圆桶上沿内翻边和弹性臂施加外力将各个部件"压紧"的，此时与锅盖焊接为一体的弹性臂已经成为被压紧的一个部件部分，而非外力的施加者，而且此时的刚性臂/锅盖与圆桶上沿内翻边之间是一种施力与受力的相互作用关系，并非是权利要求1所述刚性臂"设置"在直立臂上部的连接关系。另外，说明书图2所示的"桶"式技术方案在工作状态下，由桶臂、桶底、上沿内翻边所组成框体将刚性臂/锅盖、密封圈、锅体与锅体底部设置的电热板压紧的力学结构中，没有压紧旋钮参与其中，即在工作状态下图2技术方案中的压紧旋钮不属于本发明技术方案力学结构的一部分，这也与权利要求1中"通过压紧旋钮……压紧在……之间"的描述不符合。因此，权利要求1的上述技术特征与说明书图2所示的技术方案的描述不一致。综上所述，专利权人所说的在工作状态下权利要求1"从直立柱的上部横向设置刚性臂""通过压紧旋钮将锅盖、密封圈、锅体与锅体底部设置的电热板，压紧在'［'式结构的刚性臂和弹性臂之间，实现压紧密封"覆盖了说明书图2所示"桶"式结构技术方案的主张不能成立。权利要求2的附加技术特征为"'［'式结构可以是环形直立柱式的'桶'式结构，上沿带翻边的圆桶形直立柱（1）与和锅盖（5）制成一体的可拆卸的刚性臂（2）及直立柱（1）桶底部的弹性臂（3），通过压紧旋钮（12）对锅盖（5）、密封圈（6）、锅体（7）实现压紧密封"，上述对"桶"式进一步限定中，明确记载刚性臂2与锅盖5制成一体，结合权利要求1中的直立柱1上横向设置的刚性臂2，则表示权利要求2所述"桶"式结构技术方案中刚性臂与锅盖一体横向设置在直立柱上。附图2技术方案中并没有将锅盖5和刚性臂2设置在直立柱1上，而是刚性臂2与锅盖5一体被挤压在桶式直立柱1上沿内翻边与弹性臂3之间，整个受力结构中也并没有压紧旋钮12参与，因此，权利要求2要求保护的"桶"式结构的技术方案与说明书文字、附图2公开的"桶"式结构的技术方案也不符合，因此权利要求2的"桶"式结构的技术方案得不到说明书的支持，不符合《专利法》第二十六条第四款的规定。权利要求3～7是权利要求1的从属权利要求，上述权利要求3～7引用了权利要求1，当其引用权利要求1的"桶"式结构的技术方案时，权利要求3～7也得不到说明书的支持，不符合《专利法》第二十六条第四款的规定。因此决定宣告ZL91100026.7号发明专利权部分无效，在以下权利要求的基础上维持专利权有效：1.一种全密封自动多功能电烹锅，采用"［"式结构将锅盖（5）、密封圈（6）、锅体（7）实现压紧密封，所述"［"式结构及锅盖（5）、密封圈（6）、锅体（7）与电热板（8）、闪动开关（13）共同组成所述电烹锅的压力自动控制机构，其特征在于：a. 所述"［"式结构可以是"［"字结构或"口"字结构，它由直立柱（1）、从直立柱（1）的上部横向设置的刚性臂（2），以及从直立柱（1）的下部横向设置的弹性臂（3）组成，通过压紧旋钮（12）将锅盖（5）、密封圈（6）、锅体（7）与锅体（7）底部设置的电热板（8）一起，压紧在"［"式结构的刚性臂（2）和弹性臂（3）之间，实现压紧密封；b. 所述压力自动控制机构由"［"式结构中的弹性臂（3）、设置在弹性臂（3）远端（或中心）上的位移传递件（17）及设置在直立柱（1）下部的刚性支撑（16）上的闪动开关（13）以及锅盖（5）、密封圈（6）、锅体（7）、电热板（8）共同组成，电热板（8）、闪动开关（13）与电源接成串联电路，由锅内压力使弹性臂（3）向下位移带动闪动开关（13）来控制电热板（8）的加热状况，而实现对电烹锅内压力的自动控制，还可以通过闪动开关（13）上的闪动位置调节器（15）选取调节锅内压力。对该决定，王永光称准备向人民法院提起行政诉讼，因此要求中止本案诉讼。

王永光于 2005 年 10 月 20 日向原审法院提起诉讼，请求判决：1. 天伦公司立即停止侵权及销毁侵权产品；2. 天伦公司销毁侵权模具，回收市场上的侵权产品；3. 天伦公司在国家级新闻媒体上向王永光赔礼道歉；4. 天伦公司承担诉讼费并赔偿王永光经济损失 15 万元。

二审判决及理由

二审法院认为：本案属于专利权侵权纠纷。王永光是 ZL91100026.7 "全密封自动多功能电烹锅" 发明专利的权利人，其权利应受到法律的保护。《专利法》第五十六条第一款规定："发明或者实用新型专利权的保护范围以其权利要求的内容为准，说明书和附图可以用于解释权利要求。" 本案中，王永光明确其发明专利权的保护范围为独立权利要求 1。天伦公司于 2005 年 11 月 15 日向国家知识产权局专利复审委员会提出无效宣告请求，国家知识产权局专利复审委员会经过审理，于 2006 年 10 月 12 日作出第 8713 号《无效宣告请求审查决定书》，认为王永光涉案专利授权文本权利要求 1、2 中 "桶" 式结构的技术方案和权利要求 3～7 引用了权利要求 1 的 "桶" 式结构情况下的技术方案得不到说明书的支持，不符合《专利法》第二十六条第四款的规定，于是宣告王永光 ZL91100026.7 号发明专利部分无效。针对国家知识产权局专利复审委员会作出的该《无效宣告请求审查决定书》，王永光称将在法定期间内向人民法院提起行政诉讼，因此请求二审法院中止本案的审理。二审法院认为，人民法院审理侵犯知识产权纠纷案件，在确保公正的前提下应当尽可能提高审判效率。对于可以作出不侵权结论的案件，无须等待行政确权程序的结论。因此，本案是否有必要中止审理，不取决于王永光是否已经对专利复审委员会的《无效宣告请求审查决定书》提起行政诉讼，而取决于王永光起诉指控的侵权行为是否成立。

由于二审时期王永光涉案专利被国家知识产权局专利复审委员会宣告部分无效，因此，王永光在本案二审期间发明专利权的保护范围应当以专利复审委员会维持其有效部分的权利要求的内容为准，据此，王永光专利独立权利要求 1 所记载的技术方案可以分解为如下技术特征：1. 采用 "["式结构将锅盖、密封圈、锅体实现压紧密封；2. 所述 "["式结构及锅盖、密封圈、锅体与电热板、闪动开关共同组成所述电烹锅的压力自动控制机构；3. 所述 "["式结构由直立柱、从直立柱的上部横向设置的刚性臂，以及从直立柱的下部横向设置的弹性臂组成；4. 通过压紧旋钮将锅盖、密封圈、锅体与锅体底部设置的电热板一起，压紧在 "["式结构的刚性臂和弹性臂之间，实现压紧密封；5. 所述压力自动控制机构由"［"式结构中的弹性臂、设置在弹性臂远端（或中心）上的位移传递件及设置在直立柱下部的刚性支撑上的闪动开关以及锅盖、密封圈、锅体、电热板共同组成，电热板、闪动开关与电源接成串联电路，由锅内压力使弹性臂向下位移带动闪动开关来控制电热板的加热状况，而实现对电烹锅内压力的自动控制；6. 通过闪动开关上的闪动位置调节器选取调节锅内压力。

被控侵权物属于"桶"式结构，其技术特征可归纳为：1. 该电压力锅由锅盖、外锅、内锅、发热板、压力控制机构组成；2. 锅盖上设有把手和限压阀；3. 锅盖松动地扣合在外锅上；4. 内锅与锅盖间设有密封圈；5. 内锅置于发热板上；6. 外锅底部为薄平面，在外锅底部与外锅壁连接处设有两阶级的平面圆弧过渡，在薄平面锅底上设有一层金属板，发热板置于金属板上，外锅底部下方设有一行程开关，行程开关、发热板及发热控制组件连接在一起。

将王永光专利权利要求 1 记载的必要技术特征与被控产品相比较，两者存在以下不同：1. 王永光专利是由直立柱、从直立柱的上部横向设置的刚性臂以及从直立柱的下部横向设置的弹性臂组成，通过压紧旋钮将锅盖、密封圈、锅体与锅体底部设置的电热板一起，压紧在"［"式结构的刚性臂和弹性臂之间，其刚性臂与直立柱是制成一体的，无需配合结构，压紧旋钮在刚性臂上，转动旋钮可调节刚性臂与锅盖的距离，实现对锅盖、密封圈和锅体的压紧密封。而被控产品锅盖与锅体之间没有压紧，锅盖与锅体的结合是松动的，不产生纵向（向下）的压紧作用力，通过密封圈受热后膨胀来实现密封，被控产品没有压紧旋钮。王永光称被控产品的锅盖把手就是压紧旋钮明显缺乏依据。2. 王永光专利在锅底下部有闪动位置调节器，可以选取调节锅内压力。被控侵权产品调压的装置是设置在锅底边缘上，只能在出厂前（或专业维修时）技术人员通过调压测试并固定下来，用户使用时无法调节锅内压力。被控产品不存在王永光专利描述的闪动位置调节器（压力调节器），不可以选取调节锅内压力。3. 王永光专利的位移传递件设置在弹性臂的远端（或中心）。说明书中进一步指出"弹性臂远端的位移即是锅内压力的函数，这一关系简单而稳定，是本发明的根本依据。借此实现了不在锅盖和锅体上开压力引出孔，就能测量和控制锅内压力"。而被控产品的弹性臂是外锅壁与锅体外边缘之间为两个阶级的斜面圆弧过渡，不是横向设置，位移传递件也不在弹性臂的远端（或中心），而是在闪动开关上。上述位移传递件的设置二者有明显不同，这种不同直接导致王永光专利所依赖的锅内压力函数的确定以及相应的调压装置（即前述第 2 点中闪动位置调节器的设置），而被控产品恰恰没有上述调压装置。因此，两者的功能和效果均不相同，不存在适用等同原则的情形。

综上所述，被控产品与王永光专利权利要求 1 记载的必要技术特征相比具有明显的区别技术特征，被控产品的技术没有完全覆盖王永光专利的必要技术特征，并未落入王永光专利权的保护范围。王永光上诉认为被控侵权产品落入了其专利权的保护范围，理由不能成立，二审法院不予支持。原审判决根据涉案专利授权时的专利权利保护范围进行审查认为王永光之侵权指控不成立，二审判决根据涉案专利被专利复审委员会宣告专利部分无效后的专利权利保护范围进行审查也认为王永光之侵权指控不成立，因此，本案不必中止诉讼。依照《民事诉讼法》第一百五十三条第一款第（一）项的规定，判决如下：

驳回上诉，维持原判。

二审案件受理费 5 510 元，由王永光负担。

案例 12：生方制作所与正博公司、钱根良专利侵权纠纷案

原告（被上诉人）：株式会社生方制作所（下称"生方制作所"）

被告：乐清市正博电气有限公司（下称"正博公司"）

被告（上诉人）：钱根良

一审法院：上海市第一中级人民法院

一审案号：（2003）沪一中民五（知）初字第 126 号

一审合议庭成员：黎淑兰、姜山、刘静

一审结案日期：2008 年 4 月 12 日

二审法院：上海市高级人民法院

二审案号：（2008）沪高民三（知）终字第 67 号

二审合议庭成员：张晓都、王静、马剑峰

二审结案日期：2008 年 6 月 23 日

案由：专利侵权纠纷

关键词：专利侵权、开放式、必要技术特征、专利权的保护范围、等同原则、全面覆盖、连带责任

涉案法条

《民法通则》第一百一十八条、第一百三十条

《民事诉讼法》第一百三十条、第一百五十三条第一款第（一）项、第一百五十七条、第一百五十八条、第二百二十九条

《专利法》第十一条第一款、第五十六条第一款

《最高人民法院关于审理专利纠纷案件适用法律问题的若干规定》第二十二条

争议焦点

● 在专利侵权诉讼中应当考虑公知技术抗辩。而本案是一起专利侵权诉讼，并不对系争专利权是否有效作出审查。

审判结论

一、被告正博公司、钱根良应立即停止对原告生方制作所享有的专利号为

ZL94116451.9"密封电驱动压缩机的热保护器"发明专利权的侵犯；

二、被告正博公司、钱根良应赔偿原告生方制作所合理费用人民币 41 049.82 元，两被告互负连带责任；

三、原告生方制作所的其余诉讼请求不予支持。

被告正博公司、钱根良如果未按一审判决指定的期间履行给付金钱义务，应当依照《民事诉讼法》第二百二十九条之规定，加倍支付迟延履行期间的债务利息。

一审案件受理费人民币 1 652 元，由被告正博公司负担 826 元，被告钱根良负担 826 元。

二审法院判决驳回上诉，维持原判。

二审案件受理费人民币 826 元，由上诉人钱根良负担。

起诉及答辩

原告生方制作所诉称：其是"密封电驱动压缩机的热保护器"发明专利的专利权人，专利申请日为 1994 年 9 月 21 日，优先权日 1993 年 9 月 22 日，专利授权公告号 CN1064436C。为拓展中国市场，原告于 1998 年底在宁波设立了合资公司——宁波生方横店电器有限公司（下称"宁波生方公司"）。被告钱根良原系宁波生方公司负责采购与生产的副总经理，2000 年从该公司离职。后原告发现钱根良以被告正博公司总经理身份向原告的客户上海日立电器有限公司（下称"日立公司"）推销落入原告专利保护范围的 MB 系列内藏式保护器。经了解，被告还向原告的客户松下·万宝（广州）压缩机有限公司、三菱电机（广州）压缩机有限公司（下称"三菱公司"）推销上述产品。原告认为，被告未经原告许可，许诺销售侵害原告专利权的产品，其行为侵害了专利权人的合法权益，故请求法院判令两被告：1. 立即停止许诺销售 MB 系列内藏式保护器的行为；2. 立即销毁 MB 系列内藏式保护器产品；3. 未经原告许可不得销售 MB 系列内藏式保护器；4. 在《空调商情》杂志上公开致歉；5. 承担原告为制止侵权所支付的合理费用，其中包括律师费人民币 2.5 万元、日本公证费人民币 3 278.88 元、日本认证证明费人民币 11 907.50 元、翻译费人民币 870 元。诉讼过程中，基于汇率原因原告以书面形式将原诉讼请求 5 中的日本认证证明费调整为人民币 11 900.94 元。

被告正博公司辩称：其从未向日立公司等许诺销售过原告指控的 MB 系列内藏式保护器，目前生产销售的保护器都是自行研制而成的，且并未落入原告专利保护范围；被告钱根良是负责技术调研的，无权代表正博公司对外推销产品。

被告钱根良辩称：其系被告正博公司的技术人员，故到日立公司等仅是做市场调查和技术交流，并不是去推销产品；其在原告申请专利前已掌握相关类似产品的技术，并且更具实用性。

事实认定

经审理查明：原告于 1994 年 9 月 21 日向（原）中国专利局申请名称为"密封电驱动压缩机的热保护器"发明专利，2000 年 12 月 29 日获得授权，专利号为 ZL94116451.9。

该专利权利要求 1 为："一种用于具有一个内装有一个供电接线器和封有一个电动机和一个压缩装置以及一定数量制冷气体的密封机壳的密封电驱动压缩机的热保护器,包括:一个配置在压缩机机壳内的热敏开关,它包括一个其中安置一个热敏元件的金属罩、一个安装在这个金属罩上的终端引线器、以及一个固定在终端引线器上的终端连接器;其特征在于,还包括:一个用电绝缘材料制成的支架,它包括一个容纳热敏开关金属罩的第一腔、一个容纳终端引线器与终端连接器之间的固定部分的第二腔、以及一个容纳终端连接器的第三腔,这三个腔都在其一个侧面上有一个开口;以及一个配置在支架第二腔内的结合件,它将终端引线器与终端连接器之间的固定部分与支架基本上结合成一个整体。"原告按期缴纳了该专利的年费。

被告钱根良曾与宁波生方公司签订过 1 份合同期自 1998 年 6 月 22 日起的无固定期限《劳动合同》,合同约定宁波生方公司录用钱根良为副总经理,工资每月人民币 4 000 元。

被告钱根良当庭称:其自 2002 年九十月份开始在被告正博公司工作,挂名总经理,两被告之间的关系一直维持到 2003 年 11 月。被告正博公司对钱根良这一陈述予以确认。

2002 年 12 月 25 日,三菱公司副总经理饭田英男和该公司技术部长小早川泰一在接受游闽键律师和徐强律师调查时,对温州正博电气(乐清)有限公司(WEN ZHOU CHNB ELECTRIC (YUE QING) CO., LTD)向三菱公司推销产品的情况作了陈述,并在日语翻译李倩根据他们的陈述现场制作的调查报告上签名确认。调查报告主要述及的内容有:钱根良于 2002 年 10 月 13 日左右拜访三菱公司,因温州正博电气(乐清)有限公司的产品比较便宜,钱根良说没有侵害宁波生方公司的知识产权,三菱公司当然优先考虑较便宜的一方;三菱公司从钱根良处得到过 2 份温州正博电气(乐清)有限公司的宣传资料,其中 1 份为 MB 系列内藏式保护器资料;钱根良第一次拜访时作为形状样品交付的样品外观与 MB 系列内藏式保护器资料上印制的实物完全相同,但由于没有安装在产品上,所以废弃处理了。广州市公证处对此进行了证据保全公证,并出具了 (2002) 穗证内经字第 1031464 号《公证书》,证明饭田英男和小早川泰一在调查报告上的签名属实,同时证明公证书所附宣传资料与原件相符。

2003 年 1 月 13 日,游闽键律师来到日立公司,从该公司材料成本室经理贺继通处取得 2 只标有"MB – 34"字样的压缩机内藏式保护器,贺继通称该保护器是正博公司的钱根良在 2002 年 10 月中旬到日立公司介绍、推销产品时提供的。上海市公证处对上述调查取证过程进行了保全证据,出具了 (2003) 沪证字第 381 号《公证书》,并对"MB – 34"样品予以封存。根据原告的申请,贺继通还作为证人出庭接受了质询,进一步证实了前述调查取证过程的真实性;贺继通当庭称,根据钱根良的名片,其判断钱根良是以正博公司总经理的身份去推销产品的,所获样品外观与钱根良提供之宣传资料上印制的实物相一致,当问及价格时,谈到了 30 万个多少钱或 50 万个多少钱等。

被控侵权 MB – 34 内藏式保护器系一种密封电驱动压缩机用热保护器,其包括:1

个配置在压缩机机壳内的热敏开关，热敏开关具有1个安置热敏元件的金属罩、2个安装在金属罩上的终端引线器和2个固定在终端引线器上的终端连接器；该热保护器还包括：1个用电绝缘材料制成的支架，该支架有1个容纳热敏开关金属罩的第一腔、2个容纳终端引线器与终端连接器之间的固定部分的第二腔以及2个容纳终端连接器的第三腔，三个腔都在其侧面上有多个开口；在第二腔内设置了2个预埋件，以使终端引线器与终端连接器之间的固定部分与支架基本上结合成一个整体。MB-34内藏式保护器电绝缘支架上有"CHNB"铸模标识。

涉讼MB系列内藏式保护器宣传资料共有4页，前三页的右上角均印有"CHNB"标识，第一页上所印公司名称为WEN ZHOU CHNB ELECTRIC（YUE QING）CO.，LTD，该页上印制的产品中MB-22、MB-30和MB-36保护器的技术特征与前述MB-34内藏保护器的技术特征相同；第三页上还印有MB系列内藏式保护器的剖面图。

庭审时，被告正博公司认可"CHNB"是其公司的标志，"温州正博"就是被告正博公司；被告钱根良称给证人贺继通的保护器是其自己研制的。

又查明，2003年4月27日，原告与上海市协力律师事务所就原告与两被告专利侵权纠纷案的律师代理事宜签订《聘请律师合同》1份，约定前期调查部分的律师费为人民币1.5万元、侵权诉讼部分（一审）的律师代理费为人民币1万元。2003年5月13日，上海市协力律师事务所向原告开具了合计金额为人民币2.5万元的律师费发票。

2003年4月7日，原告向日本国名古屋法务局所属公证人支付公证费7.6万日元，并于同日向名古屋法务局内印花销售所支付印花税2万日元，原告在本案中主张该两项费用合计金额中的47 500日元，按支付当日汇率计算折合人民币378.88元；同年4月11日，原告向中华人民共和国驻日本国大使馆领事部支付认证费256 000日元，原告在本案中主张172 500日元，按支付当日汇率计算折合人民币11 900.94元。

原告为本案支出的翻译费为人民币870元。

以上事实，有原告提供的发明专利证书、发明专利说明书（授权公告号CN1064436C）、专利收费收据、《劳动合同》、工资发放签名表（1998年6月至2000年7月）、（2002）穗证内经字第1031464号《公证书》、（2003）沪证字第381号《公证书》、聘请律师合同、律师代理费发票、公证和认证费收据、翻译费发票以及证人证言、当事人的陈述等证据在案佐证。

此外，对于被告钱根良为证明其答辩意见所提供的证据材料，一审法院经审查后认为，技术协议书、付款凭证、厂家反馈意见、新产品鉴定验收证书、关于对合营公司设备构成的建议、可行性研究报告、外观设计和实用新型专利证书等与本案无直接的关联性，一审法院不予采纳；因本案并不涉及对原告专利权有效与否的审查，故与之相关的公知技术材料亦不作为本案定案证据予以采纳；证人周易和丁洪亮的证言等也不足以推翻原告用以证明被告钱根良进行过产品推销的证据。

一审判决及理由

一审法院认为：原告是"密封电驱动压缩机的热保护器"发明专利的专利权人，

其依法享有的专利权应当受到我国法律保护。

在一审法院组织双方当事人进行技术比对过程中，原告认为被控侵权 MB 系列内藏式保护器的技术特征与涉讼专利权利要求 1 的技术特征基本相同。两被告则认为两者存在 3 个区别特征：区别特征之一在于被控侵权产品具有 2 个终端引线器、2 个终端连接器、2 个第二腔和 2 个第三腔，而专利技术只有 1 个终端引线器、1 个终端连接器、1 个第二腔和 1 个第三腔；区别特征之二在于被控侵权产品的 3 个腔各在其侧面上有多个开口，而专利技术的 3 个腔各在其侧面上有 1 个开口；区别特征之三在于被控侵权产品的 2 个预埋件分别与 2 个终端引线器和 2 个终端连接器固接，而专利说明书所列举的结合件有 2 种实施方式，一种采用环氧树脂封装，另一种采用注塑时的模压成型。针对两被告指出的不同之处，一审法院认为：第一，由于涉讼专利权利要求 1 在进行技术描述时所采用的"包括"是一种开放式限定，而非"只包括"，故专利技术并不排除 2 个终端引线器与 2 个终端连接器的存在；第二，热敏开关要正常工作必须包括一对终端引线器和一对终端连接器属于该领域普通技术人员的常识，同时，涉讼专利所要解决的技术问题是增强结合强度，而当一个端子按权利要求 1 所述的方案连接时即可起到解决上述问题的目的，至于另一个端子可以按现有技术连接，也可以按专利方案连接；第三，在各个腔的侧面有开口是为了达到通风散热的作用，至于开口的多少，可能会使通风散热效果有所差别，但并不因此改变开口的功能；第四，专利说明书中的实施例并不要求列举出所有可能的技术方案，由于被控侵权产品与涉讼专利均使用了配置在支架第二腔内结合件的技术手段，实现了将终端引线器与终端连接器之间的固定部分与支架基本上结合成一个整体的功能，达到了减少压缩机振动所产生的力对终端连接器与热敏开关之间的固定部分的影响，防止固定部分变形或弯曲的技术效果，故两者在这一点上所使用的技术手段、实现的功能和达到的技术效果均相同。基于以上几点原因，一审法院认为，两被告的对比意见不能成立，被控侵权 MB 系列内藏式保护器具备原告"密封电驱动压缩机的热保护器"发明专利权利要求 1 所记载的全部必要技术特征，落入了原告专利权的保护范围。

依现有证据和两被告的当庭自认可以认定，被告钱根良研制了 MB 系列内藏式保护器，并以被告正博公司总经理的名义对外推销，该保护器及其宣传资料上显示的"CHNB"标志表明正博公司亦实施了生产和许诺销售行为，两被告的行为构成对原告"密封电驱动压缩机的热保护器"发明专利权的侵犯，应当承担停止侵权、赔偿权利人为调查、制止侵权所支付的合理开支的民事责任。至于公开致歉的问题，因赔礼道歉是对权利人人身权受到侵害所采用的救济方式，本案中两被告的侵权行为对原告所造成的损害体现在财产权方面，故一审法院对原告的该项请求不予支持。据此，依照《民法通则》第一百一十八条、第一百三十条，《专利法》第十一条第一款、第五十六条第一款，《最高人民法院关于审理专利纠纷案件适用法律问题的若干规定》第二十二条的规定，判决如下：

一、被告正博公司、钱根良应于一审判决生效之日起立即停止对原告生方制作所享有的专利号为 ZL94116451.9 "密封电驱动压缩机的热保护器" 发明专利权的侵犯；

二、被告正博公司、钱根良应于一审判决生效之日起 10 日内赔偿原告生方制作所合理费用人民币 41 049.82 元，两被告互负连带责任；

三、原告生方制作所的其余诉讼请求不予支持。

被告正博公司、钱根良如果未按一审判决指定的期间履行给付金钱义务，应当依照《民事诉讼法》第二百二十九条之规定，加倍支付迟延履行期间的债务利息。

本案案件受理费人民币 1 652 元，由被告正博公司负担 826 元，被告钱根良负担 826 元。

上诉理由

判决后，钱根良不服，向二审法院提起上诉，请求撤销一审判决，驳回被上诉人生方制作所的全部诉讼请求，或者改判上诉人不承担任何民事法律责任，判令被上诉人承担本案一、二审诉讼费。其主要上诉理由为：第一，本案被控侵权产品的技术特征与系争专利的权利要求存在 3 个区别特征，未落入被上诉人专利权的保护范围，不构成侵权。第二，该 3 个区别特征不应适用专利侵权判定之 "等同原则"。1. 原审法院错误解释系争专利的权利要求，扩大了系争专利的保护范围。对系争专利权利要求 1 在进行技术描述时采用的 "包括" 二字的理解，按照通常理解，应作限制性的 "仅仅包括" 理解，故系争专利的必要技术特征应理解为只包括一个终端引线器、一个终端连接器、一个第二腔和一个第三腔。2. 即使热敏开关正常工作必须包括一对终端引线器和一对终端连接器，但被上诉人既然在权利要求书中仅仅要求保护 "一个终端引线器与一个终端连接器"，被上诉人理应承担由此带来的后果，而不应由法院在审判中代为补正。3. 就技术手段而言，被控侵权产品使用的是金属预埋件，系争专利采用的是环氧树脂封装或注塑时的模压成型方式；就技术功能而言，被控侵权产品采用预埋后分别固定的方式避免了在运输和安装作业时对引线器密封玻璃体的破坏，而系争专利技术的两种方案都无法达到该技术效果。因此，两者在技术手段和技术效果上存在实质性差别，不应适用 "等同原则"。第三，原审法院认定上诉人钱根良是以原审被告正博公司的名义对外进行许诺销售的，上诉人的行为是职务行为，不应承担任何民事法律责任。第四，原审法院认定 "因本案并不涉及对原告专利权有效与否的审查，故与之相关的公知技术材料亦不作为本案定案证据予以采纳"，上诉人认为原审法院上述认定属适用法律错误，在专利侵权诉讼中应当考虑公知技术抗辩。

被上诉人生方制作所当庭答辩称：第一，被控侵权产品的技术特征完全落入了被上诉人专利权的保护范围。第二，原审法院并未采用 "等同原则" 认定侵权，采用的是 "全面覆盖原则"。第三，上诉人钱根良在一审中曾否认过其是正博公司的员工，经被上诉人举证后才证明钱根良是正博公司的员工，正博公司也未认可钱根良行为是代表正博公司的。第四，一审中，上诉人钱根良提供公知技术材料，目的是要证明系争专利无效，而未提出公知技术抗辩。综上，请求二审法院维持一审判决。

原审被告正博公司未向二审法院提交答辩意见。

二审查明事实

二审中，上诉人钱根良、被上诉人生方制作所、原审被告正博公司均未向二审法院提交新的证据材料。

经审理查明，原审法院认定的事实属实。

另查明：一审庭审中，原审被告正博公司向原审法院辩称，钱根良是负责技术调研的，无权代表正博公司对外推销产品。上诉人钱根良向原审法院陈述称：上诉人在正博公司挂名总经理，未领取报酬；上诉人是正博公司的技术人员，不可能代表公司对外推销产品；上诉人2002年10月中旬到日立公司，不是以正博公司总经理的身份去的，仅是借正博公司的名义去找日立公司的一个员工；提供给证人贺继通的被控侵权产品是上诉人自己研制的。

二审判决及理由

二审法院认为：专利权的保护范围以其权利要求的内容为准，说明书及附图可以用于解释权利要求。本技术领域的普通技术人员应当知道热敏开关要正常工作必然包括一对终端引线器和一对终端连接器。根据涉案专利说明书的记载，涉案专利要解决的技术问题是增强机械强度，通过结合件使热敏开关的终端引线器与终端连接器之间的固定部分与支架形成一个整体，使振动不能从压缩机传到热敏开关上，从而防止由于振动使固定部分变形或弯曲。由此可见，只要有一个端子按涉案专利权利要求1所述的方案连接就可以解决上述技术问题。本领域普通技术人员通过阅读涉案专利的权利要求书和说明书后，应当认为，在权利要求1限定了热敏开关一个端子的连接方式后，热敏开关必然有的另一个端子可以采取包括现有技术方案中的连接方式或者涉案专利技术方案中的连接方式在内的各种连接方式。事实上，涉案专利权利要求8中明确限定了第二终端引线器与第二终端连接器的连接方式，该第二终端引线器与第二终端连接器的连接方式正是对权利要求1中作为常识应当存在且连接方式未具体限定的第二终端引线器与第二终端连接器连接方式的进一步限定。作为一项完整的技术方案，涉案专利权利要求1记载的技术方案的技术特征应分解为：A. 一个配置在压缩机机壳内的热敏开关；B. 热敏开关有一个安置一个热敏元件的金属罩；C. 热敏开关有一个安装在金属罩上的第一终端引线器以及一个固定在终端引线器上的第一终端连接器；D. 一个用电绝缘材料制成的支架；E. 支架有一个容纳热敏开关金属罩的第一腔；F. 支架有一个容纳第一终端引线器与第一终端连接器之间的固定部分的第二腔；G. 支架有一个容纳第一终端连接器的第三腔；H. 三个腔各都在其一个侧面上有一个开口；I. 一个配置在支架第二腔内的结合件，它将第一终端引线器与第一终端连接器之间的固定部分与支架基本上结合成一个整体；J. 热敏开关上还有一个第二终端引线器以及一个固定在终端引线器上的第二终端连接器。

被控侵权产品的技术特征可分解为：a. 一个配置在压缩机机壳内的热敏开关；

b. 热敏开关有一个安置一个热敏元件的金属罩；c. 热敏开关有一个安装在金属罩上的第一终端引线器以及一个固定在终端引线器上的第一终端连接器；d. 一个用电绝缘材料制成的支架；e. 支架有一个容纳热敏开关金属罩的第一腔；f. 支架有一个容纳第一终端引线器与第一终端连接器之间的固定部分的第二腔；g. 支架有一个容纳第一终端连接器的第三腔；h. 三个腔都在其两个侧面上各有一个开口；i. 在第二腔内设置了一个预埋金属件，将第一终端引线器与第一终端连接器之间的固定部分与支架基本上结合成一个整体；j. 热敏开关上还有一个第二终端引线器以及一个固定在终端引线器上的第二终端连接器，其具体连接方式和第一终端引线器与第一终端连接器的连接方式相同。

经比对，被控侵权产品的技术特征 a、b、c、d、e、f、g 分别与涉案专利权利要求 1 的技术特征 A、B、C、D、E、F、G 相同。

涉案专利从属权利要求 5 记载，根据权利要求 1 所述的热保护器，其特征在于所述第一腔的一个上表面和邻接这个上表面的至少一个表面是敞开的；涉案专利说明书也记载，热交换效率还可以通过在支架的主容段的侧壁上（即第二腔侧面上）开一些通孔进一步得到改善。由此可见，权利要求 1 的技术方案中，在三个腔各都在其一个侧面上有一个开口是一项技术特征，在另外的侧面开口或者在同一个侧面有另外的开口，则属于增加的技术特征，该增加的技术特征是对一个侧面上有一个开口的进一步限定，以进一步改善技术方案的热交换效率。因此，被控侵权产品技术方案中，技术特征 h 应分解为：h1. 三个腔各都在其一个侧面上有一个开口；h2. 三个腔各都在其另一个侧面上有一个开口。被控侵权产品的技术特征 h1 与权利要求 1 的技术特征 H 相同。

被控侵权产品技术方案中技术特征 i 只是权利要求 1 中技术特征 I 的一种具体实现形式，且根据涉案专利说明书中对实施例的描述，可以采用在第二腔内设置与支架相连接的隔板作为结合件，故阅读涉案专利说明书后，所属技术领域技术人员能够认识到被控侵权产品技术方案中技术特征 i 的具体技术手段包含在权利要求 1 技术方案的技术特征 I 中，被控侵权产品技术方案中技术特征 i 与权利要求 1 技术方案的技术特征 I 构成相同技术特征。

由于权利要求 1 的技术特征 J 中没有对第二终端引线器与第二终端连接器的连接方式进行具体的限定，现有技术方案中的具体连接方式或者权利要求 1 中第一终端引线器与第一终端连接器之间的具体连接方式均属于技术特征 J 的具体实现形式。被控侵权产品中技术特征 j 的具体连接方式跟其第一终端引线器与第一终端连接器的连接方式相同，属于权利要求 1 技术特征 J 的一种具体实现方式，故技术特征 j 与技术特征 J 构成相同技术特征。

综上，由于技术特征 a、b、c、d、e、f、g、h1、i、j 与涉案专利权利要求 1 限定的技术特征 A、B、C、D、E、F、G、H、I、J 相同，因此被控侵权产品的技术特征已经完全覆盖了涉案专利独立权利要求 1 记载的全部技术特征，构成对被上诉人生方制作所依法享有的"密封电驱动压缩机的热保护器"发明专利权的侵犯。至于被控侵权产品技术方案中增加的技术特征 h2，并不影响对专利侵权是否成立的判定。

上诉人上诉称，本案被控侵权产品的技术特征与系争专利的权利要求存在 3 个区别特征，未落入被上诉人专利权的保护范围，不构成侵权；该 3 个区别特征不应适用专利侵权判定之"等同原则"。二审法院认为，二审法院已在上文详细阐述，被控侵权产品的技术特征完全覆盖了涉案专利独立权利要求 1 记载的全部技术特征。因此上诉人的上述两个上诉理由不能成立，二审法院不予支持。

上诉人上诉称，原审法院认定上诉人钱根良是以原审被告正博公司的名义对外进行许诺销售的，上诉人的行为是职务行为，不应承担任何民事法律责任。二审法院认为，一审庭审中，原审被告正博公司辩称，钱根良是负责技术调研的，无权代表正博公司对外推销产品。上诉人钱根良在一审庭审中亦承认，其是正博公司的技术人员，不可能代表正博公司对外推销产品；被控侵权产品是上诉人自己研制的；钱根良是借正博公司的名义到日立公司找该公司员工的。钱根良在一审庭审中的上述陈述是上诉人承认的对自己不利的事实。二审中，钱根良认为自己的行为是职务行为，但未提供相反证据予以证明，二审法院对此不予采信。根据上诉人钱根良与原审被告正博公司的上述陈述，二审法院不能认定钱根良研制被控侵权产品并进行许诺销售的行为完全是代表正博公司的职务行为，钱根良的上述行为已经侵犯了被上诉人依法享有的专利权，故原审法院判决上诉人钱根良承担停止侵权等民事责任并无不当。上诉人的这一上诉理由亦不能成立，二审法院不予支持。

上诉人上诉称，原审法院认定"因本案并不涉及对原告专利权有效与否的审查，故与之相关的公知技术材料亦不作为本案定案证据予以采纳"，上诉人认为原审法院上述认定属适用法律错误，在专利侵权诉讼中应当考虑公知技术抗辩。二审法院认为，上诉人钱根良在一审中向原审法院提交相关公知技术材料，系为了证明被上诉人的涉案专利权无效，而非提出公知技术抗辩。而本案是一起专利侵权诉讼，并不对系争专利权是否有效作出审查，故原审法院以此为由对上诉人一审提交的公知技术材料不予采纳，并无不当。上诉人的这一上诉理由无事实和法律依据，二审法院不予支持。

综上所述，原审法院认定事实清楚，适用法律正确，审判程序合法。上诉人的上诉请求与理由无事实和法律依据，应予驳回。依照《民事诉讼法》第一百三十条、第一百五十三条第一款第（一）项、第一百五十七条、第一百五十八条之规定，判决如下：

驳回上诉，维持原判。

二审案件受理费人民币 826 元，由上诉人钱根良负担。

案例 13：埃斯科公司与福美公司、草桥欣园公司专利侵权纠纷案

原告（被上诉人）：埃斯科公司（ESCO Corporation）

被告（上诉人）：宁波市鄞州福美工程机械有限公司（下称"福美公司"）

被告（被上诉人）：北京草桥欣园商贸有限公司（下称"草桥欣园公司"）

一审法院：北京市第二中级人民法院

一审案号：（2008）二中民初字第 514 号

一审合议庭成员：刘薇、梁立君、冯刚

一审结案日期：2008 年 3 月 20 日

二审法院：北京市高级人民法院

二审案号：（2008）高民终字第 1002 号

二审合议庭成员：张冰、莎日娜、刘晓军

二审结案日期：2008 年 7 月 18 日

案由：专利侵权纠纷

关键词：专利侵权、行政处罚、全面覆盖、酌定赔偿、善意第三人免除赔偿责任

涉案法条

《专利法》第十一条第一款、第五十六条第一款、第六十三条第二款

《民事诉讼法》第一百五十三条第一款第（一）项、第二百三十二条

争议焦点

● 专利侵权的具体赔偿数额，法院将依据福美公司销售侵权产品的价格、该产品一般
市场利润、福美公司的侵权规模、性质、情节、程度等因素予以酌情考虑。

审判结论

一、被告福美公司立即停止制造、销售侵犯原告埃斯科公司享有专利权（专利号
为 94191076.8）的挖齿产品；

二、被告福美公司，赔偿原告埃斯科公司经济损失人民币 7 万元及为本案诉讼支出
的合理费用人民币 9 700 元；

三、被告草桥欣园公司立即停止销售侵犯原告埃斯科公司享有专利权（专利号为

94191076.8）的挖齿产品；

　　四、驳回原告埃斯科公司其他诉讼请求。

　　二审法院判决驳回上诉，维持原判。

　　一审案件受理费 6 200 元，由埃斯科公司负担 500 元（已交纳），福美公司负担 5 700 元（于二审判决生效之日起 7 日内交纳）；二审案件受理费 1 792.50 元，由福美公司负担（已交纳）。

起诉及答辩

　　原告埃斯科公司诉称：埃斯科公司是依美利坚合众国法律成立的公司。该公司拥有一项由中华人民共和国国家知识产权局授予的名称为"挖齿"的发明专利权。专利号为 94191076.8。授权日为 2002 年 9 月 18 日。原告发现福美公司未经许可，生产及销售的 V33 和 V39 型斗齿、齿座、销子产品使用了其专利技术，侵犯了其拥有的上述发明专利权。草桥欣园公司销售了上述侵权产品，也侵犯了其专利权，故起诉至法院，请求人民法院判令：1. 福美公司立即停止制造、销售、许诺销售 V33 和 V39 型斗齿、齿座、销子产品，销毁库存产品和生产模具；草桥欣园公司立即停止销售 V33 和 V39 型斗齿、齿座、销子产品；2. 福美公司赔偿埃斯科公司经济损失人民币 30 万元；3. 福美公司赔偿原告用于购买侵权产品的费用 2 700 元、公证费 2 000 元及律师费 2 万元；4. 福美公司及草桥欣园公司支付本案全部诉讼费。

　　被告福美公司辩称：福美公司只是一个贸易公司，并不生产斗齿、齿座、销子等产品，其销售给草桥欣园公司的产品是从原告处购买的正牌产品，所以，其没有侵犯原告的专利权。请求人民法院驳回原告对福美公司的诉讼请求。

　　被告草桥欣园公司辩称：草桥欣园公司是以合理的方式从福美公司购买了其产品，并进行了正常的销售，根本不知道所销售的产品是未经专利权人许可而制造的侵权产品。故其不应承担侵权责任。请求人民法院驳回原告对其的诉讼请求。

事实认定

　　一审法院经审理查明：原告是依美利坚合众国法律成立的公司。原告于 1994 年 2 月 2 日向（原）中国专利局申请了一项名称为"挖齿"的发明专利，并于 2002 年 9 月 18 日获得授权。专利号为 94191076.8。该专利权利要求 1 的内容为：

　　1. 一种挖齿，其包括：

　　一接头，其包括一可固定到挖掘设备上的底座和一向前伸出的凸头，所述接头还包括一开口；

　　一齿尖，其包括一前部挖刃、一可插入所述接头凸头的向后开口的插口、一与所述接头开口大致对齐的第一开口、和一靠近所述第一开口的第二开口；和

　　一插入所述接头开口和所述齿尖的所述第一开口以把所述齿尖牢牢连接到所述接头上的锁销，

　　其特征在于，所述锁销包括一刚性壳体和若干独立可压缩的突起，每一所述突起包

括一连接于高弹体材料上的工作件，所述突起之一弹性接触并紧抵构成所述接头开口一部分的一壁，从而把所述齿尖紧紧连接到所述接头上，所述突起中的另一个突起弹性夹持在所述齿尖的所述第二开口中，从而把所述锁销锁定在所述齿尖上。

2007年9月27日，草桥欣园公司与福美公司签订了1份《产品购销合同》。该合同约定：草桥欣园公司向福美公司订购了V33型斗齿、齿座、销子产品各200个，单价分别为78元、124元、18元；V39型斗齿、齿座、销子产品各200个，单价分别为115元、173元、18元。并要求此次购买的产品要与此前9月中旬购买的V33、V39产品（各1套）一致。

2007年9月18日，福美公司通过北京中通速递服务有限公司向草桥欣园公司邮递了V33型斗齿、齿座、销子产品及V39型斗齿、齿座、销子产品各1套。草桥欣园公司在北京市海淀第二公证处公证员的监督下到北京中通速递服务有限公司石景山分公司的住所地提取了上述2套产品，并进行了封存和拍照，北京市海淀第二公证处出具了（2007）京海民证字第4320号公证书。

之后，草桥欣园公司又将该2套产品销售给了埃斯科（徐州）耐磨件有限公司，销售价分别为V33型产品1 200元、V39型产品1 500元。草桥欣园公司为埃斯科（徐州）耐磨件有限公司出具了销售发票。2007年9月29日，在北京市海淀第二公证处公证人员的监督下，原告到草桥欣园公司的仓库中将封存的产品取走，向草桥欣园公司索要了发票，草桥欣园公司还提交了一份福美公司的产品宣传册，原告拆封查看了产品并将产品重新装箱封存。北京市海淀第二公证处对此过程进行了公证，并出具了（2007）京海民证字第4611号公证书。

福美公司及草桥欣园公司在庭审时均陈述双方于2007年9月27日签订的《产品购销合同》未实际履行。

福美公司提出证据主张其寄给草桥欣园公司的产品只是样品，该样品是重庆市北部新区南松工程机械配件经营部借用给其的产品，该产品都是重庆市北部新区南松工程机械配件经营部由原告处购买的原装产品。福美公司还从应国斌处购买了一部分销子产品。宁波市工商行政管理局虽将该批产品以侵犯原告商标权为由予以了查封，但现已解封，说明其并没有制造、销售侵犯原告专利权的产品。而且原告是与草桥欣园公司恶意串通的，草桥欣园公司的购买行为是欺骗行为，应被认定为"陷阱取证"。

一审法院对北京市海淀第二公证处封存的斗齿、齿座、销子产品进行了当庭勘验，结论是，原告的专利权利要求1中的必要技术特征在被控侵权产品上得到了全部体现。

原告为本案诉讼支出了公证费4 000元（在本案中原告只主张2 000元）、购买侵权产品的费用2 700元、律师费2万元。

以上事实有原告提交的专利登记簿副本、发明专利说明书、（2007）京海民证字第4611号公证书及产品实物、公证费发票、律师费发票等；福美公司提交的宁波市工商行政管理局的行政处罚决定书和解除行政强制措施通知书、重庆市北部新区南松工程机械配件经营部的书面证明、应国斌签字的出库单和福美公司的入库单等；草桥欣园公司提交的买卖合同、（2007）京海民证字第 4320 号公证书、售货发票等，以及当事人陈述等证据材料在案佐证。

一审判决及理由

一审法院认为：原告埃斯科公司于 2002 年 9 月 18 日获得授权的名称为"挖齿"的发明专利权（专利号为 94191076.8），尚在有效期中，受我国法律保护。任何单位或个人未经专利权人许可，都不得实施其专利，即不得为生产经营目的制造、使用、许诺销售、销售、进口其专利产品。

经一审法院审查，原告经公证从草桥欣园公司处购买的 V33 型、V39 型"挖齿"产品所具备的技术特征，完全覆盖了原告涉案专利权利要求 1 的所有技术特征，侵犯了原告享有的专利权。福美公司辩称上述产品不是其生产、销售的，但是其提供的重庆市北部新区南松工程机械配件经营部及应国斌的证明均不够充分，在没有其他证据相佐证的情况下，一审法院对该两份证据不予认定。根据原告及草桥欣园公司提交的公证书、买卖合同、产品速递单，福美公司的产品宣传册等证据，一审法院认定福美公司有生产、销售侵权产品的行为。因此，福美公司应承担停止侵权行为、赔偿原告经济损失及合理诉讼支出等法律责任。具体的赔偿数额，一审法院将依据福美公司销售侵权产品的价格、该产品一般市场利润、福美公司的侵权规模、性质、情节、程度等因素予以酌情考虑。因原告提出的销毁福美公司库存产品及制造侵权产品专用模具的请求缺乏法律依据，故一审法院不予支持，且一审法院判决福美公司停止制造、销售侵权产品，也足以制止福美公司的侵权行为。

因草桥欣园公司已证明了其销售给原告的产品是自福美公司购进的，原告也没有向草桥欣园公司提出索赔请求，所以草桥欣园公司无需承担赔偿责任，但应承担停止销售侵权产品的法律责任。福美公司提出草桥欣园公司有欺骗及"陷阱取证"的行为，但事实依据不足，一审法院不予采信。

综上，一审法院依据《专利法》第十一条第一款、第五十六条第一款、第六十三条第二款之规定，判决如下：

一、被告福美公司于一审判决生效之日起立即停止制造、销售侵犯原告埃斯科公司享有专利权（专利号为 94191076.8）的挖齿产品；

二、被告福美公司于一审判决生效之日起 10 日内，赔偿原告埃斯科公司经济损失人民币 7 万元及为本案诉讼支出的合理费用人民币 9 700 元；

三、被告草桥欣园公司于一审判决生效之日起立即停止销售侵犯原告埃斯科公司享有专利权（专利号为 94191076.8）的挖齿产品；

四、驳回原告埃斯科公司其他诉讼请求。

如果未按一审判决指定的期间履行给付金钱义务，应当依照《民事诉讼法》第二百三十二条之规定，加倍支付迟延履行期间的债务利息。

案件受理费 6 200 元，由原告埃斯科公司负担 500 元（已交纳），由被告福美公司负担 5 700 元（于一审判决生效之日起 7 日内交纳）。

上诉理由

福美公司不服原审判决，向二审法院提起上诉，请求撤销原审判决第一、二项，驳回埃斯科公司的全部诉讼请求。其主要理由是：1. 上诉人福美公司并未生产、销售侵犯被上诉人埃斯科公司享有专利权的产品，本案所涉两套 V33 和 V39 型斗齿等产品系分别从重庆市北部新区南松工程机械配件经营部借调和从供应商应国斌处购得。2. 上诉人福美公司并无生产、销售被控侵权产品的行为，原审判决的认定的赔偿数额无事实及法律依据。

二审查明事实

经审理查明：原审法院查明事实属实，各方当事人亦无异议，故二审法院予以认可。

二审法院审理中，福美公司明确以下证据材料证明其未生产、销售涉案被控侵权产品：1. 2008 年 1 月 3 日宁波市工商行政管理局甬工商处字（2007）第 178 号《行政处罚决定书》。该决定书记载：当事人（福美公司）于 2007 年 8～9 月从应国斌处购买标有"ESCO"商标标识的销子 3 716 支……上述销售的销子使用"ESCO"商标未经权利人许可……处罚如下：立即停止侵权行为；没收当事人侵权的"ESCO"销子 3 716 支等。2. 2008 年 1 月 4 日宁波市工商行政管理局甬工商经解字（2008）第 4 号《解除行政强制措施通知书》。该通知书载明："本局于 2007 年 9 月 28 日以甬工商经封字（2007）第 15 号《封存财物通知书》对福美公司的有关财产（斗齿 27 只）采取的强制措施，决定自 2008 年 1 月 4 日起部分予以解除。"3. 重庆市北部新区南松工程机械配件经营部出具的《证明》。该证明中相关内容有：兹证明宁波市工商局在 2007 年 9 月 28 日查封（甬工商封字 2007 第 15 号）的福美公司仓库的一批原装正品埃斯科斗齿，是由重庆市北部新区南松工程机械配件经营部在 2007 年 7 月借调给福美公司的。该《证明》上加盖有重庆市北部新区南松工程机械配件经营部印鉴，但无出证日期。4.《福美入库结算单》3 份及送货单 2 份，该结算单上载明供应商为应国斌，并均有应国斌的签名。

埃斯科公司认为，上述证据材料不具有证明福美公司未生产、销售涉案侵权产品的证明力。

二审判决及理由

二审法院认为：埃斯科公司的名称为"挖齿"的涉案发明专利权（专利号为 94191076.8）尚在有效期内，其专利权依法受我国法律保护，任何单位或个人未经专利权人许可，都不得实施其专利，即不得为生产经营目的制造、使用、许诺销售、销售、进口其专利产品。原审判决认定埃斯科公司经公证从草桥欣园公司处购买的 V33 型、V39 型"挖齿"产品所具备的技术特征，完全覆盖了涉案专利权利要求 1 的所有技术特征，侵犯了埃斯科公司享有的专利权。对此，福美公司并无异议，故二审法院予以确认。

对于福美公司提交的重庆市北部新区南松工程机械配件经营部出具的《证明》，因该经营部未出庭就出证情况予以说明，福美公司亦未提交相关证据佐证，在埃斯科公司对该证据持异议的情况下，二审法院对福美公司提交的《证明》不予采信；宁波市工商行政管理局甬工商经解字（2008）第4号《解除行政强制措施通知书》载明是对该局2007年9月28日甬工商经封字（2007）第15号《封存财物通知书》中所涉财物的解封，福美公司亦未说明甬工商经解字（2008）第4号《解除行政强制措施通知书》与其是否生产、销售涉案被控侵权产品之间的关联性；宁波市工商行政管理局甬工商处字（2007）第178号《行政处罚决定书》虽然载明福美公司于2007年8~9月间从应国斌处购买的标有"ESCO"商标标识的3 716支销子侵犯了埃斯科公司的"ESCO"商标权，但该处罚决定书并不足以证明福美公司未生产、销售侵犯埃斯科公司涉案专利权的产品；关于福美公司提交的《福美入库结算单》及送货单，首先，该结算单仅有应国斌的签名，送货单亦只有收货、送货单位经手人的签名，其真实性不能确认。其次，即便是由应国斌提供的销子，仍不足以证明福美公司未生产、销售涉案V33型、V39型"挖齿"产品。综上，福美公司辩称草桥欣园公司向埃斯科公司出售的产品系其向案外人重庆市北部新区南松工程机械配件经营部"借调"的原装产品，其没有生产、销售被控侵权产品的抗辩主张不能成立，对此，二审法院不予支持。根据埃斯科公司及草桥欣园公司提交的公证书、购销合同、产品速递单，福美公司的产品宣传册等证据，应认定福美公司有生产、销售涉案侵权产品的行为。因此，原审法院判决福美公司应承担停止侵权行为，并依据福美公司销售侵权产品的价格、该产品一般市场利润、侵权规模、性质、情节等因素酌情判决赔偿埃斯科公司经济损失及合理诉讼支出等有相关事实及法律依据。

综上，原审判决认定事实清楚，适用法律正确，应予以维持。福美公司的上诉理由不能成立，其上诉请求二审法院不予支持。依据《民事诉讼法》第一百五十三条第一款第（一）项之规定，判决如下：

驳回上诉，维持原判。

一审案件受理费6 200元，由埃斯科公司负担500元（已交纳），福美公司负担5 700元（于二审判决生效之日起7日内交纳）；二审案件受理费1 792.50元，由福美公司负担（已交纳）。

案例 14：株式会社岛野与宁波市日骋工贸有限公司专利侵权纠纷案

原告（上诉人）：株式会社岛野
被告（被上诉人）：宁波市日骋工贸有限公司

一审法院：浙江省宁波市中级人民法院
一审案号：（2004）甬民二初字第 240 号
一审合议庭成员：
一审结案日期：❶

二审法院：浙江省高级人民法院
二审案号：（2005）浙民三终字第 145 号
二审合议庭成员：周平、方双复、高毅龙
二审结案日期：2005 年 10 月 28 日

案由：专利侵权纠纷

关键词：专利侵权、审查意见书、答辩书、证据保全、行业标准

涉案法条
《专利法》第二十二条第二款、第五十六条第一款
《民事诉讼法》第六十四条第一款、第一百五十三条第一款第（一）项

争议焦点
- 上诉人提供的行业标准包含有车架技术规范，不仅包括具有延伸部的车架，也包括了不具有延伸部的车架，即行业标准并不要求所有的自行车架必须具有延伸部，该标准也不能得出将被控产品安装在自行车上必然落入专利的保护范围，更不能用于解释本案专利的保护范围。
- 专利的权利要求是由发明的技术特征组成的完整的技术方案，发明专利权的保护范围以其权利要求的内容为准，法院确定专利权保护范围必须严格依照权利要求，不

---

❶ 由于未收集到浙江省宁波市中级人民法院（2004）甬民二初字第 240 号民事判决书，故一审合议庭成员和一审结案日期不明。——编者注

能任意减少权利要求里的技术特征，扩大专利保护范围，也不能允许专利权人在申请专利时为了获得专利权而限制缩小保护范围，获得专利权后又作出相反的解释。

- 原审法院结合权利人在专利审批中为确保其专利具有新颖性，对专利权利要求的保护范围作了限制承诺的书面声明，界定本案专利的安装特征并无不当。根据独立权利要求及专利权人在专利审批时的书面声明，该后换挡器支架一定要安装在专利所述结构的自行车车架上才能构成侵权，该特定的自行车车架结构构成了专利的必要技术特征之一。被上诉人生产的被控产品仅具备专利权利要求中的结构特征，被上诉人没有进行安装行为，被控产品不具有专利权利要求中的安装特征。没有落入上诉人专利的保护范围，不构成专利侵权。

- 我国专利法律、法规尚没有关于构成专利间接侵权的规定，司法实践中，要认定构成专利间接侵权，也要以存在专利直接侵权为前提。本案中不存在直接侵权的前提，也不能认定被上诉人构成间接侵权。

审判结论

驳回原告的诉讼请求。

一审案件受理费人民币 7 010 元，证据保全费人民币 1 000 元，合计人民币 8 010元，由原告负担。

二审判决驳回上诉，维持原判。

二审案件受理费人民币 7 010 元，由上诉人株式会社岛野负担。

事实认定

原告是"后换挡器支架"中国发明专利的专利权人，该专利申请日为 1994 年 2 月3 日，专利号为 94102612.4，授权公告日为 2002 年 12 月 11 日，该专利为有效状态，依法受法律保护。该专利授权文本的权利要求书记载：

1. 一种用于将后换挡器（100）连接到自行车车架（50）上的自行车后换挡器支架，所述后换挡器具有支架件（5）、用于支撑链条导向装置（3）的支撑件（4）、一对用于连接所述支撑件（4）和所述支架件（5）的连接件（6、7），所述自行车车架具有形成在自行车车架的后叉端（51）的换挡器安装延伸部（14）上的连接结构（14a），所述后换挡器支架包括：一由大致 L 形板构成的支架体（8）；设在所述支架体（8）一端近旁，用于将所述后换挡器（100）的所述支架件（5）连接到所述支架体（8）上，可绕第一轴线（91）枢转的第一连接结构（8a）；设在所述支架体（8）另一端近旁，用于将所述支架体（8）连接到所述自行车车架（50）的所述连接结构（14a）上的第二连接结构（8b）；以及用于与所述换挡器安装延伸部（14）接触从而使所述后换挡器（100）相对于所述后叉端（51）以一种预定的姿势定位的定位结构（8c）；其特征在于：所述第一连接结构（8a）和所述第二连接结构（8b）的布置应使当所述支架体（8）安装在所述后叉端（51）上时，所述的第一连接结构（8a）提供的连接点是在所述第二连接结构（8b）提供的连接点的下方和后方。

2. 根据权利要求 1 所述的自行车后换挡器支架，其特征在于，所述的第二连接结构（8b）的形式是一大致圆形孔。

3. 根据权利要求 2 所述的自行车后换挡器支架，其特征在于，具有一连接螺栓（16），穿过所述大致圆形孔并被拧紧，以将所述支架体和所述后换挡器安装延伸部（14）互相连接。

4. 根据权利要求 1 所述的自行车后换挡器支架，其特征在于，所述的定位结构（8c）的位置邻近所述第二连接结构（8b）。

5. 根据权利要求 2 所述的自行车后换挡器支架，其特征在于，所述的定位结构（8c）是从所述板的表面上延伸的一个凸台。

6. 根据权利要求 5 所述的自行车后换挡器支架，其特征在于，所述的定位结构（8c）是通过压制形成的。

在该专利的申请过程中，原告第一次原始文本的权利要求书 1 是如下描述的："1. 一种在自行车车架的后叉端的供安装换挡器的延伸部上形成的连接结构将后换挡器连接到自行车车架上的后换挡器支架，该后换挡器支架包括：一个支架体；设在该支架体一端近旁，用于将所述后换挡器连接到该支架体上的第一连接结构；设在该支架体另一端近旁，用于将该支架体连接到所述自行车车架的所述连接结构上的第二连接结构；和用于与所述供安装换挡器的延伸部接触从而使后换挡器相对于所述后叉端以一种预定的姿势定位结构。"专利局在审查过程中，认为已有的对比文件已公开了一种将自行车后拨链器安装于自行车后叉端的自行车后拨链器安装支架。对比文件已经公开了上述权利要求 1 的所有技术特征，两者属于相同技术领域。因此，本申请权利要求 1 限定之技术方案相对于对比文件公开的已有技术不是新的，不符合《专利法》第二十二条第二款有关新颖性之规定。后原告将本专利的权利要求 1 修改为如下内容："1. 一种用于将后换挡器（100）连接到自行车车架（50）上的后换挡器支架，所述自行车车架具有形成在自行车车架的后叉端（51）的换挡器安装延伸部（14）上的连接结构（14a），所述后换挡器支架包括：一个支架体（8）；设在所述支架体（8）一端近旁，用于将所述后换挡器（100）连接到所述支架体（8）上的第一连接结构（8a）；设在所述支架体（8）另一端近旁，用于将所述支架体（8）连接到所述自行车车架（50）的所述连接结构（14a）上的第二连接结构（8b）；以及用于与所述换挡器安装延伸部（14）接触从而使所述后换挡器（100）相对于所述后叉端（51）以一种预定的姿势定位的定位结构（8c）；其特征在于：所述第一连接结构（8a）和所述第二连接结构（8b）的布置应使当所述支架体（8）安装在所述后叉端（51）上时，所述的第一连接结构（8a）提供的连接点从所述后叉端（51）看是在第二连接结构（8b）提供的连接点的下方和后方。"原告在该次专利说明书上称："本发明提供一种支架，当被连接到安装换挡器的延伸部上时，该支架为将要安装在自行车车架上的换挡器提供一个适当的连接位置，这样，被连接到该支架上的换挡器就易于呈现一个适当的安装姿势。"

专利局在第二次审查过程中，认为已有的对比文件已公开了一种用于将换挡器连接到自行车车架上的连接机构，因此对比文件已经公开了上述权利要求1的所有技术特征，并且它们属于相同的技术领域。因此，本申请权利要求1请求保护的技术方案相对于对比文件公开的现有技术不是新的，不符合《专利法》第二十二条第二款有关新颖性之规定。原告针对专利局的第二次审查意见，作了如下陈述：申请人对新权利要求1作了进一步限定，更清楚地描述本发明与已有对比文件的自行车换挡器的安装方式是不同的特征；专利局对比文件公开的换挡器是直接安装在自行车车架后叉端的换挡器安装延伸部上，而本发明是将上述后换挡器的上述支架件（5）连接到上述支架的支架体（8）的一端，然后再将上述支架体（8）的另一端连接至自行车车架后叉端（51）的换挡器安装延伸部（14）上。根据专利局的第二次审查意见，原告将本专利的权利要求1再一次作了修改，即修改成授权文本的权利要求1内容。

被告在其企业产品样本中许诺销售被控产品RD－HG30A、RD－HG40A型自行车后拨链器。上海市黄浦区第一公证处应上海市华诚律师事务所申请，对上海市华诚律师事务所人员于2003年1月15日在被告处向被告购买被控产品RD－HG30A、RD－HG40A型自行车后拨链器的过程进行了证据保全公证，并对所购的被控产品进行了封存。因该被控产品尚未被安装在自行车上，因此没有权利要求1中的"所述自行车车架具有形成在自行车车架的后叉端（51）的换挡器安装延伸部（14）上的连接结构（14a）"这一技术特征，也无法看出被控产品安装在自行车上的具体安装方法。原告认为被控产品在使用过程中只能借助专利提供的安装方法被安装在如权利要求1中所述的自行车车架上，否则就不能使用；而被告认为被控产品因缺乏权利要求1中所述的自行车车架及其对应于车架的有关必要的技术特征，因此不构成侵权。2004年9月9日原审法院应原告申请，去被告生产经营场所进行证据保全，经查看，未发现被控产品RD－HG30A、RD－HG40A型自行车后拨链器及制造被控产品的专用模具。原告为本案已聘请律师调查、取证及诉讼，但原告为本案所支付的律师费因原告提供的证据尚有欠缺，尚不能认定，除此之外，原告为本案已支出的合理费用共计人民币3 592.85元。

一审判决及理由

原审法院经审理认为：原告为94102612.4号"后换挡器支架"发明专利的专利权人，该专利在有效期内，原告已履行了交纳专利年费的义务，该专利为有效专利，受法律保护。对被控产品RD－HG30A、RD－HG40A型自行车后拨链器实物是否系被告制造问题，因被控产品系上海市华诚律师事务所人员到被告生产经营场所购买，购买过程有上海市黄浦区第一公证处公证证明，该被控产品上有被告的SUNRUN商标，因此被控产品可以认定系被告制造。因原告提供的被控产品尚未被安装在自行车上，因此自然不具备权利要求1中的"所述自行车车架具有形成在自行车车架的后叉端（51）的换挡器安装延伸部（14）上的连接结构（14a）"的技术特征，也不清楚具体的安装方式。原告认为被控产品在实际使用过程中必然要具备本专利所述的所有必要技术特征，而被告对此否定，因此被控产品在使用中是否必然要具备本专利所述的所有必要技术特征成了本案的焦点。原审法院认为，比较上诉人专利的授权文本与原始文本中权利要求 1 的内容，可以清楚地看出原告为获得本专利授权在保护内容和范围上所作的明显缩小的修改。原告第一次公开的原始文本的权利要求 1 对后换挡器支架所安装的自行车车架结构及具体安装方式并没有作限定，修改后的第二次公开的原始文本的权利要求 1 对后换挡器支架所安装的自行车车架结构作了限定，即"所述自行车车架具有形成在自行车车架的后叉端（51）的换挡器安装延伸部（14）上的连接结构（14a）"，也即该后换挡器支架一定要安装在专利所述结构的自行车车架上才能构成侵权，该特定的自行车车架结构构成了专利的必要技术特征之一，最后的授权文本除对上述自行车车架结构作同样的限定外，对具体的安装方式也作了限定，在此前提下原告才获得了本案专利的授权。因此专利权利要求书 1 所述的特定的自行车车架结构及特定的安装方式是涉案专利的两个必要技术特征。

按原告所述，即认为被控产品在实际使用过程中必然要具备本专利所述的所有必要技术特征，那么原告在第一次撰写专利权利要求书时就会将所有的必要技术特征全部撰写清楚，否则就变成了无法实施的专利，而事实并非如此，在原告未对特定的自行车车架结构及特定的安装方法限定前，专利局均认为该"后换挡器支架"属已有技术，缺乏新颖性，不能授予专利，这一方面说明了该"后换挡器支架"可以安装在其他结构的自行车车架上，否则就谈不上属已有技术，另一方面也说明了原告原来希望该"后换挡器支架"安装的自行车车架范围广，只因无法获得专利授权，所以才对该"后换挡器支架"安装的自行车车架结构及安装方法作了限定。由此可见，原告认为被控产品在使用过程中只能借助专利提供的安装方法被安装在如权利要求 1 中所述结构的自行车车架上，否则就不能使用之观点与事实不符，也与原告在专利申请过程中的情况不符，该观点不予采信。专利的权利要求是由发明的技术特征组成的完整的技术方案，发明专利权的保护范围以其权利要求的内容为准，法院确定专利权保护范围必须严格依照权利要求，不能任意减少权利要求里的技术特征，扩大专利保护范围，也不能允许专利权人在申请专利时为了获得专利权而限制缩小保护范围，获得专利权后又作出相反的解释。既然涉案专利后换挡器支架可以安装在其他结构的自行车车架上，而被控侵权产品因尚未被安装在自行车上，对其安装后是否会具备"所述自行车车架具有形成在自行车车架的后叉端（51）的换挡器安装延伸部（14）上的连接结构（14a）"这一必要技术特征及安装方式是否如专利权利要求书所述并不清楚，因此该被控产品是否构成侵权的比对条件尚不具备，原告认为被控产品已构成侵权的诉请不成立，不予支持。依照《民事诉讼法》第六十四条第一款、《专利法》第五十六条第一款之规定，原审法院于 2005 年 3 月 15 日判决：驳回原告的诉讼请求。案件受理费人民币 7 010 元，证据保全费人民币 1 000 元，合计人民币 8 010 元，由原告负担。

上诉理由

上诉人株式会社岛野诉称：

一、原判未对被控侵权产品和本专利进行技术对比分析，而是通过对上诉人专利申请过程中的审查意见书和答辩书进行分析后界定专利的必要技术特征不当。

二、原审法院分析被控产品的安装方法时，无端割裂上诉人的证据链，错误确认被控产品的安装方法。1. 为证明被控产品被设计成只能安装在具有连接结构（14a）的自行车架延伸部（14）上，上诉人提供了中华人民共和国行业标准——自行车工业标准 - 自行车车架 QB1880.93，根据该规定，不与该标准匹配的变挡器，将无法安装在自行车上。但原审法院却认为该证据与本案无关，不予采信；2. 被上诉人一审提供的安装照片及当庭演示过程，是通过增加"特定的垫圈"来安装被控产品的，原判却认定被控产品可以安装在其他结构的自行车车架上，明显偏袒被上诉人；3. 上诉人和被上诉人在一审庭审中，均当庭演示了置备有支架体的变挡器的自行车，但原判均未提及该证据，显失公正。

三、对上诉人为制止侵权行为发生的合理费用的有关凭证，原判不顾律师计时服务的特定和国际惯例，以没有委托合同为由予以否认，缺乏法律依据。

据上，请求二审法院撤销原判；判令被上诉人立即停止制造和销售侵犯上诉人第94102612.4 号专利权的产品；判令被上诉人立即销毁所有剩余的侵权产品、侵权产品宣传资料以及制造侵权产品的专用模具，并删除互联网上有关侵权产品的广告；判令被上诉人赔偿经济损失人民币 30 万元；一、二审诉讼费由被上诉人承担。

被上诉人宁波市日骋工贸有限公司辩称：

一、被控产品缺乏专利的多项必要技术特征，并未落入专利保护范围。上诉人权利要求 1 保护的是改进的车架后叉端、后拨链器及其装配方案；被控产品缺乏自行车车架和上述增加的设置于后叉端延伸部之连接结构的全部技术特征，不是侵权产品。

二、上诉人提供的自行车工业标准，非涉案专利的组成部分，也非被控产品的组成部分，既不具有解释专利权利要求的效力，又不能反映被控产品结构的内容，当然与本案缺乏关联性，原审法院不予采信，正当合法。

三、上诉人提出的其他上诉理由，也无法成立。如双方在一审庭审中演示自行车的行为，目的仅是说明产品的实际状态，原判未予以描述，并无不当；上诉人提供的律师服务收费收据，但未提供代理合同及收费标准备案证明，原判未予采信，合情合理。

据上，原判正确，请求二审法院驳回上诉，维持原判。

二审查明事实

二审法院重点审查如下证据：

1. 一审期间，上诉人提供了中华人民共和国行业标准——自行车工业标准 - 自行车车架 QB1880.93，予以证明根据行业标准生产的自行车车架应当具有本专利所述的延伸部，被控产品安装在自行车上必须借助该安装延伸部，由此该技术特征必然落入专利的保护范围。经一审庭审质证，被上诉人认为，该行业标准不是专利说明书的组成部分，不能用于对专利权利要求的范围进行解释，与本案没有关联性。二审法院经审查认为，该行业标准提供了车架技术规范，不仅包括具有延伸部的车架，也包括了不具有延伸部的车架，即行业标准并不要求所有的自行车架必须具有延伸部，该标准也不能得出将被控产品安装在自行车上必然落入专利的保护范围，更不能用于解释本案专利的保护范围。据此，原审法院采纳被上诉人的观点，认为该证据与本案没有关联性，并无不当。上诉人提出"原审法院认定上述证据与本案无关显属不当"的上诉理由，不能成立。

2. 一审庭审中，被上诉人认为其生产的产品可以安装在没有延伸部的自行车车架上，并当庭进行了演示。上诉人认为被上诉人直接安装在没有延伸部的自行车上，增加了一个垫圈，属增加了技术特征，不能视为没有落入专利保护范围，并对取消垫圈后的安装效果进行演示。对该节庭审事实，原审法院没有在判决书中予以判定，存在不妥之处。二审法院经审查认为，根据一审庭审的演示，被控产品可以通过增加垫圈的方式直接安装在没有支架延伸部的自行车上。增加垫圈的方式进行安装是一种公开的常规的机械安装技术，不能视为被控产品安装在没有支架延伸部的自行车上就不能正常使用。由此，原判认定被控产品可以安装在其他结构的自行车车架上，并无不当。上诉人提出"原判未对一审实物演示进行表述不当"的理由成立，但其提出"原判认定被控产品可以安装在其他结构的自行车车架上，有失公允"的上诉理由，不能成立。

3. 二审庭审中上诉人提供了两份证据保全公证文书：一是 2005 年 5 月 9 日上海市黄浦区第一公证处出具的公证。载明：2005 年 5 月 6 日上海市华诚律师事务所人员与公证员一起到上海新国际博览中心举行的第十五届中国国际自行车展览会上，取得了杭州骏骐车业有限公司自行车上使用的被上诉人生产的被控产品的安装状态实例。予以证明被控产品只能安装在特定的自行车车架上。二是 2005 年 6 月 13 日杭州市拱墅区公证处出具的公证书。载明：2002 年 5 月 23 日浙江天册律师事务所人员与公证人员一起到浙江自行车市场内，取得了杭州江凯五金交电化工有限公司出售的由深圳喜德胜自行车有限公司生产的山地自行车侵害了上诉人的本案专利的状态实例。予以证明被上诉人生产的被控产品只能以实例表示的特定方式安装在该特定的自行车车架上。

经庭审质证，被上诉人认为：公证书一，杭州骏骐车业有限公司与被上诉人无关，其展示的自行车也与被上诉人无关联；从公证取证的照片中，不能反映后拨链器的结构，与专利技术无法对比；公证取证的自行车车架不是被上诉人生产，被上诉人也没有在其车架上安装后拨链器的行为。公证书二，不能反映深圳喜德胜自行车有限公司与被上诉人之间有关联；取证的照片不能看出后拨链器与车架的结构，车架也不是被上诉人生产，安装后拨链器的行为也不是被上诉人进行。

二审法院经审查认为，上述公证文书的真实性在被上诉人不能提供充分证据推翻的情况下予以认定；但两份公证文书公证的内容不能证明两个自行车生产厂商与被上诉人之间存在法律上的关联，也不能证明后拨链器与车架之间的安装行为系由被上诉人完成；从安装方式看，最多证明有两个自行车生产厂家将被控产品通过某一相同的方式将后换挡器连接安装在自行车后车架的延伸部，不能证明所有被控产品要与自行车后车架连结必须采取该方法。故该两个证据尚不能证明被上诉人存在侵犯上诉人专利权的行为。

4. 上诉人在上诉时还向二审法院提出取证申请，要求二审法院到杭州骏骐车业有限公司对自行车整车的装配情况进行调查，查清被控产品的真实使用状态。二审法院经审查认为，上诉人在二审庭审中已经通过公证取证的方式提供了该方面的证据，且该申请不符合《最高人民法院关于民事诉讼证据的若干规定》第十五条和第十七条的规定，故二审法院不予准许。

5. 被上诉人二审期间没有提供新的证据。

据上，二审认定的事实与原判认定的一致。

二审判决及理由

根据双方的诉辩主张，二审双方当事人争议的焦点主要是被控产品是否落入上诉人的专利保护范围问题。

二审法院认为：上诉人是一种自行车"后换挡器支架"中国发明专利的专利权人（专利号：94102612.4），该专利尚在有效期内，应当受到我国的法律保护。判定被控产品是否构成专利侵权，首先应确定上诉人专利的权利保护范围。根据本案发明专利权利要求书的记载，本案专利的独立权利要求是：1）前序部分。一种用于将后换挡器（100）连接到自行车车架（50）上的自行车后换挡器支架，所述后换挡器具有支架件（5）、用于支撑链条导向装置（3）的支撑件（4）以及一对用于连接所述支撑件（4）和所述支架件（5）的连接件（6、7），所述自行车车架具有形成在自行车车架的后叉端（51）的换挡器安装延伸部（14）上的连接结构（14a），所述后换挡器支架包括：一由大致 L 形板构成的支架体（8）；设在所述支架体（8）一端近旁，用于将所述后换挡器（100）的所述支架件（5）连接到所述支架体（8）上、可绕第一轴线（91）枢转的第一连接结构（8a）；设在所述支架体（8）另一端近旁，用于将所述支架体（8）连接到所述自行车车架（50）的所述连接结构（14a）上的第二连接结构（8b）；以及用于与所述换挡器安装延伸部（14）接触从而使所述后换挡器（100）相对于所述后叉端（51）以一种预定的姿势定位的定位结构（8c）。2）特征部分。其特征在于：所述第一连接结构（8a）和所述第二连接结构（8b）的布置应使当所述支架体（8）安装在所述后叉端（51）上时，所述的第一连接结构（8a）提供的连接点是在所述第二连接结构（8b）提供的连接点的下方和后方。

据此，本案专利的主要技术特征包括结构特征和安装特征两部分，对此，上诉人持同意的观点。被控产品与专利的结构特征相比，两者属相同，双方对此亦无异议。争议的焦点是被控产品是否落入专利安装特征的保护范围。对安装特征保护范围的界定，原审法院结合权利人在专利审批中为确保其专利具有新颖性，对专利权利要求的保护范围作了限制承诺的书面声明，界定本案专利的安装特征并无不当。根据独立权利要求及专利权人在专利审批时的书面声明，本案专利的安装特征是：所述自行车车架具有形成在自行车车架的后叉端（51）的换挡器安装延伸部（14）上的连接结构（14a）；所述第一连接结构（8a）和所述第二连接结构（8b）的布置应使当所述支架体（8）安装在所述后叉端（51）上时，所述的第一连接结构（8a）提供的连接点是在所述第二连接结构（8b）提供的连接点的下方和后方。即至少具备以下两个安装特征：（1）具有后叉端的自行车车架；（2）安装在车架后叉端的延伸部上。而被上诉人生产的被控产品仅具备专利权利要求中的结构特征，被上诉人没有进行安装行为，被控产品不具有专利权利要求中的安装特征。没有落入上诉人专利的保护范围，不构成专利侵权。

上诉人在二审庭审中进一步提出，虽然被上诉人自己没有进行安装，但他人要使用被控产品必然要按照本案专利安装特征表述的方式进行安装，至少构成间接侵权。二审法院认为，我国专利法律、法规尚没有关于构成专利间接侵权的规定，司法实践中，要认定构成专利间接侵权，也要以存在专利直接侵权为前提。本案中不存在直接侵权的前提，也不能认定被上诉人构成间接侵权。

据上，上诉人的发明专利包括结构特征和安装特征两部分，但被控产品仅具备了专利的结构特征，被上诉人没有进行安装行为，该被控产品也可以按专利权利要求限定外的其他方式进行安装，故被上诉人的行为不构成专利侵权。原审判决系在确定上诉人的专利保护范围后，将被控产品的技术特征与专利权利保护范围进行对比后，得出了被控产品不构成专利侵权的结论。故上诉人提出"原判未对被控侵权产品和本专利进行技术对比分析"的上诉理由，与事实不符。上诉人提出的"原判未对其为制止侵权行为发生的合理费用的有关凭证审查不当"的上诉理由，因被上诉人行为不构成侵权，故对涉及经济赔偿数额认定方面的证据，二审法院不予审查。由此，上诉人提出的上诉理由，除"原判未提及双方一审对实物演示的庭审事实不当"外，其他上诉理由均不能成立。原判认定事实清楚，适用法律正确。根据《民事诉讼法》第一百五十三条第一款第（一）项的规定，判决如下：

驳回上诉，维持原判。

二审案件受理费人民币 7 010 元，由上诉人株式会社岛野负担。

案例15：索尼公司与中宜公司专利侵权纠纷案

原告（被上诉人）：索尼株式会社（下称"索尼公司"）
被告（上诉人）：广州中宜电子有限公司（下称"中宜公司"）

一审法院：广东省广州市中级人民法院
一审案号：（2004）穗中法民三知初字第564号
一审合议庭成员：黄雪梅、郑志柱、刘冬梅
一审结案日期：2005年5月13日

二审法院：广东省高级人民法院
二审案号：（2005）粤高法民三终字第286号
二审合议庭成员：于小山、岳利浩、邱永清
二审结案日期：2006年2月14日

案由：专利侵权纠纷

关键词：行政确权、酌定、证据保全、诉前禁令、全面覆盖

涉案法条

《民法通则》第一百三十四条第一款第（一）项、第（七）项、第二款
《专利法》第十一条第一款、第五十六条第一款
《民事诉讼法》第一百五十三条第一款第（一）项
《最高人民法院关于审理专利纠纷案件适用法律问题的若干规定》第十七条第一款、第二十一条

争议焦点

● 发明专利权的保护范围以其权利要求的内容为准，说明书及附图可以用于解释权利要求。专利权的保护范围应当以权利要求书中明确记载的必要技术特征所确定的范围为准，也包括与该必要技术特征相等同的特征所确定的范围。
● 涉案的被控侵权产品是索尼公司在中宜公司处通过公证购买的方式取得，该取证方式不为法律所禁止。
● 在被侵权人所受的损失和侵权人所获的利益难以确定，以及没有专利许可使用费可

以参照的情况下，依据最高人民法院相关司法解释的规定，采用定额赔偿来确定赔偿额。

审判结论

一、被告中宜公司立即停止制造、销售侵犯原告索尼公司的951171127号"电池装置和用于电池装置的安装装置"发明专利权的产品的行为，销毁库存的侵权产品和专用生产模具。

二、被告中宜公司10日内一次性赔偿原告索尼公司经济损失人民币10万元。

一审案件受理费人民币3 510元由被告中宜公司负担（上述费用原告已预交，一审法院不予退回，由被告在履行上述给付义务时径付原告）。

二审法院判决驳回上诉，维持原判。

二审案件受理费人民币3 510元由中宜公司负担。

起诉及答辩

原告索尼公司诉称：原告于1995年9月2日向（原）中国专利局申请了"电池装置和用于电池装置的安装装置"发明专利，并于2002年9月4日获得授权，专利号为951171127，该专利的优先权日期为1994年9月2日。被告在未经原告许可的情况下，制造原告的专利电池产品，并对外销售，其侵权产品型号为FS21。经对比，被控侵权产品完全采用了原告专利的必要技术特征，属全面覆盖的专利侵权。为此，请求判令：1. 被告立即停止侵权；2. 被告立即销毁侵权产品及模具；3. 被告赔偿原告损失人民币10万元；4. 诉讼费由被告承担。

被告中宜公司辩称：被告没有侵权的主观故意，也没有侵权行为。李伟力等人公证购买的电池不是被告的产品。原告提供的购买单据上记载的公司名称是广州TOP POW-ER电子有限公司，与被告的名称不同，原告指控的侵权行为与被告没有因果关系。原告没有举证证明其有经济损失。请求驳回原告的诉讼请求。

原告为支持其诉讼主张，在举证期限内提供的证据有：

1. 证据1是原告的专利证书、权利要求书、说明书及附图和专利登记簿副本，证明原告的专利合法有效，受法律保护。

2. 证据2是（2004）粤公证内字第18454号公证书，记载李伟力、MUHAMMED YAKOOB ALLADIN于2004年4月16日在被告处公证购买被控侵权产品的事实，证明被告生产销售被控侵权产品。

经开庭质证，被告认为原告证据1的真实性值得怀疑，但对合法性和关联性没有异议。对证据2，认为公证过程没有经卖方知晓或同意，故对真实性有异议，公证书所附单据是英文单据，没有公证机构盖章，而是由一个与被告无关的人员签名，而且公证书记载的地址不是被告的地址，故对关联性和合法性也有异议。

事实认定

经审理查明：原告于1995年9月2日向（原）中国专利局申请了"电池装置和用

于电池装置的安装装置"发明专利,该专利的优先权日是 1994 年 9 月 2 日,公开日是 1996 年 8 月 7 日,2002 年 9 月 4 日获得授权,同日公告,专利号为 951171127,主分类号为 H01M 2/10,该专利的年费已交纳至 2005 年 9 月 2 日,目前处于有效状态。

原告的"电池装置和用于电池装置的安装装置"发明专利的权利要求 1 是一种电池装置,它包括:一壳体,其内设置有电池盒单元,并且在其外部周围的侧表面上具有装载表面部分,所述装载表面部分可与主装置的安装表面部分相连接,和装在所述壳体内的所述电池盒单元内的电池;其特征是所述壳体的装载表面部分具有识别槽,该槽在接合表面上具有敞开的开口端,并且在主装置上以平行于装载方向的方向由所述开口端延伸,所述接合表面以与装载表面部分成直角的方向在壳体的装载表面上形成。

广东省公证处(2004)粤公证内字第 18454 号公证书记载,该处公证人员与公证申请人李伟力、MUHAMMED YAKOOB ALLADIN 于 2004 年 4 月 16 日来到广州市白云区太和民营科技园 C07 栋被告处,在公证人员的监督下,李伟力、MUHAMMED YAK-OOB ALLADIN 以普通消费者的身份向被告购买了型号为 FS21 的电池两块以及其他型号的电池,并取得 "GUANGZHOU TOP POWER ELECRONICS CO., LTD COMMERCIAL INVOICE" 一张。该 "COMMERCIAL INVOICE" 落款处有 GUANGZHOU TOP POWER ELECRONICS CO., LTD 有关授权人员的签名。

2004 年 7 月 13 日,一审法院应原告的申请,依法作出(2004)穗中法民三禁字第 3 号民事裁定书,裁定 "提取被申请人广州中宜电子有限公司被控侵权产品样品、对生产模具拍照;查封被控侵权产品及专用模具和生产线设备;复印或扣押被申请人广州中宜电子有限公司关于被控侵权产品的销售合同、订单、入库单、出库单以及财务账册,包括被申请人广州中宜电子有限公司储存在电脑硬盘、软盘等介质中的相关材料" 等内容,并于 2004 年 7 月 27 日到广州市白云区太和民营科技园 C07 栋被告处进行了证据保全。证据保全现场,被告的法定代表人曾应平承认其曾生产某些型号的电池装置。一审法院在被告处提取了 FS21 型号的电池壳 1 个,封存了 FS21 电池壳 32 个,并对被告办公处所入口处、产品陈列柜、产品包装箱和生产模具进行拍照。所拍照片显示,被告办公处所入口处有被告企业名称牌匾,并列记载 "广州中宜电子有限公司" 和 "GUANGZHOU TOP POWER ELECRONICS CO., LTD";陈列柜和包装箱中有多种电池产品;被告有生产被控侵权产品某型号的模具。

将被控侵权的型号为 FS21 的电池装置的技术方案与原告 "电池装置和用于电池装置的安装装置" 专利权利要求 1 对比,被控侵权产品也是一种电池装置,它包括:一壳体,其内设置有电池盒单元,并且在其外部周围的侧表面上具有装载表面部分,所述装载表面部分可与主装置的安装表面部分相连接,和装在所述壳体内的所述电池盒单元内的电池;其特征是所述壳体的装载表面部分具有识别槽,该槽在接合表面上具有敞开的开口端,并且在主装置上以平行于装载方向的方向由所述开口端延伸,所述接合表面以与装载表面部分成直角的方向在壳体的装载表面上形成。双方当事人在庭审中确认被控侵权产品的技术方案全面覆盖了原告专利权利要求 1 的必要技术特征。

2004 年 7 月 28 日，被告向一审法院提交了盖有"深圳神龙数码科技有限公司"印章的送货单、记载"完成部门深圳神龙"的进仓单以及"陈述报告"，陈述一审法院"查封的电池样品和若干电池壳是客户提供的……我公司没有生产销售 FS21。"

另查明，被告的经营范围是：研究、开发、加工、销售电子产品、家用电器及配件、计算机及配件、环保电池（国家专营专控项目除外）。被告的工商登记地址为广州市天河区珠村裕景工业园第二幢第 4 层，一审法院按照该地址通过邮寄方式向被告送达有关诉讼文书时因"迁移新址不明"被退回，而一审法院进行证据保全时在广州市白云区太和民营科技园 C07 栋找到了被告。

被告未向一审法院提供其制造销售被控侵权产品的财务账册等资料；原告也未提供其因被控侵权行为遭受的经济损失的证据，请求法院在法律规定的范围内酌定。

一审判决及理由

一审法院认为：原告于 1995 年 9 月 2 日向（原）中国专利局申请了"电池装置和用于电池装置的安装装置"发明专利，并于 2002 年 9 月 4 日获得授权，专利号为 951171127。该专利合法有效，应受法律保护。

将被控侵权产品的技术方案与原告专利相对比，被控侵权产品的技术方案全面覆盖了原告专利权利要求 1 的必要技术特征，落入了原告专利保护范围。

关于被告是否有制造被控侵权产品行为的问题。一审法院在被告处保全证据时提取了 FS21 型号的电池壳，被告在一审法院证据保全后提供了"送货单"和"进仓单"，辩称保全的电池壳是客户提供的。被告此辩解意见没有相应的财务资料、购销合同等证据相佐证，不足以证明其没有制造行为。一审法院在被告处保全证据时还封存了 FS21 型号的电池壳半成品，现场拍摄的照片显示被告办公处所陈列有多种电池产品，被告对此均不能合理解释。另外，审查被告的经营范围，其中包括研究、开发、加工、销售电子产品、家用电器及配件、环保电池。被告的生产经营范围表明被告有制造、销售电池产品的能力，并可从事电池产品的制造、销售活动。因此，应认定被告有制造被控侵权产品的行为。

关于被告是否有销售被控侵权产品行为的问题。审查原告举出的证据 2 公证购买 FS21 型号电池。李伟力等人的购买地点与一审法院证据保全的地点一致；一审法院现场拍摄的照片显示，被告将 GUANGZHOU TOP POWER ELECRONICS CO.，LTD 与其工商登记的企业名称同时使用；且购买、公证过程并无不合法之处，故应采信原告的证据 2，认定被告有销售被控侵权产品的行为。至于被告向李伟力等人出具"COMMERCIAL IN-VOICE"时由哪个经手人员在落款处签名，不影响认定被告与李伟力等人之间存在买卖关系。被告关于购买地点、卖方与其无关等抗辩理由不成立，予以驳回。

综上所述，被告未经原告许可，制造、销售了侵犯原告专利权的产品，依法应承担停止制造销售侵权产品、销毁库存侵权产品和生产模具并赔偿原告经济损失的民事责任。至于赔偿数额，被告未提供其制造销售侵权产品的财务账册，原告也未提供其因侵权行为遭受的经济损失的证据，请求法院酌定。一审法院参考原告的专利性质、被告的生产规模、销售范围，支持原告赔偿 10 万元的请求。根据《民法通则》第一百三十四条第一款第（一）项、第（七）项、第二款，《专利法》第十一条第一款、第五十六条第一款，《最高人民法院关于审理专利纠纷案件适用法律问题的若干规定》第二十一条的规定，判决如下：

一、被告中宜公司自一审判决发生法律效力之日起立即停止制造、销售侵犯原告索尼公司的 951171127 号"电池装置和用于电池装置的安装装置"发明专利权的产品的行为，销毁库存的侵权产品和专用生产模具。

二、被告中宜公司自一审判决发生法律效力之日起 10 日内一次性赔偿原告索尼公司经济损失人民币 10 万元。

本案案件受理费人民币 3 510 元由被告中宜公司负担（上述费用原告已预交，一审法院不予退回，由被告在履行上述给付义务时径付原告）。

上诉理由

中宜公司不服原审判决，提起上诉称：原审判决认定事实错误，判决明显不公。

一、原审判决认定中宜公司制造被控侵权产品无事实依据。索尼公司所提供的证据及一审法院所做之证据保全均无法证明中宜公司有制造被控侵权产品、侵犯索尼公司专利权的行为

1. 索尼公司所提供的证据 2（2004）粤公证内字第 18454 号公证书仅仅表明索尼公司曾向 GUANDZHOU TOP POWER ELECRONICS CO.，LTD 购买过涉讼产品这样一个事实，公证书中关键的购买单据上既无中宜公司的盖章亦无中宜公司工作人员的签名，其无任何内容表明该涉讼产品与中宜公司有任何的关联，其无法证明该涉讼产品是中宜公司所销售的，更无法证明该产品为中宜公司所制造的。

2. 从原审法院对中宜公司所做的全面的证据保全看，其显示的只是在中宜公司处出现了少量涉讼产品及被控侵权产品中某型号的模具，其并不能证明中宜公司制造了涉讼产品。中宜公司要是对被控侵权产品进行一审判决所认定的，能造成索尼公司 10 万元损失的大规模生产，单从一审法院所做的全面调查可见，其根本是无法完成的任务。所以，该证据保全不但不能证明中宜公司实施了制造被控侵权产品的行为，反倒证明了中宜公司的清白，证明了一审法院在事实认定上的错误。

3. 中宜公司已向原审法院提供了"送货单"和"进仓单"，已对被证据保全时所查封的电池装置进行了合理的解释。根据"谁主张谁举证"的诉讼原则，既然索尼公司不能提供有效证据证明中宜公司有侵犯其专利权的行为，则须承担举证不能的后果。

二、原审判决认定中宜公司销售被控侵权产品无事实依据

1. 索尼公司所提供的证据 2（2004）粤公证内字第 18454 号公证书是在未经中宜公司同意情况下进行非法取证所形成的，属非法证据，不应作为本案证据使用，不能以此认定上诉人销售被控侵权产品。

2.（2004）粤公证内字第 18454 号公证书的内容不能证明上诉人销售被控侵权产品。公证书中的购买单据上的落款及经手人员的签名与中宜公司无任何关联。一审法院所做证据保全的照片所显示的购买单据上落款的 GUANGZHON TOP POWER ELECRONICS CO.，LTD 与中宜公司的名称同载于一牌匾，并不能证明一审法院所认定的"中宜公司将 GUANGZHOU TOP POWER ELECRONICS CO.，LTD 与其工商登记的企业名称同时使用，更不能证明此公司就是中宜公司，中宜公司就是此公司。

三、原审法院判令中宜公司向索尼公司赔偿经济损失 10 万元没有事实依据

1. 原审法院错误认定中宜公司制造、销售侵权产品，在此基础上判令中宜公司承担赔偿责任无事实依据。

2. 索尼公司并不能为其要求中宜公司赔偿损失 10 万元的主张提供任何的证据予以证明。

综上，请求二审法院依法撤销原审判决，驳回索尼公司的诉讼请求，并由索尼公司承担一、二审诉讼费。

索尼公司答辩认为：原审判决认定事实清楚、证据充分、适用法律正确。

一、原审判决认定中宜公司生产、销售侵权电池，是建立在充分的事实和证据基础之上，事实认定清楚。从中宜公司处经公证购买取得的电池、一审法院在中宜公司处执行证据保全时所查封的电池、生产模具和所拍摄的照片等以及在原审开庭的举证和质证过程中所认定的事实，已经形成一个完整的证据链，证明中宜公司实施了生产、销售侵权电池的行为。而中宜公司提供的"送货单"和"进仓单"根本不足以对相关事实的认定予以否定。首先，广东省公证处（2004）粤公证内字第 18454 号公证书证明，索尼公司的受托人曾于 2004 年 4 月 16 日到中宜公司处购买型号为 QM91，QM71，FS21，FM50，QM91D 和 QM71D 等电池产品，并取得以 "GUANGZHOU TOP POWER ELECTRONICS CO.，LTD." 的名义开具的 "COMMERCIAL INVOICE（商业发票）" 一张。无论该商业发票是否盖有中宜公司的公章，经公证的事实是，侵权产品确实从中宜公司处购得。中宜公司于一审法院证据保全后所提供的"送货单"和"进仓单"，不足以构成推翻公证证据的相反证据。其次，原审法院在执行证据保全时，在中宜公司处取得了侵权电池的半成品及生产模具。证据保全时现场拍摄的照片显示，中宜公司办公处所陈列有多种电池产品，且其办公处所入口处的牌匾标有"广州中宜电子有限公司"和 "GUANGZHOU TOP POWER ELECTRONICS CO.，LTD." 的中英文公司名称。中宜公司的法定代表人亦承认，该公司曾生产某些型号的电池装置。中宜公司如果没有实施生产侵权电池的行为，何以在其生产场所存有侵权电池的模具、电池壳、电池底壳等生产用材料？中宜公司对此不能作出合理解释，而是称其无法完成给索尼公司造成 10 万元损失的大规模生产。中宜公司更没有提供相反证据证明其没有实施制造行为，而只是辩解索尼公司没有完成举证责任。因此，中宜公司关于其没有制造侵权产品的上诉主张不能成立。

中宜公司称（2004）粤公证内字第 18454 号公证书是在未经其同意的情况下进行

非法取证所形成的，属于无效证据。但事实是，该公证书是广东省公证处的公证员严格按照公证程序作出的，完全是合法有效的证据。中宜公司认为该证据无效的理由于法无据。

中宜公司否认其侵权行为提出的唯一证据就是"送货单"和"进仓单"，以证明原审法院证据保全时查获的侵权产品是客户提供的样品，而不是由其生产制造的。但正如一审判决中指出的，该单据没有相应的资料和购销合同等佐证，明显不具备任何说服力，不足以证明其没制造侵权产品的行为。

中宜公司还辩称，证据保全过程中只查获了少量侵权产品和某些型号的模具，因此说明中宜公司没有大规模生产侵权产品的能力，也就证明了中宜公司没有实施制造侵权产品的行为。中宜公司该等辩解实属逻辑混乱、颠倒黑白。首先，证据保全查获的数量与其实际生产和销售的数量完全是两个不同的概念。其次，即使如中宜公司所述，其没有大规模制造侵权产品的能力，这也不能说明其没有实施侵权行为，二者之间根本没有必然的因果联系。中宜公司将没有逻辑关联的前提和结论硬行拼凑到一起，其辩解根本于理不通，没有任何说服力。

二、一审判决根据中宜公司侵权行为的性质和情节确定了较为适当的损害赔偿数额。中宜公司拒不遵循法院的要求，不披露其生产经营侵权产品的做法不仅表现出中宜公司恶意侵权的意图和动机，而且给本案的赔偿数额的确定造成了相当的困难。

中宜公司从事生产、销售侵权电池的行为，对索尼公司的专利权构成严重侵害。同时，在一审过程中，中宜公司拒绝披露销售记录，拒绝与法院配合，足以显示出中宜公司的不诚实和侵权恶意。中宜公司未从事制造、销售侵权产品的说法早已被相关证据推翻。中宜公司必须对计算本案赔偿额所造成的障碍承担全部责任。

索尼公司由于中宜公司的侵权活动遭受了巨大的经济损失和承担了沉重的维权负担，为了调查制止中宜公司的侵权活动，聘请中国律师追究中宜公司的侵权责任和保护索尼公司及其用户的合法权益付出了相当的代价。中宜公司应当对此予以赔偿。

在中宜公司的侵权获利以及索尼公司的实际损失的具体数字均无法查明的情况下，一审法院根据《专利法》和《最高人民法院关于审理专利纠纷案件适用法律问题的若干规定》的有关规定，在法定幅度内，根据索尼公司专利的性质、中宜公司的生产规模及销售范围等情节，判定中宜公司赔偿人民币 10 万元，完全符合本案的事实和法律的规定。中宜公司一方面拒绝披露其侵权所获利润的有关数字，另一方面又认为索尼公司无法提供证据，原审法院所判决的法定赔偿数额对其显失公平。中宜公司的主张显然与事实不符，且于法无据，不能支持。综上所述，原审判决事实认定清楚，符合现行法律法规及有关司法解释的规定，请求二审法院予以维持。

二审查明事实

除一审查明事实外，二审法院另查明事实如下：

2004 年 8 月 9 日，索尼公司向广东省广州市中级人民法院提起诉讼，请求判令中宜公司：1. 立即停止侵权；2. 立即销毁侵权产品及模具；3. 赔偿索尼公司损失人民币 10 万元；4. 诉讼费由中宜公司承担。

二审判决及理由

二审法院认为：索尼公司取得的第 951171127 号发明专利权现处于有效法律状态，依法应受到保护。根据《专利法》第五十六条第一款的规定，发明专利权的保护范围以其权利要求的内容为准，说明书及附图可以用于解释权利要求。《最高人民法院关于审理专利纠纷案件适用法律问题的若干规定》第十七条第一款对于上述法条明确解释为：专利权的保护范围应当以权利要求书中明确记载的必要技术特征所确定的范围为准，也包括与该必要技术特征相等同的特征所确定的范围。第 951171127 号发明专利权利要求书中明确记载的必要技术特征有二，一是权利要求 1，二是权利要求 6，分别对应电池装置和用于电池装置的安装装置。索尼公司提起本案的诉讼只涉及电池装置，因而保护范围应当以权利要求 1 所确定的范围为准。将索尼公司在中宜公司公证购买的被控侵权产品与第 951171127 号发明专利权利要求 1 进行对比，被控侵权产品的技术特征包含了权利要求 1 的全部必要技术特征，落入第 951171127 号发明专利权的保护范围。双方当事人在一审庭审中也均确认被控侵权产品的技术方案全面覆盖了第 951171127 号发明专利权利要求 1 的必要技术特征，中宜公司侵犯涉案专利权的事实应当予以确认。

涉案的被控侵权产品是索尼公司在中宜公司处通过公证购买的方式取得，该取证方式不为法律所禁止，中宜公司上诉提出广东省公证处（2004）粤公证内字第 18454 号公证书不应作为证据使用，不能认定其销售被控侵权产品的理由不成立，二审法院不予支持。中宜公司本身具有制造电池的能力，这是客观事实。中宜公司主张被控侵权产品是向他人购买，虽然提交了"送货单"和"进仓单"，但是没有其他相应的证据相佐证，该证据既不能证明中宜公司与他人之间存在真实的交易关系，又不能证明单据上所记载的产品与被控侵权产品之间的对应关系，中宜公司对此没有进一步举证，因此，其相关主张依法不能予以支持，原审判决认定中宜公司有制造被控侵权产品的行为并无不当。

原审法院在被侵权人所受的损失和侵权人所获的利益难以确定，以及没有专利许可使用费可以参照的情况下，依据最高人民法院相关司法解释的规定，采用定额赔偿来确定赔偿额，所确定的赔偿数额也在法定幅度内，所作判决并无不当。

综上所述，中宜公司提出的上诉缺乏事实依据和法律依据，其上诉请求应当予以驳回。原审判决认定事实清楚，适用法律正确，二审法院予以维持。依照《民事诉讼法》第一百五十三条第一款第（一）项的规定，判决如下：

驳回上诉，维持原判。

二审案件受理费人民币 3 510 元由中宜公司负担。

案例16：斯托布利－法韦日公司与常熟纺织机械厂、草桥欣园公司、智产伟业中心专利侵权纠纷案

原告（被上诉人）：斯托布利－法韦日公司（STAUBLI FAVERGES）
被告（上诉人）：常熟纺织机械厂有限公司（下称"常熟纺织机械厂"）
被告（被上诉人）：北京草桥欣园商贸有限公司（下称"草桥欣园公司"）
被告（被上诉人）：北京智产伟业商贸中心（下称"智产伟业中心"）

一审法院：北京市第二中级人民法院
一审案号：（2006）二中民初字第4034号
一审合议庭成员：刘薇、梁立君、宋光
一审结案日期：2006年6月20日

二审法院：北京市高级人民法院
二审案号：（2007）高民终字第549号
二审合议庭成员：张冰、焦彦、钟鸣
二审结案日期：2007年6月15日

案由：专利侵权纠纷

关键词：专利侵权、公证、合法来源、酌情

涉案法条

《专利法》第十一条第一款、第六十三条第二款

《民事诉讼法》第六十四条第一款、第六十七条、第一百五十三条第一款第（一）项

《最高人民法院关于民事诉讼证据的若干规定》第二条

争议焦点

● 在原告没有提出其因侵权所遭受的损失，而被告也没有提出其因侵权所获得的利润的情况下，法院可以根据被告侵权行为的性质、情节、程度等因素，酌定被告应承担的赔偿损失的具体数额。

● 行为人虽销售了侵权产品，但如果能够证明产品的合法来源，权利人也没有提出证

据证明行为人知道或应当知道其销售的产品为侵权产品，故按照《专利法》的规定，不承担赔偿责任，但应承担停止侵权的民事责任。

● 如果在涉案发明专利申请日前，产品已在中国销售，那么这与该产品所涉发明专利是否具有新颖性有关，即涉及是否具备授予专利权的条件，有争议的话，应依法向专利复审委员会提出相关的申请。

审判结论

一、被告常熟纺织机械厂立即停止制造、销售侵犯原告专利权的涉案"GT407高速电子多臂"产品；

二、被告草桥欣园公司及被告智产伟业中心立即停止销售侵犯原告专利权的涉案"GT407高速电子多臂"产品；

三、被告常熟纺织机械厂赔偿原告斯托布利－法韦日公司经济损失及为诉讼支出的合理费用人民币22万元；

四、驳回原告斯托布利－法韦日公司其他诉讼请求。

二审法院判决驳回上诉，维持原判。

一审案件受理费8 045元，由斯托布利－法韦日公司负担2 645元（已交纳），常熟纺织机械厂负担5 400元（于二审判决生效之日起7日内交纳）；二审案件受理费8 045元，由常熟纺织机械厂负担（已交纳）。

起诉及答辩

原告诉称：原告是依法兰西共和国（下称"法国"）法律成立的一家法国公司。原告于1997年12月30日在中华人民共和国（下称"中国"）申请了一项名称为"旋转式多臂机构及装有该多臂机构的织布机"发明专利，2000年7月21日获得授权。专利号为：97123476.0。原告在中国市场销售的"2800型多臂"产品上采用了此项专利。

2005年，原告发现常熟纺织机械厂未经原告授权以生产经营为目的，在其制造及销售的产品中使用了原告的发明专利。2005年8月24日，原告经北京市海淀第二公证处公证购买了一台常熟纺织机械厂制造的长方牌"GT407高速电子多臂"（下称"GT407"）产品，在公证处的监督下，原告对该产品进行了拆装和检验，原告认为该产品完全使用了原告的涉案发明专利技术，因此侵犯了原告的专利权。同时，原告发现草桥欣园公司及智产伟业中心未经原告授权，以生产经营为目的，在北京销售了常熟纺织机械厂制造的长方牌"GT407"产品，因此也侵犯了原告的专利权。故诉至法院，请求人民法院判令：1. 三被告立即停止一切侵犯原告第97123476.0号专利权的行为。这些行为包括责令被告常熟纺织机械厂立即停止制造、使用、销售、许诺销售及进口长方牌"GT407"产品；同时责令被告草桥欣园公司及智产伟业中心停止销售长方牌"GT407"产品；2. 被告常熟纺织机械厂赔偿原告因被告的侵权行所遭受的损失人民币30万元；3. 被告常熟纺织机械厂赔偿原告用于购买作为证据的侵权产品的费用、公证费以及律师费用共人民币6.9万元；4. 三被告支付本案全部诉讼费用。

被告常熟纺织机械厂辩称：被告无法认定北京市海淀第二公证处公证购买的证物是其制造、销售的产品。因为北京市海淀第二公证处没有公证史陶比尔（杭州）精密机械电子有限公司（下称"史陶比尔公司"）和草桥欣园公司签订订货合同的过程，也没有公证草桥欣园公司之前的购买过程，尤其是没有公证该套产品从被告购买的过程，因此公证事项不完整。公证书现场记录中虽然载明"看到四个木箱，包装完好"，但这是公证员直观的表面感受，公证员不能证明在此之前是否曾被开过箱。从公证书所附的照片来看，可以认定这不是被告的产品。被告的确有对应公证书中记载的型号为"GT407"的电子多臂产品，但结构恰恰是原告在其专利说明书的背景技术中所评及的结构，即采用的是原告专利申请日之前的已有技术。所以被告不构成侵犯原告专利权。另外，原告指控侵权的产品是一台成套的电子多臂产品的一个部件——转臂，原告不能依据整套设备的销售价格作为赔偿依据，其提出的 30 万元的赔偿请求没有事实及法律依据。故请求法院驳回原告诉讼请求。

被告草桥欣园公司答辩称：草桥欣园公司是 2005 年 8 月 8 日与智产伟业中心签订购买涉案长方牌"GT407"产品的《工业品买卖合同》的，8 月 10 日智产伟业中心将货物交付草桥欣园公司。8 月 16 日，史陶比尔公司与其签订了购买涉案长方牌"GT407"产品的《工业品买卖合同》，草桥欣园公司是在 8 月 24 日将产品交付给史陶比尔公司的。草桥欣园公司并不知道销售的产品是未经专利权人许可而制造的侵权产品，草桥欣园公司不应承担赔偿的责任。故请求人民法院驳回原告对其的诉讼请求。

被告智产伟业中心答辩称：智产伟业中心是 2005 年 6 月 13 日与常熟纺织机械厂签订购买涉案长方牌"GT407"产品的《工业品买卖合同》的，8 月 2 日，常熟纺织机械厂将货物交付智产伟业中心。8 月 8 日，草桥欣园公司与智产伟业中心签订了购买涉案长方牌"GT407"产品的《工业品买卖合同》，8 月 10 日，智产伟业中心将产品交付给了草桥欣园公司。智产伟业中心并不知道销售的产品是未经专利权人许可而制造的侵权产品，其不应承担赔偿的责任。故请求人民法院驳回原告对其的诉讼请求。

原告为证明自己的主张，向一审法院提交了如下证据材料：1. 专利登记簿副本、专利权利要求书和说明书；2. 北京市海淀第二公证处出具的（2005）京海民证字第 4839 号《公证书》，以及公证书所附现场记录（一）、（二）、（三）、草桥欣园公司与史陶比尔公司签订的《工业品买卖合同》、购货发票、照片拆箱检验过程的录像光盘；3. 对比材料；4. 公证费发票、北京市柳沈律师事务所收费通知单。

原告以证据材料 1 证明其享有涉案发明专利权；以证据材料 2、3 证明常熟纺织机械厂制造、草桥欣园公司销售的涉案产品侵权；以证据材料 4 证明其为诉讼支出的合理费用。

被告常熟纺织机械厂为证明自己的主张，向一审法院提交了如下证据材料：1. 原告 1991 年印刷的《备用部件（Spare parts）》（下称《备用部件》）文件；2. 常熟纺织机械厂 2002 年绘制的"GT407"产品部件图；3. 原告的《用户手册》及部分译文；4. 江苏省常熟市公证处出具的（2006）熟证经内字第 148 号《公证书》及部分译文；

5. 江苏省常熟市公证处出具的（2006）熟证经内字第 147 号《公证书》；6. 江苏省常熟市公证处出具的（2006）熟证经内字第 149 号《公证书》；7. 江苏省常熟市公证处出具的（2006）熟证经内字第 147 号《公证书》❶；8. 法国专利说明书（专利号 FR－2540524）及译文。

常熟纺织机械厂以证据材料 1、3、4、5、6、7 证明原告早在其申请涉案发明专利权之日前，已经在中国市场上销售了相关产品，其申请的发明专利已经丧失了新颖性；以证据材料 2 证明常熟纺织机械厂制造的"GT407"产品的实际结构；以证据材料 8 证明原告的涉案专利是失效的专利。

草桥欣园公司为证明自己的主张，向一审法院提交了以下证据材料：1. 草桥欣园公司与智产伟业中心签订的《工业品买卖合同》及购货发票。2. 草桥欣园公司与史陶比尔公司签订的《工业品买卖合同》。

草桥欣园公司以上述证据证明其销售的产品有合法进货来源。

智产伟业中心为证明自己的主张，向一审法院提交了以下证据材料：1. 智产伟业中心与常熟纺织机械厂签订的《工业品买卖合同》及购货发票。2. 智产伟业中心与草桥欣园公司签订的《工业品买卖合同》及购货发票。

智产伟业中心以上述证据证明其销售的产品有合法进货来源。

上述证据材料均经法庭质证。

事实认定

一审法院经审理查明：原告是依法国法律成立的一家法国公司。原告于 1997 年 12 月 30 日在（原）中国专利局申请了一项名称为"旋转式多臂机构及装有该多臂机构的织布机"发明专利，2000 年 7 月 21 日获得授权。专利号为：97123476.0。

该专利权利要求 1 为：一个织机用旋转式多臂机构，包括在每个综片的水平位置，一个连接综框（6）和驱动元件（2）的摆动元件（4），驱动元件（2）间隙地安装于上述多臂机构的主轴（1）上，一个靠在与驱动元件横向固结在一起的盘片（3）上的可移动连接元件（8）、该移动机构受弹性装置（10）的作用，它可有效地将上述盘片（3）与固连于上述主轴（1）的驱动盘（7）角连接在一起，以及两个一方面受读取装置（16）的作用，另一方面受弹性装置（13）作用的绞支转臂（11），弹性装置（13）有助于上述绞支转臂的掣子（17）与上述盘片的两个结合面（18，19）的其中一个啮合在一起，其特征在于，上述各绞支转臂掣子给出的外支承结合面（20）和内支承结合面（21）具有不同的支承面角顶（α、β、α'及β'）值。

2005 年 6 月 13 日，智产伟业中心与常熟纺织机械厂签订了一份购买一套长方牌"GT407"产品的《工业品买卖合同》，该产品的售价为 6.6 万元。常熟纺织机械厂对该份合同的真实性无异议。

---

❶ 经互联网检索查询，该案判决书原文中即存在证据 5 和证据 7 重复的表述，故此处不做修改。——编者注

8月8日，草桥欣园公司与智产伟业中心签订了购买一套长方牌"GT407"产品的《工业品买卖合同》，该产品的售价为9.6万元。

2005年8月16日，原告通过史陶比尔公司向草桥欣园公司购买了一台（套）常熟纺织机械厂制造的长方牌"GT407"产品，双方签有《工业品买卖合同》。该台产品的售价为11.2万元。8月24日，在北京市海淀第二公证处公证员的监督下，来到草桥欣园公司存放产品的地点——北京市丰台区吉祥园春园地下车库，提取了该台产品。在公证处出具的现场记录（二）中记载：该产品由四个木箱包装，包装完好。公证人员和原告将该产品运至北京市昌平区单村168号库房，并对该产品进行了拆装和检验。公证处人员对拆装和检验过程进行了摄像，对产品进行了拍照，然后将四个木箱进行了封存。2005年8月30日，北京市海淀区第二公证处出具了（2005）京海民证字第4839号《公证书》。该《公证书》附有现场记录（一）、现场记录（二）、现场记录（三）、草桥欣园公司与史陶比尔公司签订的《工业品买卖合同》、购货发票、照片拆箱、检验过程的录像光盘。

一审法院于2006年4月24日，组织原告及常熟纺织机械厂到北京市昌平区单村168号库房对公证处封存的产品进行了现场勘验。公证处封存的产品为四个木箱包装，在主机的包装箱上印有常熟纺织机械厂的名称和手写的"常熟纺织机械厂经销部陆以伟"的字迹，还有"长方牌"商标和"ASBP221"型号。常熟纺织机械厂对公证处的封存状态无异议，但提出"长方牌"商标和"ASBP221"型号均不是常熟纺织机械厂的。一审法院当场将主机的包装木箱予以拆封，并对拆封和勘验过程进行了拍照和摄像。拆封后取出的"GT407"产品机壳上有一金属标牌，标牌上写有常熟纺织机械厂的名称、产品型号"GT407多臂装置"、出厂编号0507032和"长方牌"商标。

常熟纺织机械厂指出，在法院勘验时发现两个情况：一是主轴转动不灵活，二是有一个提综臂有损坏。在公证记录中并没有提到在公证处拆卸机器时存在或造成损坏的情况，这说明这是一台不合格产品，不排除在公证处封存产品之前就有被拆卸或被更换的可能。常熟纺织机械厂还提出在公证处出具的录有拆装过程的光盘中发现有一个配件产品木箱上的一个金属固定件已经翘起，处于与木箱分离的状态。所以常熟纺织机械厂认为在公证处封存该产品前，该产品已经被拆卸过及被更换过零配件。常熟纺织机械厂还提出机器的外壳确实是其制造的，但其制造的"GT407"产品的零部件与原告专利产品的零部件是可以通用的，更换了零部件并不会导致机器不能转，只是不正常。

原告对常熟纺织机械厂的主张均不予认可，并提出常熟纺织机械厂既然主张原告公证购买的产品在公证封存前就已经被拆卸或被更换，就应该举证加以证明，在常熟纺织机械厂没有提供证据证明的情况下，其提出的推论不能成立。

常熟纺织机械厂还提出证据证明，在其申请下江苏省常熟市公证处的公证员于2006年4月17日到张家港市普坤毛纺织染有限公司（下称"普坤公司"）就该公司在1993年间购买、使用原告制造的电子多臂机产品的情况进行取证。公证员在普坤公司的档案资料中复印了普坤公司与N. P. SMIT公司签订的购买"剑杆织机"的合同、空运提单、发票、品质证明、原产地证明、原告印刷的《备用部件》等文件，并在普坤公司的车间内就相关的机器进行了拍照。常熟纺织机械厂还提交了原告 1992 年印制的《用户手册》。常熟纺织机械厂以上述证据证明原告在 1994 年间就在中国销售过电子多臂产品，从原告的《用户手册》和《备用部件》两份文件中可看到其销售的产品的结构。常熟纺织机械厂制造的"GT407"产品正是与原告该产品的结构是完全一致的，有常熟纺织机械厂提交的"GT407"产品图纸为证。常熟纺织机械厂使用原告涉案专利申请日之前的技术制造"GT407"产品，根本是不侵权的。另外，常熟纺织机械厂陈述其只制造了该种产品 30 余台。

对此，原告认为《用户手册》《备用部件》等文件记载的产品结构图不能清楚、完整地反映该种产品的技术方案，即使该种产品的技术方案确实与常熟纺织机械厂提交的图纸上的产品结构相同，但它却是与原告涉案发明专利权不同的技术方案。原告申请的涉案发明专利是在以前的技术基础上改进的技术。常熟纺织机械厂不能以其前几年的图纸证明其现在制造的"GT407"产品没有侵权，原告指控常熟纺织机械厂侵权是根据原告经公证购买的这一件产品提出的。

一审法院主持原告及常熟纺织机械厂在法庭质证中，对原告经公证购买的"GT407"产品的结构与原告享有发明专利权的涉案专利技术特征进行了对比，常熟纺织机械厂认可两者具有完全相同的技术特征。

原告还向一审法院提交了其支付的 5 000 元公证费的发票和其支付的 3 万元律师费的收费通知单，以证明其为本次诉讼支出的费用。

上述事实还有当事人陈述、庭审笔录等证据在案佐证。

一审判决及理由

一审法院认为：原告是在法国注册的公司。原告在中国申请的名称为"旋转式多臂机构及装有该多臂机构的织布机"发明专利权（专利号为：97123476.0），至今合法有效，受中国法律保护。任何单位和个人未经专利权人许可不得实施其专利，即不得为生产经营目的制造、使用、许诺销售、销售、进口其专利产品。

本案当事人争议的主要焦点在于原告经过北京市海淀第二公证处公证购买的长方牌"GT407"产品是否为常熟纺织机械厂制造、销售的产品。

根据原告、草桥欣园公司及智产伟业中心提交的证据，可以证明涉案长方牌"GT407"产品是从常熟纺织机械厂购进的。北京市海淀第二公证处出具的公证书、现场记录、录像光盘等证据也证明该产品，尤其是主机部分在交到公证员手中时包装是完好的，且包装箱和产品机壳上都有常熟纺织机械厂的名称、"长方牌"商标、产品型号、产品编号等信息。上述证据应该被认为构成了完整的证据链条，充分证明了该产品的来源。常熟纺织机械厂虽然对公证封存的状态及封存的产品提出了异议，但并没有证据可以证实其提出的种种怀疑；虽然提交了产品图纸以证明其制造的"GT407"产品与公证封存的产品采用的是不同的技术，但并没有向法庭提交由其制造的与图纸上所载技术相同的产品或提供产品的销售线索；虽然主张机壳中的零部件可以替换，不会影响机器的运转，但并未提出任何证据证实这一主张或向法庭演示这一过程。综上，一审法院认为常熟纺织机械厂提出的异议，证据不充分，事实依据不足，一审法院不予支持，并认定原告经公证购买的长方牌"GT407"产品为常熟纺织机械厂制造并销售的产品。

经对比，该产品完全覆盖了原告所享有的涉案发明专利权的全部必要技术特征。因此，常熟纺织机械厂制造、销售该产品的行为构成了对原告专利权的侵犯，依法应承担停止侵权、赔偿损失等民事责任。

另外，常熟纺织机械厂还提出原告享有的涉案发明专利权不具有新颖性，不具备授予专利权的条件，但常熟纺织机械厂在答辩期内及本案审理期间内并没有向国家知识产权局专利复审委员会提出宣告原告专利权无效的申请，故一审法院对常熟纺织机械厂提出的上述异议不予考虑。

在原告没有提出其因侵权所遭受的损失，而常熟纺织机械厂也没有提出其因侵权所获得的利润的情况下，一审法院将根据被告侵权行为的性质、情节、程度等因素，酌定常熟纺织机械厂应承担的赔偿损失的具体数额。对于原告提出的要求常熟纺织机械厂赔偿其为诉讼支出的合理费用的请求，一审法院予以酌情支持。

草桥欣园公司及智产伟业中心虽销售了侵权产品，但能够证明产品的合法来源，原告也没有提出证据证明其知道或应当知道其销售的产品为侵权产品，故按照《专利法》的规定，不承担赔偿责任，但应承担停止侵权的民事责任。

综上，一审法院依据《专利法》第十一条第一款、第六十三条第二款，《民事诉讼法》第六十四条第一款、第六十七条，《最高人民法院关于民事诉讼证据的若干规定》第二条之规定，判决如下：

一、被告常熟纺织机械厂于一审判决生效之日起立即停止制造、销售侵犯原告专利权的涉案"GT407高速电子多臂"产品；

二、被告草桥欣园公司及被告智产伟业中心于一审判决生效之日起立即停止销售侵犯原告专利权的涉案"GT407高速电子多臂"产品；

三、被告常熟纺织机械厂于一审判决生效之日起10日内赔偿原告斯托布利－法韦日公司经济损失及为诉讼支出的合理费用人民币22万元；

四、驳回原告斯托布利－法韦日公司其他诉讼请求。

案件受理费8 045元，由原告斯托布利－法韦日公司负担2 645元（已交纳），由被告常熟纺织机械厂负担5 400元（于一审判决生效之日起7日内交纳）。

上诉理由

常熟纺织机械厂不服原审判决，向二审法院提起上诉，请求撤销原审判决，发回重审。其主要理由是：一、原审判决认定事实不清。斯托布利－法韦日公司提交的证据没有证明智产伟业中心销售给草桥欣园公司的产品即为常熟纺织机械厂向其销售的产品；亦没有证明草桥欣园公司销售给史陶比尔公司的产品即为智产伟业中心销售给草桥欣园公司的产品；没有证据证明在草桥欣园公司仓库公证的产品为常熟纺织机械厂产品出厂状态。有事实证明在公证之前，该产品已经被拆开过：1. 包装明显被撬；2. 主轴旋转困难；3. 机体内部已经严重被损坏。二、原审判决未考虑常熟纺织机械厂提出的公知技术抗辩，且对常熟纺织机械厂提供的《用户手册》等未予评述不当。三、斯托布利－法韦日公司通过三家关系公司将产品价格提高到 11.2 万元，并以此作为赔偿依据缺乏诚实信用原则；将其子公司购买作为证据的侵权产品的费用及公证费作为赔偿的依据不合理。原审判决未考虑上述问题，对一套侵权产品重复作出高额赔偿有失公平。

斯托布利－法韦日公司、智产伟业中心和草桥欣园公司均服从原审判决。

二审查明事实

二审查明事实与一审相同。

二审判决及理由

二审法院认为：斯托布利－法韦日公司在中国申请的名称为"旋转式多臂机构及装有该多臂机构的织布机"的发明专利权合法有效，依法应受中国法律保护。任何单位和个人未经专利权人许可不得实施其专利，即不得为生产经营目的制造、使用、许诺销售、销售、进口其专利产品。

根据斯托布利－法韦日公司、草桥欣园公司及智产伟业中心分别提交的《工业品买卖合同》及购货发票等，应认定涉案长方牌"GT407"产品系经由史陶比尔公司、草桥欣园公司、智产伟业中心从常熟纺织机械厂购进。常熟纺织机械厂主张从公证书所附的录有拆装过程的光盘中可发现有一个配件产品木箱上的一个金属固定件已经翘起，但是，因从该光盘中反映的该木箱可视部分有六个金属固定件，即便其中一个金属固定件已经翘起处于与木箱分离的状态，仍不足以证明该木箱已被撬开过。常熟纺织机械厂还主张机体内部已经严重被损坏，但其未提交相关证据证明。此外，涉案长方牌"GT407"产品的主轴旋转状况与该产品所需的传动扭矩等因素有关，该产品主轴旋转是否困难与该产品是否被损坏或者被替换并无直接的因果关系。因此，常熟纺织机械厂认为在公证处封存涉案产品前，该产品已经被拆卸过及被更换过的主张不能成立。根据北京市海淀第二公证处出具的公证书、现场记录、录像光盘等证据表明该产品，尤其是主机部分在公证时包装完好，应认定经公证封存的产品为常熟纺织机械厂制造并销售的涉案长方牌"GT407"产品。

常熟纺织机械厂提出在涉案发明专利申请日前，该产品已在中国销售，但该主张与涉案发明专利是否具有新颖性有关，即涉及是否具备授予专利权的条件，常熟纺织机械厂应就此依法向国家知识产权局专利复审委员会提出相关的申请，故该主张不属二审法院审理范围。此外，因常熟纺织机械厂在原审程序中未明确主张以公知技术抗辩，原审判决未对常熟纺织机械厂制造、销售的涉案产品与其提供的斯托布利－法韦日公司的《用户手册》等进行相关的技术对比并无不当。

涉案长方牌"GT407"产品与涉案发明专利技术特征完全相同，因此，常熟纺织机械厂制造、销售该产品的行为构成了对斯托布利-法韦日公司专利权的侵犯，依法应承担停止侵权、赔偿损失等民事责任。在斯托布利-法韦日公司根据其侵权所遭受的损失以及常熟纺织机械厂因侵权所获得利润的实际情况下，向原审法院主张法定赔偿，原审法院根据常熟纺织机械厂侵权行为的性质、情节、程度等因素，酌定其应承担赔偿损失的原则符合法律的规定。虽然购买涉案产品及公证费的付款人均为史陶比尔公司，但因该公司系斯托布利-法韦日公司的关联公司，且购买涉案产品及公证行为均与斯托布利-法韦日公司有关，故斯托布利-法韦日公司向常熟纺织机械厂主张相关费用并无不当。涉案产品从常熟纺织机械厂售出的价格为6.6万元，而斯托布利-法韦日公司通过史陶比尔公司购买时售价为11.2万元，斯托布利-法韦日公司主张赔偿其用于购买侵权产品的费用、公证费及律师费共计6.9万元。故原审法院对于斯托布利-法韦日公司提出的要求常熟纺织机械厂赔偿其为诉讼支出的合理费用的请求予以酌情支持并无不当。常熟纺织机械厂的相关上诉请求于法无据，二审法院不予支持。

综上，原审判决认定事实清楚，适用法律正确，应予维持。常熟纺织机械厂的上诉理由不能成立，其上诉请求二审法院不予支持。依据《民事诉讼法》第一百五十三条第一款第（一）项之规定，判决如下：

驳回上诉，维持原判。

一审案件受理费8 045元，由斯托布利-法韦日公司负担2 645元（已交纳），常熟纺织机械厂负担5 400元（于二审判决生效之日起7日内交纳）；二审案件受理费8 045元，由常熟纺织机械厂负担（已交纳）。

案例 17：吴凤清与华硕公司、艾尔莎公司、启亨公司、同德公司、蓝宝公司、七彩虹公司、东方恒健公司、盈嘉讯公司专利侵权纠纷案

原告（上诉人）：吴凤清
被告（被上诉人）：华硕电脑股份有限公司（下称"华硕公司"）
被告（被上诉人）：艾尔莎科技股份有限公司（下称"艾尔莎公司"）
被告（被上诉人）：启亨股份有限公司（下称"启亨公司"）
被告（被上诉人）：同德股份有限公司（下称"同德公司"）
被告（被上诉人）：蓝宝科技有限公司（下称"蓝宝公司"）
被告（被上诉人）：七彩虹科技发展有限公司（下称"七彩虹公司"）
被告（被上诉人）：东方恒健电子有限公司（下称"东方恒健公司"）
被告（被上诉人）：盈嘉讯实业有限公司（下称"盈嘉讯公司"）

一审法院：北京市第二中级人民法院
一审案号：（2006）二中民初字第 9024 号
一审合议庭成员：刘薇、宋光、梁立君
一审结案日期：2006 年 6 月 20 日

二审法院：北京市高级人民法院
二审案号：（2008）高民终字第 398 号
二审合议庭成员：刘辉、岑宏宇、焦彦
二审结案日期：2008 年 6 月 17 日

案由：专利侵权纠纷

关键词：专利侵权、宣告无效

涉案法条
　　《民事诉讼法》第一百五十三条第一款第（一）项
　　《专利法》第四十七条第一款

争议焦点

● 被宣告无效的专利权视为自始即不存在。

审判结论

驳回原告吴风清的诉讼请求。

二审判决驳回上诉，维持原判。

一审案件受理费 1 010 元，由吴风清负担（已交纳）；二审案件受理费 1 010 元，由吴风清负担（已交纳）。

起诉及答辩

吴风清诉称：原告于 1997 年 8 月 19 日，向（原）中国专利局申请了一项名称为"自然风电风扇"的发明专利，2000 年 11 月 25 日，正式被授权。专利号为 ZL97116771.0。

2004 年 8 月，原告发现八被告于 2004 年 5 月 18 日，在北京召开的发布上展示的 RADEON X800 系列显卡产品侵犯了原告涉案专利权。故原告诉至法院，请求人民法院判令：1. 被告华硕公司、艾尔莎公司、启亨公司、同德公司、蓝宝公司各赔偿原告损失人民币 5 000 元；2. 以上五被告须在全国性报刊上向原告赔礼道歉，消除影响，包括计算机网络上的侵权影响；3. 被告七彩虹公司、东方恒健公司、盈嘉讯公司立即停止专利侵权行为。

八被告未做答辩。

事实认定

一审法院经审理查明：原告于 1997 年 8 月 19 日，向（原）中国专利局申请了一项名称为"自然风电风扇"的发明专利，2000 年 11 月 25 日被授权。专利号为 ZL97116771.0。

该专利的权利要求为：

1. 一种自然风电风扇，由电机、扇叶、控制系统组成，其特征在于：所述风扇风叶的数量在 11～30 之间，叶片有倾斜角度。

2. 如权利要求 1 所述的自然风电风扇，其特征在于：所述叶片的形状呈棒形，叶片数量 18 片，均分圆周，径向辐射状地固定在一轮毂上。

3. 如权利要求 1 所述的自然风电风扇，其特征在于：所述叶片形状呈"V"形，叶片数量 28 片，叶片之间设有一道加强环。

4. 如权利要求 1 所述的自然风电风扇，其特征在于：所述叶片形状呈棒形，叶片数量 28 片，叶片之间设有三道同心加强环。

2004 年 8 月，原告发现本案八被告于 2004 年 5 月 18 日，在北京召开的发布上展示的 RADEON X800 系列显卡产品中使用的风扇，原告认为是侵犯其涉案专利权的产品，故诉至一审法院。

在本案受理之前，国家知识产权局专利复审委员会（下称"专利复审委员会"）于 2004 年 7 月 16 日受理了案外人北京迪兰恒进科技有限公司及林锦波请求宣告涉案专利权无效的请求，专利复审委员会于 2005 年 7 月 20 日作出了第 7372 号宣告涉案专利权全部无效的审查决定书。原告不服专利复审委员会的审查决定，向北京市第一中级人民法院提起了行政诉讼。北京市第一中级人民法院经审理后作出（2005）一中行初字第1104 号行政判决，维持了专利复审委员会的审查决定。原告仍不服，向北京市高级人民法院提起了上诉。北京市高级人民法院于 2006 年 6 月 20 日作出了（2006）高行终字第 212 号行政判决，维持了北京市第一中级人民法院的一审判决。

以上事实有专利证书、权利要求书、说明书、交纳专利年费的收据、专利复审委员会第 7372 号无效宣告请求审查决定书、北京市高级人民法院（2006）高行终字第 212 号行政判决书等证据在案佐证。

一审判决及理由

一审法院认为：根据《专利法》的规定，宣告无效的专利权视为自始即不存在。

原告虽然在国家知识产权局申请了名称为"自然风电风扇"的发明专利，并得到了授权。但该专利权已被宣告无效。原告再指控八被告侵犯其专利权，已无事实和法律依据。其诉讼主张应予驳回。

故一审法院依据《专利权》第四十七条第一款之规定，判决如下：

驳回原告吴凤清的诉讼请求。

案件受理费 1 010 元，由原告吴凤清负担（已交纳）。

上诉理由

吴凤清不服一审判决，向二审法院提起上诉。理由是：一审法院严重违反法定程序作出了判决。吴凤清未见过北京市高级人民法院（2006）高行终字第 212 号行政判决。一审法院向吴凤清发送一审判决没有送达回证。一审判决认定事实、适用法律错误。一审判决依据北京市高级人民法院（2006）高行终字第 212 号行政判决认定"自然风电风扇"发明专利权自始即不存在无事实和法律依据。请求：撤销一审判决；华硕公司、艾尔莎公司、启亨公司、同德公司、蓝宝公司各赔偿损失 5 000 元；华硕公司、艾尔莎公司、启亨公司、同德公司、蓝宝公司须在全国性报刊上向吴凤清赔礼道歉，消除侵权影响，包括计算机网络上的侵权影响；七彩虹公司、东方恒健公司、盈嘉讯公司立即停止侵权行为；本案诉讼费用由华硕公司、艾尔莎公司、启亨公司、同德公司、蓝宝公司、七彩虹公司、东方恒健公司承担。

华硕公司、艾尔莎公司、启亨公司、同德公司、蓝宝公司、七彩虹公司、东方恒健公司、盈嘉讯公司服从一审判决。

二审查明事实

二审查明事实与一审相同。

二审判决及理由

二审法院认为：被宣告无效的专利权视为自始即不存在。本案是吴凤清以侵犯其"自然风电风扇"发明专利为由提起的民事侵权诉讼，因此，应以"自然风电风扇"发明专利权存在为本案诉讼的前提和基础。根据二审法院作出的（2006）高行终字第 212 号行政判决，吴凤清所有的"自然风电风扇"发明专利权已被宣告无效，"自然风电风扇"发明专利权应视为自始即不存在，故吴凤清指控华硕公司、艾尔莎公司、启亨公司、同德公司、蓝宝公司、七彩虹公司、东方恒健公司、盈嘉讯公司侵犯"自然风电风扇"发明专利权已无事实和法律依据。一审法院根据本案事实作出一审判决并无不当。

吴凤清的上诉理由不能成立，其上诉请求二审法院不予支持。

综上，一审判决认定事实清楚，适用法律正确。依据《民事诉讼法》第一百五十三条第一款第（一）项的规定，判决如下：

驳回上诉，维持原判。

一审案件受理费 1 010 元，由吴凤清负担（已交纳）；二审案件受理费 1 010 元，由吴凤清负担（已交纳）。

案例 18：蒋泉涛与多来明公司、蒋泉波专利侵权纠纷案

原告（被上诉人）：蒋泉涛

被告（上诉人）：北京多来明医疗科技有限公司（下称"多来明公司"）

被告：蒋泉波

一审法院：北京市第一中级人民法院

一审案号：（2007）一中民初字第 12937 号

一审合议庭成员：刘海旗、周云川、郝建欣

一审结案日期：2008 年 3 月 27 日

二审法院：北京市高级人民法院

二审案号：（2008）高民终字第 971 号

二审合议庭成员：刘辉、岑宏宇、焦彦

二审结案日期：2008 年 7 月 18 日

案由：专利侵权纠纷

关键词：专利侵权、公证、等同特征、许诺销售、赔偿数额

涉案法条

《专利法》第十一条第一款、第十三条、第五十六条、第五十七条第一款、第六十三条

《民法通则》第一百一十八条

《民事诉讼法》第一百三十条、第一百五十三条第一款第（一）项、第二百三十二条

《最高人民法院关于审理专利纠纷案件适用法律问题的若干规定》第十七条、第二十条

《最高人民法院关于适用〈中华人民共和国民事诉讼法〉若干问题的意见》第四十六条

争议焦点

● 发明专利的保护范围以其权利要求的内容为准。专利权的保护范围应当以权利要求

书中明确记载的必要技术特征确定，也包括与该必要技术特征相等同的特征所确定的范围。

● 许诺销售是指以做广告、展示等方式作出销售商品的意思表示，行为人在其网站上展示、介绍其产品，并发布加盟广告、加盟指南、加盟程序等内容，其行为明显是销售该些产品的意思表示，构成专利法意义上的许诺销售。

● 在权利人未能提供其因被侵权所受到的损失的情况下，法院可以依据侵权行为人因侵权所获得的利益确定赔偿数额。

审判结论

一、被告多来明公司停止制造、许诺销售、销售侵犯原告蒋泉涛第 200410036125.6 号专利权的产品，被告蒋泉波停止销售侵犯原告蒋泉涛第 200410036125.6 号专利权的产品；

二、被告多来明公司赔偿原告蒋泉涛经济损失及诉讼合理支出共计人民币 303 155 元；

三、驳回原告蒋泉涛其他诉讼请求。

如果未按一审判决书指定的期间履行给付金钱义务，应当依照《民事诉讼法》第二百三十二条之规定，加倍支付延迟履行期间的债务利息。

二审法院判决驳回上诉，维持原判。

一审案件受理费 13 800 元，由蒋泉涛负担 6 000 元（已交纳），由多来明公司负担 7 800 元（于二审判决生效之日起 7 日内交纳）；一审财产保金申请费 429.42 元由多来明公司负担（于二审判决生效之日起 7 日内交纳）。二审案件受理费 3 847 元，由多来明公司负担（已交纳）。

起诉及答辩

原告蒋泉涛诉称：原告是第 200410036125.6 号名称为"高效眼科灸疗装置"发明专利（下称"本专利"）的专利权人。该专利于 2006 年 4 月 26 日公布，于 2007 年 5 月 9 日被授权公告。被告多来明公司和被告蒋泉波经营的北京北亮视清医疗器械经销部未经原告许可，在本专利公布后生产销售并通过其网站宣传侵犯本专利权的产品，其行为侵犯了原告的专利权，给原告造成了很大的经济损失。因此请求人民法院判令：1. 被告多来明公司立即停止制造、许诺销售、销售侵犯本专利权的产品，销毁库存侵权产品，停止涉及侵犯本专利权的产品的广告宣传；2. 被告蒋泉波停止销售侵犯本专利的产品；3. 被告多来明公司支付原告在本专利公布后、授权前的使用费 589 743 元，并赔偿原告本专利授权后因被告的侵权行为给原告造成的经济损失和原告诉讼支出共 410 257 元。

被告多来明公司未提交书面答辩书，其在庭审中辩称：被告的产品没有落入本专利的保护范围，原告提出的赔偿请求没有法律依据，因此请求人民法院驳回原告的诉讼请求。

被告蒋泉波辩称：其销售的产品有合法来源，是从被告多来明公司的加盟商处购进的，且被告不知销售的产品属于侵犯他人专利权的产品。接到原告的起诉状后，被告已经停止销售，故根据《专利法》第六十三条的规定，被告不应当承担法律责任。

事实认定

一审法院经审理查明：

蒋泉涛于 2004 年 10 月 21 日向国家知识产权局提出名称为"高效眼科灸疗装置"、专利号为 200410036125.6 的发明专利申请，该申请于 2006 年 4 月 26 日被公开，公开的权利要求为：

1. 一种高效眼科灸疗装置，由带有多孔镜片的眼镜框形面罩，带有通风口的端盖以及内罩三者构成一腔体，在内罩上设置有两个排烟筒，其特征是：还包括两个带有热辐射口的下沉式燃烧仓，它们分别通过两个排烟筒下沉置入到上述腔体内，其中两个热辐射口的位置与多孔镜片的位置相对应。

2. 如权利要求 1 所述的高效眼科灸疗装置，其特征是：在下沉式燃烧仓靠近底部的壁上开设有进风孔，在进风孔上方设置有灸柱支架，灸柱支架位于热辐射口的下方或下部。

3. 如权利要求 1 或 2 所述的高效眼科灸疗装置，其特征是：眼镜框形面罩、内罩和内罩上的两个排烟筒一体加工而成形成内端，外罩与端盖一体加工而成形成外端，内端与外端互相配合。

2007 年 5 月 9 日，上述专利申请被授权公告，授权公告的权利要求相对于公开时的权利要求作了修改，即将公开时的权利要求 1 和 2 合并成权利要求 1（下称"本专利权利要求 1"），公开时的权利要求 3 上升为权利要求 2。本专利说明书载有如下内容：（现有）产品的金属支架固定铝制外盖上，灸柱燃烧的热量通过支架直接传导至仪器上，很容易导致仪器受热变形。……另一方面，灸柱燃烧产生大量烟雾，在腔体内聚集难以及时排出，因此影响灸柱的充分迅速燃烧和热量释放，从而限制了治疗效果。……本发明的灸柱与壳体不产生热传导，而在下沉式燃烧仓内燃烧，这是本发明的一个关键技术并具有以下积极效果：（1）壳体不烫手，装置不会因受热变形；（2）烟雾从燃烧仓上端开口部直接排出，不会进入腔体聚集，灸柱燃烧充分迅速，热量充分释放，灸疗效果更好。……进风孔位置的选择是本发明的又一个关键技术，其离开燃烧仓底部一段距离，有利于进入的空气形成涡流，并快速向上运动，促进灸柱燃烧。2007 年 10 月 26 日蒋泉涛交纳了本专利的年费，该专利目前处于有效状态。

2007 年 9 月 11 日，应蒋泉涛的申请，长安公证处的公证人员对网址为 www. 010123. cn 的网站的相关网页进行了公证，网站名称为"多来明医疗科技有限责任公司——青少年视力健康机构"，设有"关于多来明""多来明产品""投资加盟"等栏目，网站网页上有"力效型""强效型"和"聚能型"视力热灸治疗仪的介绍、宣传和展示，有加盟邀请的广告和加盟指南、加盟程序等内容，有加盟店的店面照片和相关加盟商经验介绍等。在庭审中，被告多来明公司承认该网站是其公司网站。

2007年9月14日，蒋泉涛的委托代理人在公证员的监督下，在"多来明青少年视力健康机构"购买了"力效型"多来明视力热灸治疗仪一台，价格为915元，多来明公司出具了销售收据。中华人民共和国长安公证处对上述购买行为进行了公证并出具了公证书。2007年9月25日，蒋泉涛的委托代理人张海波在北京北亮视清医疗器械经销部购买了一台多来明视力热灸治疗仪，价格为900元，北京北亮视清医疗器械经销部出具了收据，北京市国信公证处对上述购买行为进行了公证并出具了公证书。在庭审中，被告多来明公司承认公证购买的产品是其制造销售的，但认为在北京北亮视清医疗器械经销部购买的产品已经被使用过，不认可该产品结构。在庭审中，多来明公司向一审法院提交了其生产的"强效型"多来明视力热灸治疗仪（下称"被告产品"），蒋泉涛表示认可该产品。

被告产品是一种眼科灸疗装置，由带有多孔镜片的眼镜框形面罩、带有通风口的端盖以及内罩三者构成一腔体，在内罩上设置有两个排烟筒，两个下沉式燃烧仓分别通过两个排烟筒下沉置入到上述腔体内，下沉式燃烧仓的侧面有均匀分布小孔，燃烧仓内设有倒锥形弹簧圈，灸柱固定在弹簧圈内燃烧，其燃烧点处于燃烧仓底部和顶部的中间偏下位置，所产生的烟通过排烟装置上的孔洞排出，所产生的热量通过燃烧仓上的小孔和多孔镜片实现对眼部的热灸疗。

在本案诉讼过程中，蒋泉涛主张被告产品侵犯了本专利权利要求1，同时认为多来明公司在2006年4月26日至2007年5月9日实施了公开时的权利要求2（即本专利权利要求1）。经对比，多来明公司认为被告产品与本专利权利要求1存在以下区别：A. 本专利在燃烧仓上设有热辐射口，且其位置与多孔镜片的位置相对应，而被告产品燃烧仓上没有热辐射口；B. 本专利在燃烧仓靠近底部的壁上开设有进风孔，而被告产品燃烧仓相应位置没有进风孔；C. 本专利的灸柱支架设置在进风孔上方热辐射口的下方或下部，而被告产品的灸柱支架被直接固定在燃烧仓底部。蒋泉涛认为被控产品与本专利构成等同侵权。

在本案诉讼过程中，蒋泉涛提交了原告许可的加盟经销合同及其投资的烟台富视医疗器械有限公司自行统计的利润表，用于证明专利产品的利润情况。对该些证据，多来明公司不予认可。蒋泉涛还提交了多来明公司印发的《淘金手册》和编号为JM－106A（517001）、加盖有多来明公司公章的《加盟经营合同》，用于证明多来明公司的获利情况。多来明公司承认《淘金手册》为其印发，但表示公司还有其他产品，不应以此计算被告产品的获利情况，对于《加盟经营合同》不予认可。经查：《淘金手册》中载明自营加盟店的加盟费为2.8万元，《加盟经营合同》中载明的加盟费也是2.8万元。多来明公司提交了专利号为96248797.X和97247626.1的两份实用新型专利说明书及其向国家知识产权局专利复审委员会提出无效宣告请求的请求书及受理通知书。在庭审中，多来明公司明确表示其提交该些证据仅是为了证明被告产品来源于这些技术的结合，不进行现有技术抗辩。

在庭审中，多来明公司陈述公司从 2007 年 7 月开始生产"力效型""强效型""聚能型"视力热灸治疗仪，三个型号产品的结构一样，到现在共生产了 2 500 台。现有 13 个加盟商，每台产品销售给加盟商的价格为 315 元，按此价格计算，毛利润大概为 35%。加盟商销售价格为 915 元。

另查：多来明公司的法定代表人鹿春光及部分股东和管理人员曾在原告投资的公司工作。蒋泉涛为本案支付公证费 4 655 元，律师费 6 000 元，财产保全担保费 5 000 元。

再查：北京北亮视清医疗器械经销部为个体工商户，其营业执照上登记的经营者姓名为蒋泉波。

以上事实，有本专利公开说明书、授权说明书，（2007）长证内民字第 7682 号公证书，（2007）长证内民字第 7685 号公证书，（2007）京国证民字第 09566 号公证书，《淘金手册》《加盟经营合同》，被告产品，个体工商户营业执照及当事人陈述等在案佐证。

一审判决及理由

一审法院认为：

《最高人民法院关于适用〈中华人民共和国民事诉讼法〉若干问题的意见》第四十六条规定：在诉讼中，个体工商户以营业执照上登记的业主为当事人。北京北亮视清医疗器械经销部为个体工商户，依照上述规定，一审法院依法列蒋泉波为被告。

一、关于被告多来明公司制造、许诺销售、销售和被告蒋泉波销售的行为是否侵犯原告专利权

根据《专利法》第十一条第一款的规定，发明专利权被授予后，除本法另有规定的以外，任何单位或者个人未经专利权人许可，不得为生产经营目的制造、许诺销售、销售其专利产品。在 2007 年 5 月 9 日本专利被授权后，任何单位或个人未经原告许可，均不得为生产经营目的制造、许诺销售、销售本专利产品，否则将构成对原告专利权的侵犯，应当承担相应的法律责任。

按照《民事诉讼法》的规定，当事人对其主张有责任提供证据。原告指控被告多来明公司和被告蒋泉波在本专利授权后侵犯其专利权，应当举证证明被告多来明公司制造、许诺销售、销售和被告蒋泉波销售的产品具备原告所主张的专利权利要求的全部技术特征，落入了原告专利的保护范围。

由于原告对被告多来明公司提交的产品予以认可，因此一审法院以该产品为准，判断其是否落入原告专利权的保护范围。从查明的情况可以看出，被告产品的技术方案与本专利权利要求 1 所保护的技术方案存在差别，因此不构成字面侵权。在此情况下，根据《最高人民法院关于审理专利纠纷案件适用法律问题的若干规定》第十七条的规定，专利权的保护范围还包括与该必要技术特征相等同的特征所确定的范围。等同特征是指与所记载的技术特征以基本相同的手段，实现基本相同的功能，达到基本相同的效果，并且本领域的普通技术人员无需经过创造性劳动就能够联想到的特征。因此应考虑被告

产品与本专利权利要求 1 存在差别的技术特征是否属于等同特征。

被告多来明公司主张本专利权利要求 1 的技术方案与被告产品存在如下区别：A. 本专利在燃烧仓上设有热辐射口，且其位置与多孔镜片的位置相对应，而被告产品燃烧仓上没有热辐射口；B. 本专利在燃烧仓靠近底部的壁上开设有进风孔，而被告产品燃烧仓相应位置没有进风孔；C. 本专利的灸柱支架设置在进风孔上方热辐射口的下方或下部，而被告产品的灸柱支架被直接固定在燃烧仓底部。对于区别 A，一审法院认为，根据《专利法》第五十六条的规定，发明专利权的保护范围以其权利要求的内容为准。本专利权利要求限定燃烧仓上对应于多孔镜片的部位设有辐射口，并没有限定辐射口的具体形式，被告产品在使用时，与多孔镜片相对应的燃烧仓上的小孔同样起到与本专利热辐射口相同的传递热辐射的功能，实现与本专利基本相同的效果，因此两者构成等同特征。对于区别 B，一审法院认为，本专利在燃烧仓靠近底部的壁上开设有进风孔，其功能在于进风，其效果在于有利于空气向上运动，促进灸柱燃烧。被告产品并非如被告所述没有进风孔，相反在相应的位置同样存在均匀密布的小孔，通过端盖上的通风口进来的空气必然通过该些小孔进入燃烧仓，从而促进灸柱燃烧。两者所使用的技术手段相同，功能和效果也基本相同，构成等同特征。对于区别 A 和 B，被告强调其产品在燃烧仓的侧面均匀密布的小孔能同时实现进风、排烟和传递热辐射的功能，与本专利限定热辐射口和进风孔不同。对此，一审法院认为虽然该些小孔同时兼具多项功能，但并不能否定其具有的与本专利进风孔和热辐射口基本相同的进风和传递热辐射的功能，因此被告关于两者不构成等同特征的主张不能成立。对于区别 C，一审法院认为，本专利所设的灸柱支架的位置在于在进风孔和热辐射口之间，其目的就在于能较好地实现燃烧和热辐射，被告产品的灸柱支架虽然直接固定在燃烧仓底部，但其支架是倒锥形弹簧圈，放置灸柱时，灸柱离燃烧仓底部有一定距离，其燃烧点就在燃烧仓的底部和顶部之间，因此也实现与本专利基本相同的功能，达到基本相同的效果，构成等同特征。综上所述，被告产品落入本专利的保护范围。被告多来明公司关于上述区别 A、B、C 均不构成等同特征的主张没有事实和法律依据，一审法院不予支持。由于被告承认其制造的"力效型""强效型""聚能型"视力热灸治疗仪的结构相同，因此上述产品均落入原告专利的保护范围。

许诺销售是指以做广告、展示等方式作出销售商品的意思表示，被告多来明公司在其网站上展示、介绍了"力效型""强效型""聚能型"视力热灸治疗仪，并发布加盟广告、加盟指南、加盟程序等内容，其行为明显是销售该些产品的意思表示，构成专利法意义上的许诺销售。在本案中，被告多来明公司未举证证明其行为经过原告许可，因此被告多来明公司未经原告许可，其制造、许诺销售、销售的产品落入原告专利权的保护范围，构成对原告专利权的侵犯，被告蒋泉波销售上述产品，也构成对原告专利权的侵犯。

在本案诉讼过程中，被告多来明公司虽提交了两份早于本专利的专利文献，但在庭审中明确表示不主张现有技术抗辩，故对于被告产品与现有技术之间的关系一审法院不予审理。

二、原告要求被告多来明公司支付使用费的主张是否成立

《专利法》第十三条规定：发明专利申请公开后，申请人可以要求实施其发明的单位或者个人支付适当的费用。原告是本专利的专利权人，该专利于 2006 年 4 月 26 日公开，2007 年 5 月 9 日被授权，授权的技术方案包括了公开时的权利要求 2 和权利要求 3，因此原告可以要求在 2006 年 4 月 26 日至 2007 年 5 月 9 日期间实施本专利公开时权利要求 2 和权利要求 3 的技术方案的单位或者个人支付适当的费用。原告作为主张者，应当就其主张承担举证责任。本案中，原告主张被告多来明公司在上述期间实施了其专利，但被告主张其是从 2007 年 7 月开始生产被控产品，在原告没有举出证据证明被告多来明公司在本专利公开后至授权期间就生产上述落入原告专利权的产品的情况下，对于原告要求被告多来明公司支付使用费的主张，一审法院不予支持。

三、关于原告的诉讼请求是否予以支持

根据《民法通则》第一百一十八条的规定，专利权受到侵害的，有权要求停止侵害、赔偿损失。因此原告要求被告多来明公司立即停止制造、销售、许诺销售侵犯本专利权的产品并赔偿损失及要求被告蒋泉波停止销售侵犯本专利权的产品的诉讼请求符合法律规定，一审法院予以支持。对于原告要求被告多来明公司销毁库存侵权产品、停止涉及侵犯本专利权的产品的广告宣传的诉讼请求，一审法院认为判决被告停止制造、销售、许诺销售侵犯本专利权的产品已足以制止被告多来明相应的侵权行为，故对原告上述诉讼请求一审法院不予支持。

对于赔偿损失的数额，原告主张按被告销售产品的数量乘以原告专利产品的利润计算，但原告所提交的关于其专利产品的利润的证据中，加盟经销合同难以确定实际履行，利润率属于原告自行统计，难以查证，故原告专利产品的利润无法查明。一审法院将根据被告多来明公司在庭审中关于其生产产品的数量、销售给加盟商的价格和毛利润等的陈述，结合被告多来明公司销售产品的方式、加盟商销售产品的价格、加盟商的数量及加盟费的多少等因素，确定被告因侵权行为的获利。原告要求被告多来明公司承担的因制止侵权行为所支出的公证费、律师费和担保费有证据支持，且其数额属于合理范围，一审法院予以全额支持。

综上所述，一审法院依照《民事诉讼法》第一百三十条，《民法通则》第一百一十八条，《专利法》第十一条第一款、第五十七条第一款，《最高人民法院关于审理专利纠纷案件适用法律问题的若干规定》第二十条之规定，判决如下：

一、自一审判决生效之日起，被告多来明公司停止制造、许诺销售、销售侵犯原告蒋泉涛第 200410036125.6 号专利权的产品，被告蒋泉波停止销售侵犯原告蒋泉涛第 200410036125.6 号专利权的产品。

二、被告多来明公司自一审判决生效之日起 10 日内赔偿原告蒋泉涛经济损失及诉讼合理支出共计人民币 303 155 元。

三、驳回原告蒋泉涛其他诉讼请求。

如果未按一审判决书指定的期间履行给付金钱义务，应当依照《民事诉讼法》第二百三十二条之规定，加倍支付延迟履行期间的债务利息。

案件受理费 13 800 元，由原告蒋泉涛负担 6 000 元（已交纳），由被告多来明公司负担 7 800 元（于一审判决生效之日起 7 日内交纳）。

上诉理由

多来明公司不服原审判决，向二审法院提出上诉，请求撤销原审判决，改判驳回蒋泉涛的全部诉讼请求。其理由是：涉案专利权利要求 1 的技术方案与多来明公司的产品存在三点区别，不存在等同的技术特征，其产品未落入涉案专利权的保护范围；一审法院认定的赔偿数额没有事实依据。蒋泉涛、蒋泉波服从原审判决。

二审查明事实

二审查明事实与一审相同。

二审判决及理由

二审法院认为：根据《专利法》第五十六条的规定，发明专利的保护范围以其权利要求的内容为准。专利权的保护范围应当以权利要求书中明确记载的必要技术特征确定，也包括与该必要技术特征相等同的特征所确定的范围。本案争议的焦点在于：多来明公司生产的被控侵权产品是否落入了涉案专利的保护范围；原审判决确定的赔偿数额是否适当。

蒋泉涛购买的产品与多来明公司自行提交的产品结构相同，该产品与涉案专利权利要求 1 的技术方案相比存在如下区别：A. 涉案专利在燃烧仓上设有热辐射口，且其位置与多孔镜片的位置相对应，而被控侵权产品燃烧仓上没有热辐射口；B. 涉案专利在燃烧仓靠近底部的壁上开设有进风孔，而被控侵权产品燃烧仓相应位置没有进风孔；C. 涉案专利的灸柱支架设置在进风孔上方热辐射口的下方或下部，而被控侵权产品的灸柱支架被直接固定在燃烧仓底部。

关于区别 A、B，涉案专利权利要求限定燃烧仓上对应于多孔镜片的部位设有辐射口，但是没有限定辐射口的具体形式；在燃烧仓靠近底部的壁上开设有进风孔，有利于空气向上运动，促进灸柱燃烧。被控侵权产品设有下沉式燃烧仓，在燃烧仓上有均匀分布的小孔，与多孔镜片相对应的燃烧仓上的小孔同样起到与涉案专利热辐射口相同的传递热辐射的功能；而通过端盖上的通风口进来的空气通过小孔进入燃烧仓，从而促进灸柱燃烧。因此，被控侵权产品在燃烧仓的侧面均匀密布的小孔具有与涉案专利在燃烧仓上设置的辐射口、进风孔相同的功能，达到同样的技术效果，构成等同的技术特征。

关于区别 C，被控侵权产品的灸柱支架为倒锥形弹簧圈，放置于燃烧仓内时，与燃烧仓底部保留一定的距离，将灸柱置于支架上，燃烧点就在燃烧仓的底部和顶部之间，与涉案专利所设的灸柱支架的位于在进风孔和热辐射口之间位置相同，均能较好地实现燃烧和热辐射，因此与涉案专利具有基本相同的功能，达到基本相同的技术效果，构成等同的技术特征。

由于被控侵权产品与涉案专利的区别 A、B、C 均构成等同特征，故被控侵权产品落入了涉案专利的保护范围。多来明公司主张没有事实和法律依据，二审法院不予支持。由于多来明公司在一审庭审过程中自认其制造的"力效型""强效型""聚能型"视力热灸治疗仪的结构相同，因此上述产品均落入涉案专利的保护范围。多来明公司制造、许诺销售、销售被控侵权产品的行为侵犯了蒋泉涛享有的涉案专利权，应当承担相应的法律责任。

在蒋泉涛未能提供其因被侵权所受到的损失的情况下，可以依据多来明公司因侵权所获得的利益确定赔偿数额。多来明公司在一审庭审过程中对其制造、销售被控侵权产品的数量、价格、利润作出了明确的陈述，其在二审法院审理过程中虽然予以否认，但未提供相反证据支持。故一审法院根据多来明公司在庭审中关于其生产产品的数量、销售给加盟商的价格和毛利润等的陈述，结合多来明公司销售产品的方式、加盟商销售产品的价格、加盟商的数量及加盟费的多少等因素确定的赔偿数额有事实依据，并无不当。

综上所述，多来明公司的上诉理由缺乏事实和法律依据，不能成立，其上诉请求二审法院不予支持。原审判决认定事实清楚，适用法律正确。依照《民事诉讼法》第一百五十三条第一款第（一）项之规定，判决如下：

驳回上诉，维持原判。

一审案件受理费 13 800 元，由蒋泉涛负担 6 000 元（已交纳），由多来明公司负担 7 800 元（于二审判决生效之日起 7 日内交纳）；一审财产保金申请费 429.42 元由多来明公司负担（于二审判决生效之日起 7 日内交纳）。二审案件受理费 3 847 元，由多来明公司负担（已交纳）。

案例 19：豪登公司与科盛公司专利侵权纠纷案

原告（上诉人）：豪登集团有限公司（Howden Group Limited）（下称"豪登公司"）
被告（被上诉人）：上海科盛电力科技有限公司（下称"科盛公司"）

一审法院：上海市第二中级人民法院
一审案号：（2003）沪二中民五（知）初字第 82 号
一审合议庭成员：李国泉、吴登楼、周庆余
一审结案日期：2005 年 2 月 25 日

二审法院：上海市高级人民法院
二审案号：（2005）沪高民三（知）终字第 63 号
二审合议庭成员：张晓都、于金龙、李澜
二审结案日期：2006 年 3 月 21 日

案由：专利侵权纠纷

关键词：专利侵权、技术鉴定、证据保全、现场勘验、新证据、无效宣告

涉案法条

《专利法》第五十六条第一款
《民事诉讼法》第一百五十八条
《专利法实施细则》第二十条第一款，第二十一条第一款、第二款
《最高人民法院关于民事诉讼证据若干规定》第二十一条第（三）、第（四）项，
第七十一条

争议焦点

● 除非根据专利说明书及附图，或者根据专利申请人与专利权人在专利授权审查程序
与专利无效宣告请求审查程序中的陈述，专利权利要求书中记载的不同权利要求应
当被解释为在实质上限定的是同一技术方案；或者根据禁止反悔原则应当认定专利
权利要求书记载的不同权利要求所限定的技术方案为同一技术方案。

审判结论

对豪登公司的诉讼请求不予支持。

一审案件受理费人民币 23 510 元，鉴定费人民币 3.5 万元均由豪登公司负担。

二审判决驳回上诉，维持原判。

二审案件受理费人民币 23 510 元，由上诉人豪登公司负担。

起诉与答辩

原告诉称：原告是 ZL93120322.8 号"热交换器"发明专利的专利权人，该发明专利主要应用于火力发电站等领域，作为气体热交换器或气体/气体交换器。传统热交换器的技术是将密封板设计成可调节的，以适应转子在运行中的热变形。原告热交换器发明专利的权利要求书第一项明确："……至少第二扇形板是由一块大致平整的板材所制成，在其上焊有至少两条纵向延伸的扇形板肋条，该肋条从扇形板沿着背离转子的方向延伸，还有支承结构肋条被直接焊在框架上，所述支承结构肋条再与所述扇形板肋条相互焊接在一起。"权利要求书第二项明确："根据权利要求 1 的热交换器，其特征在于其中靠近转子的扇形板的表面被制成凸形的，从而使它与由任何热变形造成的转子凹形相互补偿。"

原告专利的核心是通过事先的大量计算，在冷态时对固定扇形密封板和轴向密封板予以预变形，并通过焊接予以固定，使其能在运行热态下补偿转子在运行中的热变形，使密封间隙在运行中达到最小，与传统技术相比大大降低漏风率。计算热态变形的方法为原告的商业秘密，原告并将之制成软件。如果不能正确地计算出热态变形，那么即使实施了原告的专利，也无法使预变形的密封板最好地补偿转子的热变形，不能达到该专利技术的最佳效果。

除原告自身外，原告仅许可原告在中国的合资企业豪顿华工程有限公司在中国非独占实施该专利。但原告根据所取得的资料发现，被告于 2002 年 4 月为山西阳光发电有限责任公司实施的空气预热器改造中的产品的技术特征均落入原告专利权的保护范围，被告的行为侵犯了原告的专利权。被告方先后 9 次实施了侵权行为，给原告造成经济损失至少是人民币 270 万元。请求判令：1. 被告停止对原告 ZL93120322.8 号"热交换器"发明专利的侵权；2. 被告就其侵权行为在《中国电力杂志》上公开向原告赔礼道歉；3. 被告赔偿原告损失人民币 270 万元。

原告为证明其主张，提供了如下证据材料：

1. 发明专利证书；2. 专利收费收据；3. 发明专利说明书；4. 山西阳光发电有限责任公司#2 炉空气预热器改造协议；5. 阳泉发电厂#2 炉空气预热器改造方案；6. 张店热电厂 50MWJ 机组预热器改造安装及运行说明书；7. 张店热电厂 φ6700 空气预热器改造图纸；8. 回转式空气预热器 VI（N）改造技术方案；9. 宁夏大坝电厂#2 炉空气预热器改造技术协议；10. 徐州华润电力有限公司 300MW#1 锅炉空气预热器改造技术协议；11. 彭城电厂空气预热器改造技术协议；12. 首阳山 300MW#3 锅炉空气预热器改造技术协议；13. 首阳山空气预热器改造图纸；14. 专家关必胜和黄海涛的证言；15. 关于赔偿数额的计算依据。

被告辩称：被告一直依法使用自己的技术和专利，对用户长期投用的回转式空气预热器产品进行密封部分局部改造，目的是降低漏风率。密封改造的主要内容是：1. 通过加宽扇形密封板、加宽轴向密封板或改转子隔仓。由原径向、轴向的单道密封改造为双道密封。2. 将原单侧滑板式静密封改为固定式静密封。其主要技术是：将原热端和冷端的扇形板与上、下框架梁之间易漏风的滑板式静密封板改为固定静密封板，其固定静密封板一端焊在框架梁上，另一端用螺栓与扇形板的筋板紧固连接。3. 扇形板（热端、冷端）密封表面全部做成平直的，在安装后亦保持平直（不存在冷端扇形板制成或安装时调制成凸形板）。4. 使用自行编制的计算软件将转子热态变形量预先计算出来，在安装时用密封片调整预留转子的变形间隙，扇形板的预留间隙不管是热端还是冷端只计算内侧（靠近中心桶侧）和外侧（转子外沿侧）与转子之间的间隙。5. 将原平直的密封片改为折角式密封片。比较原、被告的专利设计理念，1. 在扇形板的结构形状方面基本一致，这是几十年来空气预热器设计人员公知的技术；2. 在扇形板的固定方式上，双方的设计理念有根本的区别；3. 冷端扇形板是做成凸形还是平直不相同。因此，被告认为，被告使用的技术、专利与原告的专利技术没有任何关联，且被告使用的相关技术属公知技术，故被告没有实施侵犯原告专利权的任何行为。

被告为证明其主张，提供了如下证据材料：

1. 被告向国家知识产权局提出宣告原告专利无效的申请；2. 实用新型专利证书、说明书、专利收费收据等一组证据；3. 专家对原告和被告的两项专利和技术的评估的证据材料一组共 11 份；4. 被告证明其早于 2001 年 1 月即已使用自己技术为客户设备进行技术改造的证据材料一组。

审理中，原告于 2003 年 4 月 21 日向本院提出证据保全申请，本院裁定予以准许，并据此保全如下证据材料：

1. 潍坊发电厂#1 炉和#2 炉空预器密封改造技术协议各 1 份、#1 炉预热器改造图纸13 张；2. 张店热电厂#3 炉空气预热器密封改造技术协议 1 份、预热器改造图纸 8 张、被告与淄博热电股份有限公司订立的承揽合同 1 份；3. 青岛发电厂#1 炉、#2 炉空预器密封改造技术协议各 1 份；4. 黄岛发电厂#2 炉预热器密封改造及传热原件更换技术协议 1 份及图纸 6 份。

事实认定

原审法院经审理查明：豪登公司于 1993 年 11 月 25 日向（原）中国专利局申请"热交换器"发明专利，并于 2000 年 9 月 13 日被授予专利权，专利号为 ZL93120322.8。该发明专利的权利要求共有 6 项。其中权利要求 1 为：一种热交换器包括一个框架，一个由所述框架支承的外壳，一个在所述外壳内绕着一根轴线转动的转子，多个安装在转子内的热交换单元，安装在所述转子的第一和第二轴向端上的第一和第二扇形板，第一轴向端为转子的热端而第二轴向端为其冷端，所述扇形板各沿着所述转子的一条直径延伸，分别位于所述第一和第二轴向端并安置在所述扇形板的同一径向侧的气体进口和出口管道，以及分别位于所述第一和第二轴向端并安置在所述扇形板的与所述气体进口和出口管道相对的径向侧的空气出口和进口管道，其中，至少第二扇形板是由一块大致平整的板材所制成，在其上焊有至少两条纵向延伸的扇形板肋条，该肋条从扇形板沿着背离转子的方向延伸，还有支承结构肋条被直接焊在框架上，所述支承结构肋条再与所述扇形板肋条相互焊接在一起。权利要求 2 为：根据权利要求 1 的热交换器，其特征在于其中靠近转子的扇形板的表面被制成凸形的，从而使它与由任何热变形造成的转子凹形相互补偿。

科盛公司成立于 2000 年 9 月 18 日，其经营范围包括电力技术、锅炉辅机的技术开发、技术转让、技术咨询、技术服务等。2002 年 9 月 17 日，科盛公司向国家知识产权局申请"回转式空气预热器的密封装置"实用新型专利，并于 2003 年 8 月 6 日获得授权。科盛公司成立后，先后承接了青岛发电厂、潍坊发电厂、张店热电厂、石横发电厂、山东黄岛发电厂和阳泉发电厂等单位的火电站空气预热器改造项目。

2003 年 10 月 8 日，科盛公司就豪登公司的"热交换器"发明专利向国家知识产权局专利复审委员会提出无效宣告请求，并于次日得到受理，现仍未作出处理结果。

根据双方当事人的请求，一审法院于 2004 年 9 月 6 日委托科学技术部知识产权事务中心进行技术鉴定，委托鉴定的事项包括：1. 科盛公司在其承接的火电站空气预热器改造项目中有关产品的技术特征与豪登公司所享有的"热交换器"发明专利（专利号为：ZL93120322.8）的权利要求书中记载的必要技术特征是否相同；2. 科盛公司所生产的相关产品的技术特征是否具有与豪登公司所享有的"热交换器"发明专利所记载的必要技术特征相等同的特征；3. 科盛公司在其承接的火电站空气预热器改造项目中的有关产品中使用的涉嫌专利侵权的技术是否属于公知技术。

该中心接受一审法院委托后，一审法院于同年 11 月 5 日组织该中心确定的鉴定专家就上述委托鉴定事项在青岛电厂#2 炉进行了现场勘验，双方当事人均委托人员参加。同年 12 月 27 日，该中心出具了国科知鉴字（2004）75 号技术鉴定报告书。技术鉴定结论为：1. 科盛公司在其承接的火电站空气预热器改造项目中有关产品的相关技术特征中除"扇形板使用一块平整的板材，且在转子上焊接密封片"与豪登公司所享有的"热交换器"发明专利的权利要求 1 中记载的"至少第二扇形板是由一块大致平整的板材所制成"的必要技术特征不相同且不等同，其余的技术特征相同。2. 根据法院移交的科盛公司提供的公知技术材料，科盛公司承接的火电站空气预热器改造项目中有关产品的"扇形板使用一块平整的板材，且在转子上焊接密封片"的技术特征未见记载，不属于公知技术。

对该鉴定结论，豪登公司提出异议，认为该结论存在《最高人民法院关于民事诉讼证据若干规定》第二十一条第（三）项、第（四）项规定的情形，请求一审法院重新鉴定或补充鉴定。科盛公司未对该鉴定结论提出异议。

以上事实，由专利证书、专利收费收据、专利说明书、无效案件审查状态通知书、当事人诉辩意见、关于无偿提供专利技术的声明、技术鉴定报告书和本院审判笔录等证据证实。

一审判决及理由

原审法院认为：原告的"热交换器"发明专利（专利号：ZL93120322.8）合法有效，应受我国法律保护。

根据我国专利法律规定，发明或实用新型专利权的保护范围以其权利要求的内容为准，说明书及附图可以用于解释权利要求。权利要求书应当说明发明或实用新型的技术特征，清楚、简要地表述请求保护的范围。权利要求书应当有独立权利要求，也可以有从属权利要求。独立权利要求应当从整体上反映发明或实用新型的技术方案，记载解决技术问题的必要技术特征。

判断被控侵权产品是否落入原告专利独立权利要求限定的保护范围，首先要以专利独立权利要求确定该专利的必要技术特征，再对被控侵权产品进行技术分析，然后对两者的对应技术特征是否属于相同或等同技术特征逐一进行比较。如果被控侵权产品技术特征包含了专利权利要求的全部必要技术特征的，或者被控侵权产品的个别或者某些技术特征虽然与专利权利要求记载的相应必要技术特征不相同，但根据等同原则属于与专利权利要求记载的必要技术特征相等同的技术特征的，则应认定被控侵权产品落入专利的保护范围，被控侵权人构成专利侵权；如果被控侵权产品缺少专利的某一项或者多项技术特征的，或者被控侵权产品的技术特征与专利权利要求记载的对应技术特征相比，有一项或者多项技术特征既不相同也不等同的，应当认定被控侵权产品没有落入专利权保护范围，被控侵权人不构成侵权。

根据豪登公司发明专利文件，该发明专利名称（发明主题）为：热交换器；其独立权利要求所述的技术特征可分解如下：A. 一个框架；B. 一个框架支承的外壳；C. 一个在外壳内绕着一根轴线转动的转子；D. 多个安装在转子内的热交换单元；E. 安装在转子的第一和第二轴向端上的第一和第二扇形板，第一轴向端为转子的热端而第二轴向端为其冷端；F. 扇形板各沿着所述转子的一条直径延伸，分别位于所述第一和第二轴向端并安置在扇形板的同一径向侧的空气出口和进口管道，以及分别位于所述第一和第二轴向端并安置在扇形板的与上述气体进口和出口管道相对的径向侧的空气出口和进口管道；G. 至少第二扇形板是由一块大致平整的板材所制成；H. 在板材上焊有至少两条纵向延伸的扇形板肋条，该肋条从扇形板沿着背离转子的方向延伸；I. 支承结构肋条被直接焊在框架上，支承结构肋条再与所述扇形板肋条相互焊接在一起。

通过对青岛电厂#2炉回转式空气预热器的现场勘验，结合现场拍摄的该设备照片以及现场勘验笔录，对应豪登公司专利的上述技术特征，科盛公司被控侵权产品技术特征可分解为：a. 框架；b. 框架支承的外壳；c. 转子；d. 转子内的热交换单元；e. 在转子的冷端和热端分别安装有扇形板；f. 扇形板沿着转子的径向延伸，在热端的烟体入口和空气出口的管道之间有两块扇形板，在冷端烟气出口和空气入口之间与上述扇形板相对应的位置也有两块扇形板；g. 扇形板由一块平整的板材制成，且转子上焊有密封片；h. 在板材上焊扇形板肋条，该肋条沿转子的径向方向延伸；i. 支承结构肋条与框架焊接，支承结构肋条与扇形板肋条焊接。

经将被控侵权产品技术特征与豪登公司专利必要技术特征进行对比，1. 被控侵权产品和豪登公司专利均涉及一种用于发电站的空气预热器，两者属于相同的技术主题；2. 被控侵权产品和豪登公司专利的相同性分析结果是，除技术特征 g 与 G 不相同，其余技术特征按对应顺序均为相同；3. 被控侵权产品的技术特征 g 与豪登公司专利技术特征 G 等同性分析结果是，二者不等同。这是因为，被控侵权产品的技术特征 g 中"扇形板由一块平整的板材制成，且转子上焊接有密封片"，而豪登公司专利技术特征 G 中"至少第二扇形板是由一块大致平整的板材所制成"。通过分析豪登公司专利说明书及附图，可以了解到技术特征 G 中所述的"大致平整的板材"是指第二扇形板的表面制成凸形，以与由任何热变形造成的转子冷端的凹形相互补偿，从而缩小转子径向封接的缝隙，有效减少了漏泄问题。而被控侵权产品是由一块平整的扇形板，通过在转子上安装密封片达到密封作用，降低漏风率。两者相比，被控侵权产品的技术特征 g 采取的降低漏风率的密封手段与豪登公司专利的技术特征 G 所采取的技术手段不同，且该技术手段的不同并非是显而易见的，需要本领域普通技术人员经过一定的创造性劳动。

对于技术鉴定报告书的鉴定结论，豪登公司虽提出异议，但鉴定人对豪登公司方的询问已作了必要、合理的说明，而豪登公司对鉴定结论未能提供足以反驳的相反证据和理由，故其相应主张不能成立，豪登公司关于重新鉴定或补充鉴定的申请，予以驳回。技术鉴定报告书中的鉴定结论，予以确认。

综上所述，鉴于科盛公司在其承接的火电站空气预热器改造项目中有关产品的相关技术特征中除"扇形板使用一块平整的板材，且在转子上焊接密封片"的技术特征与豪登公司所享有的"热交换器"发明专利的权利要求 1 中记载的"至少第二扇形板是由一块大致平整的板材所制成"的必要技术特征不相同亦不等同，其余技术特征相同，依法应当认定科盛公司的被控侵权产品没有落入豪登公司专利权的保护范围，科盛公司被控在火电站空气预热器改造项目中的有关产品上使用技术的行为不构成对豪登公司专利权的侵害。

据此，原审法院依照《专利法》第五十六条第一款，《专利法实施细则》第二十条第一款，第二十一条第一款、第二款，《最高人民法院关于民事诉讼证据的若干规定》第七十一条之规定，判决：

对豪登公司的诉讼请求不予支持。

一审案件受理费人民币 23 510 元，鉴定费人民币 3.5 万元均由豪登公司负担。

上诉理由

豪登公司不服一审判决，向二审法院提起上诉，请求：1. 判令科盛公司停止对涉案发明专利权的侵害；2. 判令科盛公司就其侵权行为在《中国电力》杂志上公开道歉；3. 判令科盛公司赔偿豪登公司经济损失人民币 270 万元。

上诉人豪登公司上诉的主要理由是：一审判决依据的技术鉴定报告存在明显错误，鉴定人在庭审中也修改了其鉴定结论，而一审法院仍然按该技术鉴定报告的结论作出判决，明显认定事实错误。涉案专利权利要求中技术特征 G 要求至少第二扇形板是由一块大致平整的板材制成。技术鉴定报告认定该大致平整的板材是指该扇形板的表面制成凸形，以与由任何热变形造成的转子冷端的凹形相互补偿，从而缩小与转子径向密封条的缝隙，有效减少了漏泄问题。而对被控侵权产品的技术特征 g，技术鉴定报告认定被控侵权产品的扇形板是一块平整的扇形板，通过在转子上安装密片达到密封作用，降低漏风率。这一认定，既不符合事实，也违反了本专业领域内的公知常识。

被上诉人科盛公司辩称，技术鉴定报告关于权利要求技术特征 G 与被控侵权产品技术特征 g 的对比分析是正确的。"扇形板由一块平整的板材制成"是鉴定专家通过对科盛公司在青岛电厂改造产品的现场勘验，并结合拍摄的现场实物照片及勘验笔录等材料作出的判断。豪登公司以扇形板均须作调整以适应转子的热变形，就推断科盛公司改造产品中扇形板必定为凸形不能成立。因为调整扇形板适应转子的热变形方式有多种，如涉案专利附图 4 所反映的调整方式中扇形板就没有制成凸形。在涉案专利无效宣告请求审查程序中，豪登公司已将涉案专利原从属权利要求 2 的内容加入了独立权利要求 1 中，修改后的权利要求 1 已明确将第二扇形板表面被制成凸型作为其必要技术特征，这与技术鉴定报告对"大致平整的板材"解释一致。这更进一步证明了被控侵权产品没有落入涉案专利权的保护范围。由于侵权指控不能成立，技术鉴定报告鉴定结论 2 对侵权认定已经不具有任何实质意义，且原审判决也并非依据鉴定结论 2 作出的判决。科盛公司请求二审法院驳回上诉，维持原判。

一审庭审中，鉴定人明确是根据科盛公司提供的图纸和现场肉眼观察及照片，判断科盛公司的扇形板是平的，未考虑法院通过证据保全取得的证据。豪登公司专利权利要求中的扇形板，对于一台 300MW 机组而言，是在一块 5 米左右长度的板材，以适应转子相应的凹形变形，其一端最大变形量不超过 30 毫米（0.6%）的凸形变形，两端形成的弧线的最高点与两端间直线间的距离不超过 4 毫米（0.8%）。科盛公司是在收到本案起诉状副本后才提供图纸的，其真实性无法保证。并且，从科盛公司所提供的图纸中也无法判断该扇形板在安装后是平整的。而且，勘验现场的条件是非常恶劣的，对于这样的一个变形，在当时现场条件下任何人用肉眼和照片均无法准确判定是平整的还是大致平整的。

从法院保全的证据来看，科盛公司的扇形板均须作调整以适应转子的热变形，因此显然不可能是平整的。一审庭审中鉴定人也确认，由于热胀冷缩，转子会变成凹形，扇形板要适应之，必须调整成凸形。

技术鉴定报告认为科盛公司通过在转子上安装密封片达到密封作用，属于非公知技术，说明鉴定人根本不了解回转式空气预热器的构造。

二审中，上诉人豪登公司未向二审法院提供新的证据材料。

二审中，被上诉人科盛公司向二审法院提供了发文日期为 2005 年 8 月 1 日的专利复审委员会第 7381 号《无效宣告请求审查决定书》（下称《无效审查决定》）一份。该份证据材料要证明在专利无效宣告请求审查程序中，涉案专利权人对专利权利要求进行了修改，将原从属权利要求 2 的内容加入了独立权利要求 1 中。经质证，上诉人豪登公司认为该份证据材料属于本案二审新的证据，并对其真实性、关联性与合法性予以确认。

二审法院认为，被上诉人科盛公司提供的《无效审查决定》在本案二审庭审结束后才形成，属于本案二审新的证据，且豪登公司对该份证据的真实性、关联性与合法性均无异议，故二审法院对该份证据予以采信。

二审查明事实

二审法院经审理查明，原审判决认定的事实基本属实。

另查明，技术鉴定报告记载：

"鉴定专家组认为，被控侵权产品的技术特征 g 与原告专利的技术特征 G 相比较，被控侵权产品的技术特征 g 中'扇形板由一块平整的板材制成，且转子上焊接有密封片'，原告专利技术特征 G 中'至少第二扇形板是由一块大致平整的板材所制成'。根据《专利法》第五十六条第一款'发明或者实用新型专利权的保护范围以其权利要求的内容为准，说明书及附图可以用于解释权利要求'，鉴定专家组通过分析研究原告专利说明书及附图，认为该技术特征中所述的'大致平整的板材'是指第二扇形板的表面制成凸形，以与由任何热变形造成的转子冷端的凹形相互补偿，从而缩小转子径向封接的缝隙，有效减少了漏泄问题。而被控侵权产品是由一块平整的扇形板，通过在转子上安装密封片达到密封作用，降低漏风率。两者相比，被控侵权产品的技术特征 g 采取的降低漏风率的密封手段与原告专利的技术特征 G 所采取的技术手段不同，且该技术手段的不同并非是显而易见的，需要本领域普通技术人员经过一定的创造性劳动。因此，根据《专利法实施细则》及《最高人民法院关于审理专利纠纷案件适用法律问题的若干规定》第十七条的规定，鉴定专家组认为，技术特征 G 与技术特征 g 不等同。"

涉案专利说明书记载：

"……对于这种结构，所遇到的特殊问题是在热变形后转子和下扇形板之间的相互干扰。

为了克服这一缺点，本发明提出至少第二扇形板由一种一般为平整的板材制成，在其上焊接有至少两根纵向延伸的扇形板肋条，该肋条从扇形板以背离转子的方向延伸，在其中，支承结构肋条直接焊在框架上，所述支承结构肋条和所述扇形板肋条相互焊接在一起。

对于这样一种热交换器，其制造成本可以大大地降低，因为在这里就没有必要对扇形板本身进行机械加工了。此外，扇形板本身的确切位置可以精确地定出以保证与转子尽量小的相互干扰，而当这位置一经确定后，两组肋条就可以相互焊接在一起。这一焊接在扇形板本身上几乎没有产生应力，因而其上表面就可以不进行机械加工，大大地减少了制造成本。

对于这样一般类型的热交换器，一个严重的问题是在使用时转子的热偏转。常规的扇形板具有固定的刚度，这意味着下扇形板会经常配以一个铰接结构以使扇形板预先设置在一个特定位置以便在热移动后使扇形板适应转子的形状。这样在转子和扇形板的径向封接处可能产生一个缝隙，造成令人不满意的漏泄。

根据本发明的另一方式提出，第二扇形板的表面一开始就制成为凸形的，以与由任何热变形造成的转子冷端的凹形相互补偿。这样，转子径向封接之间的缝隙就可尽量缩小，而漏泄问题也因而减少，一个铰接的下扇形板的设置也就无此需要了。"

在涉案专利无效宣告请求审查程序中，豪登公司对涉案专利权利要求进行了修改。其中，原从属权利要求2中记载的技术特征写了独立权利要求1中，修改后的权利要求1为：一种热交换器，包括一个框架，一个由所述框架支承的外壳，一个在所述外壳内绕着一根轴线转动的转子，多个安装在转子内的热交换单元，安装在所述转子的第一和第二轴向端上的第一和第二扇形板，第一轴向端为转子的热端而第二轴向端为其冷端，所述扇形板各沿着所述转子的一条直径延伸，分别位于所述第一和第二轴向端并安置在所述扇形板的同一径向侧的气体进口和出口管道，以及分别位于所述第一和第二轴向端并安置在所述扇形板的与所述气体进口和出口管道相对的径向侧的空气出口和进口管道，其中，至少第二扇形板是由一块大致平整的板材所制成，在其上焊有至少两条纵向延伸的扇形板肋条，该肋条从扇形板沿着背离转子的方向延伸，还有支承结构肋条被直接焊在框架上，所述支承结构肋条再与所述扇形板肋条相互焊接在一起，其中，靠近转子的第二扇形板的表面被制成在冷却时是凸形的，从而使它与由任何热变形造成的转子的冷端的凹形相互补偿。专利复审委员会在权利要求修改的基础上，维持专利权有效。另外，《无效审查决定》还记载"对于上述区别技术特征9（区别技术特征9是指'其中靠近转子的第二扇形板的表面被制成在冷却时是凸形的，从而使它与由任何热变形造成的转子的冷端的凹形相互补偿'）来讲，如请求人所述，由对比文件4可知，其扇形板176具有凸形推动件120，藉以推动扇形板成凸形，进而补偿由热变形造成的转子凹形，由此可见，对比文件4中的扇形板只有在发生热变形时才会被强制推动形成为凸形以与转子凹形进行补偿，而在开始时即在冷却时其并不是凸形的，这与上述区别技术特征9所明确限定的'靠近第二转子的第二扇形板的表面被制成在冷却时是凸形的'完全不同，因此，对于请求人所提出的关于上述区别技术特征9已被对比文件4公开的主张，合议组也不予支持"。

一审庭审笔录记载：

"鉴定专家一：平整板材根据现场勘验的结果，及法院提交的证据，以及我们聘请的专家所具备的本领域的知识，进行综合判断。原代（王）：有无经过工具进行测量？鉴定专家一：没有。原代（王）：鉴定人在鉴定时，是否考虑到热变形的问题？鉴定专家一：热变形是物理知识，因此考虑间隙是每个设计院必须考虑的问题。原代（王）：当一端由于热而产生凹形的时候，另一段（端）是否应当做凸形调整？鉴定专家二：

是的。"

二审判决及理由

二审法院认为：发明或者实用新型的权利要求书应当有独立权利要求，也可以有从属权利要求。从属权利要求可以是一项，也可以是多项。从属权利要求是对其引用的在前权利要求的进一步的限定，从属权利要求记载的技术特征加上其引用在前权利要求的所有技术特征共同限定从属权利要求所要保护的技术方案。当专利权利要求书既有独立权利要求，又有从属权利要求时，应当认定独立权利要求与各从属权利要求所限定的保护范围各不相同，独立权利要求的保护范围要大于从属权利要求的保护范围，在前从属权利要求的保护范围要大于在后的引用该在前从属权利要求的在后从属权利要求的保护范围，否则从属权利要求或者在后的从属权利要求就成为多余。除非根据专利说明书及附图，或者根据专利申请人与专利权人在专利授权审查程序与专利无效宣告请求审查程序中的陈述，专利权利要求书中记载的不同权利要求应当被解释为在实质上限定的是同一技术方案；或者根据禁止反悔原则应当认定专利权利要求书记载的不同权利要求所限定的技术方案为同一技术方案。

在经专利无效宣告请求审查程序修改权利要求前，涉案专利权利要求2为"根据权利要求1的热交换器，其特征在于其中靠近转子的扇形板的表面被制成凸形的，从而使它与由任何热变形造成的转子凹形相互补偿"，该从属权利要求2中记载的技术特征"其中靠近转子的扇形板的表面被制成凸形的，从而使它与由任何热变形造成的转子凹形相互补偿"，加上独立权利要求记载的所有技术特征共同限定从属权利要求2所要保护的技术方案。权利要求2中的"其中靠近转子的扇形板的表面被制成凸形的，从而使它与由任何热变形造成的转子凹形相互补偿"技术特征，是对独立权利要求中技术特征"至少第二扇形板是由一块大致平整的板材所制成"中"扇形板"结构的进一步限定。没有权利要求2记载的技术特征，独立权利要求仍然是一个完整的技术方案，只是"至少第二扇形板是由一块大致平整的板材所制成"。根据涉案专利说明书的陈述，为了解决在热变形后转子和下扇形板之间的相互干扰的问题，涉案专利发明提出的解决方案之一是"至少第二扇形板由一种一般为平整的板材制成，在其上焊接有至少两根纵向延伸的扇形板肋条，该肋条从扇形板以背离转子的方向延伸，在其中，支承结构肋条直接焊在框架上，所述支承结构肋条和所述扇形板肋条相互焊接在一起"；涉案专利发明提出的另一个解决方案是"第二扇形板的表面一开始就制成为凸形的，以与由任何热变形造成的转子冷端的凹形相互补偿"；涉案专利说明书还记载有现有技术对该问题的一种解决方案"下扇形板会经常配以一个铰接结构以使扇形板预先设置在一个特定位置以便在热移动后使扇形板适应转子的形状"。由于涉案专利说明书已经清楚地陈述了解决热变形后转子和下扇形板之间的相互干扰问题的不同方案，这些方案中既有一开始就将第二扇形板的表面制成凸形，也有第二扇形板本身就是一块"大致平整的板材"，故技术鉴定报告将涉案专利权利要求中专利技术特征G"至少第二扇形板是由一块大致平整的板材所制成"中的"大致平整的板材"解释为是指"第二扇形板的表面制成凸形",并无事实依据。根据技术鉴定报告的该解释,涉案专利从属权利要求 2 将成为多余的,而根据涉案专利说明书的陈述,从属权利要求 2 并非是多余的。

涉案专利权利要求技术特征 G 是"至少第二扇形板是由一块大致平整的板材所制成",被控侵权产品技术特征 g 是"扇形板由一块平整的板材制成,且转子上焊接有密封片",该被控侵权产品技术特征 g 与专利权利要求技术特征 G 对应的特征应是技术特征 g′"扇形板由一块平整的板材制成"技术特征,技术特征 g″"且转子上焊接有密封片"相对涉案专利权利要求来说是增加的技术特征。这样,技术特征 G 与技术特征 g′就可能被认定为是相同的技术特征,或者即使该两项技术特征不会被认定为是相同的技术特征,也有可能被认定为是等同的技术特征,由于另外除增加了的技术特征 g″外,被控侵权产品的其余技术特征与涉案专利权利要求记载的技术特征相同,故被控侵权产品就有可能落入涉案专利权利要求保护的范围。

但在经专利无效宣告请求审查程序修改涉案独立权利要求后,涉案专利独立权利要求中增加了技术特征"其中靠近转子的第二扇形板的表面被制成在冷却时是凸形的,从而使它与由任何热变形造成的转子的冷端的凹形相互补偿"。由于被控侵权产品中扇形板只是由一块平整的板材制成,并不存在涉案专利独立权利要求修改后新增加的相应技术特征,故相对涉案专利修改后的独立权利要求,被控侵权产品并未落入涉案专利权利要求保护的范围。

上诉人豪登公司认为被控侵权产品勘验现场的条件恶劣,现场条件下任何人用肉眼和照片均无法准确判定被控侵权产品的扇形板是平整的还是大致平整的。首先,对于鉴定专家根据本案的相关证据、现场勘验情况并结合鉴定专家的专业知识与经验,认定被控侵权产品的扇形板是"由一块平整的板材制成",豪登公司并未提供足以推翻该事实认定的事实与理由;其次,即使如豪登公司主张被控侵权产品的扇形板不是平整的,而应是大致平整的,基于前面的论述,该"大致平整的"不能被解释为是"凸形的",被控侵权产品仍然不具有涉案专利独立权利要求修改后新增加的技术特征,被控侵权产品仍未落入涉案专利权利要求保护的范围。

即使如豪登公司所主张,科盛公司的扇形板均须作调整以适应转子的热变形,但如前面的论述,对扇形板的调整以适应转子的热变形有多种方式,并非只能是在冷却时将靠近转子的第二扇形板表面制成凸形的方式,涉案专利说明书就记载有多种方式。

仅凭鉴定专家在一审庭审中关于当扇形板一端由于热而产生凹形的时候,另一端应当做凸形调整的陈述,并不足以推翻技术鉴定报告关于被控侵权产品中的扇形板是"由一块平整的板材制成"的鉴定结论。更何况,即使如豪登公司所主张,被控侵权产品因扇形板一端热变形,而需对另一端(靠近转子的一端)做凸形调整,豪登公司也并未提供证据证明该种扇形板表面的凸形调整是在开始时即在冷却时被制成的,而在开始时即在冷却时将靠近第二转子的第二扇形板的表面制成凸形,正是在专利无效宣告请求审查程序中专利复审委员会认为涉案专利权相对于现有技术具有创造性的理由之一。

　　豪登公司以技术鉴定报告认定科盛公司通过在转子上安装密封片达到密封作用，属于非公知技术为由，认为鉴定专家不了解回转式空气预热器的构造，并无充分的事实与理由。况且，在转子上安装密封片达到密封作用是否属于非公知技术的鉴定结论，并不影响本案专利侵权行为是否成立的判定。

　　综上所述，技术鉴定报告将涉案专利权利要求中记载的"大致平整的板材"解释为是指"第二扇形板的表面制成凸形"并无事实依据，但由于经修改后涉案专利独立权利要求中增加了新的技术特征，而被控侵权产品并无相应的技术特征，故豪登公司的侵权指控不能成立。依照《专利法》第五十六条第一款、《民事诉讼法》第一百五十八条之规定，判决如下：

　　驳回上诉，维持原判。

　　二审案件受理费人民币 23 510 元，由上诉人豪登公司负担。

发明专利（确认不侵权之诉）

案例 20：奥克公司与辉博公司请求确认不侵犯专利权纠纷案

原告（被上诉人、反诉被告）：西安奥克自动化仪表有限公司（下称"奥克公司"）

被告（上诉人、反诉原告）：上海辉博自动化仪表有限公司（下称"辉博公司"）

一审法院：上海市第一中级人民法院

一审案号：（2007）沪一中民五（知）初字第 192 号

一审合议庭成员：刘洪、章立萍、徐燕华

一审结案日期：2008 年 4 月 2 日

二审法院：上海市高级人民法院

二审案号：（2008）沪高民三（知）终字第 58 号

二审合议庭成员：朱丹、李澜、王静

二审结案日期：2008 年 6 月 5 日

案由：专利侵权纠纷（请求确认不侵犯专利权）

关键词：专利侵权、技术鉴定、上位概念、下位概念、必要技术特征、等同特征

涉案法条

《专利法》第五十六条第一款

《民事诉讼法》第一百五十三条第一款第（一）项

《诉讼费用交纳办法》第十八条

争议焦点

- 发明或者实用新型专利权的保护范围以其权利要求的内容为准，说明书及附图可以用于解释权利要求。
- 判断产品的使用方法是否侵犯他人专利权，应当将该产品使用方法的技术特征与所涉专利权利要求的技术特征进行比较，如果产品使用方法包含与所涉专利权利要求

的全部技术特征相同的技术特征，或者产品使用方法的某个或某些技术特征虽与所涉专利权利要求的对应技术特征不同但构成等同，则该产品使用方法落入所涉专利权的保护范围，构成专利侵犯。

审判结论

一、原告奥克公司生产的 MRD – AZY 无放射源核料位计所使用的测量物位的方法依法不构成对被告辉博公司名称为"利用 γ 射线测量物位的方法"的发明专利权（专利号：ZL03115824.2）的侵犯；

二、驳回反诉原告辉博公司的反诉请求。

二审判决驳回上诉，维持原判。

一审本诉案件受理费人民币 800 元，减半收取人民币 400 元，一审反诉案件受理费人民币 9 300 元，减半收取人民币 4 650 元，一审技术鉴定费人民币 3.5 万元，共计人民币 40 050 元，均由上诉人辉博公司负担。

二审本诉案件受理费人民币 800 元，减半收取人民币 400 元，二审反诉案件受理费人民币 9 300 元，减半收取人民币 4 650 元，共计人民币 5 050 元，均由上诉人辉博公司负担。

起诉及答辩

原告奥克公司诉称：名称为"利用 γ 射线测量物位的方法"的发明专利的原专利权人为郭云昌，经专利权转移后，转移给被告辉博公司。因原、被告属同一行业，业务范围相近，奥克公司生产的核料位计产品与辉博公司在市场上产生了竞争。辉博公司依赖其受让的上述专利在用户中宣称奥克公司的产品侵犯了其专利权，如果用户使用奥克公司的产品，辉博公司会对用户起诉，很多用户因而不敢使用奥克公司的产品。奥克公司认为，辉博公司的专利是一个方法专利，奥克公司的产品与辉博公司的专利不属于同一个类型，不存在侵权，而辉博公司的行为使奥克公司产品的销量受到严重影响。因此，奥克公司请求一审法院确认其不侵犯辉博公司的专利权。

被告辉博公司辩称：奥克公司的诉请不能成立，并提起反诉称，辉博公司是"利用 γ 射线测量物位的方法"发明专利的专利权人，该专利目前处在有效期限内。2006 年 4 月 20 日，奥克公司与案外人天洁公司签订了 104 套 MRD 系列核料位计产品购销合同。辉博公司认为该产品侵犯了其专利方法，损害了辉博公司的经济利益，故请求一审法院：1. 确认奥克公司侵犯辉博公司"利用 γ 射线测量物位的方法"的发明专利权；2. 判令奥克公司停止侵权；3. 判令奥克公司赔偿经济损失人民币 50 万元；4. 判令奥克公司承担辉博公司为制止侵权行为而支出的公证费和律师费等合理费用人民币 5 万元。

事实认定

一审法院查明以下事实：

2003 年 3 月 14 日，郭云昌向国家知识产权局申请名为"利用 γ 射线测量物位的方法"的发明专利，发明人为郭云昌、陈群英、宋东风，同年 8 月 27 日公开，2005 年 4 月 20 日授权公告，专利号为 ZL03115824.2。其权利要求 1 为：一种利用 γ 射线测量物位的方法，其特征在于采用以下步骤：（1）在容器外部设定位置测量出容器内待测物料和环境的 γ 射线水平；（2）标定测量到的 γ 射线水平与容器内物位的对应关系；（3）在容器外部设定位置测量实际的 γ 射线水平，根据上述标定的 γ 射线水平与容器内物位的对应关系，得到容器内物料的实际物位。2005 年 9 月 30 日，该专利权经著录变更登记，转移给辉博公司。

2006 年 11 月 7 日，辉博公司向裕中公司发出侵权警告函，称发现给裕中公司提供电除尘设备的成套商在其灰斗料位测量上未经授权采用辉博公司的上述发明专利，严重损害了辉博公司的合法权益。2007 年 1 月 31 日，裕中公司向天洁公司发出传真函称，裕中公司订购天洁公司的电除尘器，其中安装有奥克公司的 40 台核料位计，辉博公司来函指出裕中公司作为使用方侵犯了辉博公司的专利，裕中公司向天洁公司反映后，天洁公司及配套厂家奥克公司作了回应，但并没有阻止也没有给出充分的法律依据使裕中公司不受辉博公司的指责……裕中公司要求天洁公司立即与相关方协商，在专利权纠纷解决之前，要求合法专利权人出具书面证书，同意裕中公司继续使用该有专利权的料位计，并不承担任何相关责任，如果不能做到以上要求，天洁公司应向裕中公司提供没有专利权纠纷的替代产品供裕中公司使用。经查，2006 年 4 月 20 日，奥克公司与天洁公司签订了一份《工矿产品购销合同》，约定由奥克公司向天洁公司提供规格型号为 MRD – AZY 的无放射源核料位计 104 套，单价为 5 000 元/套，总金额为 52 万元。

奥克公司为其主张提供如下证据：

1. 专利登记簿副本及专利文件，证明辉博公司的专利是方法专利，其专利权保护的内容以及技术方案；

2. 奥克公司的料位计产品照片及说明书，证明奥克公司产品的结构特征与辉博公司专利保护的方法技术方案不同，不具有可比性；

3. 用户的传真件附法律意见书；

4. 奥克公司的发货清单；

5. 辉博公司发给郑州裕中发电有限责任公司（下称"裕中公司"）的函；

6. 华裕律师事务所发给天洁集团有限公司（下称"天洁公司"）的函；

7. 天洁公司发给奥克公司的函；

8. 奥克公司与天洁公司的供货合同。

上述证据 3 ~ 8 证明辉博公司散布奥克公司侵权的言论，给奥克公司造成损害。

9.（1）《原子核物理》第 1 页，（2）《核辐射探测器及其实验技术手册》第 1 页，（3）《核技术勘查》第 2 页；

10.（1）《原子核物理》第 63 ~ 68 页，（2）《核辐射探测器及其实验技术手册》第 2.3 节，（3）《核技术勘查》第二章第四节，（4）《原子核物理实验方法》第二章第五节；

11.《核技术勘查》第76~86页；

12. （1）《原子核物理》第63~68页，（2）《核技术勘查》第55页、第189页，（3）《原子核物理实验方法》第65页。

上述证据9~12证明射线本身是自然发现，射线和物质之间存在自然效应，利用射线测量料位是对自然科学的应用，不是发明。

13.《合同书》及《技术协议》，证明：（1）2007年11月16日各方在陕西华电蒲城发电有限公司现场鉴定的产品与本案系争产品为同一产品；（2）奥克公司产品的工作原理与辉博公司专利方法确定的步骤完全不一样，即辉博公司的专利方法事实上不可行。

经当庭质证，辉博公司对以上证据的真实性均无异议，但认为不能证明奥克公司的主张。

一审法院对上述证据予以确认。

辉博公司为其反诉请求提供如下证据：

1. 发明专利权利要求书、说明书及附图；

2. 专利年费收据。

上述证据证明辉博公司依法享有专利权。

3."上海市高新技术成果转化项目"证书，证明利用上述专利方法开发出来的专利产品"NAKe无源核子料位计"在2005年被上海市高新技术成果转化项目认定办公室认定为"上海市高新技术成果转化项目"；

4. 奥克公司的网页资料，证明奥克公司的网页显示其生产、销售的MRD系列核料位计产品系使用辉博公司专利的侵权产品；

5. 双方的宣传资料，证明奥克公司对外宣传其MRD系列产品系利用辉博公司的专利方法；

6. 奥克公司和案外人天洁公司签订的购销合同，证明奥克公司侵犯辉博公司专利实施销售行为的事实；

7. 辉博公司与客户签订的专利产品购销合同，证明辉博公司的索赔依据；

8. 律师费、公证费发票，证明辉博公司为调查取证和制止侵权行为产生的合理费用。

经质证，奥克公司对上述证据1~4、6、8以及证据5中辉博公司的宣传资料的真实性没有异议。对证据5中奥克公司的宣传资料的真实性，奥克公司表示异议，对证据7的真实性无法判断。

一审法院对上述证据1、2、4、6、8予以确认。证据3、5不是判断专利侵权与否的直接依据，且奥克公司对其宣传资料的真实性持有异议，故一审法院对该两份证据不予采用。证据7需在专利侵权的主张成立后再作认定。

应当事人申请，一审法院于2007年8月21日委托上海市科技咨询服务中心下称"科服中心"就下列技术问题进行鉴定：1. 奥克公司生产、销售的MRD-AZY无放射源核料位计所使用的测量物位的方法与辉博公司名称为"利用 γ 射线测量物位的方法"的发明专利（专利号：ZL03115824.2）权利要求书记载的技术特征是否相同或等同并说明它们在技术特征上的关系；2. 如果奥克公司生产、销售的 MRD – AZY 无放射源核料位计所使用的测量物位的方法与辉博公司上述发明专利权利要求书记载的技术特征相同或等同，那么该料位计是否唯一使用上述发明专利所述的方法工作。同年 12 月 29日，该中心向一审法院出具《技术鉴定报告书》，鉴定结论为：1. 奥克公司生产、销售的 MRD – AZY 无放射源核料位计所使用的测量物位的方法相应的技术特征："应用核辐射空间分布场论建立现场 γ 场照射量率数学模型，设定已知参量通过计算，建立起容器内物料高度与 γ 场照射量率的对应关系"，与辉博公司名称为"利用 γ 射线测量物位的方法"的发明专利权利要求书记载的必要技术特征："标定测量到的 γ 射线水平与容器内物位的对应关系"不同。2. 奥克公司生产、销售的 MRD – AZY 无放射源核料位计所使用的测量物位的方法相应的技术特征："在容器外部设定位置测量实际的 γ 射线水平，应用核辐射空间分布场论建立现场 γ 场照射量率数学模型，设定已知参量通过计算，建立起容器内物料高度与 γ 场照射量率的对应关系，得到容器内物料的实际物位"，与辉博公司名称为"利用 γ 射线测量物位的方法"的发明专利权利要求书记载的必要技术特征："在容器外部设定位置测量实际的 γ 射线水平，根据上述标定的 γ 射线水平与容器内物位的对应关系，得到容器内物料的实际物位"不同。3. 奥克公司生产、销售的 MRD – AZY 无放射源核料位计所使用的测量物位的方法与辉博公司名称为"利用 γ 射线测量物位的方法"的发明专利是基于相同的利用 γ 射线测量物位的原理，采用了不同的技术方案实现对粉煤灰的非接触式测量。

经质证，奥克公司对上述鉴定报告没有异议。

辉博公司的质证意见为：1. 鉴定依据错误，应当根据奥克公司提供的证据 2 确定的方法与辉博公司的专利权利要求相比较。2. 系争产品所使用的测量物位的方法相应的技术特征与发明专利的必要技术特征是上、下位概念的关系，应得出两者相同的结论，故鉴定结论错误。3. 如何标定不属于专利权利要求中的步骤，鉴定结论却将其作为基础，得出技术方案不同的结论，是擅自缩小专利保护范围。4. 鉴定结论混淆了原理和方法的区别，原理成为实在的技术方案就是方法，不同的技术方案就是不同的标定方法，不同的标定方法不是专利保护的步骤。

一审法院认为，上海市科技咨询服务中心向一审法院出具的《技术鉴定报告书》依据充分的事实和证据，进行科学地阐述，结论准确，应予采纳。辉博公司对鉴定结论提出的异议缺乏事实和法律依据，一审法院不予采纳。

一审判决及理由

一审法院认为：辉博公司的名称为"利用 γ 射线测量物位的方法"的发明专利权合法有效，依法应当受到法律保护。《专利法》第五十六条第一款规定，发明专利权的保护范围以其权利要求的内容为准，说明书及附图可以用于解释权利要求。根据上海市科技咨询服务中心出具的鉴定结论，奥克公司生产、销售的 MRD－AZY 无放射源核料位计所使用的测量物位的方法与辉博公司的上述发明专利是基于相同的利用 γ 射线测量物位的原理，但采用了不同的技术方案实现对物料的非接触式测量。一审法院认为，利用 γ 射线测量物位的原理属于公知技术范畴，人人皆可自由使用，而奥克公司核料位计产品实现对物料的非接触式测量的技术方案与辉博公司的方法专利不同，故奥克公司生产、销售的 MRD－AZY 无放射源核料位计所使用的测量物位的方法并未落入辉博公司发明专利权的保护范围，依法不构成对辉博公司上述专利权的侵犯。

综上所述，奥克公司的诉讼请求于法有据，一审法院应予支持。辉博公司的反诉请求应予驳回。据此，依照《专利法》第五十六条第一款的规定，判决如下：

一、原告奥克公司生产的 MRD－AZY 无放射源核料位计所使用的测量物位的方法依法不构成对被告辉博公司名称为"利用 γ 射线测量物位的方法"的发明专利权（专利号：ZL03115824.2）的侵犯；

二、驳回反诉原告辉博公司的反诉请求。

本案本诉案件受理费人民币 800 元，反诉案件受理费人民币 10 100 元，技术鉴定费人民币 3.5 万元，均由被告（反诉原告）辉博公司负担。

上诉理由

辉博公司不服一审判决，向二审法院提起上诉，请求撤销一审关于本诉及反诉的判决，支持其一审反诉请求，其主要上诉理由是：

第一，由于科服中心将奥克公司产品使用方法的附加技术特征，即"应用核辐射空间分布场论建立 γ 场照射量率数学模型，设定已知参量通过计算"，认定为与辉博公司专利权利要求的必要技术特征相区别的技术特征，导致技术鉴定结论错误，致使本案事实认定不清。

第二，原判决未正确适用《专利法》第五十六条第一款的规定确定辉博公司专利权的保护范围。奥克公司产品使用的方法包含了辉博公司专利权利要求的全部技术特征，构成对辉博公司专利权的侵犯。

第三，原判决及鉴定结论错误地缩小了辉博公司专利权的保护范围，因为"如何计算或如何标定 γ 射线水平与容器内物位的对应关系"并非辉博公司专利权利要求的必要技术特征，辉博公司专利权利要求保护范围（上位概念）包含被控侵权方法（下位概念）。此外，辉博公司在二审程序中还提出，原审鉴定程序违法，理由是：原审法院要求科服中心对奥克公司产品使用方法的技术特征与辉博公司专利权利要求的技术特征是否相同或等同进行鉴定，但科服中心没有对"是否等同"予以鉴定；奥克公司在一审程序中提供的证据 2，即奥克公司的料位计产品照片及说明书，已经表明辉博公司专利的必要技术特征与奥克公司产品使用的方法的相应技术特征相同，但原审法院在科服中心出具鉴定报告前，未将该证据材料提供给鉴定专家作为鉴定依据。

奥克公司辩称，原判决认定事实清楚，适用法律正确，请求判决驳回上诉，维持原判。

二审查明事实

二审法院经审理查明，原判决认定事实清楚。

另查明，"利用 γ 射线测量物位的方法"发明专利（专利号：ZL03115824.2）的说明书第 2 页第 1 自然段至第 4 页第 2 自然段是对发明内容的记载。其中第 3 页第 5 自然段记载的内容是："（2）标定测量到的放射性水平与容器内物位的对应关系"。同页第 6 自然段记载的内容是："根据待测物位的测量精度要求，逐渐改变容器内的实际物位，由空到满，或由满到空。在不同的物位状态下，分别测量物料和环境的放射性水平。如果在允许的时间内，无法可靠地测量到各物位状态下放射性水平的差异，则需要更换更先进的探测设备，或者降低要求（降低测量精度或延长响应时间）。最好多测几次，考察重复测量精度。"同页第 7 自然段记载的内容是："根据测量数据标定放射性水平与容器内物位的对应关系。"

二审判决及理由

二审法院认为：《专利法》第五十六条第一款明确规定："发明或者实用新型专利权的保护范围以其权利要求的内容为准，说明书及附图可以用于解释权利要求。"因此，本案辉博公司方法专利权利要求 1 的保护范围为该权利要求 1 所包含的上述三个技术特征所限定的技术方案，该方法专利的说明书及附图可以用于解释这三个技术特征所限定的技术方案。判断奥克公司产品的使用方法是否侵犯辉博公司的专利权，应当将奥克公司产品使用方法的技术特征与辉博公司专利权利要求的技术特征进行比较，如果奥克公司产品使用方法包含与辉博公司专利权利要求的全部技术特征相同的技术特征，或者奥克公司产品使用方法的某个或某些技术特征虽与辉博公司专利权利要求的对应技术特征不同但构成等同，则奥克公司产品使用方法落入辉博公司专利权的保护范围，构成对辉博公司专利权的侵犯。否则，奥克公司产品使用方法不构成对辉博公司专利权的侵犯。

本案中，科服中心提供的鉴定结论确认，辉博公司"利用 γ 射线测量物位的方法"发明专利权利要求 1 的第（2）、第（3）个技术特征与奥克公司产品使用方法的对应技术特征并不相同，且奥克公司产品使用的方法与辉博公司的方法专利是基于相同的利用 γ 射线测量物位的原理而采用了不同的技术方案实现对粉煤灰的非接触式测量。因此，辉博公司方法专利权利要求 1 的第（2）、第（3）个技术特征与奥克公司产品使用方法的对应技术特征既不属于相同技术特征，也不属于等同技术特征，故奥克公司产品的使用方法没有落入辉博公司专利权利要求 1 的保护范围，不构成对辉博公司"利用 γ 射线测量物位的方法"发明专利权的侵犯。由此可见，辉博公司提出的第一、第二点上诉理由均不能成立。

上诉人辉博公司诉称：原判决及鉴定结论错误地缩小了辉博公司专利权的保护范围，因为"如何计算或如何标定 γ 射线水平与容器内物位的对应关系"并非辉博公司专利权利要求的必要技术特征，辉博公司专利权利要求保护范围（上位概念）包含被控侵权方法（下位概念）。对此，二审法院认为，根据《专利法》第五十六条第一款的规定，专利说明书可以用于解释权利要求。上述二审查明的事实表明，辉博公司在其专利说明书的第3页对权利要求1的第（2）个技术特征进行了解释。对于该解释，本领域的普通技术人员会作出如下的理解，即该技术特征要求在不同的物位状态下，分别测量物料和环境的放射性水平，并根据测量数据标定放射性水平与容器内物位的对应关系。因此，通过测量不同物位状态下物料和环境的放射性水平的方法来标定测量到的放射性水平与容器内物位的对应关系，属于上诉人专利权利要求1的第（2）个技术特征包含的内容。故辉博公司主张的"如何计算或如何标定 γ 射线水平与容器内物位的对应关系"并非辉博公司专利权利要求的必要技术特征的观点不能成立。此外，奥克公司产品使用方法中与辉博公司专利权利要求1的第（2）个技术特征相对应的技术特征是通过参数设定的方法进行的，即"应用核辐射空间分布场论建立现场 γ 场照射量率数学模型，设定已知参量通过计算，建立起容器内物料高度与 γ 照射量率的对应关系。"因此，辉博公司专利权利要求1的第（2）个技术特征与奥克公司产品使用方法的对应技术特征也不存在上下位概念的关系。故辉博公司的第三点上诉理由不能成立。

上诉人辉博公司主张，原审法院要求科服中心对奥克公司产品使用方法的技术特征与辉博公司专利权利要求的技术特征是否相同或等同进行鉴定，但科服中心没有对"是否等同"予以鉴定，因此原审鉴定程序违法。对此，二审法院认为，科服中心的鉴定结论已经确认，辉博公司"利用 γ 射线测量物位的方法"发明专利权利要求1的第（2）、第（3）个技术特征与奥克公司产品使用方法的对应技术特征并不相同，且奥克公司产品使用的方法与辉博公司的方法专利是基于相同的利用 γ 射线测量物位的原理而采用了不同的技术方案实现对粉煤灰的非接触式测量。可见，鉴定结论已经明确认定，奥克公司产品使用方法与辉博公司方法专利相对应的不同技术特征不属于基本相同的技术手段，故不构成等同特征。因此，上诉人辉博公司的这一主张不能成立。

上诉人辉博公司主张，奥克公司在一审程序中提供的证据2，即奥克公司的料位计产品照片及说明书，已经表明辉博公司专利的必要技术特征与奥克公司产品使用的方法的相应技术特征相同，但原审法院在科服中心出具鉴定报告前，未将该证据材料提供给鉴定专家作为鉴定依据，因此原审鉴定程序违法。对此，二审法院认为，第一，奥克公司产品的照片及说明书主要是对产品外形、产品结构特征与工作原理的简要记载，并没有记载该产品使用方法的全部技术特征。第二，本案中，判断奥克公司产品使用的方法是否落入辉博公司方法专利保护范围的关键是，将奥克公司产品实际使用方法的技术特征与辉博公司专利权利要求的全部技术特征进行比较，而不是将奥克公司产品的照片及说明书与辉博公司专利权利要求相比较。因此，原审法院是否将奥克公司在一审程序中提交的证据2提供给鉴定专家作为鉴定依据，这对本案鉴定结论的形成并无影响。故上诉人辉博公司的这一主张不能成立。

关于本案案件受理费的收取，《诉讼费用交纳办法》第十八条规定："被告提起反诉、有独立请求权的第三人提出与本案有关的诉讼请求，人民法院决定合并审理的，分别减半交纳案件受理费。"因此，原判决对本诉及反诉未减半收取案件受理费的做法不当，二审法院予以纠正。此外，原判决对反诉案件受理费的计算有误，二审法院对此一并予以纠正。

综上所述，原判决认定事实清楚，适用法律正确，审判程序合法，应予维持；上诉人的上诉请求及理由没有事实和法律依据，应予驳回。据此，依照《民事诉讼法》第一百五十三条第一款第（一）项的规定，判决如下：

驳回上诉，维持原判。

一审本诉案件受理费人民币 800 元，减半收取人民币 400 元，一审反诉案件受理费人民币 9 300 元，减半收取人民币 4 650 元，一审技术鉴定费人民币 3.5 万元，共计人民币 40 050 元，均由上诉人辉博公司负担。

二审本诉案件受理费人民币 800 元，减半收取人民币 400 元，二审反诉案件受理费人民币 9 300 元，减半收取人民币 4 650 元，共计人民币 5 050 元，均由上诉人辉博公司负担。

发明专利（化学领域）

案例21：东莞威德厂与珠海东奇厂专利侵权纠纷案

原告（上诉人）：东莞市黄江威德树脂工艺品厂（下称"东莞威德厂"）
被告（被上诉人）：珠海市香洲区东奇电器厂（下称"珠海东奇厂"）
第三人：林丽卿

一审法院：广东省珠海市中级人民法院
一审案号：（2002）珠法知初字第 09 号
一审合议庭成员：郑智兴、徐艳红、孙永红
一审结案日期：2003 年 7 月 1 日

二审法院：广东省高级人民法院
二审案号：（2003）粤高法民三终字第 149 号
二审合议庭成员：林广海、欧修平、刘红
二审结案日期：2003 年 12 月 9 日

案由：专利侵权纠纷

关键词：专利侵权判定、全面覆盖、等同原则、禁止反悔原则、陷阱取证、域外证据、
赔偿数额、假冒专利

涉案法条

《专利法》第十一条、第十一条第一款、第十二条、第五十六条、第五十七条、第
六十条

《民事诉讼法》第一百五十三条第一款第（一）项

《专利实施许可合同备管理办法》第五条

《最高人民法院关于审理专利纠纷案件适用法律问题的若干规定》第五条、第二十
条、第二十一条

《最高人民法院关于民事诉讼证据若干规定》第十一条

《最高人民法院关于诉前停止侵犯专利权行为适用法律问题的若干规定》第一条第二款

争议焦点

- 《专利法》采用的赔偿方式是补偿原则，即侵权人应当对因侵权行为给权利人造成的全部实际损失给予赔偿，损害赔偿以填补损失为适度。
- 专利权具有严格的地域特征，即各国依照其本国法律授予的专利权，只能在其本国领域内受法律保护。
- 以专利许可使用费作为赔偿的参照，是以被侵权人的损失或侵权获得的利益难以确定的情况才采用的，本案中，原告对其的损失额或被告的获利额没有提供证据，而直接以许可费作为赔偿的依据，对此法院不予采纳。

审判结论

一、被告珠海东奇厂立即停止侵犯第三人林丽卿"含有不饱和聚酯树脂的组合物及其制备方法"的发明专利；

二、被告珠海东奇厂应向原告东莞威德厂赔偿经济损失人民币10万元。

一审案件受理费16 010元，由原告东莞威德厂负担13 341元，被告珠海东奇厂负担2 669元；财产保全费4 010元，由被告负担。

二审法院驳回上诉，维持原判。

二审案件受理费16 010元，由上诉人珠海东奇厂承担。

起诉及答辩

原告东莞威德厂诉称：1998年1月1日，专利发明人林丽卿将其专利发明"含有不饱和聚酯树脂的组合物及其制备方法"以每年120万人民币授权原告独家制造销售。原告自1998年到2002年每年付专利权人人民币120万元，并依双方契约享有独家制造销售权，任何其他人无权制造销售该专利发明产品，然而，2001年9月，原告发现被告侵权生产原告所有的专利产品，原告从东莞旭声贸易有限公司（下称"东莞旭声公司"）蓝文龙先生处获得了被告侵权产品四箱，其产品与原告专利产品一致，并标有原告在美国的专利号5700557，被告触犯了《专利法》第十一条、第十二条的规定，根据《最高人民法院关于审理专利纠纷案件适用法律问题的若干规定》第五条，请求法院判令：被告立即停止侵犯原告所专有的含有不饱和聚酯树脂的组合物及其制备方法的发明专利（中国专利号：ZL97100197.9，美国专利号：Patent Number 5700557），赔偿原告损失人民币120万元。

被告珠海东奇厂答辩称：1.原告与本案没有利害关系，主体资格不适格。首先，根据《专利法》第五十七条之规定，专利权人或利害关系人可以向人民法院起诉，而原告既非专利权人亦非利害关系人。其次，根据《最高人民法院关于民事诉讼证据若干规定》第十一条的规定，当事人向人民法院提供的证据系在中华人民共和国领域外形成的，该证据应当经所在国公证机关予以证明，并经中华人民共和国驻该国使领馆予以认证或履行中华人民共和国与该所在国订立的有关条约中的证明手续。当事人向人民法院提供的证据是在香港、澳门、台湾地区形成的，应当履行相关的证明手续。审验原告提交的起诉材料《专利授权契约书》，并不具备此有效条件。且专利权人林丽卿的签名、见证律师的真伪存疑，因此，原告作为 ZL97100197.9 专利的排他实施许可人的身份尚不能确定。再次，根据《专利实施许可合同备案管理办法》第五条的规定，当事人应当自专利合同生效之日起 3 个月内办理备案手续。这一规定明确表明专利实施许可合同必须经过备案，并因此证实许可合同的真实性、合法性。最后，根据《关于诉前停止侵犯专利权行为适用法律问题的若干规定》第一条第二款的规定，排他实施许可合同的被许可人必须在首先证明专利权人不申请的情况下才可以在诉前提出责令被申请人停止侵犯专利权行为的申请。2. 本案不存在侵权事实。根据《专利法》第五十六条规定：发明或实用新型专利权的保护范围以其权利要求书内容为准。原告提供的专利产品权利要求书的权利要求为：一种含有不饱和聚酯树脂的组合物，其特征在于，它是在由不饱和聚酯树脂、水泥、沙子、漂白剂所组成的混合物中再加入硬化剂而组成；所述混合物中，不饱和聚酯树脂的重量占 47.4% ±10%，沙子的重量占 47.4% ±10%，水泥的重量占 5% ±10%，漂白剂的重量占 0.2% ±10%。其说明书明确限定：发明目的在于提供一种含有不饱和聚酯树脂的组合物及其制备方法，其混合成分中不加入促进剂，用水泥和沙的结合来取代促进剂，该种组合物制备的成品无毒，使用安全，丢弃后不会造成环境污染，解决了传统该类组合物所存在的缺陷，达到预期的设计目的。

原告所述之专利由五个必要技术特征组成：（1）不饱和聚酯树脂 -47.4%；（2）沙子 -47.4%；（3）水泥（促进剂的替代品）-5%；（4）漂白剂 -0.2% ~10%；（5）硬化剂 -400 ~600∶1。

珠海东奇厂去年 9 月提供给东莞旭声公司的四套样品，是由中山市通顺工艺厂按照其厂十余年传统工艺方法制作而成所提供的。珠海东奇厂的试制也是由此开始。具体工艺、配方如下：不饱和聚酯树脂 40% + 石粉 28% + 河沙 28.8% + 白树胶（增白作用）0.1% + 钴水（促进剂）1% + M 水（即快干水）2%，充分搅拌装入模具—五分钟左右开模成形冷却—装配固定件—清洗处理—干燥处理品—表面油漆处理制成。主要的技术特征：（1）不饱和聚酯树脂 40%；（2）石粉 28%；（3）河沙 28.8%；（4）白树胶 0.1%；（5）钴水 1%；（6）M 水 2%，六个方面组成。根据 ZL97100197.9 权利要求书保护的必要技术特征与被控侵权物相比较两者存在着本质的区别：原告所述专利技术不同于公知的传统技术（即珠海东奇厂之技术）并得以取得专利权所需之创造性、新颖性之技术特征在于取代促进剂而用水泥以实现成品无毒，使用安全，丢弃后不会造成环境污染。而珠海东奇厂的技术只是应用传统技术制作，且其原料配比也完全不同。专利产品：由不饱和聚酯树脂 42.66% ~52.14%，沙子 42.66% ~52.14%，水泥 4.5% ~5.5%，漂白剂 0.18% ~0.22% 组成制作。被控侵权物技术：由不饱和聚酯树脂 40%；石粉 28%；沙子 28.8%；白树胶（增白作用）0.1%；钴水（促进剂）1%；M 水（固化剂）2%

组成制作；且加工流程、制作方法也不一样，根据专利技术权利要求书与被控物相比，其中只有第5项相同，其他技术特征均不相同，因此两者技术之间既不存在相同覆盖，亦不违反等同原则。

按照"全面覆盖原则"，被控侵权的产品必须包含专利技术方案中的每一个必要技术特征，缺少一个必要特征，就不应当认定构成侵权行为。根据上述的比较、分析，明确得知：被控产品的技术特征与专利产品权利要求书中的必要技术特征有着本质区别，被控侵权物没有被专利产品权利要求书中的所有必要技术特征所覆盖。

按照"禁止反悔原则"，专利说明书中特别强调了"使用促进剂（含有钴的盐类化合物）的方法制备的成品，毁损后丢弃时，因无法分解，会造成环境污染"，而该发明的"目的在于其混合组分中不加入促进剂，用水泥和沙的结合使用来取代促进剂，该种组合物制备的成品无毒，使用安全，丢弃后不会造成环境污染，解决了传统该类组合物所存在的缺陷"。在权利要求书中水泥是其与公知传统技术区别的根本技术特征，是与传统技术相比具有创造性的必要条件。因此被控侵权物与其有着本质的区别。

综上，被控侵权物未为专利技术所覆盖，被控侵权产品也没有落入专利权的保护范围，原告提出被告侵犯专利权的主张因此是无据无理、不能成立的。

3. 原告"陷阱取证"，违反合法、公正原则，是没有法律效力的。2001年9月初，东莞旭声厂以急需用货为诱饵布设陷阱、找上门来要求为其试制四套带有美国专利号5700557的仿石产品。珠海东奇厂在不知情的情况下，按其样品向中山通顺工艺厂订制了四套仿石产品。之后珠海东奇厂在通顺厂订制产品的基础上，参照"大连华美建筑装饰品厂"视为撤回的"人造石制品工艺及制品"的公知技术开始试制。

请求法院驳回原告的诉讼请求。

第三人林丽卿在庭审中述称：对原告的诉讼请求没有意见，同意由原告来行使权利。

原告为其诉称向一审法院提交了以下证据：发明专利证书、专利收费收据、专利授权契约书五份、送货单、报价单、侵权产品实物及照片等证据。

被告为其辩称向一审法院提交了以下证据：2001年12月15日收据、发明专利申请公开说明书等专利资料。

经庭审质证，被告对原告提交的发明专利证书的真实性没有异议；对专利授权契约书认为不具备有效性，不能确定林丽卿签名的真实性；专利收费的收据不能说明是为谁交费的；送货单、快递单是真实的，是珠海东奇厂按东莞旭声厂的要求而做的，也正说明原告设圈套取得四套样品。对实物和照片的真实性没有异议。原告对被告提交的专利资料，认为不能证明该专利已失效。

事实认定

一审法院查明：第三人林丽卿为"含有不饱和聚酯树脂的组合物及其制备方法"的发明人和专利权人，专利号为ZL97100197.9，专利申请日为1997年1月21日。权利要求为：1. 一种含有不饱和聚酯树脂的组合物，包括不饱和聚酯树脂、石粉、促进剂及硬化剂，其特征在于，它是在由不饱和聚酯树脂、水泥、沙子、漂白剂所组成的混合物中再加入硬化剂而组成。2. 根据权利要求 1 所述的含有不饱和聚酯树脂的组合物，其特征在于，所述的混合物中，不饱和聚酯树脂占 47.4% ±10%，沙子占 47.4% ±10%，水泥占 5% ±10%，漂白剂占 0.2% ±10%。3. 根据权利要求 1 所述的含有不饱和聚酯树脂的组合物，其特征在于，所述的混合物与硬化剂的配比为 400∶1 至 600∶1。4. 根据权利要求 1 所述的含有不饱和聚酯树脂的组合物，其特征在于，所述的漂白剂可以是钛白粉。5. 根据权利要求 1 所述的含有不饱和聚酯树脂的组合物，其特征在于，所述的硬化剂可以是甲基乙基丙酮过氧化物，也可以是环己酮过氧化物。6. 根据权利要求 1 所述的含有不饱和聚酯树脂的组合物，其特征在于，所述的混合物中，可以加入石粉。7. 根据权利要求 1、6 所述的含有不饱和聚酯树脂的组合物，其特征在于，所述的混合物中，不饱和聚酯树脂占 23.7% ±10%，石粉占 23.7% ±10%，沙子占 47.4% ±10%，水泥占 5% ±10%，漂白剂占 0.2% ±10%。8. 一种如权利要求 1 所述的含有不饱和聚酯树脂的组合物的制备方法，其特征在于，将不饱和聚酯树脂、水泥和沙子搅拌混合均匀后，加入漂白剂继续搅拌，使其成为均匀混合物，然后在混合物中加入硬化剂，得到最终含有不饱和聚酯树脂的组合物。9. 根据权利要求 8 所述的含有不饱和聚酯树脂的组合物的制备方法，其特征在于，所述的不饱和聚酯树脂、水泥和沙子的搅拌混合过程中可以加入石粉，搅拌混合均匀后，加入漂白剂继续搅拌，使其成为均匀混合物，然后在混合物中加入硬化剂，得到最终含有不饱和聚酯树脂的组合物。10. 根据权利要求 8、9 所述的含有不饱和聚酯树脂的组合物的制备方法，其特征在于，所述搅拌混合过程是在常温、常压下进行。

1998 年至 2002 年，第三人林丽卿与原告分别签订《专利授权契约书》，约定，授权地为中华人民共和国、美国等所属地区；权利金为每年人民币 120 万元；发明专利名称为含有不饱和聚酯树脂的组合物及其制备方法；专利证书字号：中国 ZL97100197.9，美国 5700557；第三人授权原告独家制造销售。2003 年 2 月 26 日，第三人林丽卿出具证明称，上述契约书是双方真实意思表示，条款均已认真履行，对于在中国内地发生所有侵犯"含有不饱和聚酯树脂的组合物及其制备方法"之专利，均由池锦钜和原告行使诉权。

2001 年 10 月 31 日，被告以特快专递向东莞旭声公司送去石头灯四套。该灯具上贴有标签，署有"5700557"。被告认为标有原告 5700557 的美国专利号是东莞旭声厂提供的。其只生产了十几套试制品，原告取得的 4 套样品是中山的厂生产的，是按传统的制作工艺而制作的，与原告举证的专利方法不同，具体的制作方法详见被告的答辩意见。

本案经过了三次的开庭审理。被告在第二次的庭审中明确要求将其生产的产品与原告制造的产品进行鉴定，以确定是否构成侵权。一审法院采纳了被告的申请。但在一审法院限定的时间内，被告未能缴纳鉴定费，又未说明原因，故对被告的鉴定申请一审法院不予采纳。

原告向一审法院提交了其制造的产品与被告制造的产品，经观察比照，该两种产品的形状、表面颜色基本相同，但剖面的色泽及质地有所不同。

一审判决及理由

一审法院认为：东莞威德厂受专利权人林丽卿的授权，对侵犯"含有不饱和聚酯树脂的组合物及其制备方法"之专利行使诉权，因此，东莞威德厂享有原告的诉讼主体资格。

原告在起诉时向一审法院提交了其制造的产品与被告制造的产品的实物，两者属同种产品，但从该产品的外观看无法判断产品的制造方法，为此，被告应举证证明其制造方法。被告认为，其生产的产品中没有水泥，添加了钴，与本案所涉及的专利方法不相同，为此，应通过科学专业的鉴定予以确定，但被告在提出鉴定申请后在一审法院限定的时间内没有按时缴纳鉴定费，故一审法院认为被告应对上述事实承担举证不能的法律后果。故根据被告提交的现有证据，应推定被告使用了专利权人林丽卿的"含有不饱和聚酯树脂的组合物的制备方法"，被告的行为已构成了专利侵权。原告同时认为，被告的侵权产品假冒了专利权人林丽卿美国的专利号，被告对其产品上标有专利权人林丽卿美国的专利号这一事实没有异议，但一审法院认为，专利权的保护具有地域性，不具有域外效力，故原告认为被告假冒美国专利号一审法院不予支持。

关于原告以其与专利权人林丽卿签订的《专利授权契约书》中约定的转让金 120 万元作为赔偿的依据，一审法院认为，以专利许可使用费作为赔偿的参照，是以被侵权人的损失或侵权获得的利益难以确定的情况才采用的，本案中，原告对其的损失额或被告的获利额没有提供证据，而直接以许可费作为赔偿的依据，对此一审法院不予采纳。一审法院酌定被告向原告赔偿经济损失人民币 10 万元。

依照《专利法》第十一条第一款、第五十七条、第六十条以及《最高人民法院关于审理专利纠纷案件适用法律问题的若干规定》第二十条、第二十一条的规定，判决如下：

一、被告珠海东奇厂应立即停止侵犯第三人林丽卿"含有不饱和聚酯树脂的组合物及其制备方法"的发明专利；

二、被告珠海东奇厂应于一审判决发生法律效力之日起 10 日内向原告东莞威德厂赔偿经济损失人民币 10 万元。

案件受理费 16 010 元，由原告负担 13 341 元，被告负担 2 669 元；财产保全费 4 010 元，由被告负担。

上诉理由

东莞威德厂不服一审判决，向二审法院提起上诉，其主要理由是：1. 原审判决酌定被上诉人珠海东奇厂向上诉人赔偿经济损失人民币 10 万元，是故意歪曲法律规定，偏袒被告一方。上诉人不能自己证明自己，上诉人申请证据保全，也未查取被上诉人的销售记录，在上诉人难以对自己的损失额和被上诉人的获利提供证据的情况下，才请求参照专利许可费确定赔偿额。原审法院却认为上诉人没有提供损失额或被上诉人的获利额，对上诉人请求参照许可费作为赔偿依据不予采纳，明显偏袒了被上诉人一方。且根据被上诉人珠海东奇厂报价显示 GS 规格石头灯 3 灯 13.6 美元，一个 40 尺货柜共 2 300灯，即价值 31 280 美元，约 26 万余元人民币，单灯则是 6.7 美元，一个 40 尺货柜共3 240 灯，即价值 21 708 美元，约 18 万元人民币，可见，判赔 10 万元是偏袒被上诉人一方。一审审理期限长，客观上也给被上诉人继续侵权创造了条件，对上诉人明显不公。2. 本案已有充分证据证明被上诉人假冒专利，一审法院却不作认定。知识产权是世界性的，且被上诉人亦不否认假冒专利这一事实，不论假冒上诉人在何地何国的专利，均为假冒，何况美国专利与本案中国专利系同一专利，被上诉人的行为构成假冒专利。上诉请求依法改判，由珠海东奇厂赔偿上诉人经济损失 120 万元，并追究珠海东奇厂假冒专利的法律责任。

珠海东奇厂答辩称：上诉人历经三次开庭均未能举证其向专利权人缴付许可费的有效凭证，该许可费不能作为赔偿依据；上诉人所称的报价单是整个装饰灯的报价，并非上诉人涉案专利的材料报价，两者价值有着天壤之别，不能相提并论。被控产品与上诉人的专利不同，被上诉人珠海东奇厂不构成侵权，原审法院在没有鉴定的情况下，推定被上诉人珠海东奇厂构成侵权不公平。请求驳回上诉人的诉讼请求。

二审查明事实

二审法院经审理查明：原审法院认定事实属实，二审法院予以确认。

另查明：2002 年 4 月 23 日，东莞威德厂向珠海市中级人民法院提起诉讼，请求判令珠海东奇厂立即停止侵犯 ZL97100197.9、美国专利 5700557 专利权的行为，赔偿东莞威德厂经济损失 120 万元，并承担全部诉讼费。

二审判决及理由

二审法院认为：珠海东奇厂认为其不构成专利侵权，但其并未就此提起上诉，故二审法院对此不予审查。本案二审争议的焦点问题是赔偿问题及珠海东奇厂是否构成假冒专利的问题。《专利法》采用的赔偿方式是补偿原则，即侵权人应当对因侵权行为给权利人造成的全部实际损失给予赔偿，损害赔偿以填补损失为适度。上诉人东莞威德厂与第三人林丽卿签订了专利许可合同，约定由林丽卿将其 ZL97100197.9、美国专利5700557 专利权许可东莞威德厂使用，许可费为每年 120 万元。东莞威德厂请求参照该专利许可费确定赔偿额，但上诉人东莞威德厂没有提供其支付上述许可费的银行进账单、发票、完税凭证等相关证据证明上述许可合同已实际履行，以此进一步证实其使用上述专利已付出 120 万元的对价，珠海东奇公司的侵权给其带来与此相当的损失，故原审法院没有参照许可费的方式，依照珠海东奇公司侵权时间、侵权情节等予以酌情赔偿并无不当。东莞威德厂上诉提出被上诉人珠海东奇公司报价单显示石头灯的利润较高，酌情赔偿 10 万元明显过低，因本案是材料的制造方法发明专利，而该报价单是装饰灯的报价，两者的利润不能等同，故上诉人称原审以酌情方式判决珠海东奇公司赔偿其经济损失 10 万元明显不公平的理由不充分，二审法院不予支持。此外，专利权具有严格的地域特征，即各国依照其本国法律授予的专利权，只能在其本国领域内受法律保护。本案专利号为 5700557 的专利是第三人林丽卿在美国获得授权的专利，该美国专利不具有在中国领域内受专利法律保护的效力，故东莞威德厂上诉称珠海东奇公司构成假冒专利的上诉理由不成立，二审法院亦予以驳回。

综上所述，原审法院审理程序合法，认定事实清楚，适用法律正确，依法应予维持。依照《民事诉讼法》第一百五十三条第一款第（一）项之规定，判决如下：

驳回上诉，维持原判。

二审案件受理费 16 010 元，由上诉东莞威德厂承担。

案例 22：伊莱利利公司与甘李公司专利侵权纠纷案

原告（上诉人）：（美国）伊莱利利公司（下称"伊莱利利公司"）
被告（被上诉人）：甘李药业有限公司（下称"甘李公司"）

一审法院：北京市第二中级人民法院
一审案号：（2007）二中民初字第 13423 号
一审合议庭成员：张晓津、何暄、冯刚
一审结案日期：2007 年 8 月 20 日

二审法院：北京市高级人民法院
二审案号：（2007）高民终字第 01844 号
二审合议庭成员：刘继祥、莎日娜、焦彦
二审结案日期：2007 年 12 月 20 日

案由：专利侵权纠纷

关键词：专利侵权、行政审批、即发侵权、药监局、许诺销售、生产经营

涉案法条
　　《专利法》第十一条第一款
　　《民事诉讼法》第一百五十三条第一款第（一）项
　　《最高人民法院关于审理专利纠纷案件适用法律问题的若干规定》第二十四条

争议焦点
- 虽然甘李公司向药监局申报的"重组赖脯胰岛素注射液"已经获得了药品注册批件，具备了上市条件，但甘李公司上述行为的直接目的是为了使药监局批准其申请的被控侵权产品作为药品注册、生产，并不构成以生产经营为目的使用伊莱利利公司享有专利权的涉案专利方法的行为。因此，甘李公司向药监局申报"重组赖脯胰岛素注射液"并且获得药品注册批件的行为并非实施涉案专利的行为。
- 许诺销售，是指以做广告、在商店橱窗中陈列或者在展销会上展出等方式作出销售商品的意思表示。因此，许诺销售行为发生在实际销售行为之前，其目的是为了实际销售。《专利法》禁止许诺销售的目的在于尽可能早地制止专利产品或依照专利方

法直接获得的产品的交易，使专利权人在被控侵权产品扩散之前就有可能制止对其发明创造的侵权利用。因此，被控侵权人不但应当具有即将销售侵犯专利权的产品的明确意思表示，而且在作出该意思表示之时其产品应当处于能够销售的状态。

- 即将实施的侵权行为是指被控侵权人即将着手实施侵权行为，如不制止则将实际实施并构成侵权的状态。在这种状态下，侵权行为应是即将发生的，即存在着即将发生的可能性。

审判结论

驳回伊莱利利公司的诉讼请求。

二审判决驳回上诉，维持原判。

一审案件受理费 13 110 元，由伊莱利利公司负担（已交纳）；二审案件受理费 11 900 元，由伊莱利利公司负担（已交纳）。

起诉及答辩

原告伊莱利利公司起诉称：原告于 1990 年 2 月 8 日向原中国专利局申请了名称为"含有胰岛素类似物的药物制剂的制备方法"发明专利。国家知识产权局专利局经审查后，于 2003 年 3 月 26 日授予原告伊莱利利公司专利权。被告甘李公司向食品药品监督管理局申报了"重组赖脯胰岛素注射液"（包括 3ml 和 10ml 两种规格）药品注册申请。根据原告掌握的证据，可以推定被告申报的上述药物中的活性成分是原告专利技术方案中指定的赖脯胰岛素，而且有载体。据此可以判断被告的上述药物落入了原告专利权的保护范围。被告已经取得了生产批件，而且在此之前被告已经通过网络宣传其申请的上述药物，其行为性质属于即发侵权和许诺销售，构成对原告专利权的侵犯。现原告提起诉讼，要求法院判令被告甘李公司停止侵权行为，赔偿原告因本案诉讼支出的合理开支 81 万元。

被告甘李公司答辩称：首先，被告的行为不属于《专利法》规定的实施他人专利的行为。其次，被告的涉案行为目的是为药品的行政审批，根据惯例，为药品的行政审批目的而使用他人专利的，不视为侵权，也不属于即发侵权。因此，不同意原告提出的诉讼请求。

事实认定

一审法院经审理查明：1990 年 2 月 8 日，伊莱利利公司向原中国专利局申请了名称为"含有胰岛素类似物的药物制剂的制备方法"的发明专利。国家知识产权局专利局经审查后，于 2003 年 3 月 26 日授予伊莱利利公司专利权，专利号为 ZL96106635.0。目前该专利权处于有效状态。

该专利的独立权利要求为：

一种制备药物制剂的方法，该方法包括使具有治疗活性的式（I）胰岛素类似物或其可药用盐与一种或更多种可药用的赋形剂或载体混合：

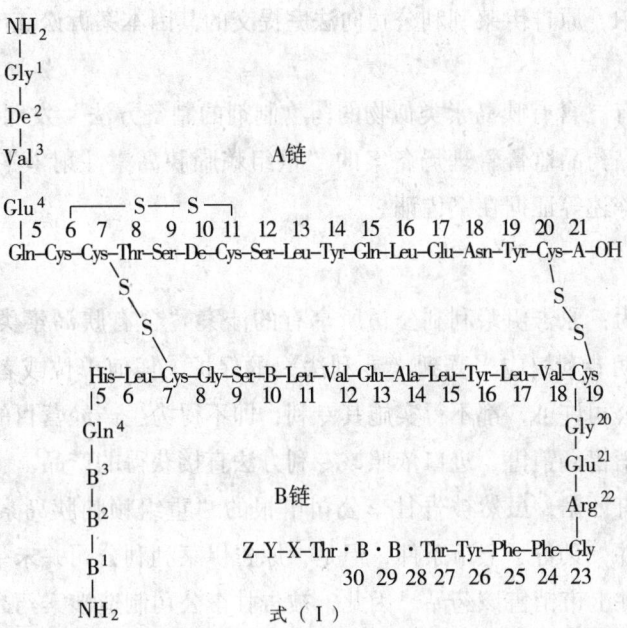

式（Ⅰ）

其中 A21 是天冬酰胺、丙氨酸或甘氨酸；B1 是苯丙氨酸、天冬氨酸或没有；B2 是缬氨酸，或 B1 没有时 B2 也没有；B3 是天冬酰胺或天冬氨酸；B10 是组氨酸或天冬氨酸；B28 是任何氨基酸；B29 是 L-脯氨酸或 D-赖氨酸；Z 是 -OH；X 是 Arg-Arg 或是没有；Y 只有当有 X 时才有，若有 Y 的话，Y 是 Glu 或是一种氨基酸顺序，该顺序含有所有或部分如下顺序：

Glu - Ala - Asp - Leu - Gln - Val - Gly - Gln - Val - Glu - Leu - Gly - Gly - Gly - Pro - Gly - Ser - Leu - Gln - Pro - Leu - Ala - Leu - Glu - Gly - Ser - Leu - Gln - Lys - Arg，该顺序从氨基末端 Glu 开始。

2002 年，甘李公司向国家食品药品监督管理局提出了"重组赖脯胰岛素注射液"（包括 3ml 和 10ml 两种规格）药品注册申请。2003 年 6 月，甘李公司取得了"重组赖脯胰岛素注射液"（包括 3ml 和 10ml 两种规格）的临床研究批件。2006 年 1 月，甘李公司取得了"重组赖脯胰岛素注射液"（包括 3ml 和 10ml 两种规格）的药品注册批件。诉讼中，经伊莱利利公司申请，一审法院前往国家食品药品监督管理局查阅了"重组赖脯胰岛素注射液"药品的临床申报资料。根据上述临床申报资料中的制剂处方部分的记载，该药物的活性成分为赖脯胰岛素，所添加的赋形剂或载体包括：蒸馏水、盐酸、氧化锌、甘油、间甲酚、苯酚、无水磷酸氢二钠。

甘李公司将其申报的"重组赖脯胰岛素注射液"（包括 3ml 和 10ml 两种规格）药物的商品名称确定为"速秀霖"（通用名称为"赖脯胰岛素"），它是以"赖脯胰岛素"作为原料药。2005 年 7 月 28 日，经伊莱利利公司申请，北京市海淀第二公证处对甘李公司的网站（网址为：http：//www.ganli.com.cn）相关内容进行了证据保全。根据该网站中相关内容的介绍，甘李公司对其研制的药物"速秀霖"进行了宣传，称"该药物的活性成分为赖脯胰岛素……是新一代胰岛素制剂……"

在本案审理中，原告伊莱利利公司向法庭提交的其因本案诉讼支出的合理开支为律师代理费 81 万元。

上述事实，有"含有胰岛素类似物的药物制剂的制备方法"发明专利证书、文件、公证书、国家食品药品监督管理局备案的"重组赖脯胰岛素注射液"临床申报资料以及双方当事人的陈述等证据在案佐证。

一审判决及理由

一审法院认为：原告伊莱利利公司所享有的涉案"含有胰岛素类似物的药物制剂的制备方法"发明专利权应当受到《专利法》的保护。任何单位或者个人未经专利权人原告伊莱利利公司许可，都不得实施其专利，即不得为生产经营目的使用其专利方法以及使用、许诺销售、销售、进口依照该专利方法直接获得的产品。

依据本案现有证据，虽然被告甘李公司申报的"重组赖脯胰岛素注射液"已经获得了药品注册批件，具备了上市条件，但是，原告伊莱利利公司并未举证证明被告甘李公司已据此生产并上市销售该药品。因此，被告甘李公司制造涉案药品的行为并非直接以销售为目的，不属于《专利法》所规定的为生产经营目的实施他人专利的行为。

虽然被告甘李公司在网络上刊载有对"速秀霖"药品的宣传内容，但据此不能判断所宣传的药品是使用了原告伊莱利利公司的涉案专利方法直接获得的产品，且根据现有证据不能证明被告甘李公司实际生产了用于上市销售的涉案药品，故原告伊莱利利公司主张被告甘李公司的涉案行为构成即发侵权和许诺销售，依据不足，一审法院不予支持。

综上，被告甘李公司的涉案行为不构成对涉案专利权的侵犯，对其提出的要求判令被告甘李公司停止侵权并赔偿其因诉讼支出的合理开支的诉讼主张，一审法院不予支持。一审法院依据《专利法》第十一条第一款之规定，判决如下：

驳回伊莱利利公司的诉讼请求。

案件受理费 13 110 元，由伊莱利利公司负担（已交纳）。

上诉理由

伊莱利利公司不服原审判决，向二审法院提起上诉，请求撤销原审判决，改判支持伊莱利利公司的原审诉讼请求，理由是：1. 甘李公司申报的被控侵权产品是使用伊莱利利公司享有专利权的方法生产的，其申报的最终目的是为了投放市场，因此，构成以生产经营为目的使用伊莱利利公司专利方法的侵权行为；2. 甘李公司在其网站上对依伊莱利利公司专利方法获得的产品进行了宣传，属于作出销售商品的意思表示的行为，构成许诺销售；3. 即使甘李公司的行为不构成已经实施的侵权行为，也足以构成即将实施的侵权行为。甘李公司服从原审判决。

二审查明事实

二审查明事实与一审相同。

二审判决及理由

二审法院认为：伊莱利利公司享有的"含有胰岛素类似物的药物制剂的制备方法"发明专利权受到《专利法》的保护，任何单位或者个人未经伊莱利利公司许可，不得实施其专利，即不得为生产经营目的使用其专利方法以及使用、许诺销售、销售、进口依照该专利方法直接获得的产品。

经二审法院核查，涉案专利权利要求2中涉及的胰岛素类似物为赖脯胰岛素（insulin lispro），甘李公司在其网站宣传的"速秀霖"的基本成分即为赖脯胰岛素，对此，二审法院予以确认。虽然甘李公司向药监局申报的"重组赖脯胰岛素注射液"已经获得了药品注册批件，具备了上市条件，但甘李公司上述行为的直接目的是为了使药监局批准其申请的被控侵权产品作为药品注册、生产，并不构成以生产经营为目的使用伊莱利利公司享有专利权的涉案专利方法的行为。因此，甘李公司向药监局申报"重组赖脯胰岛素注射液"并且获得药品注册批件的行为并非实施涉案专利的行为。上诉人伊莱利利公司关于甘李公司向药监局申报药品注册批件的行为是实施涉案专利行为的上诉主张于法无据，二审法院不予支持。

《最高人民法院关于审理专利纠纷案件适用法律问题的若干规定》第二十四条规定，许诺销售，是指以做广告、在商店橱窗中陈列或者在展销会上展出等方式作出销售商品的意思表示。因此，许诺销售行为发生在实际销售行为之前，其目的是为了实际销售。《专利法》禁止许诺销售的目的在于尽可能早地制止专利产品或依照专利方法直接获得的产品的交易，使专利权人在被控侵权产品扩散之前就有可能制止对其发明创造的侵权利用。因此，被控侵权人不但应当具有即将销售侵犯专利权的产品的明确意思表示，而且在作出该意思表示之时其产品应当处于能够销售的状态。本案中，尽管甘李公司在其网站上对其"速秀霖"产品进行宣传，但是，现有证据不能证明甘李公司所进行的宣传系欲达到销售该产品的目的。因此，甘李公司在其网站上进行宣传的行为不构成许诺销售。上诉人伊莱利利公司关于甘李公司的行为构成许诺销售的上诉主张缺乏事实和法律依据，二审法院不予支持。

即将实施的侵权行为是指被控侵权人即将着手实施侵权行为，如不制止则将实际实施并构成侵权的状态。在这种状态下，侵权行为应是即将发生的，即存在着即将发生的可能性。本案中，现有证据不能证明甘李公司在涉案专利保护期内存在着从事生产、销售、许诺销售被控侵权产品的可能性，故其行为不构成即将实施的侵权行为。伊莱利利公司关于甘李公司的行为构成即将实施的侵权行为的上诉主张，缺乏相应的事实与法律依据，二审法院不予支持。

综上，原审判决认定事实清楚，适用法律正确，应予维持。伊莱利利公司的上诉主张于法无据，二审法院不予支持。依照《民事诉讼法》第一百五十三条第一款第（一）项之规定，判决如下：

驳回上诉，维持原判。

一审案件受理费 13 110 元，由伊莱利利公司负担（已交纳）；二审案件受理费 11 900元，由伊莱利利公司负担（已交纳）。

案例 23：组合会社、庵原会社与激素公司、实验四厂专利侵权纠纷案

原告（上诉人）：（日本）组合化学工业株式会社（下称"组合会社"）
原告（上诉人）：（日本）庵原化学工业株式会社（下称"庵原会社"）
被告（上诉人）：江苏省激素研究所有限公司（下称"激素公司"）
被告（上诉人）：江苏省激素研究所实验四厂（下称"实验四厂"）

一审法院：江苏省南京市中级人民法院
一审案号：（2003）宁民三初字第 84 号
一审合议庭成员：
一审结案日期： ❶

二审法院：江苏省高级人民法院
二审案号：（2005）苏民三终字第 014 号
二审合议庭成员：王成龙、袁滔、吕娜
二审结案日期：2005 年 6 月 8 日

案由：专利侵权纠纷

关键词：专利侵权、新产品、间接侵权、中止审理、许诺销售

涉案法条

《民事诉讼法》第一百二十九条、第一百五十三条第一款第（二）项，第一百五十七条

《最高人民法院关于贯彻执行〈中华人民共和国民法通则〉若干问题的意见（试行）》第一百四十八条

争议焦点

● 由于申请农药临时登记证必须提供相应的原药、制剂，以及药效试验报告，激素公

---

❶ 由于未收集到江苏省南京市中级人民法院（2003）宁民三初字第 84 号民事判决书，故一审合议庭成员和一审结案日期不明。——编者注

司既已取得20%双草醚可湿性粉剂等农药临时登记证，其必然生产了相关产品。

- 持有农药临时登记证不能等同于生产农药，而且持有此证也不属于专利法中规定的侵权行为。
- 新产品制造方法发明专利举证责任采用举证责任倒置原则。
- 涉案专利是发明专利，且已经过一次无效审查程序被维持有效，专利权的法律稳定性较高，故本案不应中止审理。

审判结论

一、维持江苏省南京市中级人民法院（2003）宁民三初字第 84 号民事判决第（一）、（三）、（四）项及案件受理费部分；

二、变更江苏省南京市中级人民法院（2003）宁民三初字第 84 号民事判决第（二）项为：激素公司、实验四厂立即停止生产双草醚原药；

三、实验四厂按撤回上诉处理。

一审案件受理费 10 010 元，由激素公司和实验四厂负担。二审案件受理费 10 010 元，由激素公司负担。

事实认定

原审法院查明：

92112424.4 号发明专利（下称 92 专利）的名称为"一种新颖的除草组合物"，申请日为 1988 年 12 月 22 日，授权公告日为 1996 年 11 月 6 日。1999 年 6 月 2 日进行了著录变更，现专利权人为组合会社和庵原会社。该专利的独立权利要求为：一种除草组合物，其特征在于它含有 0.5% ~95%（wt）的分子式（I）之嘧啶衍生物或其盐，并含有可任选的载体，表面活性剂，分散剂和/或农用的辅助剂。式（I）中 R 是氢原子、－ $CH_2CH_2S(O)_nR1$（其中 R1 是低级烷基、n 是 0 ~2 的整数）或—N =（其中 R1 是低级烷基）；A 是氯原子或甲氧基；而 D 和 E 可以是相同或不同的，各自是氢原子、卤素原子、低级烷基、低级烷氧基或氟取代的低级烷氧基。

（I）

2003 年 12 月 23 日，国家知识产权局专利复审委员会（下称"专利复审委"）第 5660 号《无效宣告请求审查决定书》维持 92 专利权有效。

88108904.4 号发明专利（下称"88 专利"）名称为"嘧啶衍生物及其盐的制备方法"，申请日为 1988 年 12 月 22 日，授权公告日为 1994 年 5 月 25 日。1999 年 5 月 27 日进行了著录变更，现专利权人为组合会社和庵原会社。该专利的独立权利要求为：一种用以制备具有分子式（I）的嘧啶衍生物或其盐的方法，其中 R 是氢原子、 – CH_2CH_2S $(O)_nR1$（其中 R1 是低级烷基、n 是 0～2 的整数）或—N =（其中 R1 是低级烷基），A 是氯原子或甲氧基，而 D 和 E 可以是相同或不同的，各自是氢原子、卤素原子、低级烷基、低级烷氧基或低级氟代烷氧基；该方法包括（a）使具有分子式（Ⅱ）的 2，6 – 二羟基苯甲酸酯（式（Ⅱ）中 R 的定义同前）与具有分子式（Ⅲ）的 2 – 取代 4，6 – 双取代嘧啶（式中 A 的定义同前，而 X 是卤素原子、低级烷基磺酰基或苄基磺酰基）在碱的存在下进行反应，然后将所得产物与分子式为（Ⅳ）（式中 D 和 E 义同前）的化合物反应（该反应可将产物不经分离或分离后进行）；或（b）使分子式为（Ⅱ）的化合物首先与分子式为（Ⅳ）的化合物反应，然后将所得产物与分子式为（Ⅲ）的化合物反应（该反应可在将产物不经分离或分离后进行）；或（c）当分子式为（Ⅲ）的与分子式为（Ⅳ）的化合物相同时，分子式为（Ⅱ）的化合物是与二倍数量的分子式为（Ⅲ）的化合物进行反应。并且，在需要时，将上述制得的分子式为（I）的化合物进一步与一无机或有机阳离子反应，以得到化合物（I）与所述无机或有机阳离子的盐。

（I）

（Ⅱ）

（Ⅲ）

（Ⅳ）

2004 年 2 月 26 日，专利复审委第 5860 号《无效宣告请求审查决定书》维持 88 专利权有效，该决定书认定：本专利权利要求 1 制备方法所制备的目的产物是具有现有技术不能预测的优良性质的新化合物。上述二专利权目前均处于有效期内。

92 专利所涉及的组合物中的活性成分为双草醚，88 专利涉及的是双草醚的合成方法，双草醚是 2，6 - 双 ［（4，6 - 二甲氧基嘧啶 - 2 - 基）氧］苯甲酸钠的通用名称，亦被称为水杨酸双嘧啶，其国际通用名称为 bispyribac - sodium，商品名为一奇。

1999 年 1 月 1 日实施的《国家标准农药通用名称》规定，2，6 - 双 ［（4，6 - 二甲氧基嘧啶 - 2 - 基）氧］苯甲酸钠的通用名称为双草醚，国际通用名称为 bispyribac - sodium。

实验四厂于 1989 年 9 月 2 日设立，注册资金为 175.3 万元。经营范围是农药原药、农药中间体、医药中间体、精细化工产品、胶粘剂、添加剂的制造，农药制剂加工等。

1999 年 2 月 10 日，实验四厂发文通知其各科、室、车间：鉴于江苏省激素研究所具有较高知名度，决定以江苏省激素研究所名义统一刊登广告，费用及相关法律责任由本厂承担。激素公司承认此事实。

2000 年 1 月，原江苏省激素研究所的 "水杨酸双嘧啶" 技术成果经国家石油和化学工业局进行成果鉴定，鉴定意见为：水杨酸双嘧啶（中文通用名：双草醚；英文通用名：bispyribac - sodium；商品名：一奇）是一种新型超高效除草剂……合成路线是采用硫脲、丙二酸二乙酯、间苯二酚为起始原料，分别制得重要中间体 2 - 甲磺酰基 - 4，6 - 二甲氧基嘧啶和 2，6 - 二羟基苯甲酸，经缩合制得水杨酸双嘧啶原药，并进一步研究了 20% 水杨酸双嘧啶可湿性粉剂剂型加工工艺……委托江苏省化工设计院进行了 50 吨/年水杨酸双嘧啶原药基础设计。采用该工艺路线进行中试一年以来，工艺日益完善，设备运转良好，产品含量达到 96% 以上，总收率达到 46.5%……

原江苏省激素研究所于 2001 年 4 月获得 20% 双草醚可湿性粉剂（一奇）农药临时登记证（LS98468 号），2001 年 6 月获得 30% 苄·双草可湿性粉剂农药临时登记证（LS20011244 号），2001 年 11 月获得双草醚原药农药临时登记证（LS98469 号）。

2000 年和 2002 年，实验四厂获得国家石油和化学工业局、国家经济贸易委员会颁发的 20% 双草醚可湿性粉剂、双草醚原药和 30% 苄·双草可湿性粉剂的《农药生产批准证书》。

2002 年 9 月 6 日，江苏省金坛市经济体制改革委员会办公室发布《关于同意江苏省激素研究所和江苏省激素研究所科技发展公司共同改制为股份制企业的批复》：同意 "将江苏省激素研究所和江苏省激素研究所科技发展公司改制为激素公司"，股本总额为 1 556 万元，"江苏省激素研究所和江苏省激素研究所科技发展公司的一切债权、债务和职工安置由改制后的新企业承担"。

激素公司于 2002 年 9 月 25 日经江苏省常州市金坛工商行政管理局核准设立，注册资本为 1 556 万元，经营期限自 2002 年 9 月 25 日至 2027 年 9 月 24 日，经营范围是农药原药、农药中间体、医药中间体、精细化工产品、胶粘剂、添加剂的制造，农药制剂加工等。

《农药科学与管理》杂志 2001 年第 4 期至第 6 期，2002 年第 1 期至第 6 期的首页刊登了原江苏省激素研究所的广告，2003 年第 1、2 期首页刊登了激素公司广告，前述广告中宣传的农药有双草醚（一奇）等。

巴拿马共和国奇里基省系列第二公证处出具的公证书记载：2002 年 11 月 29 日费德里娜·皮提在 El Rodeo 农牧产品商场买到 PANAME 产品，该产品包装袋上有 "PAN-AME 20WP 除草剂 – 双草醚的化学成分是 2.6 – 双［（4，6 – 二甲氧基嘧啶 –2 – 基）氧］苯甲酸钠……20.0% – 惰性添加剂……80.0% – 合计……100.0%，中国江苏省激素研究所制造和配制" 等字样；费德里娜·皮提取得的相关发票记录：品名 PANAME，230 克 – 有效重量 – 价格：39.00。

巴拿马共和国家农牧业发展部国家植物保护司第 1384 号商业注册证记载：应 AL-PHA – AGRO 有限公司的请求，准许给予 PANAME 20WP 除害剂商业注册，其活性成分的组成：双草醚（20% P/P），属于苯甲酸类，制剂：可湿性粉末（wp），种类：除草剂，由江苏省激素研究所配制，产地：中国。2000 年 12 月 14 日于巴拿马共和国首都巴拿马城，该注册于 2010 年 12 月 14 日到期。

2001 年 8 月 28 日、9 月 20 日、2002 年 1 月 8 日和 1 月 15 日，实验四厂至少四次销售（向巴拿马出口）bispyribac – sodium 20% wp 产品，共计 1 400 公斤，价值 69 600 美元。

江苏省常州市公证处（下称 "常州市公证处"）（2003）常证经内字第 2706 号公证书记载：2003 年 12 月 5 日，公证员及王全民到激素公司，购得 1 公斤 20% 双草醚可湿性粉剂，金额为 400 元。

庭审中，两原告认为激素公司研制的和实验四厂生产的 20% 双草醚可湿性粉剂和 30% 苄·双草可湿性粉剂的技术特征落入其 92 专利权的保护范围，两被告对此没有异议。同时，实验四厂承认其生产、销售了涉案产品。

另查明，北京金杜律师事务所开具的代理费发票三张，时间和金额分别为：2004 年 3 月 4 日 92 513.93 元，2004 年 5 月 18 日 82 591.15 元，2004 年 5 月 18 日 82 645 元。

还查明，2001 年，农业部发布的《农药登记资料要求》规定，申请新农药登记时，应同时提供纯品或标准品 2 克，原药 100 克，制剂 250 克；申请新制剂、新使用范围和方法等应提供制剂 250 克。提供的除草剂药效资料包括在中国 5 个以上自然条件或耕作制度不同的地区、2 年以上的田间小区室外药效试验报告。

一审判决及理由

原审法院认为：

企业法人分立、合并，它的权利和义务由变更后的法人享有和承担。具有独立法人资格的原江苏省激素研究所和原江苏省激素研究所科技发展公司共同改制而于 2002 年 9 月 25 日设立激素公司，其为独立的企业法人，本案中涉及原江苏省激素研究所的权利、义务应由现激素公司享有和承担。

实验四厂承认其生产、销售的20%双草醚可湿性粉剂和30%苄·双草可湿性粉剂的技术特征落入了92专利保护范围，构成侵权，应当承担相应的法律责任。

根据《农药登记资料要求》规定，申请新农药并获得登记证，必然要制造相关的农药产品。激素公司（及其前身江苏省激素研究所）既然已经获得了20%双草醚可湿性粉剂和30%苄·双草可湿性粉剂的农药临时登记证，即表明必然已经生产制造了相关产品；激素公司（及其前身江苏省激素研究所）多次在杂志上刊登广告宣传20%双草醚可湿性粉剂（一奇），明显系许诺销售行为；在巴拿马共和国销售的相关侵权产品包装上也有其署名（江苏省激素研究所）；其2003年12月5日销售20%双草醚可湿性粉剂的行为更经过公证机关的公证；且其未能提供相关证据证明所销售侵权产品系来源于他处。因此，应当认定激素公司存在生产、许诺销售、销售涉案侵权产品的行为，构成对原告92专利的侵权，应当承担相应的法律责任。

两原告未提供证据证明双草醚原药的唯一用途就是用来制备92专利所保护的除草组合物，因此其认为双草醚原药的唯一商业用途就是用来制备92专利所保护的除草组合物，两被告生产原药的目的也是用来制备92专利所保护的除草组合物，故两被告生产双草醚原药的行为构成对92专利间接侵权的主张不应采纳。

原告已在起诉状当中明确指控被告侵犯其88专利。88专利保护的是制造双草醚原药的方法，而双草醚原药是制备92专利产品的必要活性成分，根据前述认定，两被告均有生产侵犯92专利的产品的行为，且两被告并未能提供相关证据证明其生产的20%双草醚可湿性粉剂和/或30%苄·双草可湿性粉剂所使用的双草醚原药系来源于他处，因此，应当认定两被告均生产了双草醚原药。

第5860号《无效宣告请求审查决定书》认定88专利权利要求1制备方法所制备的目的产物是具有现有技术不能预测的优良性质的新化合物，且被告也并未能提供证据证明88专利所涉及的产品不是新产品，因此，可以认为88专利是一种新产品的制造方法。因新产品制造方法发明专利引起的专利侵权诉讼，由制造同样产品的单位或者个人对其产品制造方法不同于专利方法的主张负举证责任。激素公司除了有关科技成果鉴定报告之外未提交具体的生产工艺方法方面的证据，而实验四厂则未提交相关证据。因此，应当认定两被告生产双草醚原药的方法侵犯了原告的88专利权。

实验四厂于1999年起就以原江苏省激素研究所名义对外进行广告宣传，原江苏省激素研究所也予认可，激素公司对此事实也明知并承认，并且在其成立后继续以自己的名义进行广告宣传；激素公司将其研制的技术交由实验四厂进行生产、经营，因此两被告对生产、销售、许诺销售涉案侵权产品及使用涉案专利方法是具有合意的行为，共同侵犯了原告的专利权，应对其共同的侵权行为承担共同责任。

侵犯专利权的赔偿数额，因本案双方均无证据证明原告因被告侵权而受到的损失和被告因侵权而获得的利益的具体证据，也无相关专利许可费方面的证据，故法院可以根据涉案专利权的类别、侵权的性质和情节等因素，依法酌定赔偿数额。另外，法院根据权利人的请求以及具体案情，可以将权利人因调查、制止侵权所支付的合理费用计算在赔偿数额范围之内。本案原告提供的律师代理费发票金额达 25 万余元，被告认为此费用不仅仅是针对本案诉讼而支出，还包括相关专利缴费等代理事务的费用。即使如被告所述，但原告为本案诉讼支付律师费是事实，故原告支付的符合有关国家机关标准的律师费应在赔偿数额中予以考虑。

对于原告请求判令被告立即停止生产、销售、许诺销售"20% 双草醚可湿性粉剂"和"30% 苄·双草可湿性粉剂"的诉讼请求，应予支持。88 专利是一个方法专利，系依照 1993 年 1 月 1 日修订之前的专利法申请并获得授权，依照法律规定，对该方法专利的保护不延及产品，只能禁止被告使用该专利方法，即不得使用 88 专利方法生产双草醚原药，而不能禁止被告销售、许诺销售依该方法所获得的产品的行为。因此原告请求判令被告立即停止生产、销售、许诺销售"双草醚原药"的诉讼请求没有法律依据，不应予以支持。

原告要求被告在《农药科学与管理》杂志上和《人民日报》（海外版）上向原告赔礼道歉，由于专利权是一项财产权，不具备人身权属性，因此原告的此项诉讼请求不应予以支持。

农药登记证是国家行政机关颁发的许可证，持有此证并不属专利侵权行为，因此原告要求被告限期撤回 LS98468、LS98469 和 LS20011244 号农药登记证的诉讼请求，亦不应予以支持。

据此，原审法院判决：

（一）激素公司和实验四厂立即停止生产、销售、许诺销售 20% 双草醚可湿性粉剂和 30% 苄·双草可湿性粉剂的侵权行为；

（二）激素公司和实验四厂立即停止使用组合会社和庵原会社拥有的 88108904.4 号"嘧啶衍生物及其盐的制备方法"发明专利所保护的方法生产双草醚原药；

（三）激素公司和实验四厂于判决生效后 30 日内共同赔偿组合会社和庵原会社经济损失 30 万元人民币；

（四）驳回组合会社和庵原会社的其他诉讼请求。

案件受理费 10 010 元，由激素公司和实验四厂负担。

上诉理由

组合会社、庵原会社、激素公司、实验四厂不服原审法院判决，向二审法院提起上诉。

组合会社、庵原会社上诉称：1. 激素公司和实验四厂生产、销售、许诺销售双草醚原药构成对 92 专利的间接侵权，应予禁止。（1）激素公司、实验四厂生产了双草醚原药，且双草醚原药是生产 92 专利产品的必要活性成分。（2）组合会社、庵原会社在一审中主张生产 92 专利产品是双草醚原药的唯一商业用途，而对方在一审中并未否认。若否认，其应就双草醚原药的其他用途承担举证责任，而原判认为该举证责任应由其承担，并在其客观上无法举证的情况下，得出不构成间接侵权的结论，显然有违公平原则，应予纠正。2. 持有侵权产品的农药临时登记证为侵权行为的实施创造了必要条件，限期撤销农药登记是从根本上制止侵权行为的必要手段。原判未支持上诉人此项诉讼请求，显然不利于对专利权人的保护，不利于全面制止侵权行为，应予纠正。3. 激素公司、实验四厂长期从事侵权行为，给其造成严重的经济损失，应判令其按法定赔偿额的上限50万元人民币予以赔偿。故请求：1. 撤销原判第四项，依法改判：（1）激素公司和实验四厂立即停止生产、销售、许诺销售双草醚原药；（2）激素公司限期撤回LS98468、LS98469、LS20011244号农药临时登记证。2. 撤销原判第三项，依法改判：激素公司和实验四厂共同赔偿组合会社和庵原会社经济损失50万元人民币。

激素公司上诉称：1. 激素公司系江苏省激素研究所改制而成。在承担国家重点攻关项目研制成功的"水杨酸双嘧啶"技术成果后，无偿交由实验四厂生产、销售，自己并未生产、销售、广告宣传，不应承担侵权责任。2. 激素公司生产的工艺和88专利不同，且对方在其诉状中并未提出追究侵犯其88专利的侵权责任的诉讼请求，因此原判第二项不成立。3. 原审判决赔偿30万元缺乏依据。激素公司只是试销，实验四厂仅是试产，数量极少。支付25万元律师费不符合有关标准。4. 激素公司于2004年1月5日已分别对该两个专利提出宣告无效的请求，请求法院受理上诉后中止审理。故请求：1. 撤销一审判决；2. 中止审理本案。

组合会社、庵原会社答辩称：激素公司确实存在侵权行为，应该承担侵权责任。激素公司使用了88专利方法，其认为其未追究88专利侵权责任与事实不符。激素公司和实验四厂长期从事侵权行为，给其造成严重经济损失。本案不应中止审理。

激素公司口头答辩称：1. 根据1993年修订以前的专利法申请并获得授权的方法专利不延及对产品的保护，对方要求对双草醚原药保护无法律依据。2. 登记证的颁发或撤销是行政行为，不属法院审理范围。3. 其是研制单位，技术成果无偿交由实验四厂生产，不应承担赔偿责任。另从对方只提供了1公斤产品来说，30万元赔偿额不合理。

二审查明事实

组合会社、庵原会社二审未提供新证据。

激素公司二审提供的证据为：组合会社、庵原会社在专利复审委无效宣告程序中对88专利进行修改后的权利要求书，以证明本案所涉两个专利的权利已处于不稳定状态，极有可能被宣告无效。

组合会社、庵原会社同意对该证据进行质证，其质证意见是：对真实性无异议，但认为与本案无关。专利保护范围应以公告文本为准，且被控侵权方法仍落入修改后的专利保护范围。

二审法院确认该份证据的真实性。

各方当事人对原审法院查明的事实均无异议，二审法院予以确认。

二审判决及理由

本案二审争议焦点是：1. 激素公司是否存在侵犯92专利权的行为；2. 激素公司、

实验四厂生产双草醚原药的行为是否构成对 92 专利的间接侵权；3. 激素公司是否侵犯了 88 专利权；4. 组合会社、庵原会社要求激素公司限期撤回农药临时登记证的诉讼请求是否应予支持；5. 原判确定的赔偿额是否适当；6. 本案是否应当中止审理。

二审法院认为：

在二审中，经二审法院合法传唤，实验四厂无正当理由拒不到庭参加诉讼。根据《民事诉讼法》第一百五十七条、第一百二十九条的规定，应认定实验四厂撤回了上诉。因此，对实验四厂的上诉二审法院不予审理。

1. 关于激素公司是否存在侵犯 92 专利权的行为

由于申请农药临时登记证必须提供相应的原药、制剂，以及药效试验报告，激素公司既已取得 20% 双草醚可湿性粉剂等农药临时登记证，其必然生产了相关产品。激素公司在杂志上刊登双草醚（一奇）的广告，应认定其存在许诺销售行为。巴拿马共和国奇里基省系列第二公证处及常州市公证处出具的公证书，均表明激素公司存在销售行为。根据上述证据，原审法院认定激素公司存在生产、许诺销售、销售 20% 双草醚可湿性粉剂等产品的侵权行为是正确的，激素公司关于自己不存在侵犯 92 专利权行为的上诉理由不能成立，二审法院不予支持。

2. 关于激素公司、实验四厂生产双草醚原药的行为是否构成对 92 专利的间接侵权

认定生产双草醚原药构成对 92 专利的间接侵权，必须首先确认双草醚原药是专门用于制备 92 专利产品的关键成分，也即生产 92 专利产品是双草醚原药的唯一商业用途。组合会社、庵原会社认为双草醚原药的唯一商业用途就是用来制备 92 专利所保护的产品，没有其他商业用途；激素公司则认为有其他商业用途。由于双草醚原药没有其他商业用途系一消极事实，难以举证证明；而激素公司只需证明双草醚原药有任何一种其他用途，即完成举证责任。根据公平原则并结合当事人的举证能力，对此待证事实的举证责任，应由激素公司承担。原判对该举证责任的分配不当，应予纠正。在二审法院重新分配举证责任后，激素公司在规定的举证期限内未提供相关证据，应承担不利的法律后果。因此，二审法院认定双草醚原药是专门用于制备 92 专利产品的关键成分。

本案中，激素公司、实验四厂生产了侵犯 92 专利的产品，而双方当事人对双草醚原药是制备 92 专利产品的必要活性成分（即关键原料）并无异议，且激素公司、实验四厂均未提供证据证明生产该侵权产品所使用的双草醚原药来源于他处，故应当认定激素公司、实验四厂生产了双草醚原药。

综上，激素公司、实验四厂生产双草醚原药的行为构成对 92 专利的间接侵权，组合会社、庵原会社要求其停止生产双草醚原药的上诉理由成立，应予支持。原判对此认定不当，应予更正。二审庭审中，组合会社、庵原会社明确承认没有证据证明激素公司、实验四厂销售和许诺销售双草醚原药，故对其要求激素公司、实验四厂停止销售、许诺销售双草醚原药的诉讼请求不予支持。

3. 关于激素公司是否侵犯了 88 专利权

根据新产品制造方法发明专利举证责任倒置原则，由于激素公司制造的产品（即

双草醚原药）与88方法专利生产的产品相同，如果激素公司认为其生产工艺与88专利不同，必须提供自己的制造方法不同于专利方法的证据，但其并未提供相关证据，故应当认定激素公司侵犯了88专利权，激素公司关于其没有侵犯88专利权的上诉理由缺乏事实依据，二审法院不予采纳。组合会社、庵原会社虽然在其诉讼请求中对追究侵权方侵犯88专利权的表述不够规范，但在诉状的事实和理由部分已有了明确表述，故激素公司关于对方在诉状中未提出追究侵犯其88专利权责任的上诉理由，缺乏事实依据，二审法院亦不予采纳。

4. 关于组合会社、庵原会社要求激素公司限期撤回农药临时登记证的诉讼请求是否应予支持

持有农药临时登记证不能等同于生产农药，而且持有此证也不属于专利法中规定的侵权行为。组合会社、庵原会社要求激素公司限期撤回农药临时登记证的诉讼请求没有法律依据，原审法院未予支持并无不当。

5. 关于原判确定的赔偿额是否适当

原判根据涉案专利权的类别、侵权的性质和情节等因素，以及合理的律师费，依法酌定赔偿额30万元并无不当。组合会社、庵原会社认为原判未充分考虑侵权性质、情节等与事实不符。激素公司认为自己仅是试销，数量不大，及支付25万余元律师费不符合有关规定等的主张缺乏事实依据。故双方对此的上诉理由均不能成立。

6. 关于本案是否应当中止审理

涉案专利是发明专利，且已经过一次无效审查程序被维持有效，专利权的法律稳定性较高，故本案不应中止审理。激素公司虽然提供了证据证明组合会社、庵原会社对涉案专利的权利要求书作了修改，但这种修改并不必然导致专利权处于不稳定的法律状态，更不能证明涉案专利将被宣告无效。故激素公司关于涉案专利权不稳定，本案应中止审理的主张缺乏事实和法律依据，二审法院不予支持。

综上，激素公司的上诉理由均不能成立；组合会社、庵原会社关于激素公司、实验四厂生产双草醚原药的行为构成对92专利的间接侵权，应停止生产双草醚原药的上诉理由成立，二审法院予以支持。由于停止生产双草醚原药涵盖以任何方法（包括以88专利方法）进行生产，故不必再对激素公司、实验四厂停止使用88专利方法生产双草醚原药作出单项判决，原判此项内容应予变更。依照《民事诉讼法》第一百五十三条第一款第（二）项，《最高人民法院关于贯彻执行〈中华人民共和国民法通则〉若干问题的意见（试行）》第一百四十八条的规定，判决如下：

一、维持江苏省南京市中级人民法院（2003）宁民三初字第84号民事判决第（一）、（三）、（四）项及案件受理费部分；

二、变更江苏省南京市中级人民法院（2003）宁民三初字第84号民事判决第（二）项为：激素公司、实验四厂立即停止生产双草醚原药；

三、实验四厂按撤回上诉处理。

二审案件受理费10 010元，由激素公司负担。

案例 24：GP 公司与 KT 公司、沧州大化专利侵权纠纷案

原告（被上诉人）： 法国格兰德－派罗斯有限公司（GRANDE PAROISSE S. A）（下称"GP 公司"）

被告（上诉人）： 法国卡尔滕巴赫－蒂林有限公司（KALTENBACH－THURING S. A）（下称"KT 公司"）

被告（被上诉人）： 河北沧州大化（集团）有限责任公司（下称"沧州大化"）

一审法院： 河北省石家庄市中级人民法院

一审案号：（1999）石知初字第 162 号

一审合议庭成员：

一审结案日期： ❶

二审法院： 河北省高级人民法院

二审案号：（2005）冀民三终字第 22 号

二审合议庭成员： 李世文、刘洪波、宋菁

二审结案日期： 2005 年 10 月 9 日

案由： 专利侵权纠纷

关键词： 专利侵权、举证责任倒置、技术鉴定、现有技术抗辩

涉案法条

1993 年 1 月 1 日以前施行的《专利法》第六十条第二款

《专利法》第十一条第一款

《民事诉讼法》第一百五十三条第一款第（二）项、第（三）项

《最高人民法院关于审理专利纠纷案件适用法律问题的若干规定》第二十一条

争议焦点

● 对已有技术的判定，首先，从时间上应以专利申请日为界；其次，已有技术的全部技术特征应只能包含在一份出版物所公开或一件产品使用所公开的技术方案中，不

---

❶ 由于未收集到河北省石家庄市中级人民法院（1999）石知初字第 162 号民事判决书，故一审合议庭成员和一审结案日期不明。——编者注

能将多个文件或多个产品组合称为已有技术；再次，适用已有技术判定的对比对象是被诉侵权的产品或方法是否与已有技术相同或等同，而不能将已有技术与专利进行直接对比。

- 对专利权利要求的解释并非一个单纯的技术问题，其最终解释权应由法院来行使。原审法院在没有给出事实依据和论证过程的情况下对一个同样没有给出具体事实依据和论证过程的技术专家结论直接肯定，其实质上是将专利权利要求的解释权让渡给技术鉴定人员来行使，这种做法无疑欠妥。
- 确定 GP 公司"浓缩硝酸铵溶液的制备方法"发明专利权利要求 1 是要求保护包含两种状态的一个完整的技术方案，还是要求保护两个独立的技术方案，不能只考虑纯粹的技术问题，应结合该专利权利要求书、说明书及申请专利过程中审查员的审查意见、申请文件的修改、申请人的意见陈述等文件资料综合认定。

审判结论

一、撤销河北省石家庄市中级人民法院（1999）石知初字第 162 号民事判决；

二、驳回 GP 公司的诉讼请求。

一审案件受理费人民币 25 510 元，鉴定费人民币 1 600 元，二审案件受理费 25 510 元，均由 GP 公司承担。

事实认定

原审法院查明：一、GP 公司通过受让方式成为中国第 86105683.3 号"浓缩硝酸铵溶液制备的方法"发明专利的合法专利权人。该项发明专利的权利要求 1 为："在管式反应器中将硝酸和氨进行中和，以生产浓硝酸铵溶液的方法，其特征在于，当反应物总流量是使产物的产量低于 150kg/h/cm² 时，在有循环比为 1～5 的硝酸铵溶液循环物流存在的情况下进行该中和反应，或当反应物总流量是使产物的产量高于 150kg/h/cm² 时，在没有硝酸铵溶液循环的情况下进行该中和反应"。GP 公司的第 86105683.3 号中国发明专利的申请日为 1986 年 7 月 4 日，该项发明专利的权利保护期限应为 15 年，自申请日起计算，保护期限应于 2001 年 7 月 4 日届满。

二、GP 公司发明专利为"浓缩硝酸铵溶液的制备方法"；根据 1993 年 1 月 1 日以前施行的《专利法》第六十条第二款有关举证责任倒置的规定；被诉制造同样产品的单位或个人应当提供其产品制造方法的证明。据此，由沧州大化向一审法院提交了《对外经济贸易部技术引进合同批准书》、编号为 95 RM MY/MDOID《合同》及 13 份合同附件、工艺流程图、操作手册、管式反应器技术说明。GP 公司对该组证据的真实性无异议。该组证据证明：KT 公司作为供方（乙方）于 1995 年 2 月 10 日与沧州大化的代表中国国际信托投资贸易有限公司（甲方）签订了《年产 5 万吨多孔粒状硝酸铵装置合同》。该合同主要内容为：甲方同意购买乙方的特许、基础设计包、专有设备、特殊设备详图及装置的设计、工程、建设和开车过程提供有关工艺的协助，并按合同规定的期限和条件向乙方支付相应的报酬，并对价格、支付条款和条件、资料和设备的交付、技术文件的修改和改进、侵权和保密等条款有明确约定，其中在侵权保密条款中约定：乙方保证其是合同的合法所有者，并且其转让给甲方的专有设备的合法性。如果发生侵犯第三方权利的指控，乙方应有义务与第三方进行交涉并承担由此引起的法律责任和经济责任等。

KT 公司已按合同约定将年产 5 万吨多孔粒状硝酸铵装置技术提供给沧州大化。GP 公司认为 KT 公司提供给沧州大化的该项技术侵犯了其专利权。

三、原审法院于 2001 年 2 月 14 日委托科学技术部知识产权事务中心（下称"鉴定机构"）对 GP 公司"浓缩硝酸铵溶液的制备方法"发明专利所保护的技术特征与被诉侵权技术特征是否相同或等同、被诉侵权技术是否落入 GP 公司专利权利要求的保护范围指派专业人员予以鉴定。2004 年 5 月 20 日鉴定机构根据少数服从多数的原则作出了国科知鉴字（2004）29 号《技术鉴定报告书》。报告认为：

1. GP 公司专利的独立权利要求 1 包含了如下两个并列的技术方案：

（1）技术方案一的技术特征为：

A. 在管式反应器中将硝酸与氨进行中和，以产生浓硝酸铵溶液的方法；

B. 当反应物总流量是使产物的产量低于 $150kg/h/cm^2$ 时，在有循环比为 1~5 的硝酸铵溶液循环物流存在的情况下进行该中和反应。

（2）技术方案二的技术特征为：

A1. 在管式反应器中将硝酸与氨进行中和，以产生浓硝酸铵溶液的方法；

B1. 当反应物总流量是使产物的产量高于 $150kg/h/cm^2$ 时，在没有硝酸铵溶液循环的情况下进行该中和反应。

2. 鉴定人员对被诉侵权技术的特征分析：

被诉侵权技术方案是在没有硝酸铵溶液循环的情况下进行硝酸与氨的中和反应；采用的是三段式变径管式反应器，包括入口段（内径由 199mm 逐渐线性变径为 50mm）、中间段（内径为 50mm）和出口段（内径由 50mm 逐渐线性变径为 202.6mm）。多数鉴定人员认为：在上述三段式变径管式反应器中，入口段主要用于硝酸与氨的混合和初始反应，中间段主要用于硝酸与氨的中和反应，出口段主要用于改善产物出口的状态。被诉侵权技术方案中有关管式反应器反应物的流量应以硝酸与氨实际发生中和反应的主要反应段的截面积来计算。根据被诉侵权技术方案中的物料流量（氨流量为：1 732.2kg/hr，硝酸流量为：9 549kg/hr），被控侵权技术方案中硝酸与氨实际发生中和反应的主要反应段（中间段，内径为 50mm），其反应物的流量高于 $150kg/h/cm^2$。对应 GP 公司专利的技术特征，鉴定组将被诉侵权技术方案的相关技术特征分解描述如下：

A1. 在管式反应器中将硝酸与氨进行中和，以产生浓硝酸铵溶液的方法；

B1. 在管式反应器中有一段主要反应段，其反应物总流量是使产物的产量高于 $150kg/h/cm^2$ 时，在没有硝酸铵溶液循环的情况下进行该中和反应。

3. 对原告专利技术方案与被诉侵权技术方案的对比分析：

（1）被诉侵权技术方案与原告专利技术方案一的对比；被诉侵权技术特征 a 和原

告专利技术特征 A 相同，两者均是"在管式反应器中将硝酸与氨进行中和，以产生浓硝酸铵溶液的方法"。被诉侵权技术特征 b 和原告专利技术特征 B 是采用两种不同的技术手段来制备浓硝酸铵溶液，属于既不相同，也不等同的技术特征。

（2）被诉侵权技术方案与原告专利技术方案二的对比：两者均是"在管式反应器中将硝酸与氨进行中和，以产生浓硝酸铵溶液的方法"。技术特征 b 和 B1 不相同，但属于等同的技术特征。被诉侵权技术特征 b 为"在管式反应器中有一段主要反应段，其反应物总流量是使产物的产量高于 $150kg/h/cm^2$ 时，在没有硝酸铵溶液循环的情况下进行该中和反应"；原告专利技术特征 B1 为"当反应物总流量是使产物的产量高于 $150kg/h/cm^2$ 时，在没有硝酸铵溶液循环的情况下进行该中和反应"。根据前文对被诉侵权技术方案的分析，被诉侵权技术方案是在没有硝酸铵溶液循环的情况下进行硝酸与氨的中和反应。采用的是三段式变径管式反应器，但硝酸与氨的中和反应主要在中间段完成，在该段中反应物的流量高于 $150kg/h/cm^2$。该技术特征 b 与原告专利技术特征 B1 相比，属于以基本相同的技术手段，实现基本相同的效果（消除有害烟雾），且本领域的普通技术人员无需经过创造性劳动就能够联想到的特征。故认为两者为等同技术特征。技术鉴定结论为：被诉侵权技术落入原告专利技术的保护范围。

四、对鉴定机构作出的《技术鉴定报告书》，经开庭由双方进行了质证，并通知鉴定人员出庭接受质询。

1. GP 公司认为鉴定是在三方当事人对证据进行质证后委托有资质的鉴定机构作出的，程序合法，事实记述清楚；没有超出法院委托的范围，且对专利技术与被控侵权技术进行了实质性对比，对侵权技术方案的描述准确，对 GP 公司专利权利要求 1 分为两个独立的技术方案准确，对鉴定结论无异议。

2. KT 公司对鉴定结论有异议。认为：（1）鉴定结论将原告专利分解为两个技术方案，严重违法；（2）鉴定结论将被控侵权技术的设备分为入口段、中间段、出口段没有依据，显属错误；（3）鉴定机构出具的《技术鉴定报告书》，没有将原告专利与被控侵权技术、现有技术进行实质性对比，应属无效；（4）《技术鉴定报告书》在法律形式上存在重大缺陷；（5）鉴定报告中摘取实施被诉侵权技术设备的中间段来计算反应物的流量明显错误；从客观、科学角度讲，该设备不可分割，反应物流量的计算应统一进行。

3. 沧州大化对鉴定结论有异议。认为鉴定报告书形式上存在重大缺陷，内容上引用法律错误，对所鉴定的两种技术的特征描述错误，是一个非法的、错误的报告；不能作为证据使用，应重新鉴定。

一审判决及理由

原审法院认为：本案争议的焦点为：1. GP 公司是否为适格的"原告"；2. KT 公司是否应为本案"被告"；3. KT 公司已有技术抗辩的理由是否成立；4. 鉴定机构作出的《技术鉴定报告书》能否作为定案依据；5. 侵权损失赔偿额应如何确定。

原审法院认为：一、GP 公司通过受让方式合法成为中国专利第 86105683.3 号"浓缩硝酸铵溶液制备的方法"的专利权人。KT 公司和沧州大化认为 GP 公司不是中国专利第 86105683.3 号发明专利的权利人，无权提出侵权诉讼之理由已被国家知识产权局 1999 年 5 月 26 日总第 689 号《发明专利公报》及该局 2000 年 7 月 29 日出具的"对 2000 年 7 月 10 日专利登记簿副本的更正证明"所否定，因此，GP 公司在第 86105683.3 号中国专利的专利权利延续期间，有权因他人侵犯该项专利权提起诉讼，应为适格的原告。

二、从沧州大化提交的《对外经济贸易部技术引进合同批准书》、编号为 95RMMY/I-MDOID《合同》及 13 份合同附件看，KT 公司是作为合同供方向沧州大化提供了年产 5 万吨多孔粒状硝酸铵装置，技术文件提供、技术培训等均由 KT 公司负责，其又是合同支付款项的接收人；且在《合同》第 9.2 项中明确约定"乙方（第一被告）保证其是合同的合法所有者，并且其转让给甲方的专有设备的合法性。如果发生侵犯第三方权利的指控，乙方应有义务与第三方进行交涉并承担由此引起的法律责任和经济责任"，据此，GP 公司将 KT 公司作为本案被告没有错误。

三、KT 公司以已有技术进行了抗辩，认为"用管式反应器生产硝酸铵的工艺是现有技术，并非 GP 公司的发明创造"，为此向一审法院提交了美国 1951 年 US2568901 号、1956 年 US2755176 号及 1959 年 US2902342 号专利文献。专利侵权诉讼中的已有技术抗辩是针对在专利申请日前公知公用领域中已客观存在某项技术的事实，因此，对已有技术的判定，首先，从时间上应以专利申请日为界；其次，已有技术的全部技术特征应只能包含在一份出版物所公开或一件产品使用所公开的技术方案中，不能将多个文件或多个产品组合称为已有技术；再次，适用已有技术判定的对比对象是被诉侵权的产品或方法是否与已有技术相同或等同，而不能将已有技术与专利进行直接对比。从 KT 公司提交的三份专利文献看，从时间上显然是在 GP 公司专利申请日之前，但没有一份文献中全部包含了 GP 公司专利的全部技术特征，也没有一份文献中全部包含了被诉侵权技术特征，KT 公司的答辩意见显然是将这几份文献组合起来进行分析并与 GP 公司专利进行对比而得出已有技术结论的。KT 公司称"用管式反应器生产硝酸铵的工艺是现有技术，并非 GP 公司的发明创造"，但并没有明确被诉侵权技术是现有技术，亦没有将被诉侵权技术与这三份专利文献进行对比，又鉴于 GP 公司专利为发明专利，已经过实质性的审查，据此 KT 公司以已有技术抗辩的理由不成立。

四、对鉴定机构作出的《技术鉴定报告书》能否作为定案依据的问题，双方争议的焦点为：1. 该鉴定报告在程序上是否违法；2. 鉴定报告中将 GP 公司专利权利要求 1 分为两个并列的技术方案是否准确；3. 鉴定报告中对被诉侵权技术方案的描述是否正确；4. 鉴定中是否对被诉侵权技术方案与专利技术特征进行了实质性的对比。

第一，本案中，对 GP 公司专利所保护的技术特征与被诉侵权技术特征是否相同或等同，由一审法院委托鉴定机构作出的《技术鉴定报告书》在技术对比对象上是以 GP 公司专利所保护的技术特征与被诉侵权技术特征进行对比的，鉴定专家根据少数服从多数的原则在一审法院委托的权限内作出了鉴定结论，在鉴定程序上没有违反法律规定。

第二，鉴定人员一致认为 GP 公司专利权利要求 1 包括两个并列的技术方案，一审法院予以确认。对属于一个总的发明构思的两项以上发明，《专利法》规定可以作为一个申请提出，将多项技术方案记载于一个权利要求中，《专利法》没有禁止性规定，已往其他专利文献中这种并列形式的写法也有，故 GP 公司专利权利要求 1 包括两个并列的技术方案。KT 公司和沧州大化认为鉴定报告中将 GP 公司专利权利要求 1 分为两个技术方案是错误的。为此，KT 公司向一审法院提交了山西省高级人民法院（2003）晋民三终字第 27 号民事判决书予以证明其主张，该判决在一审法院认为部分称"原告专利是一个方案的两个必要技术特征，不能把其中任何一个必要技术特征分离出来作为独立的技术方案"，这仅是合议庭法官的一种观点，并不是已为人民法院发生法律效力的裁判所确认的事实，更不是法律规定，据此，该份判决中法官的上述观点不能作为本案证据使用。

第三，该鉴定报告中对被诉侵权的技术特征描述，是根据沧州大化提交的图纸中的显示对技术特征进行了描述。而没有依据沧州大化自己的技术说明描述，鉴定中对被诉侵权技术特征的描述是否准确，一审法院对这一问题不再加以技术上的评析，而只考虑其程序是否合法，只要程序不违反法律，就应采纳鉴定意见。

第四，从鉴定报告看；鉴定人员对 GP 公司专利技术特征与被诉侵权技术特征进行了实质性的对比分析。KT 公司和沧州大化没有相反证据来否定鉴定机构所作出的《技术鉴定报告书》，故一审法院对技术鉴定意见予以采纳。

第五，对 GP 公司请求赔偿其经济损失人民币 310 万元，因 GP 公司对该项诉讼请求未提出证据予以证明，索赔依据不足；一审法院将根据 KT 公司和沧州大化侵权事实及主观过错程度、侵权持续时间、原告专利的种类及保护期限已届满等情节；采用法定赔偿的方式确定赔偿数额。

综上所述，GP 公司为中国专利第 86105683.3 号"浓缩硝酸铵溶液制备的方法"合法专利权人。KT 公司未经原告许可，提供给沧州大化生产硝酸铵的技术与原告专利权利要求 1 的技术方案（2）相等同，已落入 GP 公司专利权利要求的保护范围，构成了对 GP 公司专利权的侵犯，应赔偿 GP 公司因权利受侵害而受到的损失；据此，对 GP 公司请求确认 KT 公司向沧州大化许可使用的"以管式反应器制造浓硝酸铵溶液"的技术侵犯了其第 86105683.3 号发明专利权及请求赔偿的诉讼请求，一审法院予以支持，但对 GP 公司的索赔额不全额支持；专利权为一种财产权，在该案中，KT 公司和沧州大化之行为仅对 GP 公司经营市场造成了冲击，使其市场份额相应减小，经济收益相应减少，KT 公司侵犯的仅是 GP 公司的财产权，不涉及侵犯其无形的人身权之行为及事实理由，不适用赔礼道歉；对 GP 公司请求判令 KT 公司向 GP 公司书面赔礼道歉之诉讼请求一审法院不予支持。原审法院依照《专利法》第十一条第一款、《最高人民法院关于审理专利纠纷案件适用法律问题的若干规定》第二十一条之规定，遂判决：

一、第一被告 KT 公司提供给第二被告沧州大化的"以管式反应器制造浓硝酸铵溶液"的技术侵犯了原告 GP 公司中国专利第 86105683.3 号发明专利权；

二、第一被告 KT 公司赔偿原告 GP 公司经济损失人民币 50 万元；自一审判决生效后 30 日内一次性支付给原告；

三、驳回原告 GP 公司的其他诉讼请求。

案件受理费人民币 25 510 元，由原告 GP 公司负担 15 500 元，由第一被告 KT 公司负担 10 010 元（原告已预付，第一被告在一审判决生效后 30 日内将其负担部分径付给原告）；鉴定费人民币 1.6 万元，由第一被告 KT 公司负担（原告、第一被告、第二被告各已预付 6 000 元，合计 1.8 万元，第一被告在一审判决生效后 30 日内向第二被告支付 6 000 元、向原告支付 4 000 元，其余 2 000 元由一审法院在判决生效后退还原告）。

上诉理由

KT 公司主要上诉称：

一、关于事实方面：原审法院存在基本认识错误，在不考虑公知技术的情况下，不恰当扩大了 GP 公司专利的保护范围，不但对上诉人而言极不公正，也侵害了同行业早已公知和使用相关技术的权益，违背了法律公平、公正的原则。按照原审判决，实质上将所有生产硝酸铵化肥的技术，除了对大流量的不必要的循环和小流量的不循环（而这是任何理智化工企业不可能采取的），都归结为 GP 公司专利的保护范围，公众对早已存在的管式反应器生产硝酸铵的技术无任何使用的可能，这对公众而言是极端不公正的。

1. KT 公司于 1995 年 2 月 10 日同被上诉人沧州大化公司签订了《年产 5 万吨多孔粒状硝酸铵装置合同》，将包含有西班牙 Incro 公司制造的诉争技术产品的整套硝酸铵装置提供给被上诉人沧州大化公司。该装置没有也不可能具有对浓缩硝酸铵的循环装置。从而，也不可能使用如被上诉人 GP 公司所拥有专利权利要求记载的"当反应物总流量是使产物低于 150kg/h/cm² 时，在有循环比为 1~5 的硝酸铵溶液循环物存在的情况下进行该中和反应"的循环方法。被上诉人 GP 公司的权利要求 1 无论从字面逻辑上看，还是从化工生产的实践来看，都不能解释为两个独立的技术方案分别保护。在结合该申请程序中存在的典型"反悔行为"和公知技术文献披露的公知情况，无论如何不能将其扩大为保护基本上是全部的硝酸铵生产技术。结合化肥生产的实践来看，生产过程流量的变化是非常正常的，在达到大流量的正常生产情况下，必然存在由小到大的动态过程。大流量生产不存在本发明需要解决的问题，而小流量所存在的问题，可有各类技术方案，GP 公司有其采用循环方法解决的方案，而 KT 公司有其解决的方案，二者无任何相同和等同之处。

2. GP 公司对其专利保护范围的扩大解释是典型的反悔行为。中国专利局审查员在发出的第一次审查意见通知书中指出："可以清楚看出，在管式反应器中进行中和反应是现有技术，独立权利要求 1 中的技术特征已被对比文献（1）所覆盖，权利要求 1 没有实质性的特点和显著进步，因缺乏创造性而不能被接受"，并进一步指出："实际上，将本发明与现有技术相比，其差别仅在于'中和反应在有循环的硝酸铵存在下进行'，这一点应是本发明的必要技术特征"。GP 公司在 1989 年 3 月 9 日提交意见陈述书中表述"根据审查员的意见，申请人提供修正的权利要求 1 和 2"，修正的权利要求 1 将原权力要求 2~3 合并至权利要求 1。并表述："只有当反应物的总流量是使产物的产量低于 150kg/h/cm² 时，才需要将循环比为 1~5 的硝酸铵溶液进行循环"。新的独立权利要求与原始文件的权利要求保护范围有了重大区别，其仅仅限定在审查员指明的"实际上，将本发明与现有技术相比，其差别仅在于'中和反应在有循环的硝酸铵存在下进行'，这一点应是本发明的必要技术特征"。GP 公司在侵权之诉中，将原先对专利要求保护范围的限制承诺或部分的放弃保护范围内容，重新纳入专利的保护范围，否认专利审批中所作的承诺，恰恰是典型的反悔行为，是诉讼程序中，确定保护范围的实体判断应予禁止的。KT 公司提供的三篇对比文献，尤其是美国 US2902342 号专利足以证明其技术与文献所披露是完全相同的。

二、关于法律适用：本案的核心问题并不在于技术问题，而是法律认定问题。KT 公司的技术"小流量不循环""大流量也不循环"，既为 KT 公司认可，也为 GP 公司认可，从技术角度看无技术内容可鉴定。本案核心是法院如何从公平公正的角度界定 GP 公司专利的保护范围，既对其发明的贡献予以保护，又不至于损害相对人的权益和有可能对公众造成的不合理限制。同时，中国是统一法治国家，相同事实不应判决不同。

1. 本案适用 1985 年 4 月 1 日同时实施的《专利法》及其实施细则的版本。在该实施细则版本的第二十条规定："权利要求应当说明发明或者实用新型的技术特征，清楚和简要的表述请求保护的范围"，第二十一条第二款还规定："独立权利要求应当从整体上反映发明或者实用新型的主要内容，即在构成发明或者实用新型必要的技术特征"。最高人民法院 1993 年 8 月 16 日作出的（93）经他字第 20 号批复："人民法院在审理专利侵权纠纷案件时……，审查被告制造的产品主要技术特征是否完全覆盖原告的专利保护范围"的意见。依照该解释精神，完全覆盖则应构成侵权，否则不应构成侵权。GP 专利所谓的"A + B"和"A + C"方案，从整体上看是一个完整方案。"A + B"讲的是小流量要循环，"A + C"讲的是大流量不循环，实质上表述了同一技术特征。即在何种条件下需要循环，作为同位并列语的表述，也表述了在何种条件下不需要循环。将所谓的"A + C"方案游离出整体方案，单独进行保护，远远超出了其被限定的保护范围，实质上回到原始申请文本的保护范围，即"用氨中和硝酸制备浓缩硝酸铵溶液的方法，其特征是中和反应在管式反应器中实现"。在 GP 公司专利以前，无论流量大小，尚未发现"中和反应在有循环的硝酸铵存在下进行"。反言之，不循环就是现有技术。其所谓"A + C"方案，即大流量不循环方面并未采取任何技术措施、任何技术手段。其划定的 150/kg/h/cm² 流量也只是对低于这一数值时，需采取循环手段具有实际意义，在高于这一数值时无需采取任何技术手段，即可正常生产。实际上，在管式反应器中用硝酸和氨进行反应生产浓缩硝酸铵溶液是一个动态、随机的过程。诚然，工业使用的设备根据设定的生产能力，需要相对固定的设计，但生产实际中，设备是否能达到设计能力，设备从开车到稳定运转的相对不稳定性，并且随着设备寿命的变化，以及如入口原料数量的变化，都会造成流量的变化。而大流量进行正常的工业化生产，既为已有技术所记载，也是任何生产组织者的基本常识。事实上，确如涉案专利在审批程序中审查员指明的，使用管式反应器生产浓硝酸铵是现有技术。通过上述分析，GP 的专利从完整的角度看，应是一个包含并且是必须有循环的必要特征的整体方案。所谓两个并列的技术方案是不成立的。循环或不循环是生产过程中，随着生产条件的变化而需采取的对应生产措施，是相对于生产全过程而言的，仅仅针对任意一点不采取任何技术措施的过程，不能构成技术方案。

2. 关于中国法制统一与国际规则接轨问题。迄今为止，就涉案技术方案，无论是 GP 公司在中国向 KT 公司提起的侵权之诉，还是 KT 公司在法国向 GP 公司提起的确认不侵权之诉；所有作出的无论是中国法院还是外国法院已经生效的共计 7 份判决书，均无一例外地确认，KT 公司对 GP 公司曾经拥有，现在已失效的或现在他国仍然有效的，包括法国第 85.10217 号，名为"生产浓缩硝酸铵溶液的方法和实施本方法的设备"的专利，和享有该法国专利优先权的欧洲第 0230432 号，名为"生产浓缩硝酸铵溶液的方法"的专利、中国已失效的第 86105683.3 号，名为"浓缩硝酸铵溶液的制备方法"专利均不存在侵权，也不构成危害。其中，KT 公司在法国向 GP 公司提起的确认不侵权之诉分别经法国巴黎地方法院一审，法国巴黎上诉法院二审生效，法国最高法院对二审判决后，GP 公司提起的上诉于 2003 年 7 月 1 日作了最终判决，认为巴黎上诉法院通过无可置疑的判断，以其观察及判断推理出 KT 公司使用的工艺没有对 GP 公司的专利构成侵权并认为 GP 公司的上诉理由不充分。山西省太原市中级人民法院初审、山西省高级人民法院终审和陕西省西安市中级人民法院的初审、陕西省高级人民法院终审均驳回了 GP 公司的诉讼请求，均已产生法律效力。

三、GP 公司挑起诉讼有其商业目的。GP 公司就涉案专利在国内外其他诉讼中屡诉屡败，进行无理缠诉。其不负责任的权利滥用给 KT 公司造成了极大的伤害，应承担法律责任。

依据上述事实和理由，上诉人请求法院撤销（1999）石知初字第 162 号民事判决书所作之判决，并驳回 GP 公司的所有诉讼请求，维护上诉人的合法权益。

GP 公司主要答辩称，GP 公司认为上诉人的诉讼请求事实不清，证据不足，于法无据。一审判决事实认定清楚，法律适用准确，应予维持。

一、GP 公司认为，抛开权利要求，完全以说明书对本专利保护范围作出限定，甚至离开说明书依据其他方式或纯粹以臆测的方式来对本专利保护范围作出限定，都是违反法律规定的。进一步讲，依职能分配，所谓"权利要求得不到说明书的支持"等对抗本专利有效性的理由，必须在行政程序中由专利复审委员会作出评判，而不能在司法审判实践中进行评判。KT 公司在本案一审及二审上诉状中（包括在其他侵权诉讼中），多次声称专利技术方案"水平管式反应器中在流量大于 $150kg/h/cm^2$，不循环生产浓硝酸铵"不具有新颖性，该技术是公知技术。可事实是：KT 公司从来没有向专利复审委员会提出该专利的无效或部分无效的申请，也不能提供任何现有技术的文献加以证明。KT 公司之所以选择在民事诉讼程序中向法官不断重复的讲解不循环技术方案不具有专利性，正是想利用法官在硝酸铵工业生产技术上的不熟悉来逃避自己侵权的责任（这一策略已经在包括法国和部分中国法院取得了效果，对这些错误的判决，GP 公司正在积极申诉）。所以，一审判决中对本专利有效性的理解和认定完全正确。

二、本专利权利要求 1 是关于管式反应器中将硝酸与氨进行中和，以制备浓缩硝酸铵溶液的方法，权利要求 1 是独立权利要求，权利要求 2 只是从属权利要求，而从整体上反映发明技术方案的应是独立权利要求，所以本专利是方法这一点是无可争议的。

三、KT 公司在一审中从未明确提出公知技术抗辩理由和依据，只是提出数份对比文献，其本应将其技术与所引文件进行详细特征比对，但上诉人并未向法院提供这种比对，却试图以专利文献的组合来说明本专利技术方案是已有技术，这是在有意混淆司法审判中的公知技术抗辩和专利行政审查中的新颖性或创造性判断，在进行公知技术抗辩时不允许采用组合文件。一审法院认为上诉人援引的三篇对比文件"均未包含原告专利的技术特征，也不包含被控侵权技术的技术特征"。本专利涉及硝酸与氨的中和反应，在工业化规模生产中难度巨大，在管式反应器中制备浓硝酸铵溶液会产生烟雾这一问题，也是专利权人首先发现的，这一问题本身的发现就是开创性的。1985 年，专利权人发明硝酸铵溶液循环有效解决烟雾问题的方案并就此方案申请了法国专利（FR8510217）。在同一年，为了在此基础上进行改进，继续研究，结果却意外地得到了在冒险将反应物总流量加大到 150Kg/h/cm^2 以上时，即使不启动循环设备，烟雾也不再产生这样的技术效果。这一开拓性的发明，是一个全新的方法，而不是一个改进方案，其重要性要远超过循环条件下的技术方案，应用在工业中可以大规模生产硝酸铵。在这里，专利权人发明了两个方法，即在有循环时（A + B）不用考虑流量大小，在流量大时（A + C）不用考虑循环与否。之所以用现在这种表达方式，是因为专利权利人利用 150Kg/h/cm^2 这样一个数值更方便地在同一个权利要求中描述这两个方法。上诉人所称"大流量的不必要的循环和小流量的不循环（而这是任何理智的化工企业不可能采取的），都归结为被上诉人专利的保护范围，"试图以此来说明在大流量下（超过 150Kg/h/ cm^2）不循环生产浓硝酸铵溶液是一种公知技术，但其从未拿出任何一份证据来证明，在本案专利申请日之前，有这样一种技术方案在文献上公开过或者在生产上使用过。事实是，化工企业后来之所以"理智的"在大流量下敢于不采取循环，正是源于被上诉人这项 20 年前的发明。所以一审法院认定事实清楚，适用法律完全正确。

四、一个总的发明构思下的两项以上发明可以作为一件申请提出，这一点无论在本案适用的 1984 年《专利法》第三十一条或现行的《专利法》第三十一条都有明确的规定。申请人正是因为 A + B 方案和 A + C 方案在技术上相互关联，包含共同的必要技术特征，属于一个总的发明构思，才将这两项发明作为一件专利申请提出，并以"或"字并列连接，同时在说明书中对两种技术方案都给出了说明。1985 年《专利法实施细则》第三十五条规定"根据专利法第三十一条的规定，发明或实用新型专利申请权利要求可以是下列各项之一，（1）两项以上不能包括在一个权利要求以内的同类产品、方法的独立权利要求"，即对于同类的产品或方法的独立权利要求，能写到一个权利要求中就尽量写到一个权利要求中。而且，当时的审查实践也同样要求尽量将技术方案写入同一项权利要求。所以用"或"表示两个并列选择的技术方案完全符合法律的规定，并得到审查员的认可。可见，GP 公司的循环和不循环技术方案不仅得到说明书的支持，而且并没有在先技术。

五、该专利在中国的申请过程中，审查员开始是由于对硝酸铵现有技术认识上存在偏差，所以在与对比文献美国专利 US256890 比对时，曾误认为申请人两种方案中的大流量情况下不循环的技术方案是不具有创造性的，并在第一次审查意见通知书中要求申请人放弃不循环的技术方案，申请人在意见陈述书中提出了 4 点意见：（1）对比文献生产的是无水硝酸铵或较低浓度的硝酸铵溶液，本发明技术生产的是高浓度硝酸铵溶液。（2）对比文献生产过程需要加热，本发明不需加热。（3）对比文献的技术方案管式反应器中需有添加物，GP 公司专利技术不需要添加物。（4）本发明的方法，是在有或没有硝酸铵溶液循环的条件下，制备浓硝酸铵溶液的方法，而是否循环，则取决于反应物的总流量，只有当反应物的总流量是使产物的产量低于 $150Kg/h/cm^2$ 时，才需要将硝酸铵溶液循环，并最终被授予专利。可见：（1）虽然审查员曾要求申请人放弃"不循环"的技术方案，可申请人从没有放弃或同意放弃此项技术方案的保护。（2）本专利的权利要求虽然经过更改，但完全没有超出说明书的范围。（3）本申请中"在不循环条件下在管式反应器中生产浓硝酸铵溶液"这一技术方案是有新颖性和创造性的，符合《专利法》授予专利权的条件，并不存在规避已有技术的问题。最终公告的发明专利审定说明书中的权利要求书中已经充分表明了审查员最终同意总流量 $150Kg/h/cm^2$ 以下时循环与总流量 $150Kg/h/cm^2$ 以上不循环这两个方案都具有专利性，所以本案中根本不存在所谓的"反悔行为"。

六、在本专利有效期间，上诉人 KT 公司作为供方于 1995 年 2 月 10 日在技术转让合同中约定向沧州大化提供硝酸铵生产方法，后经技术鉴定，其生产方法为不循环，且总流量大于 $150Kg/h/cm^2$。KT 公司以生产经营为目的，销售和使用了"在管式反应器中总流量大于 $150Kg/h/cm^2$ 不循环条件下生产浓缩硝酸铵溶液"的专利方法。且没有得到专利权利人 GP 公司的任何许可，直接违反了《专利法》第十一条的规定，严重侵犯了 GP 公司在本专利方法上享有的独占性权利，给 GP 公司带来了严重的损失。所以，一审判决对 KT 公司侵权事实的认定完全正确。

七、所谓"A＋B＋C"整体方案或"A＋B 然后 A＋C"的方法完全是上诉人的主观臆造，被上诉人的专利既不包括"A＋B＋C"整体方案也不包括先"A＋B 然后 A＋C"的方法，而是分别包含"A＋B"和"A＋C"两个并列的技术方案。一审判决在这一点上法律适用法律完全正确。上诉人所称："在被上诉人专利以前，无论流量大小，尚未发现'中和反应在有循环的硝酸铵存在下进行'，反言之，不循环就是现有技术。"

这种表述在语言上是混乱的，在逻辑推理上是完全错误。A＋C技术方案完全具有新颖性和创造性。

八、国科知鉴字〔2004〕29号鉴定组对沧州大化技术设备的实质反应段的认定准确，流量计算无误，技术特征分析及比对详实，专家鉴定组在此基础上认定被控侵权技术方案与专利方法技术方案相同，并得出结论，即被控技术方案覆盖了ZL86105683.3号专利独立权利要求1的技术方案二的全部必要技术特征，其程序完全合法，技术分析及法律适用准确，因此，一审判决对鉴定结论的采用是正确的。

九、一审法院判决前，有其他法院针对本案同一专利的权利要求作出了不同的解释。根据《最高人民法院关于适用〈中华人民共和国民事诉讼法〉若干问题的意见》第七十五条规定："已为人民法院发生效力的裁判所确定的事实"当事人在诉讼中无须举证，可直接作为定案依据。但是对权利要求书的解释属于法律问题，并不是事实认定问题，因此，其他判决对权利要求进行的解释对本案一审没有任何约束力。

综上所述，GP公司认为上诉人的诉讼请求没有事实和法律依据，石家庄市中级人民法院作出的（1999）石知初字第162号判决认定事实清楚，适用法律法规正确，请求河北省高级人民法院在查明事实的基础上，依法驳回上诉人的诉讼请求，维持原审判决。

被上诉人沧州大化答辩称：

一、鉴定报告严重违法，不宜成为本案认定事实的依据。1. 依据《司法鉴定程序通则（试行）》第二十二条的规定"司法鉴定结论应当由本机构内具有本专业高级技术职务任职资格的司法鉴定人复核。复核人对鉴定结论承担连带责任"。而鉴定报告没有履行复核程序。2. 鉴定报告没有如实记录专家的不同意见。依据《司法鉴定程序通则（试行）》第二十七条的规定"司法鉴定机构对复杂、疑难的技术问题或者对鉴定结论有重大分歧意见时，应当由司法鉴定机构主管业务负责人主持会鉴，或者在听取有关专家意见后再作出结论，不同意见应当如实记录在案"。而鉴定报告却没有如实披露《技术鉴定会会议纪要》的内容，对于不同的意见只用寥寥数笔一带而过。3. 依据《司法鉴定程序通则（试行）》第三十九条第二款的规定"司法鉴定文书……不得载有案件定性和确定当事人法律责任的内容"。就本案而言，鉴定报告只能对两个技术进行客观的描述比较，对于一方技术是否落入了另一方的专利权利保护范围的判断权在法院。而鉴定报告却公然宣称"被控侵权方案（KT公司提供给沧州大化的管式反应器生产浓硝酸铵溶液方法）落入GP公司的ZL86105683.3发明专利权（名称为：浓硝酸铵溶液的制备方法）的保护范围"。这种结论性意见，显然是超越了法律规定的权限，侵犯了法院的独立司法审判权。4. 鉴定报告没有鉴定人的签名。依据《司法鉴定程序通则（试行）》第三十九条第四款的规定，"鉴定（检验、审查、咨询）人应当在司法鉴定文书上签名并注明专业技术职称，对鉴定结论进行复核的司法鉴定人应当在司法鉴定文书上签名。司法鉴定文书经签发人签发后加盖司法鉴定机构司法鉴定专用章"。而该鉴定报告是一份鉴定人在鉴定结论存在重大分歧的鉴定报告，却没有五位鉴定人的任何一个人的签名，明显的违反了法律的规定。5. 持不同意见的鉴定人未能出庭质证，不能真实、全面反映鉴定意见。五位鉴定人员只有两位同意鉴定意见的专家出庭是违反规定的，鉴定意见应是一种科学的结论，而不是简单的少数服从多数，更不能因此而抹杀了少数人的意见，致使法庭失去了倾听、比较的机会，并导致法庭得出了单一的结论。6. 鉴定报告适用法律错误。根据一审判决的认定，本案应适用1993年1月1日前的《专利法》及《专利法实施细则》，而鉴定报告却引用的是2001年7月开始实施的新专利法。一份适用法律错误的鉴定报告是不能作为证据来使用的。7. 鉴定报告将ZL86105683.3发明专利权拆分为两个独立的技术方案根本违反了专利权单一性的规定，没有任何法律依据。依据1993年1月1日前《专利法实施细则》第二十一条的规定"独立要求应当从整体反映发明或者实用新型的技术方案，记载为达到发明或者实用新型目的的必要技术特征"。因此，任何一项发明专利，其必要的技术特征的全部或者其组合构成了该专利的保护基础。换句话讲，其中任何一项特征不能单独拿出来作为一个独立的技术方案进行保护。而鉴定报告却人为地、没有任何根据的将ZL86105683.3发明专利权分为两个独立的技术方案，并进一步得出了"被控侵权方案覆盖了ZL86105683.3专利独立权利要求1的技术方案二的全部必要技术特征"。这种建立在根本性错误基础上而得出的鉴定结论怎么能是一个科学的鉴定结论呢？

二、鉴定报告没有准确地描述答辩人使用的技术基本特征，并且没有与ZL86105683.3发明专利进行全面对比。鉴定报告片面地，仅仅根据答辩人提交的图纸将答辩人使用的技术特征描述为："被控侵权技术方案是在没有硝酸铵溶液循环的情况下进行硝酸与氨的中和反应，采用的是三段式变径管式反应器，包括入口段、中间段和出口段。但硝酸与氨的中和反应却在中间段完成，在该段中其反应物的流量高于$150kg/h/cm^2$。"鉴定报告这样的描述引发了两个重要错误：

第一，整个管式反应器都在发生中和反应被描述为仅是/或主要在中间段发生中和反应。

第二，由于整个管式反应器都在发生中和反应，因此应当综合计算反应物流量；而鉴定报告却认为反应仅/或主要在中间段完成，因而仅取中间段的截面积来计算反映物流量。

由于这两个严重的错误，加上鉴定报告人为地、没有任何依据的将ZL86105683.3发明专利独立权利要求1拆分为两个独立的技术方案，而得出了沧州大化侵权的错误结论，因此鉴定报告不能作为本案认定事实的依据。

三、将一份有明显瑕疵的鉴定报告作为本案认定事实的唯一证据使用，将司法审判权交给了司法鉴定机构。1. 一审法院在判决书中宣称对鉴定报告"只考虑其程序是否合法，只要程序不违反法律，就应采纳鉴定意见"。是对鉴定报告的盲从，是忽视审核、认定鉴定报告的责任，是对司法审判权的放弃。2. 一审法院将一份有明显瑕疵的鉴定报告作为认定本案事实的唯一证据，是将司法审判权交给了司法鉴定机构。该鉴定报告从形式上、程序上和事实认定上都存在着明显的瑕疵和违法之处，而且在五位鉴定人中也存在着不同意见。如果将一个鉴定结论，简单的表述为少数服从多数并按照多数鉴定人的意见作出鉴定结论，必然是一个不科学、不严肃的鉴定结论，至少不能将其作为本案认定事实的唯一证据使用。3. 一审法院只准许同意鉴定报告结论的鉴定人出庭接受当事人质询是不公正的。一审质证中，法院只准许同意鉴定报告结论的鉴定人出庭接受当事人质询而未能准许不同意鉴定报告结论的鉴定人出庭接受当事人质询。准许不同意鉴定报告结论的鉴定人出庭接受当事人的质询是当事人的正当权利和合理要求，一审法院不予准许，是不公正的。综上所述，一审法院在鉴定报告的认定上存在着适用法律的错误，答辩人请求二审法院给予纠正。

二审查明事实

在二审期间，二审法院根据双方当事人的诉辩情况，主要调查的问题是：专利号为86105683.3 的发明专利权利要求书中权利要求 1 所记载的技术特征是一个完整的技术方案，还是两个并列的技术方案。就此问题，双方当事人均未向二审法院提交新的证据，对于原审双方提交的证据的真实性各方均无异议。双方当事人对于原审法院查明的事实中的第一、二部分均无异议。因此，对于原审查明的事实中的一、二部分所确定的事实二审法院予以确认。另外，GP 公司在取得该发明专利申请过程中，专利审查员根据 1987 年的专利权利要求书及说明书作出了第一次审查意见通知书，对其真实性双方当事人亦没有异议，对该审查意见书的内容二审法院予以确认。

二审判决及理由

二审法院认为：本案的关键问题是对 GP 公司"浓缩硝酸铵溶液的制备方法"发明专利权利要求 1 的界定，即该权利要求是要求保护产量小流量时循环、大流量时不循环进行中和反应的制备浓缩硝酸铵溶液的一种技术方案，还是要求将低于 150kg/h/cm^2 流量时循环进行中和反应和高于 150kg/h/cm^2 流量时不循环进行中和反应的制备浓缩硝酸铵溶液的两种技术方案分别保护。

原审法院委托的技术鉴定部门就 GP 公司"浓缩硝酸铵溶液的制备的方法"的发明专利所作的《技术鉴定报告书》中记载，"鉴定人员一致认为，原告专利的独立权利要求 1 中包含了如下两个并列的技术方案"，《技术鉴定报告书》正是以这一认定为基础，得出了被控侵权技术落入原告专利技术的保护范围的结论。且不论专利权利要求的解释权应由法院而非技术鉴定人员来行使，仅就上述"原告专利的独立权利要求 1 中包含了如下两个并列的技术方案"的认定而言，《技术鉴定报告书》除引用法律条文、《专利法实施细则》的规定和专利权利要求书的内容外，对鉴定人员依据哪些材料如何分析论证出该认定，没有任何阐述。这样一个没有给出具体事实依据和论证过程的结论，其可靠性当然值得怀疑。原审判决对这一认定直接予以确认，理由仅仅是对属于一个总的发明构思的两项发明，可以作为一个申请提出，《专利法》对多项技术方案记载于一个权利要求中并没有禁止性规定。这一表述，首先无条件确认了"原告专利的独立权利要求 1 中包含了两个并列的技术方案"的专家结论，然后讲明法律并不禁止这一种情况，但对这一结论为何成立没有任何论述。原审法院在没有给出事实依据和论证过程的情况下对一个同样没有给出具体事实依据和论证过程的技术专家结论直接肯定，其实质上是将专利权利要求的解释权让渡给技术鉴定人员来行使，这种做法无疑欠妥。

从纯粹的技术角度而言，低于 $150kg/h/cm^2$ 流量时循环进行中和反应和高于 $150kg/h/cm^2$ 流量时不循环进行中和反应可以说是两个技术方案，但这并不等于说当上述两个技术方案出现在专利权利要求1中就应必然作为两种方案分别保护，因为同样从纯粹的技术角度看，低于 $150kg/h/cm^2$ 流量时循环进行中和反应和高于 $150kg/h/cm^2$ 流量时不循环进行中和反应可以视为用管式反应器制备硝酸铵溶液这样一个完整的技术方案之中不同流量区间下不同的反应状态，亦即从不同的技术视角，可以得出不同的结论。从专利法角度而言，对专利权利要求的解释尽管可能会涉及技术问题，甚至在某些情况下需要倾听技术专家的意见，但必须明确的是，对专利权利要求的解释并非一个单纯的技术问题，其最终解释权应由法院来行使。确定 GP 公司"浓缩硝酸铵溶液的制备方法"发明专利权利要求1是要求保护包含两种状态的一个完整的技术方案，还是要求保护两个独立的技术方案，不能只考虑纯粹的技术问题，应结合该专利权利要求书、说明书及申请专利过程中审查员的审查意见、申请文件的修改、申请人的意见陈述等文件资料综合认定。

从技术主题看，GP 公司发明专利的技术主题是"在管式反应器将硝酸与氨进行中和，以生产浓硝酸铵溶液的方法"，这一技术主题并未对流量进行限定，其既不是"一种大流量下生产硝酸铵的方法"也不是"一种小流量下生产硝酸铵的方法"，因此应理解为适用于不同流量区间的一个完整的技术方案，"低于 $150kg/h/cm^2$ 时……"与"高于 $150kg/h/cm^2$ 时……"正是为了穷尽该技术方案中对不同流量状态下不同动态过程的描述。

从技术方案的表述看，如果没有低于 $150kg/h/cm^2$ 时需要循环的正面表述，高于 $150kg/h/cm^2$ 时不循环的否定表述形式不可能限定出一个完整的技术方案，因为否定条件不可能穷举。产量高于 $150kg/h/cm^2$ 时不循环只是在常规均没有循环基础上所提出的需要一个界限数值，产量高于 $150kg/h/cm^2$ 时不循环是对产量低于 $150kg/h/cm^2$ 时循环的进一步说明，而不是一个独立的权利要求。

从申请专利过程中的意见陈述看，针对审查员的第一次审查意见，GP 公司在意见陈述书中称，"本发明的方法是在无任何填料的管式反应器中应用氨与硝酸中和反应，在有或没有由于氨与硝酸的中和反应所生成的硝酸铵溶液循环的条件下，制备浓硝酸铵溶液的方法，而是否需要将硝酸铵溶液进行循环，则取决于反应物的总流量，只有当反应物的总流量是使产物的产量低于 $150kg/h/cm^2$ 时，才需要将循环比为 1~5 硝酸铵溶液进行循环"。从 GP 公司的上述陈述可看出，本专利方法既包括在大流量下不循环的技术内容，同时亦包括小流量下循环的技术内容。

从专利说明书"浓缩硝酸铵溶液的制备方法"的内容看，其中记载："当反应物的总流量是使产物的产量高于 $150kg/h/cm^2$ 时，就不需要循环硝酸铵溶液，也没有烟雾产生。然而，必须指出的是，在开始操作时，通入一定量的硝酸铵溶液是有利的。因此在那个时候，阀门不是立即打开的，而是要用大约 10 秒的时间，而在此过程中，就会产生很多烟雾。此外，最好是设置一个循环硝酸铵溶液的装置，以便能根据需要来调节反应物的总流量。"由此可见，在制备浓硝酸铵溶液装置里，反应物的总流量可以根据需要调节，硝酸铵溶液循环与不循环是浓缩硝酸铵溶液的制备方法中不同生产阶段不同流量条件下不同的生产状态。

因此，二审法院认定对 GP 公司"浓缩硝酸铵溶液的制备方法"发明专利只能作为一个完整的技术方案来进行保护，这一技术方案所包含的技术特征为：1. 在管式反应器中将氨与硝酸进行中和反应，以生产浓硝酸铵溶液；2. 当反应物总流量是使产物的产量低于 $150kg/h/cm^2$ 时，在有循环比为 1~5 的硝酸铵溶液循环物流存在的情况下进行中和反应；3. 当反应物总流量是使产物的产量高于 $150kg/h/cm^2$ 时，在没有硝酸铵溶液循环的情况下进行中和反应。

由于建立在"原告专利的独立权利要求 1 中包含了两个并列的技术方案"的错误认定的基础之上，一审《技术鉴定报告书》中的"被诉侵权技术落入原告专利技术的保护范围"的最终结论，二审法院不予考虑。KT 公司许可沧州大化使用的"管式反应器制备硝酸铵溶液"的技术与 GP 公司的专利权利要求所保护的技术方案进行对比，缺少"当反应物总流量是使产物的产量低于 $150kg/h/cm^2$ 时，在有循环比为 1~5 的硝酸铵溶液循环物流存在的情况下进行中和反应"这一必要技术特征，因此，KT 公司许可沧州大化的技术并未侵犯 GP 公司的"浓缩硝酸铵溶液的制备的方法"的发明专利权。KT 公司关于 GP 公司"浓缩硝酸铵溶液的制备的方法"的发明专利权利要求 1 应作为一个独立的技术方案予以保护，KT 公司未侵犯 GP 公司发明专利权的上诉理由成立，二审法院予以支持。

综上所述，原审判决部分事实认定有误，适用法律不当，应依法予以改判。依照《民事诉讼法》第一百五十三条第一款第（二）项、第（三）项之规定，判决如下：

一、撤销河北省石家庄市中级人民法院（1999）石知初字第 162 号民事判决；

二、驳回 GP 公司的诉讼请求。

一审案件受理费人民币 25 510 元，鉴定费人民币 1 600 元；二审案件受理费 25 510 元，均由 GP 公司承担。

发明专利（电学领域）

案例 25：南辰公司、伟豪公司与华源公司、飞乐厂专利侵权纠纷案

原告（上诉人）： 北京南辰投资有限公司（下称"南辰公司"）
原告（上诉人）： 北京伟豪铝业有限责任公司（下称"伟豪公司"）
被告（被上诉人）： 上海华源铝业有限公司（下称"华源公司"）
被告： 吴江飞乐东风电子元件厂（下称"飞乐厂"）

一审法院： 上海市第二中级人民法院
一审案号：（2002）沪二中民五（知）初字第 11 号
一审合议庭成员： 陈默、周庆余、杨煜
一审结案日期： 2003 年 10 月 24 日

二审法院： 上海市高级人民法院
二审案号：（2004）沪高民三（知）终字第 4 号
二审合议庭成员： 朱丹、范倩、张晓都
二审结案日期： 2004 年 3 月 9 日

案由： 专利侵权纠纷

关键词： 专利侵权、中止审理、技术鉴定、等同特征、公知技术抗辩、专利权的保护范围、技术特征

涉案法条
　　《专利法》第五十六条第一款
　　《民事诉讼法》第一百五十八条

争议焦点
● 如果被控侵权产品的某一技术特征相对于涉案专利权利要求中记载的某一技术特征，

是以基本相同的手段，实现基本相同的功能，达到基本相同的效果，并且本领域的普通技术人员无需经过创造性劳动就能够联想到，该项技术特征就是等同的技术特征。技术特征是否等同涉及专业技术问题，故认定是否等同有时需要借助所涉领域专业技术人员的判断。技术特征是否等同认定后，人民法院再进一步据此依法判定是否构成等同侵权。

● 专利权保护的范围以其权利要求的内容为准，亦即由权利要求中记载的技术特征予以限定。涉案专利权利要求记载的技术特征中并无静电容量指标，故不能以相关产品的静电容量指标来确定涉案专利的保护范围。

审判结论

对原告南辰公司、伟豪公司的诉讼请求不予支持。

一审案件受理费人民币 16 010 元，鉴定费人民币 1.2 万元，两项合计人民币 28 010 元，由原告南辰公司、伟豪公司共同负担。

二审法院判决驳回上诉，维持原判。

二审案件受理费人民币 16 010 元，由上诉人南辰公司与伟豪公司共同负担。

起诉及答辩

原告南辰公司及伟豪公司诉称：两原告生产的电解电容器负极箔产品（产品号：2301）于 1996 年 8 月 29 日申请发明专利，国家知识产权局于 2000 年 1 月 22 日授予发明专利权。专利号为 ZL96109099.5。2001 年 7 月，两原告发现被告华源公司生产的 Y801H19 铝箔产品，与两原告上述专利产品在性能、成分上完全相同，华源公司将其产品分别销往被告飞乐厂以及张家港等地。两原告认为，两被告的行为，侵犯了两原告的专利权，遂向一审法院起诉，请求判令两被告停止侵权；被告华源公司在《新民晚报》《解放日报》上向两原告赔礼道歉；赔偿两原告经济损失人民币 120 万元并由两被告承担本案的诉讼费。

被告华源公司辩称：1. 华源公司生产的电子箔产品与两原告的专利产品在制作工艺和产品结构上都不同。且与两原告产品在生产中对锰元素的使用手段、效果、功能、功用上不同。2. 两原告提出的赔偿依据明显不足。法院保全的发票是华源公司全部电子箔产品的发票，而事实上涉案的 801 电子箔产品仅是四项电子箔产品中的一项，因此，两原告依法院保全的发票要求赔偿没有依据。

事实认定

一审法院经审理查明：原告南辰公司于 1996 年 8 月 29 日向（原）中国专利局申请了名称为"电解电容器负极箔用铝－铜合金箔"发明专利，并于 2000 年 1 月 22 日被授予专利权。专利号为：ZL96109099.5。该专利的权利要求为：一种电解电容器负极箔用铝－铜合金箔，它是含有铜、锰的合金箔，合金中以铜为主，以锰为辅，其合金成分（重量百分比）如下：Cu 0.2 ~ 0.3、Mn 0.1 ~ 0.3、Fe ≤ 0.3、Si < 0.15，余量为 Al 以及不可避免的杂质。2002 年 7 月 12 日，国家知识产权局核准变更上述专利的专利权人

为南辰公司和伟豪公司。

2001年1月，被告华源公司开始小批量生产Y801H19电子箔产品，同年9月27日进行大批量生产。2001年1月至2002年1月，被告华源公司将系争产品销售给被告飞乐厂，产品规格为0.05×500，单价为每公斤22~26元不等。

庭审中，被告华源公司向一审法院提供了两份日本申请的专利文献，其中一份为日本专利昭55-28788（1981年-127759），申请日为1980年3月7日，专利申请公开日为1981年10月6日。专利名称为铝电解电容器的阴极用铝合金箔的制造法。该专利的申请范围是：将由Mn：0.1%~0.9%，Cu：0.1%~0.6%，Al及不可避免的不纯物：为余下部分（以上重量的%）等组成的铝合金溶液采用直接压延法进行铸造后使之成为固熔体组织的板状铝合金材料。该专利说明中对有关成分组成明确了不可避免不纯物为Si、Ti及Fe等不纯物，并强调希望把Si控制在0.15%以下，Fe控制在0.20%，Ti控制在0.01%以下，其他的不纯物控制在合计0.3%以下。另一份是日本专利昭55-18120（1981年-115517），申请日为1980年2月15日，专利申请公开日为1981年9月10日，专利名称为铝电解电容器的阴极用铝合金箔。该专利的申请范围是：由铝材料及材料中所含的不可避免的不纯物如铜：0.1%~2.0%，铁：0.05%~0.7%，锰：0.02%~0.2%，钛：0.02%~0.15%所构成的铝电解电容器阴极用铝合金箔。该专利的说明书列举实施例时，特别强调添加锰的效果是在0.1%附近时最为有效。添加钛的效果是0.06%的附近时为最高值。

上述事实由两原告的专利证书及相关专利文件、两被告生产、销售Y801H19电子箔产品的发票、发货单、被告华源公司有关批量生产的内部通知、两份日本申请的专利文献、庭审笔录等证据证实。

被告华源公司对两原告系本案系争专利的专利权人无异议。

一审判决及理由

一审法院认为：本案的争议焦点在于：1. 被告华源公司生产的Y801H19电子箔产品是否落入两原告专利的权利要求保护范围以及两被告的行为是否构成对两原告专利权的侵害。2. 两原告要求被告华源公司承担人民币120万元的经济赔偿是否有依据。

为解决上述第一个争议焦点，一审法院于2002年3月20日，依法委托科学技术部知识产权事务中心进行技术鉴定。科学技术部知识产权事务中心接受一审法院委托后，经对原、被告提供的有关证据材料进行对比鉴定和分析，于同年6月6日出具了书面鉴定报告。该鉴定报告的结论为：被告华源公司生产的名称为Y801H19铝铜合金箔落入了两原告名称为铝电解电容器负极箔用铝-铜合金箔发明专利（专利号为ZL96109099.5）的权利要求保护范围。其具体理由是：经比对，被告华源公司产品的铜、铁、硅成分含量与原告专利权利要求保护的特征相同。两原告专利锰含量范围为0.1%~0.3%，被告华源公司产品的锰含量为0.086%，在两原告专利所要求的范围之外。对这一特征，专家认为，根据该领域的常识，锰的加入使合金表面生成均匀的蚀孔，同时提高合金的强度，被告华源公司产品锰含量的降低不会导致产品意外效果的发生，是以基本相同的手段实现基本相同的功能，并达到基本相同的效果，且本领域的普通技术人员无需经过创造性劳动即能联想到该种特征的替代作用。因此，该特征与两原告专利特征等同。两原告专利特征（5）是"余量为铝及不可避免杂质"，被告华源公司产品的特征（5）是"余量为铝、镁、锌、钛等"，专家在分析中认为，首先，按照常识，镁、锌属不可避免的杂质；其次，钛在合金中可以起到细化晶粒的作用，本不应属于杂质，但一方面铝链本身会含有微量的钛，另一方面原告专利权利要求没有对"不可避免的杂质"作出明确限定，而该专利说明书中有"……另外加入适量的晶粒细化剂-铝钛硼……"的阐述，说明专利产品含有钛的成分，当用说明书解释权利要求时，可将钛归入"不可避免杂质"类。因此，两原告专利的特征（5）与被告华源公司产品的特征（5）相同。

两原告对该鉴定报告的质证意见是：鉴定结论产生的程序合法。至于鉴定内容中涉及的等同原则，因涉案专利的专业性非常强，是否等同主要从技术角度来说，因此，鉴定机构作出的结论是合理的。

被告华源公司对鉴定报告的质证意见是：1. 鉴定报告未将两原告 ZL96109099.5 号发明专利的加锰作用与华源公司生产的 Y801H19 合金中钛、锰结合的作用进行区分。2. 鉴定报告未将两原告热轧坯料生产工艺与华源公司铸轧带坯生产工艺产生的力学性能和腐蚀性能不同进行区分。3. 两原告专利只是在日本专利的基础上增加锰，目的是提高合金强度，因此，两原告专利已完全落入日本专利的权利要求范围。4. 鉴定报告对华源公司产品中钛的判断存在偏差，华源公司产品中的钛是根据工艺要求添加进去，鉴定报告将如此高的钛按照不可避免杂质对待是错误的。综上，华源公司生产的 Y801H19 合金中的锰在其手段、作用和效果方面与两原告专利没有任何共同之处。华源公司产品的锰含量的上限定为 0.09%，不可能达到两原告专利权利要求书中 0.1% ～ 0.3% 锰含量。鉴定报告将其认定为等同完全扩大了两原告专利保护范围，损害了社会公众自有使用的合法权利。

根据原、被告双方的质证意见，科学技术部知识产权事务中心对《技术鉴定报告书》质疑作出了答复意见。具体意见为：被告华源公司对《技术鉴定报告书》提出的质疑意见不影响《技术鉴定报告书》的基本内容和鉴定结论。同时，鉴定专家组不对两原告专利是否落入日本专利的权利要求保护范围以及是否具有创造性进行补充鉴定。

针对第一个争议焦点，一审法院认为：经将两原告专利的权利要求保护范围与被告华源公司的产品进行对比分析，结合专家鉴定报告以及被告华源公司在庭审中提供的两份日本申请的专利文献可以看出：被告华源公司的产品中的合金成分及含量均在日本申请的专利（1981 年 – 115517）的成分及含量的范围之内，日本申请专利（1981 年 – 115517）及（1981 年 – 127759）中均披露了生产本案系争产品所需使用的合金成分，如铜、锰、铁、硅等及其含量，尤其是（1981 年 – 115517）专利还特别强调 Mn 含量在 0.1% 附近时最为有效。由于被告华源公司的产品完全落入日本申请专利（1981 年 – 115517）的权利范围中，特别是对有关锰含量的设定完全在该申请专利推荐的最佳值范围附近，因此，相比两原告专利对锰要求在 0.1%～0.3% 来说，被告华源公司产品的合金成分及其含量更接近于日本申请的专利。更何况被告华源公司产品中的锰含量不在两原告专利设定的范围内。根据《专利法》的相关规定，在原告专利申请日前公开的技术是公知技术。被告华源公司提供的日本申请的专利（1981年–115517），其申请日是1980年2月15日，两原告的专利申请日是1996年8月29日，很显然，日本的专利申请日比两原告的专利申请日早16年，因此，对于两原告的专利而言，日本申请的专利属在先技术，再根据公知技术抗辩原则，被告华源公司产品使用在先技术不构成对两原告专利权的侵害。同样，被告飞乐厂销售系争产品的行为也不构成对两原告专利权的侵害。

关于第二个争议焦点，两原告在庭审中表述，其要求被告华源公司赔偿120万元的经济损失，是依据市场估量，得出被告华源公司生产的吨数和单价数额，再加上两原告用于诉讼所花费的差旅费等，其认为提出120万元的赔偿是合理的。与此同时，两原告认为，被告华源公司至今未提供财务账册，法院应当进行审计确定被告华源公司的生产销售数量。为此，两原告希望法院支持其诉讼请求。

被告华源公司认为：其生产的系争产品的数量就是法院保全的数字，由于华源公司的产品有多种型号，两原告指控的系争产品具体是多少，无法通过审计而确切的计算出来，因此，被告华源公司不同意两原告提出审计的要求。

一审法院认为，根据前述一审法院对第一个争议焦点的论述，被告华源公司作出的其使用公知技术生产系争产品的抗辩理由成立，因此，对两原告提出要求被告华源公司赔偿经济损失人民币120万元的诉讼请求，无事实和法律依据，一审法院难以支持。

综上，一审法院认为：两原告依法享有的专利应当受到法律保护，但其权利的保护范围以其权利要求书的内容为准，说明书和附图可以解释权利要求书。由于被告华源公司生产的 Y801H19 铝箔产品的合金成分中锰含量未落入两原告专利保护范围，且被告华源公司的产品特征包含在两原告专利申请日前日本已公开申请的专利技术范围之内，因此，被告华源公司生产本案系争专利产品的行为，未构成对两原告专利权的侵害。据此，依照《专利法》第五十六条第一款的规定，判决如下：

对原告南辰公司、伟豪公司的诉讼请求不予支持。

案件受理费人民币 16 010 元，鉴定费人民币 1.2 万元，两项合计人民币 28 010 元，由原告南辰公司、伟豪公司共同负担。

上诉理由

南辰公司与伟豪公司不服一审判决，向二审法院提起上诉，请求撤销原审判决发回重审或者依法予以改判。上诉人南辰公司与伟豪公司上诉的主要理由是：第一，原审法院在审理过程中违法中止案件审理，在违法中止审理后又违法恢复审理。第二，原审判决错误认定了科学技术部知识产权事务中心出具的鉴定报告。鉴定报告明确指出被上诉人华源公司的产品落入了涉案专利的权利要求保护范围，但原审判决在未能指明鉴定报告究竟错在何处以及错误原因的情况下就拒绝使用鉴定报告，显属不当。第三，原审判决错误认定了被上诉人产品与日本专利和涉案专利的关系。日本专利产品的静电容量指标最高不超过300，涉案专利产品的静电容量指标一般都在550以上，被上诉人产品的静电容量指标一般也都在550以上，这足以说明被上诉人产品不是源于日本专利，而是源于两上诉人的专利。原审判决认定被上诉人产品与涉案专利无关的重要理由是：被上诉人产品的锰含量是0.086%，而涉案专利的锰含量范围是0.1%～0.3%。实际上，鉴定报告已指出：被上诉人产品锰含量的降低不会导致产品意外效果的发生，其属于以基本相同的技术手段实现基本相同的功能。原审判决在没有任何科学依据的情况下就否定专家意见，违背了"以事实为依据，以法律为准绳"的审判原则。

被上诉人华源公司辩称，原审判决认定事实清楚，适用法律正确，请求驳回上诉，维持原判。第一，被上诉人产品完全落入日本专利（1981年－115517）权利要求的保护范围事实清楚，且被上诉人产品的合金成分锰的含量也在日本专利（1981年－115517）推荐的最佳值附近，而不在涉案专利设定的范围内。涉案专利权利要求并未提到"静电容量指标一般都在550以上"字样，故"静电容量指标一般都在550以上"不属于其专利权保护的范围。另外，也不知两上诉人认为其专利产品以及被上诉人的被控侵权产品的静电容量指标一般都在550以上有何依据。况且，静电容量的大小与其腐蚀和测试条件紧密相关，腐蚀和测试条件不一样，测试结果就不一样。第二，原审法院对鉴定报告里的错误判断不予采信是正确的。等同是法律问题，应由法官结合相关材料作出判断，由专家在鉴定报告中适用"等同原则"应属不当。况且，被上诉人产品的锰含量不在专利保护范围的上下限，不应适用等同原则。第三，原审判决适用法律正确。

二审查明事实

二审中，上诉人南辰公司与伟豪公司、被上诉人华源公司、原审被告飞乐厂均未向二审法院提供新的证据材料。

二审法院经审理查明，根据国家有色金属质量监督检验中心出具的检验报告，本案被控侵权产品中化学成分硅、镁、铜、锰、铁、钛、锌的含量（百分比）分别为0.098、0.0012、0.25、0.086、0.23、0.013、0.0043。在原审庭审过程中，南辰公司与华源公司的委托代理人均认为生产电解电容器负极箔用铝合金箔需在铝链中添加钛。二审中，南辰公司与伟豪公司对此再次予以确认。原审判决认定的其他事实基本属实。

二审判决及理由

二审法院认为：两上诉人并未提供充分的事实与法律依据可以说明原审法院在本案一审程序中根据案件审理的具体情况裁定中止审理，后又恢复审理是违法的，其相应上诉理由不能成立。

涉案专利发明为组合物发明，其权利要求为封闭式权利要求。故涉案专利所保护的组合物应是由铜0.2～0.3、锰0.1～0.3、铁≤0.3、硅<0.15，余量为铝以及不可避免

的杂质（重量百分比）组成的组合物。该组合物不应包含其他组分，且其中的不可避免的杂质应是通常的含量。被控侵权产品中的镁与锌为不可避免的杂质。铝链本身含有微量的钛，但因添加钛后被控侵权产品中其含量为 0.013%，高于其作为杂质在铝链中通常的含量，故钛在被控侵权产品中为一组分而不能视为不可避免的杂质。虽然涉案专利说明书中有"……另外加入适量的晶粒细化剂－铝钛硼……"的阐述，但该陈述不能被读入权利要求中，鉴定报告认定被控侵权产品中含量 0.013% 的钛为不可避免的杂质，并进而认定被控侵权产品落入涉案专利的保护范围有误，相比涉案专利权利要求，由于被控侵权产品多了组分 0.013% 的钛，即使被控侵权产品的其他组分与涉案专利权利要求中限定的组分相同，且相应组分的含量落入权利要求中相应组分含量限定的数值范围，被控侵权产品亦因构成不同的组合物而没有落入涉案专利的保护范围。两上诉人认为应当采纳鉴定报告关于被控侵权产品已落入涉案专利保护范围鉴定结论的上诉理由不能成立。

专利权保护的范围以其权利要求的内容为准，亦即由权利要求中记载的技术特征予以限定。涉案专利权利要求记载的技术特征中并无静电容量指标，故不能以相关产品的静电容量指标来确定涉案专利的保护范围。

如果被控侵权产品的某一技术特征相对于涉案专利权利要求中记载的某一技术特征，是以基本相同的手段，实现基本相同的功能，达到基本相同的效果，并且本领域的普通技术人员无需经过创造性劳动就能够联想到，该项技术特征就是等同的技术特征。技术特征是否等同涉及专业技术问题，故认定是否等同有时需要借助所涉领域专业技术人员的判断。技术特征是否等同认定后，人民法院再进一步据此依法判定是否构成等同侵权。本案涉案专利权利要求中记载的锰含量范围为 0.1%～0.3%，被控侵权产品中锰含量为 0.086%。鉴定报告认为，根据所涉领域的常识，锰的加入使合金表面生成均匀的蚀孔，同时提高合金的强度，被控侵权产品中锰含量的降低不会导致产品意外效果的发生，是以基本相同的手段实现基本相同的功能，并达到基本相同的效果，且本领域的普通技术人员无需经过创造性劳动即能联想到该种特征的替代作用。故该特征与专利特征等同。鉴定报告认定被控侵权产品中锰含量技术特征与涉案专利权利要求记载的相应技术特征等同，并无不当。被上诉人没有提供推翻该项技术特征等同认定的充分理由。但即使被控侵权产品中锰含量技术特征与涉案专利相应技术特征等同，因被控侵权产品中不同化学成分 0.013% 钛的存在而不构成侵权。两上诉人以原审判决错误认定了被控侵权产品与日本专利和涉案专利的关系为由要求支持其上诉请求的主张不能成立。

综上所述，两上诉人的上诉请求没有事实和法律依据，应予驳回。依照《民事诉讼法》第一百五十八条之规定，判决如下：

驳回上诉，维持原判。

案件受理费人民币 16 010 元，由上诉人南辰公司与伟豪公司共同负担。

实用新型专利（机械领域）

案例 26：李书建与合肥杏花公园、武汉福特公司专利侵权纠纷案

原告（上诉人）：李书建

被告（被上诉人）：合肥杏花公园

第三人：武汉市福特游乐设备有限责任公司（下称"武汉福特公司"）

一审法院：安徽省合肥市中级人民法院

一审案号：（2005）合民三初字第 104 号

一审合议庭成员：杨皖、朱治能、王怀庆

一审结案日期：2006 年 3 月 23 日

二审法院：安徽省高级人民法院

二审案号：（2006）皖民三终字第 0012 号

二审合议庭成员：张坤、余听波、陶恒河

二审结案日期：2006 年 8 月 3 日

案由：专利侵权纠纷（先用权）

关键词：专利侵权、先用权抗辩、先用权抗辩的适用、先用权抗辩的举证责任分配、
善意第三人赔偿责任的免除

涉案法条

《专利法》第十一条第一款、第五十六条第一款、第五十七条第一款、第六十三条
第一款第（二）项、第六十三条第二款

《民事诉讼法》第十三条、第五十六条第二款、第一百五十三条第一款第（二）
项、第（三）项

《最高人民法院关于民事诉讼证据的若干规定》第二条

争议焦点

● 先用权实际上是专利侵权诉讼中的一种抗辩权，可以对抗专利权。但取得先用权是有严格条件的，其制造或者使用的行为不符合这些条件中的任何一项，行为人都不具有先用权。这些条件是：（1）时间条件。即制造或者使用的行为发生在他人取得专利权的专利申请以前。（2）技术来源条件。即制造或者使用的技术是先用权人自己独立完成的，而不是抄袭、窃取专利权人的。（3）使用条件。即先用权人在他人专利申请日以前，至少已经做好了制造或者使用的必要准备。（4）范围条件。先用权的制造或者使用的行为，只限于原有的范围和规模之内；先用权人对其发明创造只能是自己实施，不得任意转让、投资、抵押或入股。

● 在专利侵权诉讼中，如果当事人以其使用的技术与专利技术不相同进行抗辩，就不能再适用先用权进行抗辩。因为，先用权的适用必须在技术方案相同的情况下才可以，而且只有制造者才可以提出先用权抗辩。同时，在具体审查判断当事人先用权抗辩事由是否成立时，首先应将被控侵权产品的技术特征与专利独立权利要求记载的必要技术特征进行对比，判断在先使用的技术与专利技术是否相同或等同，如相同或等同成立，然后才审查当事人先用权抗辩能否成立。

● 合肥杏花公园不能以其与柯劲松之间的租赁经营关系对抗本案的专利权人。因本案被控侵权产品落入涉案专利保护范围，第三人武汉福特公司对涉案专利提出的先用权抗辩事由，因其证据与证据之间存在诸多矛盾，不能相互印证、形成证据链，缺乏证明力，故依法不享有先用权。因此合肥杏花公园未经专利权人许可，为经营目的使用侵权产品，其行为构成侵权。

审判结论

一、撤销安徽省合肥市中级人民法院（2005）合民三初字第104号民事判决；

二、判决合肥杏花公园自二审判决生效之日起立即停止使用设置在其公园内的"环山水战车"游乐设备侵权产品；

三、驳回上诉人李书建的其他诉讼请求。

一审案件受理费1 210元，二审案件受理费1 210元，合计2 420元，由李书建负担1 210元，由合肥杏花公园负担1 210元。

起诉及答辩

原告李书建诉称：其于2004年9月7日向国家知识产权局提出"水陆大战游艺装置"实用新型专利申请，并于次年9月28日由国家知识产权局授予实用新型专利权（专利号：ZL200420093089.2）。该专利《权利要求书》载明：1. 一种水陆大战游艺装置，有一个中央水池（1），其特征在于：所述中央水池外设有环行轨道（2），该环行轨道上装有多个陆战车（3），该陆战车上设有射水枪（5），所述中央水池内设有多个互动靶（6），所述射水枪上的射水管通过软管与一个由水泵、电磁阀、吸水管构成的供水装置连通，所述吸水管与所述中央水池连通，所述互动靶由活动靶面、压力开关、喷水装置构成，该喷水装置由水泵、电磁阀、喷水管、进水管构成。被告合肥杏花公园于 2005 年 9 月 1 日在其经营管理的杏花公园内安装了一"环山水战车"游艺设备进行赢利性经营。该"环山水战车"的技术特征与原告依法享有专利权的"水陆大战游艺装置"实用新型专利必要技术特征完全相同，落入了该专利的保护范围。合肥杏花公园未经专利权人的许可，擅自制造、使用该专利产品，侵犯了原告"水陆大战游艺装置"实用新型专利权，且因此造成原告严重的经济损失。为此，原告曾于 2005 年 9 月 8 日前往合肥杏花公园与之交涉，并向该管理处递交了相关专利文件，提请该管理处停止侵害。但该管理处并未予以理会，仍在继续利用该被控侵权产品从事赢利性经营活动。鉴此，请求受诉人民法院依法判令合肥杏花公园立即停止制造、使用"环山水战车"的侵权行为，赔偿原告经济损失人民币 3 万元，并赔礼道歉、消除影响及承担本案全部诉讼费用。后经一审法院向其释明，案件诉讼费用的负担系由受诉法院根据案件的处理结果确定的事项，不涉及当事人系争的民事实体权利义务问题。当事人应根据争议的民事法律关系的权利义务内容确定自己具体诉讼请求。李书建明确表示，不再主张被告合肥杏花公园赔礼道歉、消除影响，放弃案件诉讼费用负担的诉讼请求。

被告合肥杏花公园辩称：原告李书建针对本管理处提出的起诉欠缺事实和法律根据。本管理处系公益性的事业单位，既无制造涉案被控侵权产品的资质，也无制造该被控侵权产品的能力。本管理处使用的"环山水战车"游艺设备系于 2004 年 11 月购自于武汉福特公司，至于该产品制造厂家制售该被控侵权产品的行为是否侵害他人专利权，本管理处无从知晓。现行《专利法》第六十三条第二款规定，为生产经营目的使用或者销售不知道是未经专利权人许可而制造并售出的专利产品或者依照专利方法直接获得的产品，能证明其产品合法来源的，不承担赔偿责任。按照这一法律规定，本管理处通过合法渠道购进使用该产品，不应承担任何民事法律责任。受诉法院应当据实依法驳回李书建就此针对本管理处提出的诉讼请求。

合肥杏花公园认为其作为涉案被控侵权产品"环山水战车"的使用者，在向该游艺设备的生产厂家购进该产品时，该产品生产厂家向其提供了《特种设备制造许可证》和《产品出厂检验报告》，该生产厂家制售该被控侵权产品的行为是否存在正当理由，应由该产品的制造者予以证明。况且，该生产厂家与本案的处理结果有着法律上的利害关系，当作为本案当事人参加案件诉讼。据此理由，合肥杏花公园于 2005 年 11 月 29 日向一审法院提出追加涉案被控侵权产品"环山水战车"的制造者武汉福特公司为本案第三人的申请。为此，该管理处还提供了租赁杏花公园场地经营涉案游艺项目的业主柯劲松于 2004 年 11 月 10 日就购置"环山水战车"与武汉福特公司签订的《产品销售合同》、武汉福特公司于 2005 年 5 月 14 日向柯劲松出具的收受该游艺设备的价款的收据。一审法院经审查认为，合肥杏花公园为此所提供的相关证据证明，武汉福特公司确与本案的处理结果存在着法律上的利害关系。根据《民事诉讼法》第五十六条第二款的规定，当事人双方的诉讼标的，第三人虽然没有独立请求权，但案件的处理结果同他有法律上的利害关系的，可以申请参加诉讼，或者由人民法院通知他参加诉讼。据此，一审法院依职权追加涉案被控侵权产品"环山水战车"的制造者武汉福特公司为本案第三人，并依法定程序通知该公司参加诉讼。

第三人武汉福特公司述称：武汉福特公司早在 2003 年 12 月即已完成了"环山水战车"游艺设备的设计，且于次年 4 月下达了生产计划，同年 5 月组织采购相关构件材料、零配件进行生产。同年 7 月 26 日，武汉福特公司与湖南省衡阳市岳屏公园游艺设施经营业主廖廷章签订《产品销售合同》向廖出售"环山水战车"。次日，廖依合同约定，经由建设银行股份有限公司衡阳雁峰支行向武汉福特公司汇付了购买"环山水战车"游艺设备的定金人民币 2.1 万元。至此，双方业已确立了"环山水战车"游艺设备交易合同关系。游艺设备经营行业的交易惯例，都是由购方看样订购。依业内交易习惯，足见其在与廖廷章订立此项交易合同之前即已制造出了"环山水战车"样品。现行《专利法》第六十三条第一款第（二）项规定，在专利申请日前已经制造相同产品、使用相同方法或者已经做好制造、使用的必要准备，并且仅在原有范围内继续制造、使用的，不视为侵犯专利权。根据该法律规定，武汉福特公司在原告李书建提出涉案专利申请日之前，亦已完成被控侵权产品的设计、制造，且进行了销售，可以在其原有经营范围内继续制造和销售。因此，武汉福特公司于李书建提出涉案专利申请日之后制造与该专利相同的产品向合肥市杏花公园游艺项目的经营业主柯劲松销售，并不构成对李书建"水陆大战游艺装置"实用新型专利权的侵犯。客户以对价取得本公司制造的这一产品加以利用，亦不至构成侵权。综上，武汉福特公司认为，李书建指控合肥杏花公园使用涉案被控侵权产品的行为侵犯了其"水陆大战游艺装置"实用新型专利权，于法无据，受诉人民法院当不予以支持。

经组织双方当事人进行证据交换，各方当事人对原告李书建所主张的涉案专利的权属、权利保护范围、涉案专利的权利状态，以及现设置在合肥市杏花公园的"环山水战车"游艺设备的技术特征与李书建享有专利权的"水陆大战游艺装置"实用新型专利必要技术特征相同，均不持异议。对此部分事实应予以确认。

事实认定

经庭审查明：当事人间的主要争议为：1. 现设置在合肥市杏花公园内的"环山水战车"是否系合肥杏花公园自行制造的游艺设备，即该台游艺设备是否为柯劲松以个人名义购自第三人武汉福特公司同一产品。2. 武汉福特公司是否在李书建提出涉案专利申请日之前即已制造了相同的产品，或者已经作好了制造相同产品的必要准备。

针对以上当事人的争议，结合本案相关事实和证据分析认证如下：

一、关于现设置在合肥市杏花公园内的"环山水战车"是否系合肥杏花公园自行制造的游艺设备，即该台游艺设备是否为柯劲松以个人名义购自第三人武汉福特公司同一产品问题

合肥杏花公园为反驳李书建指控其为涉案被控侵权产品的制造者，提供了下列证据：

1. 合肥市事业单位登记管理局颁发的事证第 134010000188 号《事业单位法人证书》。该《事业单位法人证书》记载：登记单位：合肥杏花公园，宗旨和业务范围：园容管理和游览服务，举办单位：合肥市园林局。借此证明该管理处仅是对所辖公园进行园容管理和向市民提供公益性游览服务的事业单位。既非制造游艺设备的经营性生产企业，也不具备制造游艺设备的能力。根本不可能自行制造涉案被控侵权产品。

2. 2004 年 11 月 10 日，合肥杏花公园与柯劲松就提供杏花公园游乐园部分场地给柯投资经营游艺项目所签订的《合同书》。合同言明，为加快游乐园建设，合肥杏花公园提供游乐园部分场地给柯劲松投资经营摩天环车、丛林跑马、迷你漂流、环山水战车、电瓶车、碰碰车、转马、海盗船、摇头飞椅、跟踪追击、神舟冲浪项目。该合同第一条载明，杏花公园游乐园位于杏花公园西部人工湖中心岛上。合同第三条载明，合同期限 15 年，自 2005 年 5 月 1 日起至 2020 年 4 月 30 日止。合同第四条确定，柯劲松自主投资，自负盈亏，每年给付合肥杏花公园一定的管理费。以上游乐项目管理费每 5 年一定。第一个 5 年柯劲松每年向合肥杏花公园支付 19.2 万元；以后每隔 5 年，根据经济效益及市场状况，管理费标准在上一次标准的基础上适当增减（增减幅度不超过 ±10%）。柯劲松于本合同签订后 5 日内交定金 9 万元，合同开始履行时该定金转为管理费；从合同生效之日起第一个工作日内将本年度管理费（按实际发生月数计算）一次性支付给合肥杏花公园。合同第七条第二项规定，为保证履行本合同，柯劲松以其在杏花公园内投资建设的上述游乐项目全部的设备资产作为抵押。据此证明该管理处与涉案被控侵权产品的实际购置者柯劲松之间存在着公园场地租赁经营关系，且现设置于合肥市杏花公园内的"环山水战车"游艺设备投资人为柯劲松。

3. 2004 年 11 月 11 日，合肥杏花公园收受柯劲松依前述合同约定支付的 9 万元定金而向柯出具的收款收据、2005 年 5 月 10 日，该管理处收受柯劲松交付第一年管理费 10 万元而向柯出具的收款发票。借此收款收据和发票，证明该管理处与柯劲松就租赁经营杏花公园游乐园场地所达成的前述合同已经实际履行。

4. 2004 年 11 月 10 日，供货方武汉福特公司与购货方柯劲松签订的《产品销售合同》。合同载明该供货方向购货方销售"追逐战车 HZS－DO""环山水战车 HSL－DO"各 1 套，售价分别为 6.8 万元、4.8 万元；交货时间：2005 年 1 月 6 日；付款方式：首付全款 50%，余款 50% 提货时一次付清；"环山水战车"的水池由供货方提供图纸，购货方负责修建；且约定合同自 2004 年 11 月 10 日起生效。

2005 年 5 月 14 日，武汉福特公司收受柯劲松购置前述游艺设备货款 11.6 万元所出具的收据。供货方武汉福特公司向购货方柯劲松提供的编号：TS2610071－2008《特种设备（大型游乐设施）制造许可证》《特种设备制造许可明细表》、"环山水战车 HSL－DO"《产品出厂检验报告》。

合肥杏花公园以该组证据证明，现设置在杏花公园游乐园内的"环山水战车"就是该游乐园场地租赁经营者柯劲松直接购自武汉福特公司的产品。

经质证，李书建虽对合肥杏花公园提供的上述反驳证据提出种种质疑，但始终不曾就其所主张的事实，即该涉案被控侵权产品系由合肥杏花公园自行制造提供相应的证据资证。本案在一审法院审理过程中，一审法院应李书建证据保全申请前往合肥市杏花公园游乐园所拍摄的"环山水战车"战车照片显示，战车尾部标注有生产厂家"武汉福特"字样。结合前述合肥杏花公园就该争议事实所提供的反驳证据，证据相互间亦已形成完整的证据链接，该管理处就此提出的反驳事实足以确认。

二、关于武汉福特公司是否在李书建提出涉案专利申请日之前即已制造了相同的产品，或者已经做好了制造相同产品的必要准备

第三人武汉福特公司为证明其早在李书建向国家知识产权局提出涉案专利申请之前即已完成了对该专利产品的设计、制造，并进行了销售，提供了下列证据：

1. 形成于 2003 年 11 月 13 日至同年 12 月 6 日的"环山水战车"总装图及配套设施、零部件设计图纸。借以证明该公司早在 2003 年 12 月 6 日即已完成了"环山水战车"游艺设备的设计工作。

2. 2004 年 4 月 28 日，由武汉福特公司生产部下达的 5 月份生产作业计划。该生产作业计划安排生产"环山水战车"2 套。据以证明该公司早在此时即已就制造"环山水战车"游艺设备安排了生产计划。

3. 2003 年 10 月 7 日至 2004 年 5 月 22 日，武汉福特公司购置相关生产原材料、配件，支付相关加工费用向相关供货企业、加工单位所出具的收款发票、收款收据及该公司通过银行付款的汇款回单。借以证明该公司确为落实前述生产计划组织生产作了相应的准备和材料安排。

4. 2004 年 7 月 26 日，以武汉福特公司为供货方与购货方廖廷章签订的《产品销售合同》。该合同载明，该供货方向购货方销售"环山水战车"1 套，售价为 7 万元；交货时间：2004 年 9 月 20 日以前；付款方式：先付 30% 定金 2.1 万元，余款 4.9 万元提货时一次性付清；基础设施由购货方负责，安装调试由供货方负担；且约定合同自 2004 年 7 月 26 日起生效。

2004 年 7 月 26 日，武汉福特公司出具的收受廖廷章购置"环山水战车"预付 30% 货款的收据存根联及由廖廷章留存的付款单位收据联（该由廖廷章留存的付款单位收据联，系经由湖南省衡阳市公证处公证提取）。

2004 年 9 月 18 日，武汉福特公司出具的收受廖廷章购置"环山水战车"支付的 70% 余款的收据存根联及由廖廷章留存的付款单位收据联（该由廖廷章留存的付款单位收据联，系经由湖南省衡阳市公证处公证提取）。

由廖廷章处提取的廖于 2004 年 7 月 27 日经由建设银行股份有限公司衡阳雁峰支行汇付给武汉福特公司"环山水战车"预付货款 2.1 万元的"速汇通业务凭证"客户留存联。

由廖廷章处提取的廖于 2004 年 9 月 21 日经由建设银行股份有限公司衡阳雁峰支行汇付给武汉福特公司钱款 5.1 万元的"速汇通业务凭证"客户留存联。

2006 年 3 月 1 日，建设银行股份有限公司衡阳雁峰支行出具的书面《证明》。该书

证载：客户廖廷章身份证号（略）于 2004 年 9 月 21 日在该行汇款给收款人户名：李元生（武汉福特公司法定代表人），卡号：4367422874220063330，一笔 5.1 万元的款项属实。

武汉福特公司《游乐设备安装验收记录表》，该记录表载，用户：廖廷章，设备名称：环山水战车，设备发货日期：2004 年 9 月 18 日，出厂日期：2004 年 9 月 18 日，安装日期：9 月 19 日至 9 月 23 日，设备所在地：湖南衡阳。

2006 年 2 月 27 日，经湖南省衡阳市公证处公证的廖廷章《声明书》。该《声明书》载：声明人：廖廷章（个人信息略，编者注）。廖在该声明中称，其于 2004 年 9 月 21 日通过建设银行汇给武汉福特公司李元生人民币 5.1 万元，其中 4.9 万元支付其向该公司购"环山水战车"的尾款，另 2 000 元是购买 1 头大象和 1 头河马玻璃钢塑像游乐设施的货款，特此声明。该声明所附的《产品销售合同》《武汉市福特游乐设备公司产品出厂检验报告》《产品合格证》及两张收据、廖本人的身份证的影印件与原件相符，原件存在湖南省衡阳市公证处。湖南省衡阳市公证处公证员于满容为此出具的（2006）衡证字第 663 号公证书称：兹证明廖廷章（个人信息略，编者注）于 2006 年 2 月 27 日来到湖南省衡阳市公证处，在其面前，在前面的《声明书》上签名、捺指印均属实。前面《声明书》所附的影印件与原件相符。

2006 年 2 月 23 日，建设银行武汉市铁桥分理处出具的李元生账户储蓄明细账。该明细账载，2004 年 7 月 27 日和同年 9 月 21 日分别进款 2.1 万元和 5.1 万元。

武汉福特公司以此组证据证明其 2004 年 7 月 26 日即已将自己制造同样产品推向市场，进行了实际销售。

5. 2006 年 2 月 8 日，湖南省长沙市中级人民法院（2005）长中民三初字第 569 号告知武汉福特公司作为该院受理的原告李书建与被告衡阳市园林管理处专利侵权纠纷一案的第三人参加诉讼的通知，该院应诉通知书、举证通知书、公正廉洁监督卡、开庭传票等。借以证明该公司正是因为售予廖廷章的那台安装在湖南省衡阳市岳屏公园的"环山水战车"游艺设备而被牵涉进该案。

针对第三人武汉福特公司提供的以上证据，李书建质证认为，该公司提供的所谓"环山水战车"设计图纸虽标注了制图时间，但该设计图是由电脑中下载的，当属复印件。该公司应提供其绘制的设计图原件方具有证明效力。电脑中存放的文件随时都可以进行删改，由此形成的复印资料无法进行甄别比较，其客观状况难以界定，不能作为认定事实的根据。

至于武汉福特公司提供的生产"环山水战车"作业计划和置备游艺设备原材料、零部件等费用票据，也不至得以证明该公司亦已作了制造该专利产品的必要准备及亦已于 2004 年 5 月份即行组织了生产。该公司提供的"环山水战车"生产作业计划，不排除系其为应付本案诉讼规避侵权责任而事后补制的资料，因为该公司所置办的一些制作游艺设备的原材料、零部件等都是制造游艺设备的通用物件，况且其始终未能提供证据证明自己为制造该专利产品配置了相应的专用设备、专用模具。所以，该公司仅以其提供的这些证据，并不足以支撑其所主张的先用权抗辩事实。

另外，武汉福特公司为证明其早在涉案专利申请日前制造了同样产品的事实，虽提供了其与廖廷章签订的"环山水战车"《产品销售合同》及双方为履行该合同所发生的货款结算凭证，并不能证明此份合同标的物就是现安装在湖南省衡阳市岳屏公园的同一产品。其所提供的这些证据并无安装该"环山水战车"地址的记载。从该公司提供的"环山水战车"设计图来看，亦没有涉案专利必要技术特征中的压力开关设计图。可见该公司在先设计的产品技术特征与涉案专利技术特征并不一样，此前该公司并没有设计出同样的专利产品。廖在涉案专利申请日之前也不可能购得与涉案专利相同的产品。该公司以现安装在湖南省衡阳市岳屏公园的"环山水战车"作为其对该专利产品享有先用权抗辩的依据，同样不成立。

针对李书建前述质证意见，武汉福特公司认为，其在涉案专利申请日前完成"环山水战车"游乐设备设计工作的所有设计图纸，都是存放于电脑中的。并非如李书建所称建有纸质文件存档。现只能从电脑中下载相关技术资料。在目前办公设备电子化的状况下，利用电脑储存技术资料是极其普遍的现象，并无可责难之处。其公司提供的"环山水战车"山体电路设计图（HSL－DO－067）中的SA1－3"靶位开关"就是该游艺设备的压力开关，该最初形成的产品设计图技术特征与涉案专利完全相同。"环山水战车"游艺设备的制作既不需要特殊的原材料、零部件，也不需要所谓专用设备、模具。制作该产品的原材料、零部件以及设备，与制作其他游艺设备的物件、设备都是通用的。凡具有制作游艺设备能力的企业均可利用自身设备完成类似产品的制造。李书建称"环山水战车"游艺设备中的假山制作必须有专用假山硅胶模具、战车的制作必须有专用车模具，以及该游艺设备的道轨工装、水池子、枪支架、道轨脚均须有专用模具，皆与事实不符。其公司制作该游艺设备假山和战车就没有用硅胶模具和车模具，而是用工业陶土进行塑形；其公司"环山水战车"的水池则是应客户安装的实际需求确定，往往是客户自行用水泥砌造，更不需任何专用模具；其公司"环山水战车"的道轨工装、枪支架、道轨脚都是采用通常焊接工艺完成的，根本就不须借助所谓专用模具来解决。李书建称该游艺设备相关设施、构件的制作必须依赖专用设备、专用模具之说，欠缺根据，是否具有李所称的所谓专用生产设备、模具并不是完成制造该专利产品的必要条件。李书建以此为由，否定其公司早在涉案专利申请日之前即已完成了制造该被控侵权产品的必要准备的事实不成立。

李书建称其公司提供的2004年4月28日制定的"环山水战车"生产作业计划有事后补作的可能，且存在故意规避侵权责任之嫌，纯属其主观臆测。客观事实证明，其公司不仅在同年5月即已实际实施了制造与涉案专利相同的产品的行为，并于同年7月26日与客户廖廷章订立《产品销售合同》销售了该专利产品。按照通常的交易习惯，客户均是看样订购游艺设备，绝不存在不知具体游艺设备的娱乐功能和消费前景而盲目购置的情况。由此足见，其公司在与廖廷章订立前述《产品销售合同》之前，即已制造出了与该涉案专利相同的产品，其公司依法对涉案专利技术享有先用权，公司在自己原生产经营范围内继续使用该专利技术不应视为侵权。

李书建无视其公司就前述先用权主张所提供的相关证据与待证事实的关系,坚持认为现安装在湖南省衡阳市岳屏公园的"环山水战车"并非客户廖廷章所购置的同一游艺设备,显与其公司就此争议事实所提供的证据所证明的情况不合。其公司与客户廖廷章签订"环山水战车"《产品销售合同》时,虽不曾于合同中言明产品的安装地,但其公司为该用户安装此台游乐设备所形成的《安装验收记录表》已明确记载设备所在地:湖南衡阳。2006 年 2 月 27 日,湖南省衡阳市公证处出具的(2006)衡证字第 663 号公证书亦证明,该公证申请人廖廷章户籍地虽为福建省南平市樟湖镇溪口村,而其实际居住在湖南省衡阳市岳屏公园。就湖南省衡阳市而言,迄今为止,其公司也只与客户廖廷章发生过这一笔"环山水战车"交易关系,不曾与包括岳屏公园在内的该市其他任何单位或个人发生过类似的产品销售关系。在李书建就其与湖南省衡阳市园林管理处因同一专利产品使用权益发生争议向湖南省长沙市中级人民法院提起诉讼后,该受诉法院亦以本公司与该涉案争议的处理有着法律上的利害关系为由,追加其公司为该案第三人,通知其公司参加诉讼。其中缘由就是因为其公司向廖廷章销售了这台安装在湖南省衡阳市园林管理处所辖的岳屏公园的"环山水战车"。对此,想必李书建也是知晓的。李书建置该基本事实于不顾,着意混淆现置于湖南省衡阳市岳屏公园"环山水战车"的归属,目的就在于回避其公司对涉案专利技术所提出的先用权抗辩。

诉讼过程中,李书建除就其主张制造"环山水战车"游艺设备必须置备专用设备、专用模具,提供了一份自拟的"水陆大战"游艺装置模具数的清单外,始终没能提供任何足以证明制造该涉案专利产品必须置备相应专用设备、专用模具的证据。李书建对以上武汉福特公司所言游艺设备经营行业客户看样订货的交易习惯,亦表认同。

综合前述当事人就此项争议事实所提供的证据和对证据的证明目的、效力所进行的说明、质证意见,以及当事人就争议所涉相关事实的陈述,一审法院分析认证认为,第三人武汉福特公司为证明其对涉案专利技术具有先用权,提供的其于涉案专利申请日前即已完成了对被控侵权产品的设计、制造,以至销售的一系列证据,既有行为发生时形成的书面资料、合同、相关凭证,亦有诉讼进程中进一步收集的原始证据材料及为固定相关待证事实的公证文书、通常行业交易习惯。量多质高。证据与证据之间,以及证据的发生与待证事实发展阶段联系紧凑、脉络清晰、相互印证,具有较强的证明效力,当予确认。李书建对该公司就先用权抗辩所提供的证据虽基本不予认同,亦不曾就其质证中所提出的有关存疑,有针对性地提出相应的反驳证据。其质证中所提出的有关存疑,带有较为明显的主观色彩,在无相应证据支撑的情况下,当不足以确认。

另庭审查明,武汉福特公司自其制造出"环山水战车"游乐设备至今,既不曾将制作该产品的技术转让或许可他人实施,也不曾与其他企业或个人进行合作扩大生产规模。

一审判决及理由

一审法院认为:《专利法》第十一条第一款规定,发明和实用新型专利权被授予后，除本法另有规定的以外，任何单位或者个人未经专利权人许可，都不得实施其专利，即不得为生产经营目的制造、使用、许诺销售、销售、进口其专利产品，或者使用其专利方法以及使用、许诺销售、销售、进口依照该专利方法直接获得的产品。原告李书建经国家知识产权局授予"水陆大战游艺装置"实用新型专利权后，即依法对该专利的实施享有专有权，有权在法律规定的权限范围内排除未经其许可的任何单位或者个人为生产经营目的制造、使用、许诺销售、销售、进口其专利产品。但该法在确认专利权人上述专利实施的专有权的同时，为切实平衡专利权人在行使其专利权时可能与专利申请日前已经制造相同产品、使用相同方法或者已经作好制造、使用的必要的准备，且仅在原有范围内继续制造、使用的其他单位和个人的正当权益之间的利益冲突，又对专利权人的权利作了相应的限制。该法第六十三条第一款第（二）项规定，在专利申请日前已经制造相同产品、使用相同方法或者已经作好制造、使用的必要的准备，并且仅在原有范围内继续制造、使用的，不视为侵犯专利权。根据该项法律规定，凡在专利申请日前已经制造相同产品或者已经作好制造的必要的准备，并且仅在原有范围内继续制造的，并不能视作侵犯了专利权人的专利权。第三人武汉福特公司在涉案"水陆大战游艺装置"实用新型专利申请日前，自行设计与该专利相同的产品投入生产，并于该专利申请日前向外进行销售，事实上已经于此项专利申请日前完成了产品的制造。该公司在其原有经营范围内继续制售该产品，并不构成对李书建此项专利权的侵犯。同理，被告合肥杏花公园通过合法途径经由具有正当制售权利的制造者处取得该专利产品，投入经营使用，亦不至构成对李书建此项专利权的侵犯。

《最高人民法院关于民事诉讼证据的若干规定》第二条规定，当事人对自己提出的诉讼请求所依据的事实或者反驳对方诉讼请求所依据的事实有责任提供证据加以证明。没有证据或者证据不足以证明当事人的事实主张的，由负有举证责任的当事人承担不利后果。诉讼中，李书建虽就其所主张的合肥杏花公园在经营活动中使用了与"水陆大战游艺装置"实用新型专利相同产品的事实提供了证据证明，但在该被控侵权产品的制造者以其在该专利申请日前已经制造了相同的产品的事实提出抗辩并提出相应的反驳证据后，举证责任再次转移至主张权利的一方。在此情况下，李书建否认该产品制造者主张的先用权事实，应对自己否认对方的这一反驳事实提供证据佐证，其不能就自己否认对方所提出的反驳事实提供证据加以证明或者提供的证据不足以支持自己主张的事实，仍应承担举证不能的不利后果。

公民和法人在行使自己的权利时，不得限制或妨碍他人的合法权益。李书建在行使自己专利权的时候，也不能限制或排除先用权人对该专利技术的合理使用。李书建在武汉福特公司对涉案专利技术具有先用权的情况下，对合肥杏花公园在经营活动中使用了该先用权人正当制造的专利产品主张权利，指控该产品使用人侵犯了其专利权并主张该产品使用人承担民事侵权责任，有悖于现行法律规定，其由此提出的诉讼请求不成立，不应予以支持。武汉福特公司为维护自身权益及支持该被控侵权产品的使用人的不侵权抗辩所提出的先用权抗辩，证据较为充分，依法应予采纳。据此，依照《专利法》第六十三条第一款第（二）项、《最高人民法院关于民事诉讼证据的若干规定》第二条的规定，判决如下：

驳回李书建的诉讼请求。

案件受理费人民币 1 210 元，由李书建负担。

上诉理由

李书建不服一审判决，向二审法院提起上诉，其主要理由是：1. 在第三人武汉福特公司是否具有先用权的判断中，被控侵权物必须是一个完整的产品，只有具备了完整产品的条件，才能符合《专利法》第六十三条第二款关于在专利申请日前已经制造了相同产品的规定。本案中，被控侵权产品最终能够形成一个完整产品的时间应当是该设备的出厂日。但根据第三人武汉福特公司提供的证据显示，该设备的出厂日为 2004 年 9 月 24 日，而涉案专利的申请日是 2004 年 9 月 7 日。在该产品出厂之前不是一个完整的产品，仅仅是一些互不关联的零件，不可能具有全部的技术特征。因此，应当将第三人武汉福特公司制售侵权产品的出厂日认定为产品的制造日。2. 第三人武汉福特公司提供的 2004 年 7 月 26 日其与廖廷章签订产品销售合同及价款的证据中没有显示涉案侵权产品的任何技术特征，因此，无法判断该侵权产品是否与涉案专利技术特征完全相同。3. 第三人武汉福特公司使用自己电脑制作并打印的设计图纸，其上面的日期及零件形状可以任意修改，应视同复印件，不能作为证据使用。况且，该设计图中标注的靶位开关是表示在其电路设计图中的一个不同开关的电气符号，既不能反映任何机械结构和零件的形态，也根本反映不出其产品设计中具有压力开关这个关键性的技术特征。4. 生产"环山水战车"游乐设备需要使用一些必要的模具，如玻璃钢材料的山体、车体、环形轨道等，但第三人武汉福特公司提供的证据材料中根本找不到有关模具的记载。5. 第三人武汉福特公司销售给柯劲松的设备，亦即本案所涉被控侵权产品是否属于在原有范围内生产和销售，事实不清。综上，第三人武汉福特公司既不能证明其在涉案专利申请日以前已经生产制造相同产品，也不能证明其已经做好制造、使用的必要准备，以及仅在原有范围内继续制造和使用。原审判决对第三人武汉福特公司具有先用权的认定错误，同时，原审法院在本案审理中任意变更举证期限四次，进行三次证据交换，存在明显违反程序合法的审判原则和《最高人民法院关于民事诉讼证据的若干规定》。请求二审法院依法撤销原判，对本案作出公正判决。

被上诉人合肥杏花公园答辩认为：1. 被上诉人仅是对所辖公园进行园容管理和向市民提供公益性游览服务的事业单位，既非制造游乐设备的经营性生产企业，也不具备制造游乐设备的能力，根本不可能自行制造涉案被控侵权产品。2. 现设置在杏花公园游乐园内的"环山水战车"游乐设备系租赁场地经营者柯劲松于 2004 年 11 月 20 日从第三人武汉福特公司购买的，有购销合同和付款发票，购买手续齐备。3. 至于第三人武汉福特公司制造"环山水战车"游乐设备是否存在专利侵权行为，被上诉人及其经营者柯劲松无从知晓。综上，其使用的"环山水战车"游乐设备具有合法来源，依法不应承担任何侵权民事责任。请求二审法院驳回上诉，维持原判。

第三人武汉福特公司在二审庭审中的答辩意见为：1. 武汉福特公司于 2001 年成立，系专业的游乐设备生产企业。其生产销售"环山水战车"游乐设备，系从 2003 年 11 月份开始设计图纸，同年 12 月份完成了该游乐设备的设计方案，并于 2004 年 4 月下达了生产计划，同年 5 月组织采购相关构件材料、零配件进行生产。2. 2004 年 7 月 26 日，湖南省衡阳市岳屏公园游艺设施经营业主廖廷章看样后，与第三人武汉福特公司签订《产品销售合同》一份，约定：合同的生效时间为 2004 年 7 月 26 日，合同载明供货方向购货方销售"环山水战车"1 套，售价 7 万元，交货时间为 2004 年 9 月 20 日以前；付款方式：先付 30% 的定金 2.1 万元，余款 4.9 万元提货时一次性付清。合同签订后，廖廷章即通过建设银行股份有限公司衡阳雁峰支行向第三人武汉福特公司汇付了定金 2.1 万元，至此，双方签订的"环山水战车"游乐设备交易合同已经开始履行。3. 第三人武汉福特公司交付产品后，对该设备进行了验收安装，并与购货方廖廷章办理了该游乐设备安装验收记录手续。廖廷章认为第三人武汉福特公司交付的产品符合其所看样品的性能和合同的约定，并于 2004 年 9 月 21 日向第三人武汉福特公司汇付货款 5.1 万元，其中 4.9 万元系"环山水战车"游乐设备的货款。4. 第三人武汉福特公司在李书建提出专利申请日以前，已经完成了涉案"环山水战车"游乐设备的设计、制造和实际销售，且系在原有范围内制售该游乐设备。综上，第三人武汉福特公司对涉案专利技术依法享有先用权，其制售"环山水战车"游乐设备的行为，并不构成对李书建专利权的侵犯。原审判决认定事实清楚，适用法律正确，请求二审法院驳回上诉，维持原判。

二审查明事实

经审理并根据当事人在一、二审诉讼中的举证、质证和法庭认证，查明：

一、有关涉案专利的权利人、专利保护范围、专利权利状态、被控侵权产品及其来源的事实

1. 2004 年 9 月 7 日，李书建设计完成"水陆大战游艺装置"后，向国家知识产权局提出实用新型专利申请，国家知识产权局于 2005 年 9 月 28 日授予实用新型专利权，专利号为：ZL200420093089.2，专利权人、设计人为李书建。该专利独立权利要求为："1. 一种水陆大战游艺装置，有一个中央水池（1），其特征在于：所述中央水池外设有环形轨道（2），该环形轨道上装有多个陆战车（3），该陆战车上设有射水枪（5），所述中央水池内设有多个互动靶；（6），所述射水枪上的射水管通过软管与一个由水泵、电磁阀、吸水管构成的供水装置连通，所述吸水管与所述中央水池连通，所述互动靶由活动靶面、压力开关、喷水装置构成，该喷水装置由水泵、电磁阀、喷水管、进水管构成。2. 根据权利要求 1 所述的水陆大战游艺装置，其特征在于：所述射水枪通过一个万向活动支架与所述陆战车安装。3. 根据权利要求 1 所述的水陆大战游艺装置，其特征在于：所述陆战车上装有电力驱动装置。"

2. 审理中，李书建提交了涉案专利的专利证书、权利要求书、专利说明书和附图、缴纳年费的资料，以及2005年11月9日，国家知识产权局专利检索咨询中心向李书建出具的"水陆大战游艺装置"实用新型专利检索报告。该检索报告确认专利号为：ZL200420093089.2的权利要求书记载的全部权利要求1~3符合《专利法》第二十二条有关新颖性和创造性的规定。目前，涉案专利是有效专利。

3. 2005年12月1日，原审法院根据李书建的申请，对合肥杏花公园正在经营使用的"环山水战车"游乐设备的外部和内部技术特征以拍照的方法予以证据保全。该"环山水战车"尾部标注有生产厂家"武汉福特"字样。

4. 2004年11月10日，柯劲松购货方与武汉福特公司供货方签订《产品销售合同》一份。约定，供货方向购货方销售"追逐战车HZ－DO""环山水战车HSL－DO"各一套，售价分别为6.8万元，4.8万元；交货时间：2005年1月6日；付款方式：首付全款50%，余款50%提货时一次付清；"环山水战车"的水池有供货方提供图纸，购货方负责修建；合同自2004年11月10日起生效。合同签订后，供需双方均履行了合同约定的义务。

5. 2004年11月10日，合肥杏花公园与柯劲松就杏花公园游乐园部分场地投资经营游艺项目签订《租赁经营合同书》，该合同双方已实际履行。

6. 审理中，第三人武汉福特公司认可原审法院证据保全所摄照片以及照片中"环山水战车"设备系其生产制造，并在二审庭审中明确表示认可该产品的技术特征与涉案专利技术特征相同。同时，经比对，该产品的技术特征与涉案专利独立权利要求1的必要技术特征完全相同。

二、有关第三人武汉福特公司主张自己实施的技术与涉案专利技术不相同的抗辩事实

1. 第三人武汉福特公司在2005年11月26日、2006年2月18日、2月20日先后提交给原审法院的书面答辩状中称，其制售的"环山水战车"结构和涉案专利保护范围不一样。涉案专利权利要求书中保护的结构有压力开关、水枪，由水枪打出的水冲压压力开关，打开电磁阀喷水。而武汉福特公司生产的"环山水战车"没有压力开关，没有被专利权利要求全面覆盖，不存在侵权。同时抗辩称其对涉案专利技术享有先用权。

2. 2006年2月20日，原审法院主持当事人进行证据交换时，第三人武汉福特公司法定代表人李元胜及其代理人胡清堂表示其生产的产品中没有压力开关，而法院拍出的照片中却有压力开关，对此无法认同。

3. 一审庭审中，第三人武汉福特公司虽仅对涉案专利技术享有先用权进行抗辩，但并没有明确表示放弃庭前提出的其实施的技术与涉案专利技术不相同的抗辩意见。

三、第三人武汉福特公司对涉案专利技术主张其享有先用权并为之举证所表明的事实

1. 2004年7月26日，第三人武汉福特公司（供货方）与廖廷章（购货方）签订

《产品销售合同》一份。约定，供货方向购货方销售"环山水战车"一套，售价为 7 万元；交货时间：2004 年 9 月 20 日以前；付款方式：先付 30% 定金 2.1 万元，余款 4.9 万元提货时一次性付清；基础设施由购货方负责，安装调试由供货方负责；合同自 2004 年 7 月 26 日起生效。

2. 2004 年 7 月 26 日，第三人武汉福特公司向廖廷章出具"环山水战车" 1 套预收 30% 货款的收据存根联载明：收款方式为现金，金额 2.1 万元。同年 9 月 18 日，第三人武汉福特公司向廖廷章出具"环山水战车 1 套"70% 货款（7 月 26 日预收 30%）的收据，该收据存根联载明收款方式为现金，金额 4.9 万元。

3. 廖廷章于 2004 年 7 月 27 日、9 月 21 日经由中国建设银行股份有限公司衡阳雁峰支行先后汇付给第三人武汉福特公司 2.1 万元和 5.1 万元。

4. 2006 年 3 月 1 日，中国建设银行股份有限公司衡阳雁峰支行出具的书面证明。内容为：客户廖廷章于 2004 年 9 月 21 日在该行汇款给收款人户名：李元生，卡号：4367422874220063330 一笔 5.1 万元的款项属实。

5. 2006 年 2 月 23 日，中国建设银行武汉市铁桥分理处出具的李元生账户储蓄明细账。该明细账记载：2004 年 7 月 27 日和同年 9 月 21 日分别进款 2.1 万元和 5.1 万元。

6. 2006 年 2 月 27 日，经湖南省衡阳市公证处公证的廖廷章《声明书》称，其于 2004 年 9 月 21 日通过建设银行汇给武汉福特公司李元生人民币 5.1 万元，其中 4.9 万元支付其向该公司购"环山水战车"的尾款，另 2 000 元是购买一头大象和一头河马玻璃钢塑像游乐设施的货款，特此声明。本声明所附的《产品销售合同》《武汉福特公司产品出厂检验报告》《产品合格证》及两张收据、本人身份证的影印件与原件相符，原件存在湖南省衡阳市公证处。湖南省衡阳市公证处公证员于满容为此出具的（2006）衡证字第 663 号公证书称：兹证明廖廷章（个人信息略，编者注）于 2006 年 2 月 27 日来到湖南省衡阳市公证处，在其面前，在前面的《声明书》上签名，捺指印均属实。前面《声明书》所附的影印件与原件相符。

7. 二审庭审中，第三人武汉福特公司提交了 2006 年 3 月 28 日经湖南省衡阳市公证处公证的廖廷章《关于签订产品销售合同的声明》。廖在该《声明书》中称，其和武汉福特公司签订"环山水战车"合同前对该公司进行了考察，察看了该公司制造的"环山水战车"产品，质量、外观都好，价格合理。经双方协商，才于 2004 年 7 月 26 日和该公司签订了"产品销售合同"，特此声明。湖南省衡阳市公证处公证员于满容为此出具的（2006）衡证字第 1208 号公证书称：兹证明廖廷章（个人信息略，编者注）于 2006 年 3 月 28 日来到湖南省衡阳市公证处，在其面前，在前面的《关于签订产品销售合同声明》上签名，捺指印均属实。

8. 第三人武汉福特公司《游乐设备安装验收记录表》载明：用户：廖廷章，设备名称：环山水战车，设备发货日期：2004 年 9 月 18 日，安装日期为 9 月 19 日至 9 月 23 日，设备所在地：湖南衡阳，设备出厂日期：2004 年 9 月 18 日。但武汉福特公司出具该产品出厂的检验报告载明：该产品检验时间为：2004 年 9 月 23 日，产品合格证载明的出厂日期为：2004 年 9 月 24 日。

9. 第三人武汉福特公司向原审法院前后三次提交了环山水战车的设计图纸，第 1 次 8 张，第 2 次 66 张，第 3 次 70 张，共计 144 张设计图纸，均系电脑下载打印件。经审查，在 144 张设计图纸中，其标注的设计日期分别是 2003 年 11 月和 2004 年 1 月，并没有压力开关这一技术特征的记载，除第三次提供图纸中的最后一张设计图中标注靶位开关外，其余设计图中显示的均为红外发射板和红外接收板的技术特征，且第三次提供图纸中的最后一张设计图中标注设计日期为 2003 年 11 月，早于先前二次设计图纸标注的日期。同时，该 144 张设计图纸中标明的产品型号与售给廖廷章"环山水战车"游乐设备出厂检验报告中标注的产品型号相同，即为 HSL – DO。

10. 第三人武汉福特公司购买的有关生产原材料、配件的发票，以及支付相关加工费用的收款收据、银行付款的汇款回单，上述票据的时间为 2003 年 10 月 7 日至 2004 年 5 月 22 日。但该票据同时表明其购买的有关生产原材料、配件均系通用产品部件。

11. 2004 年 4 月 28 日，第三人武汉福特公司生产部下达的 5 月份生产作业计划。该生产作业计划安排生产"环山水战车"2 套，且没有编号。

12. 审理中，第三人武汉福特公司称自其制造"环山水战车"游乐设备至今，既不曾将制作该产品的技术转让或许可他人实施，也不曾与其他企业或个人进行合作扩大生产规模。

另查明：1. 李书建在一审起诉状中的诉讼请求为：请求判令合肥杏花公园立即停止生产和使用侵权产品；赔偿经济损失 3 万元；赔礼道歉、消除影响，并承担本案的全部诉讼费用。在一审证据交换和庭审中，经原审法院释明，李书建变更其诉讼请求为：判令合肥杏花公园立即停止生产和使用侵权产品；赔偿经济损失 3 万元；并明确表示在本案中不追究第三人武汉福特公司任何民事责任，对第三人武汉福特公司将另行起诉。

2. 合肥杏花公园于 2005 年 11 月 29 日向原审法院提出追加武汉福特公司为本案第三人的申请。原审法院经审查认为，武汉福特公司系涉案被控侵权产品"环山水战车"的制造者，且与本案处理结果存在着法律上的利害关系，遂于当天书面通知武汉福特公司作为本案无独立请求权的第三人参加诉讼。2005 年 12 月 10 日，武汉福特公司向原审法院提出撤回应诉请求书。2006 年 3 月 13 日，武汉福特公司又向原审法院提出以无独立请求权第三人参加本案诉讼的申请。

3. 审理中，第三人武汉福特公司对其生产"环山水战车"的原有的范围和规模没有提供证据证明。同时，对售给合肥杏花公园柯劲松的"环山水战车"游乐设备是否在原有的范围之内，以及其制造"环山水战车"游乐设备所必需的模具，完成样品的试制及有关技术性能的检验等，亦未举证证明。

4. 审理中，第三人武汉福特公司对售给廖廷章和售给合肥杏花公园柯劲松的"环山水战车"游乐设备，二者是否具有同一性，没有举证证明。同时，原审法院对廖廷章所购"环山水战车"产品的技术特征与涉案专利的必要技术特征是否相同，亦未进行比对。

5. 二审庭审中，李书建明确表示放弃对一审违反正常诉讼程序的上诉主张。

二审判决及理由

二审法院认为：

一、关于本案被控侵权产品是否落入了涉案专利的保护范围问题

二审法院认为，涉案专利是有效专利，其专利权应受法律保护。依据《专利法》的规定，发明或者实用新型专利权的保护范围以其权利要求的内容为准，说明书和附图可以用于解释权利要求。庭审中，合肥杏花公园、第三人武汉福特公司承认本案被控侵权产品，即现设置在合肥杏花公园内的"环山水战车"游乐设备的技术方案与涉案专利技术特征相同。同时将本案被控侵权产品与涉案专利权利要求记载的必要技术特征进行比对，该被控侵权产品的技术特征与涉案专利独立权利要求1的必要技术特征完全相同，故本案被控侵权产品已落入涉案专利的保护范围。

二、关于第三人武汉福特公司对涉案专利技术是否享有先用权？亦即其诉讼主张的先用权抗辩事由能否成立的问题

二审法院认为，先用权来源于法律的明确规定，即我国现行《专利法》六十三条第一款第（二）项规定：在专利申请日前已经制造相同的产品、使用相同的方法或者已经作好制造、使用的必要准备，并且在原有范围内继续制造使用的，不视为侵犯专利权。据此规定，先用权实际上是专利侵权诉讼中的一种抗辩权，可以对抗专利权。但取得先用权是有严格条件的，其制造或者使用的行为不符合这些条件中的任何一项，行为人都不具有先用权。这些条件是：（1）时间条件。即制造或者使用的行为发生在他人取得专利权的专利申请以前；（2）技术来源条件。即制造或者使用的技术是先用权人自己独立完成的，而不是抄袭、窃取专利权人的；（3）使用条件。即先用权人在他人专利申请日以前，至少已经做好了制造或者使用的必要准备；（4）范围条件。先用权的制造或者使用的行为，只限于原有的范围和规模之内；先用权人对其发明创造只能是自己实施，不得任意转让、投资、抵押或入股。据此，二审法院根据先用权的构成要件，结合本案第三人武汉福特公司举证表明的事实，作如下分析认定：

1. 关于涉案专利申请日以前是否已经制造相同产品的问题

第三人武汉福特公司认为，其于涉案专利申请日以前已经制造了相同产品，该产品为廖廷章看样订购的"环山水战车"游乐设备，并为之向法庭提供了证据。其证据是：（1）2004年7月26与购货方廖廷章签订的《产品销售合同》。（2）廖廷章于合同签订的当天预付"环山水战车"1套30%定金的收据，于2004年9月18日支付70%"环山水战车"余款的收据。于2004年7月27日经由中国建设银行股份有限公司衡阳雁峰支行汇付给武汉福特公司钱款2.1万元的"速汇通业务凭证"客户留存联，于2004年9月21日经由建设银行股份有限公司衡阳雁峰支行汇付给武汉福特公司钱款5.1万元的"速汇通业务凭证"客户留存联。（3）2006年3月1日和2月23日，中国建设银行股份有限公司衡阳雁峰支行出具的书面《证明》及中国建设银行武汉市铁桥分理处出

具的李元生账户储蓄明细账。(4) 为廖廷章安装"环山水战车"游乐设备《安装验收记录表》。(5) 2006 年 2 月 27 日和 3 月 28 日，经湖南省衡阳市公证处公证的廖廷章《声明书》。以上证据足以证明其与购货方廖廷章签订的《产品销售合同》已经实际履行，表明第三人武汉福特公司在涉案专利申请日以前已经制造相同产品。

李书建认为，第三人武汉福特公司提供了《产品销售合同》和廖廷章支付货款证据，以此来证明其为履行合同已生产了与涉案专利相同的产品，从而具有先用权。但该证据中没有显示该产品的任何技术特征，因此无法判断此产品是否与涉案专利技术特征完全相同。首先，根据其提供的证据显示，该产品的出厂日为 2004 年 9 月 24 日，而涉案专利的申请日是 2004 年 9 月 7 日，即该产品的出厂日迟于涉案专利申请日。在第三人武汉福特公司是否具有先用权的判断中，被控侵权物必须是一个完整的产品，只有具备了完整产品的条件，才能符合专利法关于在专利申请日以前已经制造相同产品的规定。但形成一个完整产品的时间应当是该产品的出厂日，在该产品出厂之前不是一个完整的产品，仅仅是一些互不关联的零件，不可能具有全部的技术特征。因此，应当将第三人武汉福特公司制售该产品的出厂日认定为其产品的制造日。其次，订立合同和给付定金，也仅仅能证明合同成立，不能证明产品已经生产。最后，第三人武汉福特公司和廖廷章均称其《产品销售合同》是看样订货，但并没有提供该产品样品的证据。综上，原审判决仅根据廖廷章在 2004 年 7 月 26 日与第三人武汉福特公司签订的《产品销售合同》和支付部分合同货款的证据，认定第三人武汉福特公司在涉案专利申请日以前就生产了与涉案专利完全相同的产品，并作出其具有先用权的判断，显属错误。

二审法院认为，根据第三人武汉福特公司上述证据所表明的事实，其提供的证据不足以证明在涉案专利申请日以前已经制造了相同产品。其理由：第一，订立合同和给付定金，只能证明合同成立，并不能说订立合同的时间就是其产品生产时间，该产品是否已经生产和交付以及制造时间，必须有相关证据予以证明。第二，从第三人武汉福特公司提供的《游乐设备安装验收记录表》看，廖廷章所购环山水战车设备发货日期是 2004 年 9 月 18 日，安装日期为 9 月 19 日至 9 月 23 日，设备出厂日期为 2004 年 9 月 18 日。但第三人武汉福特公司自己出具该产品的出厂检验报告载明：该产品检验时间为 2004 年 9 月 23 日，产品合格证载明的出厂日期为 2004 年 9 月 24 日，显然其证据之间存在矛盾。第三，从廖廷章给付定金和剩余货款看，2004 年 7 月 26 日，第三人武汉福特公司向廖廷章出具"环山水战车"1 套预收 30% 定金的收款方式为现金，金额 2.1 万元。同年 9 月 18 日，第三人武汉福特公司向廖廷章出具"环山水战车 1 套"70% 货款收款方式为现金，金额 4.9 万元。而廖廷章于 2004 年 7 月 27 日、9 月 21 日经由中国建设银行股份有限公司衡阳雁峰支行先后汇付给武汉福特公司 2.1 万元和 5.1 万元，对此，中国建设银行股份有限公司衡阳雁峰支行出具的书面证明，以及武汉市铁桥分理处出具的李元生（第三人武汉福特公司法定代表人）账户储蓄明细账载明：2004 年 7 月 27 日和同年 9 月 21 日分别进款 2.1 万元和 5.1 万元属实。由此可见，廖廷章的付款时间、付款方式、付款金额均存在矛盾，如是说，廖廷章应当是购买 2 套"环山水战车"

游乐设备，而双方合同约定和其证据表明的仅为 1 套"环山水战车"游乐设备，显然，上述证据不能证明其诉讼主张。第四，从廖廷章出具的两份书面《声明书》看，其中 2006 年 3 月 28 日经湖南省衡阳市公证处公证的廖廷章《关于签订产品销售合同的声明》，系第三人武汉福特公司在二审庭审中举证。因该份《声明书》系在一审判决后作出，故应为新证据。虽然该两份《声明书》经公证处予以公证，但其属性仍为证人证言，并非证据规则中所规定的已为有效公证文书所证明的事实而予以免证。该两份公证文书只能证明《声明书》系廖廷章所写，以及廖廷章在《声明书》上的签名、捺指印属实和所附的影印件与原件相符，并不能证明廖廷章所声明的内容及附件反映的事实客观真实，也不能因该证言已进行形式上公证，其证明力就当然大于其他书证。作为证人证言，其证人应当出庭作证，经庭审质证查证属实，才能作为认定事实的依据。由于廖廷章仅以公证方式提供证言，未能出庭作证，其《声明书》内容又非证据规则中所指免证事实，且该《声明书》的内容又与附件反映的事实不一致，同时与第三人武汉福特公司所举相关证据间也存在矛盾。故该证人证言因缺乏证明力，当不足以采信。

2. 关于涉案专利申请日以前是否已经作好必要准备的问题

第三人武汉福特公司认为，其于涉案专利申请日以前已经作好必要准备，并为之提供的证据有：（1）形成于 2003 年 11 月 13 日至同年 12 月 6 日的"环山水战车"总装图及配套设施、零部件设计图纸。（2）2003 年 10 月 7 日至 2004 年 5 月 22 日购买相关生产原材料、配件和付款支付发票、收据、银行付款的汇款回单。（3）2004 年 4 月 28 日，由第三人武汉福特公司生产部下达的 5 月份生产作业计划。以上证据足以证明第三人武汉福特公司早在 2003 年 12 月 6 日已完成了"环山水战车"游艺设备的设计工作，并为落实 2004 年 5 月份生产计划、组织生产作了相应的准备和材料安排。

李书建认为，第三人武汉福特公司提供的图纸是其自己使用电脑制作并打印的，该设计图纸应视同复印件，不能作为证据使用。在 144 张设计图纸中，其标注的设计日期分别是 2003 年 11 月和 2004 年 1 月，并没有压力开关这一技术特征的记载，除其中一张设计图中标注靶位开关外，其余设计图中显示的均为红外发射板和红外接收板的技术特征。同时，第三人武汉福特公司上述证据中没有必要部件的模具图和关于生产用模具的证据，其所购材料均属常规产品的通用部件，不能证明为生产"环山水战车"产品专用部件；其生产计划没有证明其连续性的佐证，且又是自己内部计划，不具有证明力。因此，第三人武汉福特公司所举的上述证据，不能证明其在涉案专利申请日以前已经做好制造生产"环山水战车"产品的必要准备。

二审法院认为，对当事人先用权抗辩中是否做好了必要准备的判断条件是：一是生产场所准备，具备制造该产品、使用该方法必备厂房、车间等；二是生产技术上的准备，指已经完成产品的设计图纸、生产加工图纸、产品加工工艺图纸等完整的生产技术文件资料，已经形成完整的技术方案等；三是进行产业化生产的准备，即已经完成制造、使用所必需的厂房及各种机器设备、专用设备、专用工具、模具、原料等准备；四是完成了样品的试制和各项技术性能的检验。根据本案的事实和证据，第三人武汉福特公司系专业的游乐设备生产企业。为证明其技术来源，在一审中前后提交了三次图纸，第1次8张，第2次66张，第3次70张，共计144张设计图纸，该图纸中显示的是红外发射板和红外接收板的技术特征，没有"压力开关"这一技术特征的标注和记载。由此可见，其提供的设计图纸技术方案与涉案专利技术特征不相同，则不适用先用权抗辩。同时，其举证的生产计划系自己内部制作填写，且没有编号，缺乏连续性的佐证。庭审中，第三人武汉福特公司称制造该产品需要模具，但其没有提供制造该设备模具的证据。由于第三人武汉福特公司是生产游乐设备的专业企业，其所购材料又都是常规产品的通用部件，不能排除其为生产其他游乐设备所需材料，因此，并不能证明其所购材料为生产"环山水战车"产品专用部件。根据第三人武汉福特公司庭审中的陈述和廖廷章的书面证言，双方都认为该台"环山水战车"产品是按照交易习惯看样订货，以其上述举证，该产品又系使用通用部件生产的产品，对此，第三人武汉福特公司并没有提供其完成样品的试制和各项技术性能的检验的证据。综上，第三人武汉福特公司提出其于涉案专利申请日以前已经作好必要准备的抗辩，缺乏充分证据予以证明。因此，对其该项抗辩主张，二审法院不予支持。

3. 关于原有范围的问题

二审法院认为，本案中"原有范围"应理解为涉案专利申请日前，第三人武汉福特公司为了制造"环山水战车"产品或使用与专利相同的方法所具有的正常生产能力达到的量。根据专利法的规定，第三人武汉福特公司是否在"原有范围"内生产"环山水战车"产品，涉及其先用权抗辩是否成立的问题。因为"原有范围"是构成先用权的必要条件之一，即先用权人的制造或者使用的行为，只限于原有的范围和规模之内。就是说，即使第三人武汉福特公司提出的其已经制造了相同产品或已经作好了必要准备的先用权抗辩成立。但本案被控侵权产品若不属于原有的范围和规模之内生产制造的产品，其依法也不享有先用权。诉讼中，由于第三人武汉福特公司对其生产"环山水战车"的规模、产量等原有范围没有举证证明，同时对其卖给柯劲松也即现设置在杏花公园内经营使用的"环山水战车"是否属于原有范围内继续制造的设备，亦没有举证证明，因此，第三人武汉福特公司应对其先用权抗辩主张承担不利后果。原审判决在该项事实没有查清的情况下，仅根据第三人武汉福特公司庭审中陈述其制造"环山水战车"游乐设备至今，既不曾将制作该产品的技术转让或许可他人实施，也不曾与其他企业或个人进行合作扩大生产规模。即认定本案被控侵权产品属于原有范围内继续制造的设备，显属不妥，二审法院予以纠正。

三、关于本案先用权抗辩的适用和举证责任问题

二审法院认为，在专利侵权诉讼中，如果当事人以其使用的技术与专利技术不相同进行抗辩，就不能再适用先用权进行抗辩。因为，先用权的适用必须在技术方案相同的情况下才可以，而且只有制造者才可以提出先用权抗辩。同时，在具体审查判断当事人先用权抗辩事由是否成立时，首先应将被控侵权产品的技术特征与专利独立权利要求记载的必要技术特征进行对比，判断在先使用的技术与专利技术是否相同或等同，如相同

或等同成立，然后才审查当事人先用权抗辩能否成立。根据本案的事实和证据，第三人武汉福特公司前后三次提交给原审法院的书面答辩状和在证据交换中称，其制售的"环山水战车"结构和涉案专利保护范围不一样，涉案专利权利要求书中保护的结构有压力开关，而第三人武汉福特公司生产的"环山水战车"没有压力开关，没有被涉案专利权利要求所覆盖，不存在侵权。同时，其又提出对涉案专利技术享有先用权进行抗辩。显然，第三人武汉福特公司在本案诉讼中既用先用权抗辩，又用自己实施的技术与涉案专利技术不相同进行抗辩，其抗辩理由是冲突的。因此，原审判决在第三人武汉福特公司没有明确表示放弃自己实施的技术与涉案专利技术不相同抗辩的情况下，就直接审查第三人武汉福特公司在本案诉讼中提出的先用权抗辩事由，显属不妥。同时，原审判决在对第三人武汉福特公司的先用权抗辩事由审查判断中，既没有查清对第三人武汉福特公司所举物证，即售给廖廷章的"环山水战车"游乐设备与本案被控侵权产品是否为相同产品，二者是否具有同一性，以及未将该产品与涉案专利必要技术特征进行对比，就直接审查判断先用权抗辩事由是否成立，亦欠妥当。关于本案中先用权抗辩的举证责任问题。先用权实际上是针对专利侵权的一种抗辩。作为专利权人李书建来讲，其对自己提出的合肥杏花公园侵犯了专利权负举证责任，当其通过举证证明了自己的主张后，即证明合肥杏花公园有侵权行为后，李书建的举证责任就应结束。第三人武汉福特公司提出先用权抗辩，应当按照《专利法》第六十三条第一款第（二）项的规定进行举证证明。至于第三人武汉福特公司先用权抗辩事由能否成立，则应由法院依据其提供的证据进行审查判断。而不能是由专利权人李书建来证明第三人武汉福特公司是否享有先用权，其是否一直在原有范围内制造、使用的事实。对此，专利权人李书建是无法举证的。诉讼中，虽然李书建对第三人武汉福特公司提出先用权抗辩所举证据进行反驳，认为其先用权抗辩事由不能成立，但李书建对此也仅负有行为意义上的举证责任，并非结果意义上的举证责任。就行为意义上的举证责任和结果意义上的举证责任而言，行为责任在诉讼中可以转移，而且该转移有时会反复进行，但结果责任一般则是由法律预先规定，在诉讼前就已固定于一方当事人，且不会随举证活动的进行而转移另一方当事人。因此，李书建对其行为意义上的举证责任，可以举证，也可以不举证。不能因李书建就反驳对方先用权抗辩的事实没有提供证据或者提供的证据不足以支持其反驳主张，就责令其承担举证不能的不利后果。原审判决将结果意义上的举证责任分配给李书建，显属不当，二审法院予以纠正。

四、关于合肥杏花公园侵权责任认定问题

二审法院认为，合肥杏花公园将其场地租给柯劲松经营使用并收取管理费用，系其内部的一种经营管理方式，其与柯劲松签订的场地租赁经营合同，属另一法律关系，并非本案的审理范围。因此，合肥杏花公园不能以其与柯劲松之间的租赁经营关系对抗本案的专利权人。

根据上述分析与认定，第三人武汉福特公司对涉案专利提出的先用权抗辩事由，因其证据与证据之间存在诸多矛盾，不能相互印证、形成证据链，缺乏证明力，故依法不享有先用权。因本案被控侵权产品落入涉案专利保护范围，故合肥杏花公园未经专利权人许可，为经营目的使用侵权产品，其行为构成侵权。李书建提出合肥杏花公园应停止使用侵权产品的诉讼请求，符合法律规定，二审法院予以支持。根据查明的事实和证据，现设置在合肥杏花公园内的"环山水战车"游乐设备是租赁经营者柯劲松直接购自第三人武汉福特公司生产的产品，并非合肥杏花公园自行制造的游艺设备，故李书建提出的合肥杏花公园停止生产制造侵权产品的主张，缺乏事实依据，二审法院不予支持。又因合肥杏花公园使用被控侵权产品具有合法来源，且不知道该产品系侵权产品，故合肥杏花公园依法只应承担停止使用该侵权产品的民事责任。李书建要求合肥杏花公园应赔偿其经济损失3万元的诉讼请求，于法无据，原审此项判决正确，二审法院予以维持。

综上，上诉人李书建对第三人武汉福特公司就涉案专利不享有先用权所提出的上诉理由成立，二审法院予以采纳。鉴于上诉人李书建明确表示本案中不追究第三人武汉福特公司任何民事责任，且在二审庭审中明确表示放弃原审判决程序违法的上诉主张，故二审法院对其私权利行使的意思表示予以尊重。原审判决认定事实不清，适用法律不当，依法应予改判。二审法院依照《民事诉讼法》第十三条、第一百五十三条第一款第（二）项、第（三）项，《专利法》第五十六条第一款，第五十七条第一款，第六十三条第二款，《最高人民法院关于民事诉讼证据的若干规定》第二条的规定，判决如下：

一、撤销安徽省合肥市中级人民法院（2005）合民三初字第104号民事判决；

二、合肥杏花公园自二审判决生效之日起立即停止使用设置在其公园内的"环山水战车"游乐设备侵权产品；

三、驳回上诉人李书建的其他诉讼请求。

一审案件受理费1 210元，二审案件受理费1 210元，合计2 420元，由李书建负担1 210元，由合肥杏花公园负担1 210元。

案例 27：张宇与黄国尧、蔡建国专利侵权纠纷案

原告（上诉人）： 张宇
被告（被上诉人）： 黄国尧
被告（被上诉人）： 蔡建国

一审法院： 广东省佛山市中级人民法院
一审案号：（2004）佛中法民三初字第 63 号
一审合议庭成员： 梁冬、谭海华、怀晓红
一审结案日期： 2004 年 8 月 9 日

二审法院： 广东省高级人民法院
二审案号：（2004）粤高法民三终字第 263 号
二审合议庭成员： 于小山、李学辉、卢朝霞
二审结案日期： ＊年 11 月 30 日❶

案由： 专利侵权纠纷

关键词： 专利侵权判定、技术比对、必要技术特征、善意第三人赔偿责任的免除、等
　　　　　同原则、等同特征、证据保全

涉案法条

　　《专利法》第十一条第一款、第二十六条第三款、第五十六条第一款
　　《民事诉讼法》第五十三条、第一百五十三条第一款第（一）项
　　《专利法实施细则》第二条第二款
　　《最高人民法院关于审理专利纠纷案件适用法律问题的若干规定》第十七条
　　《最高人民法院关于民事诉讼证据的若干规定》第三十四条

争议焦点

● 专利权的保护范围应当以权利要求书中明确记载的必要技术特征所确定的范围为准，
　也包括与该技术特征相等同的特征所确定的范围。由此可见，当权利要求中引用了

---

　　❶　因所收集的广东省高级人民法院（2004）粤高法民三终字第 263 号的结案日期不明，故无法
提供确切结案日期。——编者注

附图标记时，不应以附图中所反映出的具体结构来限定专利权利要求中的技术特征，专利保护的范围也不应完全受说明书中公开的具体实施例的限制。

● 说明书及附图对权利要求的解释可以是公平的扩大或者缩小的解释。

● 不论燃油燃烧机供热供汽系统的位置是在机架的上方，还是在机架的下方，该技术特征都属于以基本相同的手段，实现基本相同的功能，达到基本相同的效果，并且本领域的普通技术人员无需经过创造性劳动就能够联想到的技术特征。因此，被控侵权产品的该技术特征与涉案专利的该技术特征等同。

审判结论

驳回原告张宇的诉讼请求。

一审案件受理费 21 410 元，由原告张宇承担。

二审法院判决驳回上诉，维持原判。

二审案件受理费人民币 21 410 元由张宇负担。

起诉及答辩

原告张宇诉称：原告于 2002 年 4 月 8 日向国家知识产权局提交了名为"带蒸汽燃油燃烧装置加热隧道式加硫机"专利申请，国家知识产权局于 2003 年 10 月 22 日授予原告实用新型专利，专利号为 ZL02226650. X。原告自办的公司使用该专利技术后效果较好。被告黄国尧自 2002 年底开始利用原告专有的实用新型技术，制造、销售与原告专利技术相同的产品，并在专业刊物《北京皮革》《中外鞋讯》上登载侵权产品广告，侵权产品卖往全国各地，使原告公司产、销量剧降，给原告造成重大经济损失。被告蔡建国明知被告黄国尧生产、销售侵权产品，却还进行购买、使用已构成侵权，应当承担侵权责任。据此请求法院判令：1. 被告黄国尧停止侵权行为，出具不再侵权的保证书并在《中外鞋讯》上公开赔礼道歉；2. 被告蔡建国停止侵权行为；3. 被告黄国尧赔偿原告调查取证费 8 万元，赔偿经济损失 200 万元，合计 208 万元人民币；4. 两被告承担本案的诉讼费。

被告黄国尧辩称：其生产销售的 YZ－228AR 燃油式湿热定型机技术特征不同于原告 ZL02226650. X 实用新型专利的必要技术特征，没有侵犯原告的专利权。据此请求法院依法驳回原告的诉讼请求。

被告蔡建国辩称：其购买设备时不知道设备涉嫌侵权，且得知设备涉嫌侵权后，立即停止生产，不存在侵权行为。因被告蔡建国有证据证明设备的合法来源，不应承担赔偿责任。

原告张宇举证，被告黄国尧、蔡建国质证及法院认证如下：

证据 1，原告身份证复印件，证明原告的主体资格。两被告对该证据皆无异议，一审法院对该证据予以确认。

证据 2~3，被告蔡建国开办的广州白云区新市华顺鞋厂（下称"华顺厂"）工商登记资料及被告黄国尧的名片，证明被告身份。两被告对该证据皆无异议，一审法院对该证据予以确认。

证据4～7，原告的实用新型专利证书、专利说明书、实用新型专利检索报告、专利费发票和专利检索费发票，证明原告专利合法性、有效性及稳定性。被告黄国尧认为原告提交的证据5即专利说明书有删改，对其真实性不予确认，对其他证据无异议。被告蔡建国对上述证据无异议。经当庭核实，一审法院要求原告张宇庭后提交正式的说明书以取代当庭举交的说明书，原告提交正式说明书后被告黄国尧没有异议，一审法院对庭审后提交的说明书及证据4、6、7予以确认。

证据8～15，被告黄国尧开办的南海市平洲平东昱正五金机械厂（下称"昱正厂"）的产品YZ-228A高速湿热定型机使用说明书，YZ-228AR、YZ-228A燃油式湿热定型机广告图片，北京皮革杂志登载的产品YZ-218B型燃油湿热定型机、YZ-228A型燃油湿热定型机广告及《中外鞋讯》杂志登载的YZ-218型燃油湿热定型机广告，证明该厂侵犯原告专利权。被告黄国尧对上述证据的真实性无异议，但认为昱正厂不是本案被告，且YZ-228A型湿热定型机采用的是电加热方式，和原告专利无关。而被告黄国尧从未生产、销售YZ-218B型及YZ-218型燃油湿热定型机，不存在侵犯原告专利的问题。被告蔡建国对该证据无异议。一审法院认为，专利侵权判定要通过被控侵权产品实物与原告专利进行对比，本案除查封到YZ-228AR系列燃油式湿热定型机外，没有其他被控产品实物，因此，一审法院只将上述证据中与YZ-228AR型燃油式湿热定型机有关的材料作为本案的定案依据。

证据16，原告和代理人与被告的电话交谈，证明被告在电话中提及销售侵权产品18台次。两被告对该证据的真实性无异议，但认为不能证明被告有侵权行为。一审法院对该证据的真实性予以确认，对其证明内容将结合案件的其他事实综合认定。

证据17，被告蔡建国处的涉嫌侵权产品照片，证明被告侵权。被告黄国尧认为原告起诉的机器是YZ-228A型，申请查封的是YZ-228AR型，而法院查封的是YZ-228ARG型，YZ-228ARG型与本案无关联性。被告蔡建国对该证据无异议。后被告黄国尧陈述YZ-228ARG与YZ-228AR为同一系列，结构完全相同，仅仅是大小有别。一审法院对该证据予以确认。

证据18，成本核算表，证明被告黄国尧非法利润。两被告认为该材料是原告自行编制的，对真实性不予确认。一审法院认为，该材料仅为原告单方面制作的一个说明材料，不符合证据的要件，不能作为定案证据使用。

证据19，律师费发票，证明原告维权费用。两被告认为该费用应在诉讼请求内。一审法院对该证据的真实性予以确认，并采纳两被告的质证意见。

被告黄国尧举证，原告质证及法院认证如下：

证据1～2，被告黄国尧的身份证及昱正厂登记资料，证明被告身份。原告对该证据无异议。一审法院对上述证据予以确认。

被告蔡建国举证，原告质证及法院认证如下：

证据1～3，合同书、出货单及收据，证明蔡建国开办的华顺厂通过合法方式向被告黄国尧购买燃油式湿热定型机一台。原告对上述证据无异议。一审法院对上述证据予以确认。

证据4，华顺厂文件，证明被告蔡建国购买时不知道该设备涉嫌侵权，且涉嫌侵权后，立即停止生产，不存在侵权行为，不应承担赔偿责任。原告对该证据无异议。一审法院对该证据予以确认。

案件审理中，根据原告张宇的申请，一审法院进行了证据保全，查封了被告蔡建国从被告黄国尧处购买的 YZ228 – ARG 燃油式湿热定型机，并制作了笔录。原告对证据保全及笔录均无异议，两被告认为原告申请查封的为 YZ228 – AR 燃油式湿热定型机，而并非 YZ228 – ARG 燃油式湿热定型机，因黄国尧已向一审法院陈述 YZ – 228ARG 与 YZ – 228AR 为同一系列，结构完全相同，故一审法院对依法查封的证据及笔录予以确认。

事实认定

一审法院审理查明：原告于 2002 年 4 月 8 日向国家知识产权局提交了名为"带蒸汽燃油燃烧装置加热隧道式加硫机"专利申请，国家知识产权局于 2003 年 10 月 22 日授予原告实用新型专利，专利号为 ZL02226650. X。该专利现为有效。该专利独立权利要求为：带蒸汽燃油装置加热隧道式加硫机，涉及对现有隧道式加硫机，不改变机架和机架箱壁板、输送马达及输送带装置结构，包括供热供汽系统装置的一种带蒸汽燃油燃烧装置加热隧道式加硫机，其特征是：1. 所述机架上，按装配要求预留安装燃油燃烧机供热供汽系统的位置（3）；2. 所述燃油燃烧机供热供汽系统由加热箱（8）及侧盖（12）、（13）、回流管（14）、进风管（7）、风机（6）、热交换器（16）构成；3. 所述加热箱（8）连通进风管（7）和风机（6）；4. 所述加热箱（8）连通回流管（14）；5. 所述热交换器的一端连接风机（6）和进风管（7），其另一端连接回流管（14）；6. 所述热交换器（16）的燃烧供风管（17）连接燃油型燃烧器；7. 所述热交换器（16）的安装口（15）安装喷淋器和喷淋进水管（19）。

被告黄国尧开办的昱正厂制造、销售本案被控产品 YZ228 – AR 燃油式湿热定型机，YZ228 – ARG 燃油式湿热定型机属 YZ228 – AR 燃油式湿热定型机系列的一种，结构完全相同。该机为包括机架和机架箱壁板、输送汽缸及输送带装置结构以及供热供汽系统装置的一种带蒸汽燃油燃烧装置加热隧道式加硫机。其具体结构为：1. 通过输送带将整机分为上下两部分，机架下方为供热供汽系统，上方为加热区。2. 整个燃油燃烧机供热供汽系统包括加热箱及上下侧盖、进风管、风机、热交换器。3. 加热箱连通进风管和风机。4. 加热箱下部的一个隔板（同时亦为加热箱下侧盖）将热交换室与加热箱分开，并在该隔板右侧留有凹槽，该凹槽通向热交换室。5. 热交换器的另一端连接风机和进风管。6. 热交换器的燃烧供风管连接燃油型燃烧器。7. 热交换器的安装口安装喷淋器和喷淋进水管。

另查明，2003 年 2 月 28 日，被告蔡建国开办的华顺厂从被告黄国尧处购得一台

YZ228 - AR 系列的 YZ228 - ARG 燃油式湿热定型机一台，单台售价 5 万元。2004 年 5 月 14 日，被告蔡建国开办的华顺厂停止使用该被控产品。

一审判决及理由

一审法院认为：原告张宇的 ZL02226650.X 号实用新型专利现为有效，应受法律的保护。该案争议的焦点是被告黄国尧生产销售的 YZ228 - AR 燃油式湿热定型机是否落入原告专利的保护范围。

经过庭审技术对比，被控产品在主要原理上与原告专利相同，部分结构相同，另有部分结构存在区别。

被告黄国尧辩称：原告专利有马达而被控产品没有，因马达属于原告专利前序部分的内容，其表现为原告专利的技术领域而非必要技术特征，且马达仅仅作为一个动力装置而存在，而被控产品的汽缸也为一个动力装置，故对被告的这一辩称，一审法院不予采信。

被告黄国尧又辩称：原告专利有独立封闭的加热箱及两侧盖而被控产品没有。因原告专利说明书明确表述：加热箱为机架封闭机架壁板后，接上进风口和回流管的两个侧盖平行对齐安装位置（3）所形成的可通过轨道输送鞋箱的内胆壁板空间。由此可知，加热箱可通过轨道输送鞋箱，因此不可能为一个封闭的独立箱体，被告黄国尧认为原告的加热箱为一个封闭的箱体没有依据。而加热箱的侧盖是必不可少的，被控产品加热箱本身亦有上下两侧盖，虽然其下侧盖实际上还起到了一个将热交换室与加热箱分开的隔板作用，但其对加热箱来讲，本身也起到了侧盖的作用，故对其这一辩称，一审法院亦不予采信。

被告黄国尧还辩称：原告专利加热箱与热交换室是独立的，而被控产品热交换室和加热区是一体的。经参考原告专利的说明书，加热箱本身为供热供汽系统的一部分，因此必然与热交换室相连，对被告的这一辩称，一审法院也不予采信。

被控产品与原告专利主要在以下两个方面存在不同：

1. 原告专利加热箱位于机架下方，被控产品的加热箱在机架上方。原告专利必要技术特征 1 明确陈述：所述机架上，按装配要求预留安装燃油燃烧机供热供汽系统的位置（3）。其特征 2 又明确：所述燃油燃烧机供热供汽系统由加热箱（8）及侧盖（12）、（13）、回流管（14）、进风管（7）、风机（6）、热交换器（16）构成。因原告独立权利要求中对预留位置（3）的表述不甚清楚，根据说明书和附图可以用于解释权利要求的规定，结合原告专利说明书附图 1 - b，可以看出位置（3）位于机架的下方。原告称其加热箱并非在机架的下方，与其权利要求中的表述及说明书和附图相矛盾，一审法院不予采纳。

2. 原告专利有回流管连通加热箱和热交换器，而被控产品中不存在回流管。被控产品由加热箱下部的一个隔板将热交换室与加热箱分开，并在该隔板右侧留有凹槽，该凹槽通向热交换室，被控产品通过这一个凹槽实现余热回流。因被控产品相对于原告专利少了回流管这一重要设备,必然引起与原告专利中和回流管有关的所有技术特征的不同——即与原告专利必要技术特征 4(所述加热箱(8)连通回流管(14))和 5(所述热交换器的一端连接风机(6)和进风管(7),其另一端连接回流管(14))均有不同。原告主张,被控产品的凹槽实际上就是回流管,被控产品这一特征与原告专利的必要技术特征构成等同。因等同特征是指以基本相同的手段,实现基本相同的功能,达到基本相同的效果,并且本领域的普通技术人员无需经过创造性的劳动就能够联想到的特征,而本案中,被控产品缺少了一个原告专利中必不可少的连通装置——"回流管",并引起与"回流管"相关的一系列变化,相对于原告专利来讲,这种变化不是局部的某一点。无论被控产品的凹槽与原告专利中的回流管是否具有基本相同的功能,达到基本相同的效果,其与原告专利相比并没有采取基本相同的手段,而且对于本领域普通技术人员来讲,这一特征并非无需经过创造性劳动就能够联想到。因此,被控产品的凹槽不构成对原告专利必要技术特征的等同。故对原告的这一主张,一审法院亦不予采纳。

综上,被控产品没有落入原告专利权的保护范围,被告黄国尧生产销售被控产品的行为没有侵犯原告的专利权。被告黄国尧辩称,其生产销售的 YZ–228AR 燃油式湿热定型机技术特征不同于原告 ZL02226650.X 实用新型专利的必要技术特征,没有侵犯原告的专利权的主张,一审法院予以采信。被告蔡建国使用被控产品本身就有合法来源,现被控产品没有落入原告专利的保护范围,则其使用行为亦不存在侵权。对原告要求被告黄国尧、蔡建国停止侵权行为的诉讼请求一审法院不予支持,其基于两被告侵权而提起的其他诉讼请求一审法院亦不予支持。

综上所述,一审法院依照《专利法》第十一条第一款、第五十六条第一款的规定判决如下:

驳回原告张宇的诉讼请求。

案件受理费 21 410 元,由原告张宇承担。

上诉理由

张宇不服原审判决,提起上诉称:

一、原审法院认定事实不当,处理显失公正。1. 原审判决认定位置(3)位于机架的下方是错误的。涉案专利的权利要求书描述的是一个带蒸汽燃油燃烧机供热供汽的循环装置,其附图也是表明循环装置的示意图,并非一个纯结构特征的描述。原审法院用纯结构特征的方式推论显然是错误的。权利要求书没有描述位置(3)位于机架的具体位置,即是可上,也可下。说明书、附图只是权利要求中的一个具体方案,原审法院不能用单一具体方案中的具体形状来限定本专利权利要求的范围。2. 原审判决认定专利的回流管与被控侵权产品的回流凹槽是不相等同的特征是错误的。涉案专利的权利要求书描述的是一个带蒸汽燃油燃烧机供热供汽的循环装置,而被控侵权产品也同样是一个带蒸汽燃油燃烧机供热供汽的循环装置。被控侵权产品中热气体在加热箱经过隔板上通孔进入热交换器,隔板上的通孔就起到管道的作用,且热气体回到热交换器主要靠风机的抽取，所以该回流凹槽与回流管比较并无实质变化。被控侵权产品完全包含涉案专利所有的技术特征，构成侵权。

二、黄国尧在原审法院证据保全的记录上承认生产、销售被控侵权产品40～50台，且在开庭审理中也无异议，说明黄国尧侵权非法所得数额至少在200万元。请求撤销原判，判令被上诉人停止侵权行为，出具不再侵权保证书，并在《北京皮革》《中外鞋讯》上公开赔礼道歉；赔偿经济损失、办案取证费人民币208万元；承担本案诉讼费用。

黄国尧答辩称：

一、一审判决对涉案专利必要技术特征中加热箱的安装位置认定正确，即加热箱位于机架下方。涉案专利权利要求书称"在机架上，按装配要求预留安装燃油燃烧机供热供汽系统的位置（3）"，而燃油燃烧机供热供汽系统包括加热箱、侧盖、回流管、进风管、风机和热交换器。也就是说，加热箱要安装在该特定的位置（3）。但对位置（3）如何进行预留、加热箱在位置（3）中如何具体安装，权利要求书的表述不清，一审法院正确适用《专利法》第五十六条的规定，将涉案专利说明书及附图用于解释其权利要求中的燃油燃烧机供热供汽系统的位置，结合涉案专利附图1－b，就可以清楚、准确地认定加热箱位于涉案专利的机架下方。上诉人称"附图是表明循环装置的示意图，并非一个纯结构特征的描述"，以及"说明书、附图只是本专利权利要求中其中的一个具体方案"，该说法违反了《专利法》对实用新型专利说明书及附图的规定。根据《专利法》第二十六条第三款的规定，由于实用新型专利权保护的就是实用新型专利产品的形状、构造或者其结合，而实用新型专利说明书和必要的附图就是对实用新型专利产品的形状、构造或者其结合予以清楚、完整的说明，附图必须清楚、完整地表现结构，如果仅仅是一个示意图的话，是不可能达到清楚、完整地说明实用新型专利产品的形状、构造或者其结合的程度的。因此，涉案专利说明书及附图中关于燃油燃烧机供热供汽系统的位置说明依法可以作为解释和判断加热箱位置的依据。

二、一审判决正确认定被控侵权产品没有涉案专利必要技术特征中的回流管。回流管是涉案专利的必要技术特征，而被控侵权产品没有这种回流管。上诉人称被控侵权产品有回流凹槽，该回流凹槽在循环特征上与回流管完全相同，构成对涉案专利的等同侵权，这是对实用新型专利权保护范围的错误认识和对等同原则的片面理解。上诉人认为被控侵权产品在循环特征上与其专利相同，其实质是将原理纳入专利保护范围，这违反了《专利法实施细则》的规定。根据《专利法实施细则》第二条第二款的规定，实用新型专利权保护的是实用新型专利产品的形状、构造或者其结合，并不保护原理，原理不是实用新型专利权的保护对象。被控侵权产品中的进风口（即上诉人所谓的回流凹槽、通孔）与涉案专利中的回流管不构成等同。根据《最高人民法院关于审理专利纠纷案件适用法律问题的若干规定》第十七条第二款的规定，构成等同侵权，至少要具备以下两个要件：第一，涉案专利与被控侵权产品采用基本相同的手段是最基本的条件，二者之间必须存在等同物，若涉案专利或被控侵权产品缺少等同物，则等同无从谈起；第二，等同原则的适用以普通技术人员，而不是以高级技术专家的认知程度为标准。被控侵权产品不符合等同侵权的上述两个要件。一方面，被控侵权产品中根本没有与涉案专利中的回流管相对应的装置，没有等同物，不符合上述第一个要件；另一方面，被控侵权产品中的进风口与涉案专利中的回流管相比，并没有采用基本相同的手段，因为进风口是热交换器的一部分，与回流管明显不同，被控侵权产品有效地把热交换器和加热隧道结合为一个整体，实现热风的箱体内循环，其效果及节能远胜于涉案专利中必须连接回流管和进风管的体外循环形式。由于缺少回流管及其必然引起的一系列变化，对于本领域的普通技术人员而言并非显而易见，不经过创造性劳动不可能联想得到，而一旦渗入了创造性劳动，就不符合等同侵权的第二个要件。

三、一审判决认定被控侵权产品具有侧盖和加热箱错误。专利说明书第一页最后一段叙述："加热箱实际为机架封闭机架箱壁板后，接上进风和回流管的两个侧盖平行对齐安装位置所形成的可通过轨道输送鞋箱的内胆壁板空间"。专利说明书的技术背景清楚地阐述了该专利是对真空加硫机的技术改造和创新，对其实行燃油替代电热。因此，真空加硫机的加热箱，由两个侧盖平行对齐安装位置所形成的可通过轨道输送鞋箱的内胆壁板空间的结构与涉案专利中加热箱的表述是一致的。两侧盖之间可由鞋箱通过亦可与鞋箱组成一个相对封闭的加热箱体，其侧盖起到真正意义上盖的作用。专利说明书附图中以剖面图清楚表示出侧盖的形状及连接进风管、回流管的方法，与被控侵权产品的顶板及隔板与箱体焊接为一个整体的结构完全不同。由此可见，上诉人所称被控侵权产品的加热隧道顶板和使加热隧道与热交换器有效结合的隔板为两侧盖的说法不能成立，也无法实现。一审判决书未能正确理解涉案专利中加热箱的具体形状和构造，并错误地认定被控侵权产品中将热交换器与加热区隔开的挡板起到了侧盖作用，事实上，被控侵权产品中的挡板没有也不能起到连接进风管、回流管和封闭形成加热箱的侧盖作用。因为被控侵权产品的加热区前后两面是贯通的，并且没有可通过轨道输送的鞋箱的另四个面，即使有上下两侧盖，也不可能形成独立、相对封闭的内胆空间即加热箱。

四、一审法院程序违法。1. 追加蔡建国为本案共同被告，不符合必要共同诉讼的构成要件。本案不是必要共同诉讼，蔡建国不是必要共同诉讼人，不应成为本案共同被告。根据《民事诉讼法》第五十三条规定，构成必要共同诉讼的前提之一是诉讼标的共同，共同诉讼的一方当事人对诉讼标的享有共同的权利义务。就侵权案件而言，多个被告必须构成共同侵权才能成立必要共同诉讼，而本案不符合上述条件。即便黄国尧和蔡建国侵犯涉案实用新型专利权（只是假设），但侵权方式不同，黄国尧因制造、销售专利产品而侵权，蔡建国因使用专利产品而侵权，双方之间没有形成共同的制造、销售专利产品行为或共同使用专利产品的行为。即使黄国尧和蔡建国之间曾有燃油湿热定型机买卖关系，但仅凭该买卖合意并不能证明双方有侵犯涉案实用新型专利权的共同故意，不符合共同侵权的构成要件，因此，黄国尧与蔡建国不是共同侵权人，不应成为本案共同被告。上诉人起诉蔡建国与黄国尧应属于两个独立的诉，人民法院应当分别立案进行审理，不应作为必要共同诉讼进行审理。2. 上诉人申请追加被告已过举证期限。

根据《最高人民法院关于民事诉讼证据的若干规定》第三十四条的规定，原告增加诉讼请求应当在举证期限内提出。原告申请追加被告作为一种诉讼请求，已过举证期限，人民法院应不予受理。3. 证据保全及使用违法。既然申请追加蔡建国程序违法，理由也不成立，那么，上诉人对蔡建国从黄国尧处购买的被控侵权产品 YZ－228ARG 燃油湿热定型机进行证据保全就没有合法根据，该机器就不能作为证据使用，但一审法院仍将这一违法取得的证据进行技术对比，是一个严重的程序错误。一审判决认定事实部分错误，程序也有违法之处，但实体判决正确，请求二审法院依法驳回上诉人的上诉请求。

蔡建国答辩称：其只是使用设备，且提供了设备的合法来源。在涉案后就停止使用该设备，不存在侵权行为，不应承担责任。

二审查明事实

二审法院对一审查明的关于系争专利的相关事实予以确认。

二审法院进一步查明：2003 年 2 月 28 日，南海市平洲平东昱正五金机械厂（下称"昱正机械厂"）与广州市白云区新市华顺鞋厂（下称"华顺鞋厂"）签订一份《合同书》，约定向昱正机械厂购买制鞋设备，总金额人民币 115 430 元。其中包括型号为 YZ－228ARG 的燃油湿热定型机一台，金额为 5 万元。同年 3 月 1 日和 9 月 29 日，华顺鞋厂支付了合同项下的定金 4 万元和设备款 75 400 元。同年 4 月 24 日，昱正机械厂将合同项下的设备交付给华顺鞋厂。

2004 年 2 月 27 日，张宇以黄国尧开办的昱正机械厂制造、销售与专利技术方案相同的产品，并许诺销售侵权产品，侵犯其合法权益为由，向原审法院提起对昱正机械厂、黄国尧的诉讼，同年 5 月 12 日，张宇申请追加蔡建国为本案被告，并提出证据保全申请。5 月 13 日，原审法院通知蔡建国参加诉讼。5 月 14 日，原审法院对华顺鞋厂购买的 YZ－228ARG 型燃油湿热定型机进行了证据保全。在原审法院审理中，张宇放弃了对昱正机械厂的起诉。

在被控侵权产品中，燃油燃烧机供热供汽系统的位置在机架的上方。也没有连通加热箱和热交换器的回流管。

二审判决及理由

二审法院认为：ZL02226650.X 实用新型专利权经过国家知识产权局依法授权，应受到法律保护。

《专利法》第五十六条第一款规定，实用新型专利权的保护范围以其权利要求为准，说明书及附图可以用于解释权利要求。《最高人民法院关于审理专利纠纷案件适用法律问题的若干规定》第十七条规定，专利权的保护范围应当以权利要求书中明确记载的必要技术特征所确定的范围为准，也包括与该技术特征相等同的特征所确定的范围。由此可见，当权利要求中引用了附图标记时，不应以附图中所反映出的具体结构来限定专利权利要求中的技术特征，专利保护的范围也不应完全受说明书中公开的具体实施例的限制。说明书及附图对权利要求的解释可以是公平的扩大或者缩小的解释。在本案中，对于权利要求书中记载的"在机架上，按装配要求预留安装燃油燃烧机供热供汽系统的位置（3）"这一技术特征所确定的范围，双方当事人产生了争议。上诉人张宇认为说明书及附图不应限定权利要求的范围，位置（3）位于机架的具体位置可上，也可下。而被上诉人黄国尧认为燃油燃烧机供热供汽系统的位置，结合附图1-b，位于机架下方。上诉人张宇对此作了扩大的解释，而被上诉人黄国尧对此作了缩小的解释。然而，不论燃油燃烧机供热供汽系统的位置是在机架的上方，还是在机架的下方，该技术特征都属于以基本相同的手段，实现基本相同的功能，达到基本相同的效果，并且本领域的普通技术人员无需经过创造性劳动就能够联想到的技术特征。因此，被控侵权产品的该技术特征与涉案专利的该技术特征等同。原审判决认定该技术特征与涉案专利的该技术特征不同，适用法律不当，二审法院予以纠正。

关于被控侵权产品是否存在权利要求书中记载的必要技术特征中的连通加热箱和热交换器的回流管，以及回流凹槽或通孔是否与该技术特征等同问题，首先，在被控侵权产品中没有回流管是客观事实。其次，上诉人所称回流凹槽或通孔与其涉案专利必要技术特征中连通加热箱和热交换器的回流管等同，并没有提交能够证明回流凹槽或通孔是如何以基本相同的手段，实现基本相同的功能，达到基本相同的效果，并且本领域的普通技术人员无需经过创造性劳动就能够联想到的事实依据，因此，上诉人此项上诉请求，二审法院不予支持。

由于被控侵权产品缺少涉案专利中连通加热箱和热交换器的回流管的必要技术特征，该被控侵权产品不构成对涉案专利的侵犯。原审判决对此所作认定正确，判决结果并无不当，二审法院予以维持。至于被上诉人黄国尧对原审判决的部分事实认定及诉讼程序提出的问题，因其没有提起上诉，不属于本案二审的审理范围。依照《民事诉讼法》第一百五十三条第一款第（一）项的规定，判决如下：

驳回上诉，维持原判。

二审案件受理费人民币21 410元由张宇负担。

案例 28：王正亚与王德荣专利侵权纠纷案

原告（被上诉人）：王正亚
被告（上诉人）：王德荣

一审法院：江苏省南京市中级人民法院
一审案号：（2006）宁民三初字第 161 号
一审合议庭成员：郑之平、叶波平、茅晖
一审结案日期：2006 年 10 月 31 日

二审法院：江苏省高级人民法院
二审案号：（2007）苏民三终字第 0032 号
二审合议庭成员：张婷婷、徐美芬、曹美娟
二审结案日期：2007 年 4 月 18 日

案由： 专利侵权纠纷

关键词： 专利侵权、全面覆盖、专利权保护范围、赔偿额

涉案法条
《专利法》第十一条第一款、第五十六条第一款
《民事诉讼法》第一百五十三条第一款第（一）项
《最高人民法院关于审理专利纠纷案件适用法律问题的若干规定》第二十一条

争议焦点
- 发明或者实用新型专利权的保护范围以其权利要求的内容为准，说明书及附图可以用于解释权利要求。专利权经部分无效予以维持的，应当以新的独立权利要求为依据界定专利的保护范围。
- 虽然涉案专利部分权利要求被无效，但被控侵权产品仍落入专利复审委审查后确定的专利保护范围，构成对专利权的侵权。故涉案专利被部分无效并不影响侵权赔偿额的确定。

审判结论
一、被告王德荣立即停止侵犯原告王正亚拥有的 ZL02257958.3 号"管道井组件"

实用新型专利权的行为；

二、被告王德荣赔偿原告王正亚经济损失 5 万元；

三、驳回原告王正亚的其他诉讼请求。

一审案件受理费 2 010 元，邮寄费用 400 元，共计 2 410 元，由被告王德荣承担。

二审法院判决驳回上诉，维持原判。

二审案件受理费 2 010 元，邮寄费 400 元，合计 2 410 元，由上诉人王德荣负担。

起诉及答辩

原告王正亚诉称：原告于 2002 年 10 月 24 日向国家知识产权局申请的"管道井组件"实用新型专利，2003 年 7 月 9 日获得授权，专利号为 ZL02257958.3。该专利产品已成为原告自己企业的主导产品，为原告创造了较大的经济效益。2005 年，原告在镇江香江花城建筑工地发现侵权产品，该工程由溧阳市建筑装潢工程有限公司（下称"溧阳建筑公司"）承建，为此原告将该公司起诉至南京市中级人民法院，南京市中级人民法院经审理作出（2005）宁民三初字第 18 号民事判决，溧阳建筑公司不服，提起上诉。由于溧阳建筑公司在二审中提供了证据证明侵权产品是由镇江市润州区恒园建筑材料制品厂（下称"恒园建材厂"）提供，因此江苏省高级人民法院认定溧阳建筑公司在工程中使用的管道井有合法来源，认为其不应承担赔偿责任。为维护自己的合法权利，原告现以恒园建材厂的业主王德荣为被告，向法院提起诉讼，请求判令被告立即停止侵权行为，销毁侵权产品，赔偿人民币 5 万元，并承担本案的诉讼费。

被告王德荣辩称，原告的专利权利要求经无效程序之后发生了变化，其提供的证据不能支持其诉讼请求。

原告王正亚为支持其诉讼请求，提交了以下证据：

1. 江苏省南京市中级人民法院（2005）宁民三初字第 18 号民事判决书。

2. 江苏省高级人民法院（2005）苏民三终字第 0089 号民事判决书。

3. 恒园建材厂与溧阳建筑公司签订的工业品买卖合同。

4. 江苏省南京市中级人民法院（2005）宁民三初字第 18 号案中由原告提供的证据材料。

5. 国家知识产权局专利复审委员会第 8413 号无效审查决定。

被告王德荣未提交证据。

本案经公开开庭审理，当事人举证、质证和辩论，被告王德荣对原告王正亚提交的证据真实性均不持异议，一审法院予以采信。

事实认定

根据上述确认的证据及当事人陈述，一审法院查明如下事实：

2002 年 10 月 24 日，原告王正亚向国家知识产权局申请了名称为"管道井组件"的实用新型专利。2003 年 7 月 9 日，国家知识产权局予以授权并公告，专利号为 ZL02257958.3。该专利授权公告时的权利要求有 6 项，其中独立权利要求 1 为："一种管道井组件，其特征在于该管道井组件由组件单元构成，组件单元由面板和侧面板构成，两者连为一体。"权利要求 2 为："根据权利要求 1 所述的管道井组件，其特征在于组件单元中设有一层网格布 3，该网格布在组件单元的两端向外延伸形成一条与墙体连接的连接边。"

2005 年 2 月至 8 月，案外人溧阳建筑公司、许小莉及被告王德荣针对涉案专利向国家知识产权局专利复审委员会（下称"专利复审委"）提出无效宣告请求。专利复审委经审查，于 2006 年 6 月 22 日作出第 8413 号无效宣告请求审查决定，决定宣告涉案专利的权利要求 1、3~6 无效，维持权利要求 2 有效。该复审决定已生效。

2005 年 1 月 5 日，应原告王正亚的申请，镇江市公证处公证员冯浪、杨军停与王正亚、孙学群一同来到镇江香江花城二期工程项目工地。在公证员的现场监督下，由孙学群对该工地上的管道井组件现场拍摄照片 12 张，其后镇江市公证处制作了（2005）镇证民内字第 13 号公证书。公证书所附照片显示了香江花城二期工程概况，载明了施工单位为溧阳建筑公司，并反映了工程造价、开工日期、计划竣工日期等相关内容。公证书所附照片还显示了香江花城工地上放置有一些构件，有的放置在房屋外，有的在房屋内。构件由面板和侧面板构成 L 形，两者连为一体，面板和侧板两端有网格布。据此，原告王正亚于 2005 年 1 月向一审法院起诉溧阳建筑公司侵犯其专利权。2005 年 6 月 28 日，一审法院作出（2005）宁民三初字第 18 号民事判决，判决溧阳建筑公司停止侵权并赔偿王正亚 5 万元。宣判后，溧阳建筑公司不服，上诉至江苏省高级人民法院。二审中，江苏省高级人民法院除确认一审查明的事实外，另查明溧阳建筑公司与恒园建材厂于 2004 年 12 月 8 日在香江花城二期工程项目中签订了管道井买卖合同，约定恒园建材厂供给溧阳建筑公司管道井 82 平方米。2004 年 12 月 15 日恒园建材厂向溧阳建筑公司香江花城二期项目送去管道板 92 平方米。并认定溧阳建筑公司在其香江花程工程中使用的管道井组件系从恒园建材厂购得，而不是自己生产的。江苏省高级人民法院遂作出（2005）苏民三终字第 89 号民事判决，维持一审法院一审判决中关于停止侵权部分的判决，撤销关于赔偿部分的判决。

庭审中，原、被告双方就公证书所附照片与涉案专利的保护范围进行比对。公证书所附照片显示构件由面板和侧面板构成 L 形，两者连为一体，面板和侧板两侧有外延的网格布。原告王正亚认为公证书所附照片显示的构件即为管道井组件，其特征与原告专利权利要求 1、2 载明的技术特征一一对应，落入涉案专利权保护范围。被告则认为现有的照片上只能看到管道井组件两端的网格布，无法确认网格布是否作为完整的一层敷设在组件里向两侧延伸。

一审判决及理由

一审法院认为：实用新型专利权的保护范围以权利要求书为准，说明书和附图可以解释权利要求，对于被宣告部分无效的专利，应当重新准确界定其专利权保护范围。由于涉案专利除权利要求 2 外的其他权利要求，包括原独立权利要求 1 在内均被宣告无效，基于权利要求 2 对权利要求 1 的引用关系，原权利要求 1 记载的技术特征就成为涉案专利的前序部分，故涉案专利被宣告部分无效后就只有一项权利要求，其保护范围应当由原权利要求 1 和权利要求 2 的全部技术特征组成，可以确定为："一种管道井组件，由组件单元构成，组件单元由面板和侧板构成，两者连为一体，其特征在于组件单元中设有一层网格布，该网格布在组件单元的两端向外延伸形成一条与墙体连接的连接边。"

被告王德荣辩称从公证照片上看，不能确认被控侵权产品上的网格布是作为完整的一层敷设在组件里并向两侧延伸，因而原告不能证明该产品落入了其专利权保护范围。一审法院认为，涉案专利产品中设有一层完整的网格布，目的在于增加管道井组件单元的强度以使组件单元与墙体连接。被控侵权产品虽然仅能看出组件两端有网格布，但依据一般常理可以推知其在组件中完整地敷设了一层网格布。否则，若不在组件单元内完整敷设一层网格布，而仅将网格布设在组件两端向外延伸，不仅制作工艺复杂，且增加制作成本和工作量。另外，被告作为被控侵权产品的生产者、销售者，应当清楚其产品的构造，对网格布敷设问题进行举证是极其方便的，但审理过程中被告未能合理地说明网格布在产品中的用途，亦未能提出相反证据证明被控侵权产品中无完整网格布，因此，被告认为原告证据不能证明其产品落入专利权保护范围的抗辩意见无事实依据，不能成立。经庭审比对，被控侵权产品和涉案专利技术特征一一对应，达到了全面覆盖的程度，落入了涉案专利权的保护范围。另外，在原告王正亚与溧阳建筑公司侵权诉讼案件审理过程当中，已查明溧阳建筑公司在香江花城工程二期中使用的管道井组件系从被告王德荣开办的恒园建材厂购得，人民法院判决溧阳建筑公司依法不承担赔偿责任，原告王正亚在此基础上另案起诉指控被告王德荣侵权，符合法律规定。

实用新型专利权被授予后，除有法律规定之外，任何单位或者个人未经许可，均不得为生产经营目的制造、使用、许诺销售、销售、进口其专利产品。原告王正亚合法享有的专利权应当受到法律保护，被告王德荣未经原告许可，为生产经营目的，制造、销售落入涉案专利权保护范围的产品，依法应当承担侵权民事责任。原告要求被告停止侵权的诉讼请求，一审法院依法予以支持。对于原告王正亚提出赔偿请求的数额，虽然其未提供自己因被告侵权而受损失或被告因侵权而获利的计算依据，但明确请求适用法定赔偿，一审法院根据涉案专利权的类别，原告获得专利权的时间、被告侵权的性质和情节等因素，认为原告请求的 5 万元赔偿数额符合法律规定，予以支持。原告还要求销毁香江花城工程中的侵权产品，一审法院认为，被告王德荣生产、销售给溧阳建筑公司，使用在香江花城工程中的管道井组件，其产品所有权已发生转移，且在原告王正亚与溧阳建筑公司的诉讼中，人民法院已判决责令溧阳建筑公司停止侵权，因此，原告的这一请求不属本案处理范畴，一审法院不予支持。

据此，依照《专利法》第十一条第一款、第五十六条第一款，《最高人民法院关于审理专利纠纷案件适用法律问题的若干规定》第二十一条之规定，判决如下：

一、被告王德荣立即停止侵犯原告王正亚拥有的 ZL02257958.3 号"管道井组件"

实用新型专利权的行为；

二、被告王德荣在一审判决生效后 15 日内赔偿原告王正亚经济损失 5 万元；

三、驳回原告王正亚的其他诉讼请求。

案件受理费 2 010 元，邮寄费用 400 元，共计 2 410 元，由被告王德荣承担。

上诉理由

上诉人王德荣不服一审判决，提起上诉称：1. 涉案专利权利要求 1、3 ~ 6 被无效后，一审判决认为涉案专利的保护范围应当由权利要求 1 和权利要求 2 的全部技术特征组成，该认定缺乏法律依据，扩大了专利保护范围。2. 一审判决依据一般常理推论出被控侵权产品也完整地敷设一层网格布，缺乏法律依据。即使被控侵权产品中敷设了网格布，只要不和墙体连接形成连接边，也不构成专利侵权。3. 被上诉人指控侵权，其应对此承担举证责任。一审判决要求上诉人对被控侵权产品承担举证责任，缺乏法律依据。4. 一审判决赔偿 5 万元缺乏事实和法律依据。（1）被上诉人并未明确请求适用法定赔偿，其应当提供证据证明其损失或者上诉人的获利额。（2）另案中法院认定涉案专利 6 项权利被侵犯，赔偿额为 5 万元。而涉案专利 5 项权利被无效后仍然判决赔偿 5 万元，显然不公平。（3）一审查明上诉人销售给溧阳建筑公司香江花城工地的被控侵权产品只有 92 平方米，价款为 5 336 元。上诉人工程规模小，香江花城是第一笔业务。因此，即使构成侵权也属于性质和情节较轻。综上，请求二审法院发回重审或者改判，驳回被上诉人的诉讼请求，一、二审诉讼费由被上诉人负担。

被上诉人王正亚在庭审中答辩称：1. 涉案专利权利要求 2 维持有效，一审判决确定的专利保护范围是正确的。2. 一审根据侵权性质、情节等因素酌定赔偿 5 万元是正确的。综上，请求二审法院驳回上诉，维持原判。

二审查明事实

双方当事人在二审中均未提交新证据。二审庭审中，双方当事人对一审查明的事实均无异议，故二审法院对一审认定的事实予以确认。

二审判决及理由

当事人在二审中争议的主要焦点是：1. 被控侵权产品是否落入涉案专利保护范围；2. 一审确定的赔偿额是否适当。围绕争议焦点，结合案件事实，二审法院认为：

一、关于被控侵权产品是否落入涉案专利保护范围问题

1. 一审认定涉案专利保护范围正确。理由是：根据《专利法》相关规定，发明或者实用新型专利权的保护范围以其权利要求的内容为准，说明书及附图可以用于解释权利要求。专利权经部分无效予以维持的，应当以新的独立权利要求为依据界定专利的保护范围。本案中，涉案专利除权利要求 2 外的其他权利要求均被宣告无效，而原权利要求 2 从属于原权利要求 1，故原权利要求 1 所记载的技术特征作为公知技术成为涉案专利的前序部分，与原从属权利要求 2 所记载的技术特征构成一个完整的技术方案，形成新的专利保护范围，该新的专利保护范围所包含的全部技术特征均为实现该专利的必要

技术特征。因此，一审认定涉案专利保护范围由原权利要求 1 和权利要求 2 的全部技术特征组成是正确的。上诉人王德荣关于一审认定涉案专利保护范围不当的主张缺乏法律依据，二审法院不予支持。

2. 被控侵权产品落入涉案专利保护范围。理由是：从被控侵权产品的照片看，组件两端有网格布向外延伸出来，上诉人王德荣在一审中否认其组件中间设有一层网格布，但在二审庭审中认可其组件中敷设了一层网格布，故可以认定被控侵权产品在组件单元中设有一层网格布。上诉人王德荣称，其组件两端延伸出来的网格布是为了防止收缩和便于搬运，施工时将网格布裁掉，并非用于连接墙体。对此，二审法院认为：根据建筑行业通常做法，用组件两端延伸出来的网格布搬运管道井组件，施工时再裁掉网格布，理论上讲，不仅增加了施工劳动量，而且浪费建筑材料，实际操作中也不具合理性，故上诉人对其网格布的解释不符合常理，缺乏依据。据此，应当推定被控侵权产品组件两端延伸出来的网格布与墙体连接，落入涉案专利的保护范围，侵犯了王正亚的专利权。上诉人关于被控侵权产品未落入涉案专利保护范围的主张缺乏事实依据，二审法院不予支持。

二、关于一审确定的赔偿额是否适当问题

上诉人王德荣称，王正亚未明确请求适用法定赔偿，其应提供证据证明其损失或王德荣的获利额。另案中涉案专利 6 项权利被侵犯，赔偿额为 5 万元，而涉案专利部分无效后仍然判决赔偿 5 万元，显然不公平。且经一审查明，王德荣销售给溧阳建筑公司香江花城项目的被控侵权产品只有 92 平方米，价款为 5 336 元，侵权情节较轻。故一审判决赔偿 5 万元缺乏事实和法律依据。对此，二审法院认为：1. 上诉人王德荣生产了侵权产品，并对外进行了销售，客观上给专利权人王正亚造成经济损失。但由于王正亚未能提供证据证明其因被侵权所遭受的损失及王德荣因侵权所获得的利益，故一审法院适用法定赔偿并无不当。2. 根据专利侵权判定的全面覆盖原则，只要被控侵权产品包含了专利的独立权利要求中全部技术特征，则构成专利侵权。就本案而言，虽然涉案专利部分权利要求被无效，但被控侵权产品仍落入专利复审委审查后确定的专利保护范围，构成对王正亚专利权的侵权。故涉案专利被部分无效并不影响侵权赔偿额的确定。3. 王德荣与溧阳建筑公司签订的买卖合同仅能证明王德荣生产销售了侵权产品，但不能以此认定王德荣只生产、销售了该合同记载的侵权产品数量。因此，一审法院根据涉案专利权的类别、侵权性质、情节等因素酌定赔偿 5 万元，并无不当。上诉人王德荣关于一审确定赔偿额不当的主张缺乏事实和法律依据，二审法院不予支持。

综上，上诉人王德荣的上诉理由不能成立，二审法院不予支持。一审判决认定事实清楚，适用法律正确，应当予以维持。根据《民事诉讼法》第一百五十三条第一款第（一）项的规定，判决如下：

驳回上诉，维持原判。

二审案件受理费 2 010 元，邮寄费 400 元，合计 2 410 元，由上诉人王德荣负担。

案例 29：宋章根与仁龙公司专利侵权纠纷案

原告（被上诉人）：宋章根

被告（上诉人）：宜兴市仁龙暖通设备制造有限公司（下称"仁龙公司"）

一审法院：江苏省南京市中级人民法院

一审案号：（2006）宁民三初字第 283 号

一审合议庭成员：郑之平、茅晖、丁广

一审结案日期：2006 年 10 月 16 日

二审法院：江苏省高级人民法院

二审案号：（2006）苏民三终字第 0159 号

二审合议庭成员：张婷婷、徐美芬、曹美娟

二审结案日期：2006 年 12 月 13 日

案由：专利侵权纠纷

关键词：技术特征比对、检索报告、许诺销售、新证据、专用模具

涉案法条

《专利法》第十一条第一款、第五十六条第一款

《民法通则》第一百一十八条

《民事诉讼法》第一百五十三条第一款第（一）项

《最高人民法院关于审理专利纠纷案件适用法律问题的若干规定》第二十一条

争议焦点

● 发明或实用新型专利权的保护范围以其权利要求的内容为准。而专利说明书中记载的独立权利要求则从整体上反映了专利的主要技术特征。换言之，被控侵权产品只要包括了独立权利要求的每一个必要技术特征则构成侵权。

● 原告明确表示生产涉案产品所使用的都是通用模具，没有专用模具；而且拥有产品生产模具并非专利侵权行为，故原告要求被告销毁模具的诉讼请求不予支持。

审判结论

一、被告仁龙公司立即停止侵犯原告宋章根的"改进的旋转式补偿器"实用新型

（专利号02258709.8）专利权的行为，停止制造、许诺销售、销售落入涉案专利权保护范围的"旋转式补偿器"；

二、被告仁龙公司赔偿原告宋章根经济损失10万元；

三、驳回原告宋章根的其他诉讼请求。

一审案件受理费3 510元，邮寄费600元，共计4 110元，由被告仁龙公司承担。

二审判决驳回上诉，维持原判。

二审案件受理费3 510元，由上诉人仁龙公司承担。

起诉及答辩

原告宋章根诉称：2002年12月7日原告向国家知识产权局提出的"改进的旋转式补偿器"实用新型专利申请，于2003年12月3日获得授权，专利号为02258709.8，目前该专利合法有效。近来，发现被告仁龙公司未经许可，擅自生产、销售与原告专利相同的产品，其行为已构成对原告专利权的侵害。故请求人民法院判令被告仁龙公司立即停止侵权行为，销毁模具；立即停止销售侵权产品行为；赔偿经济损失10万元；由被告承担本案诉讼费用和代理费用。庭审中，原告认为被告仁龙公司散发产品宣传册的行为属于许诺销售侵权产品行为，停止侵权应包括停止许诺销售。

被告仁龙公司提交书面答辩状称：第一，被告销售给大丰阳光热电有限公司的产品与原告专利的权利要求内容相比，技术特征存在明显差别，并非侵犯原告专利权的产品；第二，原告的专利产品不具备新颖性、实用性；第三，原告要求赔偿10万元没有事实依据。故请求人民法院驳回原告的诉讼请求。

事实认定

为支持其诉讼主张，原告宋章根在举证期限内向一审法院提交了如下证据：

1. 专利号为02258709.8的"改进的旋转式补偿器"实用新型专利证书、权利要求书、说明书各1份；

2. 2006年8月缴纳上述专利年费的收据1份；

3. 关于上述专利的"实用新型专利检索报告"1份；

4. 2006年7月7日，被告仁龙公司开具给大丰阳光热电有限公司的发票1份、发票项下的"旋转补偿器"实物照片4张、产品实物1只。

5. 被告仁龙公司的"套筒旋转补偿器"宣传册1份。

被告仁龙公司未提交证据。经过公开开庭质证和辩论，一审法院对原告宋章根提交的证据作如下认定：

对于证据1当中的说明书和权利要求书，被告仁龙公司认为是复印件，对其真实性有异议。一审法院认为，实用新型专利的权利要求书和说明书由国家专利行政机关公告发布，包括原告宋章根、被告仁龙公司在内，社会公众可以通过多种途径查询获取，原告宋章根提交了涉案专利的公告文本，而被告仁龙公司未能提供相反证据予以否定，故其真实性可以确认。其他证据，被告仁龙公司均不持异议，一审法院亦予采信。

根据以上对证据所做的认定及当事人的陈述，一审法院查明以下事实：

原告宋章根拥有 02258709.8 号实用新型专利，名称为"改进的旋转式补偿器"，申请日为 2002 年 12 月 7 日，授权公告日为 2003 年 12 月 3 日。该实用新型专利涉及一种热力管道补偿装置，其权利要求 1 为："改进的旋转式补偿器，包括内管、异型管接头，内管外置有以压紧螺栓连接的密封座和压盖法兰，与异型管接头相结合处的内管上置有一凸台，凸台与密封座之间形成的凹槽内设有滚珠，其特征在于压盖法兰内设有开口对着内管的凹槽，所述的凹槽内放有滚珠。"该专利权目前处于有效状态。

2006 年 6 月 20 日，国家知识产权局针对上述实用新型专利出具的《实用新型专利检索报告》提示全部权利要求符合《专利法》有关新颖性和创造性的规定。

被告仁龙公司的"套筒旋转补偿器"宣传册中记载，该公司是"专业从事设计、生产套筒旋转补偿器、金属波纹补偿器的厂家""套筒补偿器是热力管道中最常用的一种补偿器""我公司研究了一种无推力免维护旋转式套筒补偿器，它由变径管、内套管、密封座外套。（原文如此）柔性石墨、螺母螺栓压簧结合、填料盖及压紧法兰构成……"该宣传册上还载有产品实物图片和旋转补偿器剖面结构示意图，结构图显示旋转补偿器的与异型管接头相结合处的内管上有一凸台，凸台与密封座之间的凹槽内有滚珠，内管外的填料法兰、压紧法兰之间有弹簧，压紧法兰内侧对着内管的凹槽内设有滚珠，法兰与密封座以螺栓固定。

2006 年 7 月 7 日，被告仁龙公司开具给大丰阳光热电有限公司的发票记载销售旋转补偿器 15 只，共计 92 800 元。原告对发票项下的一只旋转补偿器进行了拆解，该旋转补偿器的与异型管接头相结合处的内管上有一凸台，凸台与密封座之间有凹槽，槽内有滚珠，内管外两个压紧法兰之间有弹簧，两压紧法兰内侧对着内管的凹槽内均设有滚珠，法兰与密封座以螺栓固定。

庭审过程中，原告宋章根和被告仁龙公司结合涉案专利的权利要求 1 及被告的产品宣传册、被控侵权产品分别进行了技术特征比对。

另外，原告宋章根在庭审中陈述，生产"旋转补偿器"所使用的均为通用模具，没有专用模具。

一审判决及理由

一审法院认为：虽然被告仁龙公司辩称涉案专利缺乏新颖性和实用性，但是原告提供了涉案实用新型专利的检索报告，报告提示该专利具备新颖性和创造性，而且对于专利是否具备专利法规定的新颖性、创造性、实用性条件，应由国家专利行政管理机关审查，不属人民法院审理范围。故一审法院对被告的这一抗辩意见不予采纳。

专利权的保护范围以专利权利要求书的记载为准，权利要求 1 即独立权利要求，独立权利要求从整体上反映发明或者实用新型的技术方案，记载解决技术问题的必要技术特征，是专利权的最大保护范围。专利侵权判定应当以原告专利的权利要求所记载的全部技术特征与被控侵权物的技术特征进行对比。从以上的对比可以明确看出被控侵权产品与原告专利技术方案记载的技术特征能够一一对应。虽然被控侵权产品有两个压紧法兰，而且在两压紧法兰之间增加了压紧弹簧，但被控侵权产品在再现专利全部必要技术特征的基础上，增加新的技术特征的，不论其技术效果如何，仍应认定其落入专利权的保护范围。因此，被告仁龙公司认为被控侵权产品未落入原告专利权保护范围的抗辩意见不能成立。另外，被告仁龙公司印制的"套筒旋转补偿器"宣传册当中，对相关产品进行了宣传、介绍，而且经技术比对，其宣传的产品的技术特征亦全面覆盖了原告专利的独立权利要求。因此，被告利用画册对侵权产品进行宣传，属许诺销售侵权产品行为。

法律规定，实用新型专利权被授予之后，除另有规定之外，任何单位或个人未经专利权人许可，均不得为生产经营目的制造、使用、许诺销售、销售、进口其专利产品。被告仁龙公司未经专利权人宋章根的许可，为生产、经营而制造、许诺销售、销售落入涉案专利权保护范围的"旋转补偿器"的行为已构成对原告宋章根专利权的侵害，依法应当承担相应的侵权民事责任。故原告宋章根要求判令被告仁龙公司立即停止侵权行为的诉讼请求应当支持。原告明确表示生产涉案产品所使用的都是通用模具，没有专用模具；而且拥有产品生产模具并非专利侵权行为，故原告要求被告销毁模具的诉讼请求不予支持。关于原告宋章根提出赔偿请求的数额，虽然原告未提供自己因被告侵权而受损失或被告因侵权而获利的计算依据，其明确请求适用法定赔偿，一审法院根据涉案专利权的类别，原告获得专利权的时间、被告侵权的性质和情节、侵权的范围和侵权持续的时间等因素，认为原告的 10 万元赔偿数额符合法律规定，可予支持。因原告未提供因本案诉讼而支付合理代理费的证据，其相关诉讼请求不予支持。

据此，依照《民法通则》第一百一十八条，《专利法》第十一条第一款、第五十六条第一款，《最高人民法院关于审理专利纠纷案件适用法律问题的若干规定》第二十一条之规定，判决如下：

一、被告仁龙公司立即停止侵犯原告宋章根的"改进的旋转式补偿器"实用新型（专利号 02258709.8）专利权的行为，停止制造、许诺销售、销售落入涉案专利权保护范围的"旋转式补偿器"；

二、被告仁龙公司在一审判决生效之日起 15 日内赔偿原告宋章根经济损失 10 万元；

三、驳回原告宋章根的其他诉讼请求。

案件受理费 3 510 元，邮寄费 600 元，共计 4 110 元，由被告仁龙公司承担。

上诉理由

上诉人仁龙公司不服一审法院判决，向二审法院提起上诉称：1. 原判决认定事实不清，证据不足。通过查阅中国专利检索网，上诉人发现与上诉人相雷同的并非被上诉人的专利，而是一种叫"免维护旋转补偿器"的实用新型专利（申请号：200520074933.1）。如果上诉人的产品确实如一审判决所言侵犯了被上诉人的专利，那么国家知识产权局怎么会有相同产品的 200520074933.1 专利？反之，既然国家知识产权局授予与上诉人产品类同的"免维护旋转补偿器"以实用新型专利，就说明上诉人产品特征没有覆盖被上诉人专利的权利要求范围，因为根据同一技术特征产品不可能有两个专利。所以如果侵权，仅是侵犯了 200520074933.1 专利，而不是侵犯被上诉人的专利。2. 原判决认定赔偿数额缺乏事实和法律依据。事实上，上诉人实际全部销售仅 9.28 万元，不满 10 万元，利润按 50% 计算只有 4.64 万元。即使全部利润也就 9.28 万元。显然原审法院主观臆断判决赔偿 10 万元。故请求二审法院撤销一审判决，驳回被上诉人的诉讼请求。

被上诉人宋章根口头答辩认为，一审判决认定事实清楚，适用法律正确，请求维持原判。

二审查明事实

二审庭审中，双方当事人对一审查明的事实没有异议，二审法院予以确认。

上诉人仁龙公司二审中提出的证据为：专利检索材料一份。内容为：实用新型专利申请名称为"免维护旋转补偿器"，申请（专利权）人为洪亮，申请日为 2005 年 8 月 29 日，公开日为 2006 年 9 月 6 日。用以证明被控侵权产品与该专利申请一致，故不构成对宋章根专利的侵权。

被上诉人宋章根二审中未提供新的证据。

对于上诉人仁龙公司二审提供的证据，宋章根认为该证据应在一审中提供，而仁龙公司未能提供，故不能作为二审新的证据。

二审法院认为，该证据系上诉人仁龙公司在一审庭审之后从网上下载，可以作为二审新的证据。由于被上诉人宋章根对该证据的真实性无异议，二审法院对证据的真实性予以认定。

二审判决及理由

当事人在二审中争议的主要焦点是：1. 仁龙公司生产的旋转补偿器是否侵犯宋章根涉案专利权。2. 一审确定的赔偿额是否适当。二审法院认为：

一、仁龙公司生产的旋转补偿器侵犯了宋章根涉案专利权

《专利法》规定，发明或实用新型专利权的保护范围以其权利要求的内容为准。而专利说明书中记载的独立权利要求则从整体上反映了专利的主要技术特征。换言之，被控侵权产品只要包括了独立权利要求的每一个必要技术特征则构成侵权。本案中，仁龙公司生产的旋转补偿器包括了宋章根涉案专利独立权利要求即权利要求 1 的全部技术特征，故仁龙公司构成对宋章根涉案专利的侵权。

庭审中，仁龙公司提供一份名称为"免维护旋转补偿器"实用新型专利检索报告，认为其生产的补偿器与该专利的技术特征更接近，而与涉案专利有区别，涉案专利缺少其产品中拥有的弹簧，而相同的技术是不可能有两个专利的。因此，其产品与涉案专利的技术不同，不构成侵权。对此，二审法院认为，首先，仁龙公司二审提供证据的真实性虽然能够认定，但该证据反映的"免维护旋转补偿器"实用新型专利的申请日为

2005 年 8 月 29 日，晚于涉案专利授权日，且该专利的权利人并非上诉人仁龙公司，故上诉人不得将他人的在后专利作为其不侵犯在先专利的抗辩证据使用。其次，上诉人仁龙公司生产的旋转补偿器虽然在压紧法兰之间增加了弹簧，但仍然包括了涉案专利的权利要求 1 的全部技术特征，即完全覆盖了宋章根涉案专利的保护范围。故仁龙公司关于其不构成专利侵权的上诉理由不能成立，二审法院不予采纳。

二、一审确定的 10 万元赔偿额并无不当

庭审中，上诉人仁龙公司称其只生产并对外销售了 15 台被控侵权的旋转补偿器，而售价只有 9.28 万元，一审判决 10 万元赔偿额缺少事实和法律依据。对此，二审法院认为，仁龙公司系专门生产旋转补偿器的企业，且具有一定的生产规模，其产品宣传册对被控侵权产品亦进行了大量的广告宣传，因此，仁龙公司称其只生产、销售了 15 台补偿器，明显缺乏可信度。诉讼中，仁龙公司始终未提供其生产、销售明细账，宋章根无法获知仁龙公司的侵权数量及侵权所得，且未提供因仁龙公司侵权给其造成的损失，而明确请求适用法定赔偿，不违反法律规定。一审法院根据涉案专利权的类别，宋章根获得专利权的时间、仁龙公司侵权的性质和情节、侵权的范围和侵权持续时间等因素，确定 10 万元的赔偿额，并无不当。上诉人仁龙公司关于一审判决认定赔偿额不当的上诉理由不成立，二审法院不予支持。

综上，上诉人仁龙公司的上诉理由不能成立。一审判决认定事实清楚，适用法律正确，依法应予维持。依照《民事诉讼法》第一百五十三条第一款第（一）项的规定，判决如下：

驳回上诉，维持原判。

二审案件受理费 3 510 元，由上诉人仁龙公司负担。

案例30：珠海宜心公司与上海佳赐公司专利侵权纠纷案

原告（上诉人）：珠海宜心家居有限公司（下称"珠海宜心公司"）

被告（被上诉人）：上海佳赐实业有限公司（下称"上海佳赐公司"）

一审法院：上海市第二中级人民法院

一审案号：（2007）沪二中民五（知）初字第62号

一审合议庭成员：杨煜、胡宓、陈晓宇

一审结案日期：2007年9月19日

二审法院：上海市高级人民法院

二审案号：（2007）沪高民三（知）终字第131号

二审合议庭成员：张晓都、于金龙、王静

二审结案日期：2007年12月4日

案由：专利侵权纠纷

关键词：专利侵权、技术鉴定、专利权的保护范围

涉案法条

《专利法》第五十六条第一款

《民事诉讼法》第一百五十三条第一款第（一）项、第一百五十八条

争议焦点

● 实用新型专利权的保护范围以其权利要求的内容为准，说明书及附图可以用于解释权利要求。

审判结论

驳回原告珠海宜心公司的诉讼请求。

一审案件受理费人民币5 660元，鉴定费人民币1.6万元，合计人民币21 660元，由原告珠海宜心公司负担。

二审法院判决驳回上诉，维持原判。

二审案件受理费人民币4 450元，由上诉人珠海宜心公司负担。

起诉及答辩

原告珠海宜心公司诉称：其系"组合式衣橱"实用新型专利的专利权人，被告上海佳赐公司制造、销售的型号为 MPG203900 的美家衣橱（下称"涉案衣橱"）的技术特征落入原告专利权的保护范围，侵犯了原告的专利权。据此请求法院判令被告立即停止制造、销售涉案衣橱；赔偿原告经济损失人民币 20 万元以及原告为调查、制止被告的侵权行为支出的费用人民币 1 万元。

被告上海佳赐公司辩称：其产品未落入原告专利权的保护范围，不侵犯原告的专利权，据此请求法院驳回原告的诉讼请求。

事实认定

经审理查明：原告珠海宜心公司是专利号为 ZL200520059689.1、名称为"组合式衣橱"实用新型专利的专利权人，该专利于 2006 年 8 月 2 日授权公告。案外人上海镁嘉实业有限公司曾就该专利权向国家知识产权局专利复审委员会提出无效宣告，国家知识产权局专利复审委员会于 2007 年 7 月 3 日作出审查决定，维持专利权有效。该专利的独立权利要求为：一种组合式衣橱，包括有外边框、隔层部件以及外罩套组成，所述外边框采用框架式结构：即外部用管材、和板材纵横相互套接搭成外框架，其特征在于：所述隔层部件包括有支撑管和隔布；由两根水平放置的支撑管作为隔层部件支架，所述支撑管的两端固定在衣橱外边框的两条撑条上，所述隔布的两边设置有固定装置，所述隔布通过固定装置与两根支撑管相固定。

被告上海佳赐公司是涉案衣橱的制造单位。

2007 年 7 月 20 日，公信扬鉴定所就一审法院委托其鉴定的"涉案衣橱是否具备原告专利独立权利要求所记载的技术特征"事项出具鉴定报告，结论为：涉案衣橱的外框架没有板材，除此之外包含了原告专利的其他技术特征。

原被告对鉴定程序皆无异议，被告对鉴定结论无异议，原告对鉴定报告中"涉案衣橱的外框架没有板材"的结论有异议，对其他结论无异议。

以上事实由专利说明书、无效宣告请求审查决定书、司法鉴定书、庭审记录等材料证明。

一审判决及理由

本案的争议焦点为涉案衣橱是否具有"板材"的特征。

原告称：权利要求书中的"板材"是一个上位概念，虽然权利要求书没有对"板材"作出具体解释，但通过说明书中的实施例可以看出，"板材"与权利要求书中的"支撑条"是同一概念。涉案衣橱是具有支撑条的，所以，涉案衣橱具备"板材"的技术特征。

被告称："支撑条"与"板材"是不同的概念，描述了不同的结构，被告产品仅具有"支撑条"的结构，不具备"板材"结构。

一审法院认为：根据《专利法》的规定，实用新型专利权的保护范围以其权利要求的内容为准，说明书及附图可以用于解释权利要求。本案中，1. 根据原告的权利要求书，结合说明书中的附图可以看出，权利要求书中的"板材"和"支撑条"是同一结构，"板材"从形状对该结构作了限定，而"支撑条"从功能对该结构作了限定，这两个限定都应作为原告专利的技术特征予以考虑。原告有关"上位"的表述并不准确，而被告有关"板材"和"支撑条"不是同一结构的表述亦不正确，一审法院皆不予采信。2. 原告专利权利要求书没有对"板材"的具体特征作出描述，从说明书所附的实施例也无法看出该结构的具体特征，因此，对于"板材"的特征应该按照一般人员的理解。3. 鉴定专家在鉴定过程中对"板材"的理解引用了《辞海》中所记述的特征，称板材应呈板状结构，宽度尺寸与厚度尺寸相差较大，一般为厚度尺寸的几倍以上。鉴定专家进一步指出，涉案衣橱对应部位呈不规则结构，外形有凹凸，且高度和宽度比较接近，不符合"板材"的特征。一审法院认为，鉴定专家从一般人员的角度对"板材"的特征作了解释，并对涉案衣橱对应的技术特征作了分析，得出涉案衣橱的外框架没有"板材"的结论，其陈述客观、公正、有理有据，一审法院予以采信。4. "板材"系原告专利必要的技术特征之一，因涉案衣橱不具备"板材"的技术特征，故并未落入原告专利权的保护范围，不构成专利侵权。

据此，依照《专利法》第五十六条第一款的规定，判决如下：

驳回原告珠海宜心公司的诉讼请求。

案件受理费人民币5 660元，鉴定费人民币1.6万元，合计人民币21 660元，由原告珠海宜心公司负担。

上诉理由

判决后，原告珠海宜心公司不服，向二审法院提起上诉，要求撤销原判，支持其原审诉请。其主要上诉理由为：1. 原判认定事实错误，被上诉人涉案产品完全落入上诉人系争专利的权利要求1的范围，即"板材"覆盖了"连接件"，故被上诉人涉案产品构成侵权。2. 根据上诉人与案外人的专利实施许可合同，专利许可使用费为人民币20万元，故本案上诉人索赔20万元，符合法律规定。

被上诉人佳赐公司答辩认为，原判认定事实清楚，适用法律正确，故应驳回上诉，维持原判。其主要答辩理由如下：1. 系争专利外边框应是用管材、支撑条和板材相互套接搭成外框架。专利号95239548.7的实用新型专利文献作为对比文件可以证明上述观点。2. 说明书、附图不能用于对权利要求书的限制，只能用于解释权利要求书。权利要求1中的"板材"在附图中没有画出，故不能用附图中的"支撑条"来限定"板材"。

二审查明事实

二审中，各方当事人均未向二审法院提供新的证据材料。

经审理查明，原审法院查明的事实属实。

二审判决及理由

二审法院认为：实用新型专利权的保护范围以其权利要求的内容为准，说明书及附图可以用于解释权利要求。本案中，首先，系争专利说明书和附图并未对板材作出定义。其次，系争专利权利要求书中同时出现了"板材"和"支撑条"字样，故两者应为不同部件。再次，根据系争专利说明书，现有技术中的衣橱框架使用金属管相互套接而成；而现有技术中衣橱的附图则显示为金属管与支撑条相互套接，故支撑条属于涉案专利说明书中所述的管材而非板材。鉴于被控侵权产品的连接件与系争专利说明书中作为现有技术描述的衣橱上的支撑条相同，故并非系争专利所称的板材。因此，被控侵权产品并未覆盖系争专利的所有技术特征，故并未对系争专利构成侵权。

上诉人认为，原判认定事实错误，被上诉人涉案产品完全落入上诉人系争专利的权利要求 1 的范围，即"板材"覆盖了"连接件"，故被上诉人涉案产品构成侵权。二审法院认为，如前所述，被控侵权产品的连接件并不属于系争专利中所称的板材，因此被控侵权产品的技术特征并未覆盖系争专利权利要求书记载的全部技术特征，未落入上诉人系争专利的权利要求保护范围，故原判认定被上诉人不构成侵权，并无不当。上诉人认为原判认定事实错误的上诉理由，二审法院不予支持。

上诉人认为，根据上诉人与案外人的专利实施许可合同，专利许可使用费为人民币20 万元，故本案上诉人索赔 20 万元，符合法律规定。二审法院认为，由于被上诉人并未侵犯上诉人系争专利权，故原审法院对上诉人提出的索赔请求未予支持，亦无不当。上诉人认为应根据其与案外人的专利许可使用费赔偿其损失的上诉请求，二审法院不予支持。

综上，上诉人的上诉请求及理由无事实及法律依据，应予驳回。据此，依照《民事诉讼法》第一百五十三条第一款第（一）项、第一百五十八条之规定，判决如下：

驳回上诉，维持原判。

二审案件受理费人民币 4 450 元，由上诉人珠海宜心公司负担。

案例 31：达昌公司与瀚洋公司、拓洋公司、广洋厂专利侵权纠纷案

原告（上诉人）：达昌电子科技（苏州）有限公司（下称"达昌公司"）
被告（上诉人）：瀚洋电子（苏州）有限公司（下称"瀚洋公司"）
被告（上诉人）：（台湾）拓洋实业股份有限公司（下称"拓洋公司"）
被告（上诉人）：东莞长安乌沙广洋电子厂（下称"广洋厂"）

一审法院：江苏省南京市中级人民法院
一审案号：（2003）宁民三初字第 237 号
一审合议庭成员：
一审结案日期：❶

二审法院：江苏省高级人民法院
二审案号：（2004）苏民三终字第 103 号
二审合议庭成员：宋健、顾韬、施国伟
二审结案日期：2005 年 9 月 12 日

案由：专利侵权纠纷

关键词：专利侵权、排他许可、许诺销售、等同特征

涉案法条

《专利法》第一条、第十一条第一款、第五十六条第一款

《民事诉讼法》第一百五十三条第一款第（二）项

《最高人民法院关于民事诉讼证据的若干规定》第四条第一款第（一）项、第四十一条第一款第（二）项

《最高人民法院关于审理专利纠纷案件适用法律问题的若干规定》第十七条

---

❶ 由于未收集到江苏省南京市中级人民法院（2003）宁民三初字第 237 号民事判决书，故一审合议庭成员和一审结案日期不明。——编者注

争议焦点

● 达昌公司涉案专利的发明点在于，通过在各连接部之间设置双肋骨及沟槽以达到强化连接结构、节省材料、避免弯曲缩小的功能。考虑到通过增设肋骨（或称"加强筋"）及沟槽来强化结构、避免弯曲缩小这一基本原理为业内普遍知悉，且达昌公司涉案专利本身所具有节省材料的发明目的，因此根据该涉案专利的实际情况，从《专利法》促进科学技术进步和创新原则出发，在被控侵权产品与达昌公司涉案专利并不相同的情况下，应严格控制等同原则的适用。即，应严格依照达昌公司专利权利要求来确定其专利保护范围，而不能径行扩大，以避免给公众利益造成不合理损害。

● 专利侵权诉讼中，在对产品进行技术特征划分时，应在该产品各独立部件的基础上，同时考虑各部件所具有的功能进行划分。在专利侵权对比中，也应立足于技术特征与技术特征之间的对比，而不宜将一个独立的技术特征再行划分成若干并不具备独立属性的部分进行对比。

● 虽然被控侵权产品的技术特征在拓洋公司在先专利的权利要求中并未得到完全披露，但其技术方案已经在其在该专利的说明书中得到了体现。因此，法院认为，拓洋公司以该技术方案进行专利不侵权抗辩应属合理，但其无权就仅体现在专利说明书及附图中的技术方案向他人主张专利权利。

● 拓洋公司、瀚洋公司、广洋厂在其产品说明书中确实使用了达昌公司涉案专利产品的照片。据此，法院认为，拓洋公司、瀚洋公司、广洋厂的许诺销售行为构成对达昌公司涉案专利权的侵犯，其应承担停止侵权的民事责任。但鉴于拓洋公司等并未实际生产过照片中所示产品，达昌公司也未就此产生实际损失，因此拓洋公司等不必就此承担赔偿责任。

审判结论

一、维持江苏省南京市中级人民法院（2003）宁民三初字第237号民事判决第一、四项。

二、撤销江苏省南京市中级人民法院（2003）宁民三初字第237号民事判决第二、三项。

一审案件受理费15 010元，由达昌公司负担12 010元，拓洋公司、瀚洋公司、广洋厂共同负担3 000元。二审案件受理费15 010元，由达昌公司负担12 010元，拓洋公司、瀚洋公司、广洋厂共同负担3 000元。

事实认定

一审法院经审理查明：

1998年9月18日，案外人长毅科技股份有限公司向国家知识产权局提出名称为"复合多种连接器为一体的电信连接器"的实用新型专利申请，1999年11月27日获得授权，授权公告日为2000年2月2日，专利号为98219028.X。该专利的独立权利要求为："一种复合多种连接器为一体的电信连接器，其绝缘本体上包含有连接部、插孔及缺口，其特征在于：该连接器是由整体注塑而一体成型的若干个具有不同功能及形体的连接器所构成，该绝缘本体的各连接部之间设有强化结构的双肋骨，其中在双肋骨上、下段之间具有沟槽。"据此，该专利独立权项包含四项特征：A. 一种复合多种连接器为一体的电信连接器，其绝缘本体上包含有连接部、插孔及缺口；B. 该连接器是由整体注塑而一体成型的若干个具有不同功能及形体的连接器所构成；C. 该绝缘本体的各连接部之间设有强化结构的双肋骨；D. 在双肋骨上、下段之间具有沟槽。该专利处于有效状态。2000 年 2 月 25 日，该专利转让给禾昌兴业股份有限公司（下称"禾昌公司"），并在国家知识产权局办理变更登记手续。

2002 年 5 月 18 日，禾昌公司以排他实施许可的方式将上述专利权许可给达昌公司，双方签订的书面许可合同中约定的有效期限至 2007 年 5 月 17 日，许可范围为在中国内地制造、使用、销售专利产品，许可使用费为人民币 100 万元。双方就"侵权的处理"约定："合同双方任何一方发现第三方侵犯许可方的专利权时，应及时通知对方，在本合同许可地域范围内，由被许可方全权代表许可方与侵权方进行交涉，并可以自己的名义向人民法院提起诉讼。"2003 年 10 月 10 日，该合同在国家知识产权局办理备案，并由该局出具备案证明。2003 年 10 月 16 日，禾昌公司书面声明：同意达昌公司单独提起对瀚洋公司、拓洋公司、广洋厂侵犯专利权的诉讼，并在本案中放弃诉讼中的实体权利。该声明由我国台湾地区桃园地方法院公证处认证。

达昌公司采用公证证明的方式，于 2003 年 6 月至 10 月期间，先后从瀚洋公司、广洋厂取得五合一连接器样品；从瀚洋公司处取得产品说明书目录一本，该说明书目录登载有产品的图片和文字介绍，封底上同时载有拓洋公司和广洋厂的名称、地址和联系方式；达昌公司还对拓洋公司网站内容及其他相关网站内容进行了公证证据保全。

1999 年 7 月 16 日和 8 月 14 日，蔡周旋分别取得名称为"电连接器"的两项专利权，专利号分别为 98218016.0（下称"8016 号专利"）和 98201917.3（下称"1917 号专利"）。经一审当庭对比，该两项专利的技术方案与达昌公司涉案专利不相同，且该两项专利并未完全披露达昌公司涉案专利的技术特征。

瀚洋公司的股东系英属维京群岛创鑫控股公司。

达昌公司主张被诉侵权对比物包括：（1）瀚洋公司发放的产品说明书第 8 页中图片所展示的一副电子连接器的照片。经与达昌公司涉案专利权利要求对比，该连接器的照片中所反映出的技术特征能够清楚显示达昌公司涉案专利独立权项的四项技术特征；（2）从瀚洋公司、广洋厂公证取得的产品实物。经与达昌公司涉案专利权利要求对比，该产品的技术特征为：A' 一种复合多种连接器为一体的电信连接器，其绝缘本体上包含有连接部、插孔及缺口；B' 该连接器是由整体注塑而一体成型的 5 个具有不同功能及形体的连接器所构成；C' 该绝缘本体的各连接部之间设有强化结构的双肋骨；D' 在双肋骨上、下段之间具有沟槽；E' 连接部之间双肋骨不间断延伸并贯穿于连接部。根据专利说明书的教导，连接部和连接器在本专利中系同义。

一审判决及理由

一审法院认为：

本案中，根据禾昌公司与达昌公司签订的专利实施许可合同、禾昌公司于2003年10月16日出具的书面声明等相关事实，达昌公司有权就其认为的侵权行为单独提出起诉，其具备诉讼主体资格。达昌公司专利权合法有效，本专利的保护范围应以其独立权项为其最大保护范围。

达昌公司认为瀚洋公司等侵犯其专利权益的事实共涉及两项：一为公证时从瀚洋公司取得的说明书，另一为公证时取得的产品实物。一审庭审中，就说明书中第8页上部五合一连接器产品照片与达昌公司涉案专利对比，该照片反映的技术特征完全覆盖了该专利的独立权项保护范围，且达昌公司对该事实陈述后，瀚洋公司、拓洋公司、广洋厂既未表示承认也未否认，经审判人员充分说明并询问后，仍不明确表示肯定或者否定，应视为对该项事实的承认。因该说明书系从瀚洋公司经公证取得，且该说明书由拓洋公司和广洋厂署名，故应认定系其共同行为。达昌公司认为瀚洋公司、拓洋公司、广洋厂的许诺销售行为侵犯其涉案专利权，有事实和法律依据，应予支持。但该许诺销售行为未给达昌公司造成实际的经济损失，就此不应由瀚洋公司、拓洋公司、广洋厂承担经济赔偿责任。

就被控侵权产品实物与达昌公司涉案专利进行对比，该产品的五项技术特征中A'、B'、C'、D'完全覆盖了该涉案专利独立权项的技术特征。虽然该产品较涉案专利增加了一项技术特征"E'连接部之间双肋骨不间断延伸并贯穿于连接部"，但并不影响其完全覆盖达昌公司涉案专利的保护范围。

实用新型专利的保护范围应以权利要求书中载明项为准。在达昌公司专利独立权项A、B项中，被控侵权产品与其完全一致，各方当事人均无异议。就C、D项，虽然达昌公司涉案专利文件给出附图与实施例，但在权利要求书中均未对双肋骨、沟槽的形状和位置等予以限定，故，该两项特征系上位概念，不能因专利附图和实施例的表述即缩小该专利的保护范围。被控侵权产品只要具有在绝缘本体的连接部之间设有强化结构的双肋骨，且在双肋骨上、下段之间具有沟槽即应落入达昌公司涉案专利的保护范围，至于该产品增加了"连接部之间双肋骨不间断延伸并贯穿于连接部"这一技术特征，不影响完全覆盖专利技术特征的结果。同时，就达昌公司涉案专利技术特征C"该绝缘本体的各连接部之间设有强化结构的双肋骨"中"各"的含义，不应理解为所有的连接部间均应有双肋骨。根据说明书的记载，双肋骨、沟槽技术特征系起到强化结构、节省材料、避免弯曲缩小而具有较佳经济效益的目的，故此，并非所有连接部间均应有双肋骨和沟槽，达昌公司涉案专利附图和实施例中也未对此加以限定，同时，瀚洋公司、拓洋公司、广洋厂亦未就此提出抗辩意见。

瀚洋公司、拓洋公司、广洋厂认为其实施的是另外的专利方案，从而提出现有技术抗辩。但提交的对比技术并未给出涉讼专利技术的全部技术特征。本案中，瀚洋公司、拓洋公司、广洋厂一方面不承认其产品的技术特征与达昌公司涉案专利相同，另一方面又提出现有技术抗辩，其抗辩理由相互矛盾。瀚洋公司、拓洋公司、广洋厂认为，其产品的技术方案与达昌公司涉案专利并不相同，而与现有技术相同，首先使得其提出的现有技术与达昌公司涉案专利对比失去意义。瀚洋公司等提出的两项专利方案，较达昌公司涉案专利方案并不相同，其专利文件也未完全披露达昌公司涉案专利完整的技术方案，因此，该两项方案相对达昌公司涉案专利，并不构成该专利的现有技术。

达昌公司提交的被控侵权产品来源于瀚洋公司和广洋厂，另据拓洋公司的网站宣传，瀚洋公司和广洋厂系拓洋公司在内地的生产基地。因此，现有证据表明，瀚洋公司和广洋厂共同实施了生产、销售侵犯达昌公司涉案专利的行为。虽然瀚洋公司提出其股东为英属维京群岛创鑫控股公司，但也不能否认瀚洋公司和广洋厂之间在经营业务范围内的相互关联性。就拓洋公司而言，达昌公司未提交充分证据证明其在内地地区从事了生产、销售侵犯专利权的行为，其证据仅能够证明瀚洋公司和广洋厂实施了上述行为。因此，达昌公司主张拓洋公司与瀚洋公司、广洋厂共同实施生产、销售侵权行为，无事实依据和法律依据，不应予以支持。

就赔偿数额，达昌公司提出参照禾昌公司与其签订的专利实施许可费确定。本案中，虽然禾昌公司与达昌公司签订了排他实施许可合同，并确定许可使用费为100万元。但就该合同的实际履行情况，达昌公司仍应提交证据加以证明，否则，应视为证据不足，其请求不应予以支持，在无其他充分证据证明损失、获利的情况下，应由法院根据侵权情节、侵权规模及时间等因素，定额确定赔偿金额。

达昌公司还提出，为制止侵权行为，其实际支付了调查取证费、代理费等共计10.5万元，但其提供的代理费、差旅费等证据无法确定系为本案所实际支付，且就代理费部分提出索赔请求法律依据不足。但结合本案现有证据，就侵权行为，达昌公司提出的公证费1 620元证据充分，应予支持。本案涉讼专利权人禾昌公司声明放弃实体权利，系其自行处分民事权利的行为，并无不当，法院予以准许。

据此，该院依照《专利法》第十一条第一款、第五十六条及相关司法解释的规定，作出如下判决：

一、瀚洋公司、拓洋公司、广洋厂立即停止许诺销售侵犯专利号为98219028.X"复合多种连接器为一体的电信连接器"实用新型专利权的行为；

二、瀚洋公司、广洋厂立即停止生产、销售侵犯专利号为98219028.X"复合多种连接器为一体的电信连接器"实用新型专利权的行为；

三、瀚洋公司、广洋厂共同赔偿达昌公司经济损失301 620元，瀚洋公司、广洋厂承担连带赔偿责任；

四、驳回达昌公司其他诉讼请求。一审案件受理费15 010元，由拓洋公司、瀚洋公司、广洋厂共同负担1万元，达昌公司负担5 010元。

上诉理由

达昌公司的上诉请求为：1. 撤销一审的二、三、四项判决；2. 改判瀚洋公司、拓洋公司、广洋厂立即停止生产、销售侵犯专利号为 98219028. X 实用新型专利权的行为；3. 判令三被上诉人共同连带赔偿损失 100 万元；4. 判令三被上诉人承担本案全部诉讼费用以及达昌公司为制止侵权而支出的律师费、调查取证费。

其主要理由为：1. 达昌公司在一审中提交的广洋厂的营业执照，证明广洋厂不具备法人资格，不具有独立法人财产，不能独立对外承担责任，拓洋公司实质上系广洋厂的总公司。因此，广洋厂实施的侵权行为只能由其总公司拓洋公司承担。另外，一审中苏州市公证处公证书等证据表明，瀚洋公司和广洋厂生产的侵权产品上均印有拓洋公司的注册商标，拓洋公司属于产品的制造者，应当承担停止制造侵权产品的民事责任。2. 一审法院判决瀚洋公司、广洋厂共同赔偿达昌公司经济损失 301 620 元并互负连带赔偿责任属适用法律不当。本案属于有专利许可使用费可以参照的情形，依法应按照专利许可使用费的 1～3 倍范围来确定赔偿数额。一审法院要求达昌公司提供证明该专利实施许可合同实际履行情况的证据没有法律依据。本案所涉及产品属于应用于计算机等高科技产品的部件，具有较高附加价值，三被上诉人制造、销售侵权产品也获得了高额的利润。实际上，在诉讼期间三被上诉人也一直在继续制造、销售侵权产品，持续给达昌公司造成巨大损失。3. 一审判决关于三被上诉人延期举证的责任认定方面，违反了法定程序，侵害了达昌公司的程序性权利。一审中，2003 年 11 月 21 日应为最后的举证期限，但在 2004 年 1 月 18 日，被上诉人却又补充提交了 14 份证据。达昌公司在庭审时已明确表示，对前述证据不予质证。基于尊重并配合法庭审理需要的考虑，达昌公司虽发表了质证意见，但这并不表示其认可这些证据。一审法院违反最高人民法院的规定，对超过举证期限的证据未予排除，却在诉讼中接受了该补充证据，对达昌公司极不公平，且损害了其合法权利。

瀚洋公司、拓洋公司、广洋厂二审未提交书面答辩状。其二审答辩称：针对达昌公司的上诉请求及理由，其答辩意见与其上诉意见相同。

瀚洋公司、拓洋公司、广洋厂的上诉请求为：请求二审法院撤销一审判决，驳回达昌公司的诉讼请求，判令诉讼费用由达昌公司承担。

其主要理由为：1. 拓洋公司等的产品是有两项专利的产品，且两项专利在先于达昌公司涉案专利，依法不构成侵权。本案中判定是否侵权首先要用拓洋公司等的产品与拓洋公司两项专利进行对比，得出是否一致或等同的结论。一致或等同均不构成侵权，只有在不一致或不等同的情况下，才需与达昌公司涉案专利进行对比，看是否落入其保护范围。2. 关于举证责任问题。《最高人民法院关于民事诉讼证据的若干规定》第四条第一款第（一）项规定："因新产品制造方法发明专利引起的专利侵权诉讼，由制造同样产品的单位或者个人对其产品制造方法不同于专利方法承担举证责任"。可见，只有新产品制造方法发明专利纠纷适用举证责任倒置原则。因此。本案中，达昌公司首先应举证证明被控侵权物与拓洋公司两项专利有何不同，如何构成不同，而不是由拓洋公司等举证。本案中，达昌公司并没有举出这样的证据，依法应承担举证不能的法律后果。3. 关于等同认定的问题。关于等同的认定，不是以专家的意见或某司法鉴定中心的鉴定为准，而是应以普通技术人员的标准去衡量。因此，本案即使存在所谓等同的认定也不应受专家证人或某司法鉴定中心关于等同意见的影响。

达昌公司二审未提交书面答辩意见。其二审庭审答辩称：拓洋公司的两项专利不是公知技术，在达昌公司涉案专利申请之前，该两项专利均未公知。而且拓洋公司两项专利分别是针对单一连接器和接插端子，并非针对达昌公司涉案专利所涉及的连接器结构。关于举证责任问题，对方观点错误，达昌公司不负举证责任。本案中拓洋公司等的产品构成相同侵权，而不是等同侵权。

二审查明事实

当事人在二审中的举证、质证及二审法院认证情况：

达昌公司在二审中向二审法院提交由江苏省公证处于 2004 年 11 月 12 日出具的苏省证（2004）民内字第 1888 号公证书一份，证实：应达昌公司委托代理人马东晓、王启莺申请，江苏省公证处对"股市公开资讯观测站"网站内容进行了证据保全。拓洋公司于 2004 年 11 月 2 日在该网站上发布公告，对其在内地与达昌公司发生的专利诉讼情况进行了披露，并称涉诉产品五合一电子连接器 2003 年度出货为 6 698 万元（新台币），毛利率约为 29.8%，该项产品毛利约 1 996 万元（新台币）。达昌公司提供该证据的目的在于，证明本案拓洋公司等三被上诉人侵权利润已超过达昌公司所主张的 100 万元人民币，达昌公司主张 100 万元的赔偿额有合理依据。

拓洋公司、瀚洋公司、广洋厂对于达昌公司提供的公证书作为二审新的证据没有异议，但认为公证内容从形式上看来自网上，该公告是否为拓洋公司发布仍有待查实。

拓洋公司、瀚洋公司、广洋厂在二审中未提供新的证据。

二审法院认为，达昌公司所提供的公证书形成于二审期间，符合《最高人民法院关于民事诉讼证据的若干规定》第四十一条第一款第（二）项之规定，属于一审庭审结束后新发现的证据，应确认为新的证据。该公证书形式要件符合法律规定，且拓洋公司、瀚洋公司、广洋厂对此也未提供相反的证据予以反证。二审法院对该证据的真实性、合法性予以确认，至于其能否作为确定赔偿数额的依据，需以本案侵权判定是否成立为前提。

对于一审查明的事实，达昌公司认为一审法院在对被控侵权产品技术特征的划分上存在不当。其中"C'该绝缘本体的各连接部之间设有强化结构的双肋骨"和"E'连接部之间双肋骨不间断延伸并贯穿于连接部"应属一个共同的特征，不应予以割裂。拓洋公司、瀚洋公司、广洋厂认为一审法院未将被控侵权产品与拓洋公司专利进行对比。对于一审查明的其他事实，各方当事人均无异议。对于无异议部分的事实，二审法院予以确认。

二审法院另查明：

1. 本案被控侵权产品的主要技术特征为：a. 一种复合多种连接器为一体的电子连接器，其绝缘本体上包含有连接部、插孔及缺口；b. 该连接器是由整体注塑而一体成型的 5 个具有不同功能及形体的连接部所构成；c. 该绝缘本体背部有三条凸骨贯穿于各连接部，其中两条凸骨上设有卡定端子的凹槽并附着有金属端子；d. 在相邻凸骨之间有沟槽。

2. 蔡周旋取得的名称为"电连接器"的 8016 号专利，申请日为 1998 年 8 月 3 日，授权公告日为 1999 年 9 月 22 日。其独立权利要求为：一种电连接器，包括有一座体及至少两个端子，其中座体设有至少一排槽孔，以装设端子，端子设有互相垂直的横向部及纵向部，横向部前段设有接触部，纵向部下端为接脚，接触方向与接脚方向垂直；其特征在于，座体背面设有凸骨，以支撑端子的纵向部，借以缩短纵向部受力的力臂。该专利说明书披露的该实用新型第一、二、三实施例，其座体背面均设有固定端子的第一、第二条凸骨。该实用新型与现有技术相比具有的效果之一是，座体借由该两条凸骨"可提高结构强度，不会产生翘曲现象"。此外，从该专利说明书的附图 3 还可以看出，有关凸骨的位置并不局限于端子所处的位置，而是自然延伸贯穿于整个座体。

3. 蔡周旋取得的名称为"电连接器"的 1917 号专利，申请日为 1998 年 3 月 6 日，授权公告日为 1999 年 11 月 3 日。其独立权利要求为一种电连接器，包括一座体及至少两排对齐固定于座体的端子，座体上设有插孔，插孔间为连接部，端子的后段为接脚部，前段为接触部；其特征在于：端子的接触部以板材宽度围折成线性针体状，且线性针体的外围板面为电连接器的接触部位。该专利从属权利要求 4 描述：所述座体的连接部背面设有凸条，以支撑端子伸出座体外的垂直部位。该专利说明书及附图 10 披露的该实用新型的第二实施例为"一种光盘存储器使用的五合一连接器，其包括有第一、二、三、四、五连接部"。附图 14 则进一步披露"在第二、三连接部 42、43 的背面设有第一、二凸条 401、402 分别支撑长、短端子 46、47 的延伸部"。该专利说明书同时还披露，该实用新型与以往的电连接器相比具有的效果之一是，"座体背面设置凸条可增加强度，防止翘曲"。

4. 拓洋公司、瀚洋公司、广洋厂在二审中承认，瀚洋公司所发放的产品说明书第 8 页中图片所展示的产品与达昌公司涉案专利技术特征一致，但认为其并未实际生产过该产品。对此，达昌公司未表示异议。

5. 拓洋公司、瀚洋公司、广洋厂在二审中均承认在内地地区生产、销售了被控侵权的五合一电子连接器，同时对该产品上标有拓洋公司商标这一事实均予以认可。

6. 广洋厂领取的是营业执照，而非企业法人营业执照，其不具备法人资格。在二审中拓洋公司、广洋厂承认，广洋厂的实际投资单位为拓洋公司。

7. 本案一审法院受理后，拓洋公司、广洋厂在一审答辩期内提出管辖权异议，一审法院于 2003 年 11 月 10 日裁定驳回其管辖权异议。拓洋公司、广洋厂不服一审裁定，向二审法院提出上诉。二审法院于 2003 年 12 月 30 日作出终审裁定，裁定驳回拓洋公司、广洋厂的上诉。本案一审恢复实体审理后，拓洋公司等于 2004 年 1 月 18 日向一审法院提供了部分证据，一审法院对该部分证据组织进行了质证。

二审判决及理由

本案二审中的争议焦点为：1. 拓洋公司、瀚洋公司、广洋厂的行为是否侵犯了达昌公司专利权以及责任主体的确定；2. 一审判决所确定的赔偿数额是否合理；3. 一审审理是否违反了法定程序。

根据已查明的事实，二审法院认为：

一、拓洋公司、瀚洋公司、广洋厂的许诺销售行为构成对达昌公司涉案专利权的侵犯

根据专利法规定，任何单位或个人未经专利权人许可，都不得实施其专利，即不得为生产经营目的制造、使用、许诺销售、销售、进口其专利产品。本案中，根据一审查明的事实以及拓洋公司、瀚洋公司、广洋厂在二审庭审中的自认，拓洋公司、瀚洋公司、广洋厂在其产品说明书中确实使用了达昌公司涉案专利产品的照片。据此，二审法院认为，拓洋公司、瀚洋公司、广洋厂的许诺销售行为构成对达昌公司涉案专利权的侵犯，其应承担停止侵权的民事责任。但鉴于拓洋公司等并未实际生产过照片中所示产品，达昌公司也未就此产生实际损失，因此拓洋公司等不必就此承担赔偿责任。一审判决关于此部分认定并无不当，依法应予维持。

二、拓洋公司、瀚洋公司、广洋厂生产、销售被控侵权产品的行为不构成对达昌公司涉案专利权的侵犯

本案在二审庭审中，拓洋公司、瀚洋公司、广洋厂均承认在内地地区生产、销售了被控侵权的五合一电子连接器。二审法院在判断被控侵权产品是否构成对达昌公司涉案专利权的侵犯时，综合考虑了以下因素：

（一）拓洋公司等关于被控侵权产品系实施其自己在先专利中技术方案的抗辩主张应予成立

本案中，拓洋公司提出抗辩所依据的 8016 号和 1917 号两项专利的申请日均在达昌公司涉案专利申请日之前，其授权公告日也在达昌公司涉案专利授权公告日之前，因此，相对于达昌公司涉案专利，拓洋公司的上述两项专利均构成在先专利。

拓洋公司等以自己在先专利进行不侵权抗辩的主张能否成立，关键在于其在先专利所披露的技术方案中是否揭示了本案被控侵权产品的技术特征，其中尤为重要的是，其是否揭示了凸骨贯穿于五合一电子连接器整个座体的技术方案。

第一，拓洋公司 1917 号和 8016 号专利的权利要求中均揭示了在单个连接部状态下，在连接部背面设置凸骨的技术方案。

第二，拓洋公司 1917 号专利揭示了在五合一状态下，在主要的第二、三相邻连接部背面设置凸骨并贯穿于该两连接部的技术方案。进言之，在拓洋公司 1917 号专利的说明书中，其附图 10 揭示了五合一状态下的电子连接器的正视图的技术方案，而附图 14 则在附图 10 的基础上，进一步揭示了该实施例的第二、三连接部背面设置凸骨并贯穿于两连接部。对此，达昌公司认为，拓洋公司 1917 号专利附图 10 虽然披露了五合一

电子连接器的实施例，但附图 14 并未揭示连接部与连接部之间具有凸骨及沟槽的结构特征，从中并不能得出凸骨贯穿于两个连接部的技术方案，即只能视为在两个连接部背面的端子部位分别设置凸骨，而在连接部与连接部之间，凸骨则应呈断开状态。二审法院认为，1917 号专利说明书对该实施例的解释为"在第二、三连接部 42、43 的背面设有第一、二凸条 401、402 分别支撑长、短端子 46、47 的延伸部"。就凸骨的设置而言，虽然附图 14 截取的是附着端子部位的剖面结构图，但从说明书对该实施例的总体解释而言，应当得出该实施例的连接部与连接部之间具备凸骨及沟槽技术特征的结论，即凸骨贯穿于第二、三连接部。因为，如果在两个连接部之间的凸骨呈断开状态，则凸骨的数量则应表述为 4 条，而不是 1917 号专利说明书所解释的 2 条。同时，拓洋公司 8016 号专利的附图 3 也揭示了在单个连接器状态下，凸骨的设置为贯穿于整个连接部，而不限于端子所在部位。

第三，在前述技术方案的基础上，将设置在两个主要相邻连接部背面的凸骨自然延伸并贯穿于整个座体背面，从而得出本案被控侵权产品的全部技术特征，应属于本领域内普通技术人员的简单联想，无须经过创造性的劳动。同时，将被控侵权产品分别与拓洋公司专利、达昌公司涉案专利比较，该产品技术特征也与拓洋公司自己在先专利的技术方案更为接近。因此，本案被控侵权产品实施的应是拓洋公司自己在先专利中的技术方案。

第四，本案中，虽然被控侵权产品的技术特征在拓洋公司在先专利的权利要求中并未得到完全披露，但其技术方案已经在其在先专利的说明书中得到了体现。因此，二审法院认为，拓洋公司以该技术方案进行专利不侵权抗辩应属合理，但其无权就仅体现在专利说明书及附图中的技术方案向他人主张专利权利。

综上，拓洋公司等关于被控侵权产品系实施其自己在先专利中技术方案的抗辩主张成立，二审法院予以采纳。

（二）本案被控侵权产品并未落入达昌公司涉案专利的保护范围

1. 本案被控侵权产品与达昌公司涉案专利对比，不构成相同

达昌公司称：本案被控侵权产品在各连接部之间存在双肋骨结构，据此即可判定其落入其专利保护范围，至于在各连接部之间以外的肋骨延伸部分则属于其增加的技术特征，不影响完全覆盖专利技术特征的结果。其该项主张的实质在于将被控侵权产品凸骨的技术特征划分为两个部分，即"各连接部之间的凸骨部分"和"各连接部之间以外的凸骨部分"，从中抽取出"各连接部之间的凸骨部分"与其专利进行对比。二审法院认为，首先，这与达昌公司在二审庭审中针对一审判决关于被控侵权产品技术特征的划分所提出的异议相矛盾。其次，专利侵权诉讼中，在对产品进行技术特征划分时，应在该产品各独立部件的基础上，同时考虑各部件所具有的功能进行划分。在专利侵权对比中，也应立足于技术特征与技术特征之间的对比，而不宜将一个独立的技术特征再行划分成若干并不具备独立属性的部分进行对比。就本案被控侵权产品而言，凸骨本身为一独立、完整的部件，就强化功能而言，连接部之间的凸骨部分与连接部之间以外的凸骨

部分均起到强化整个座体的功能，因此应将其作为一个完整的技术特征与达昌公司涉案专利相应技术特征进行对比，而不宜再行分割。否则，有违技术特征划分的一般规则。

将被控侵权产品与达昌公司涉案专利进行对比，达昌公司涉案专利独立权项的 A、B、D 特征与被控侵权产品 a、b、d 对应特征相同。但就被控侵权产品中 c "该绝缘本体背部有三条凸骨贯穿于各连接部，其中两条凸骨上设有卡定端子的凹槽并附着有金属端子"的技术特征与达昌公司涉案专利独立权利要求中的特征 C "该绝缘本体的各连接部之间设有强化结构的双肋骨"相比较，达昌公司涉案专利双肋骨的位置应限于各连接部之间，而不应包括连接部本身。对此，达昌公司在二审庭审中也陈述凸骨在各连接部之间呈断开状态的电子连接器并不构成对其专利权的侵犯，并向二审法院提供了相关产品实物。由此可见，被控侵权产品在凸骨的数量、位置上与达昌公司涉案专利均有所不同，在结构特征上存在较大差异，不能认定为相同。据此，二审法院认为，拓洋公司等生产、销售的五合一电子连接器从字面上并未落入达昌公司涉案专利的保护范围，两者不构成相同。

2. 本案被控侵权产品与达昌公司涉案专利对比，不构成等同

该问题的关键仍然在于，被控侵权产品的 c 特征 "该绝缘本体背部有三条凸骨贯穿于各连接部，其中两条凸骨上设有卡定端子的凹槽并附着有金属端子"与达昌公司涉案专利 C 特征 "该绝缘本体的各连接部之间设有强化结构的双肋骨"之间是否构成等同。《最高人民法院关于审理专利纠纷案件适用法律问题的若干规定》第十七条第二款规定："等同特征是指与所记载的技术特征以基本相同的手段，实现基本相同的功能，达到基本相同的效果，并且本领域的普通技术人员无需经过创造性劳动就能联想到的特征"。首先，从技术手段看，被控侵权产品采用的是在绝缘座体背部设置凸骨的方式，与达昌公司涉案专利在各连接部之间设置强化连接结构的双肋骨的手段存在较大差异。其次，从功能和效果看，达昌公司涉案专利中的双肋骨由于其位置的限制，其仅能起到连接部与连接部之间的强化效果，即起到产品的局部强化作用。而被控侵权产品中凸骨的主要功能在于支撑端子，起到固定端子的效果，该功能达昌公司涉案专利并不具备。同时，被控侵权产品凸骨整体贯穿于各连接部，对产品也起到整体强化的效果，而不是局部强化的效果。据此，二审法院认为被控侵权产品与达昌公司涉案专利相比，在技术特征的手段、功能、效果上均存在较大差异。对于本领域的普通技术人员而言，被控侵权产品技术特征并不是在达昌公司涉案专利的基础上即能简单联想到的，两者之间不能构成等同。

（三）专利法有关促进科学技术进步和创新原则的规定应作为本案的裁量因素之一

本案中，达昌公司涉案专利的发明点在于，通过在各连接部之间设置双肋骨及沟槽以达到强化连接结构、节省材料、避免弯曲缩小的功能。考虑到通过增设肋骨（或称"加强筋"）及沟槽来强化结构、避免弯曲缩小这一基本原理为业内普遍知悉，且达昌公司涉案专利本身所具有节省材料的发明目的，因此根据该涉案专利的实际情况，从《专利法》促进科学技术进步和创新原则出发，在被控侵权产品与达昌公司涉案专利并

不相同的情况下，应严格控制等同原则的适用。即，应严格依照达昌公司专利权利要求来确定其专利保护范围，而不能径行扩大，以避免对公众利益造成不合理损害。本案中，拓洋公司等采用设置凸骨贯穿于整个座体背部的结构方式，同时起到固定端子和强化整个座体的双重功能，与达昌公司涉案专利差别明显。因此，二审法院认为，达昌公司无权阻止拓洋公司、瀚洋公司、广洋厂同样以加强筋方式，但采用不同结构生产同类产品的行为，本案被控侵权产品不能认定构成对达昌公司涉案专利权的侵犯。

综合以上因素，二审法院认为，拓洋公司、瀚洋公司、广洋厂生产、销售被控侵权产品的行为并未构成对达昌公司涉案专利权的侵犯，拓洋公司等的上诉理由成立，二审法院予以支持。鉴于侵权行为不成立，因此达昌公司在二审中提供的公证书不能作为定案证据使用，其有关赔偿数额的诉讼请求，二审法院也不予支持。

三、一审审理程序符合法律规定

达昌公司认为一审法院对拓洋公司等超过一审指定的举证期限所提供的证据予以质证，违反了程序性规定，对达昌公司合法权利造成损害。二审法院认为，由于本案当事人在一审中存在管辖权争议，在管辖权异议审理期间，本案的实体审理自然中止。而本案有关管辖权异议的终审裁定于 2003 年 12 月 30 日作出，考虑到送达时间等客观因素，拓洋公司等于 2004 年 1 月 18 日再行就案件实体审理方面提供证据应属合理，一审法院对此予以接受并无不当。据此，二审法院认为达昌公司此项上诉主张缺乏事实和法律依据，二审法院不予采纳。

综上，达昌公司的上诉理由不能成立，其上诉请求二审法院不予支持。拓洋公司、瀚洋公司、广洋厂的部分上诉理由成立，其相应的上诉请求二审法院予以支持。一审判决认定事实基本清楚，但适用法律不当，依法应予纠正。根据《专利法》第一条、第十一条第一款、第五十六条第一款、《最高人民法院关于审理专利纠纷案件适用法律问题的若干规定》第十七条、《民事诉讼法》第一百五十三条第一款第（二）项之规定，判决如下：

一、维持江苏省南京市中级人民法院（2003）宁民三初字第 237 号民事判决第一项、第四项。

二、撤销江苏省南京市中级人民法院（2003）宁民三初字第 237 号民事判决第二项、第三项。

一审案件受理费 15 010 元，由达昌公司负担 12 010 元，拓洋公司、瀚洋公司、广洋厂共同负担 3 000 元。二审案件受理费 15 010 元，由达昌公司负担 12 010 元，拓洋公司、瀚洋公司、广洋厂共同负担 3 000 元。

案例 32：恩菲公司、有色研究院与矿迪公司专利侵权纠纷案

原告（上诉人）：北京恩菲通用设备科技有限公司（下称"恩菲公司"）

原告（上诉人）：中国有色工程设计研究总院（下称"有色研究院"）

被告（被上诉人）：北京矿迪科技有限公司（下称"矿迪公司"）

一审法院：北京市第二中级人民法院

一审案号：（2007）二中民初字第 6753 号

一审合议庭成员：张晓津、何暄、冯刚

一审结案日期：2007 年 9 月 29 日

二审法院：北京市高级人民法院

二审案号：（2008）高民终字第 1 号

二审合议庭成员：张雪松、刘晓军、李燕蓉

二审结案日期：2008 年 3 月 14 日

案由：专利侵权纠纷

关键词：专利侵权、专利权保护范围、技术鉴定、等同、相同

涉案法条

《专利法》第十一条第一款、第五十六条第一款、第六十条

《民法通则》第一百三十四条第一款第（一）项、第（七）项

《民事诉讼法》第一百五十三条第一款第（三）项

《最高人民法院关于审理专利纠纷案件适用法律问题的若干规定》第十七条、第三十一条

争议焦点

- 上诉人提交的《鉴定报告书》系其单方委托，该鉴定结果并不是原审法院认定本案事实的依据，故原审判决未明确论述该《鉴定报告书》并无不当。
- 发明或者实用新型专利权的保护范围以其权利要求的内容为准，说明书及附图可以用于解释权利要求，是指专利权的保护范围应当以权利要求书中明确记载的必要技术特征所确定的范围为准，也包括与该必要技术特征相等同的特征所确定的范围，

而等同特征是指与所记载的技术特征以基本相同的手段，实现基本相同的功能，达到基本相同的效果，并且本领域的普通技术人员无需经过创造性劳动就能够联想到的特征。

- 上诉人有关销毁侵权产品的诉讼主张，因本案被控侵权产品为案外人合法购买并使用，且两上诉人并未证明尚存在其他侵权产品，故法院不予支持。
- 上诉人有关销毁构成侵权的半成品及模具的诉讼主张，因其未证明构成侵权的半成品及模具的存在，也未证明其所称的模具系专用于生产侵权产品的模具，故法院亦不予支持。

审判结论

一、撤销北京市第二中级人民法院（2007）二中民初字第 6753 号民事判决，即驳回恩菲公司、有色研究院的诉讼请求；

二、矿迪公司立即停止生产、销售侵犯专利号为 ZL00259070.0、名称为"湿式三效除尘器"的实用新型专利的产品的行为；

三、矿迪公司赔偿恩菲公司经济损失 30 万元；

四、驳回恩菲公司、有色研究院其他诉讼请求。

一审案件受理费 22 800 元，由恩菲公司、有色研究院负担 1 万元（已交纳），矿迪公司负担 12 800 元（于二审判决生效之日起 7 日内交纳）。诉讼保全费 3 020 元，由矿迪公司负担（于二审判决生效之日起 7 日内交纳）。

二审案件受理费 22 800 元，由恩菲公司、有色研究院负担 1 万元（已交纳），矿迪公司负担 12 800 元（于二审判决生效之日起 7 日内交纳）。

起诉及答辩

原告恩菲公司和有色研究院共同起诉称：2001 年 8 月，北京恩菲科技产业集团（下称"恩菲集团"）获得了国家知识产权局授予的"湿式三效除尘器"实用新型专利权。之后，该项专利的权利人先后变更为恩菲公司、有色研究院。被告的股东李霖等人曾为原告恩菲公司职工，在离职后成立了被告矿迪公司。被告未经两原告许可，使用涉案专利技术制造"高效除尘器"产品，并向原告的客户进行销售，其行为侵犯了原告的专利权。现原告提起诉讼，请求判令被告矿迪公司停止制造、销售涉案侵权产品，销毁涉案侵权产品、半成品和模具，并赔偿原告经济损失 200 万元。

被告矿迪公司答辩称：首先，涉案专利不具备新颖性和创造性，不应获得专利权。被告已就此向国家知识产权局专利复审委员会提出了宣告该专利权无效的申请。其次，本案被控侵权物与原告的专利有实质区别，不构成对原告专利权的侵犯。因此，请求驳回原告的诉讼请求。

事实认定

一审法院经审理查明：2000 年 11 月 10 日，恩菲集团向国家知识产权局提出了名称为"湿式三效除尘器"的实用新型专利申请。国家知识产权局于 2001 年 8 月 22 日授予恩菲集团专利权，专利号为 ZL00259070.0。2005 年 9 月 30 日，该项专利的权利人变更为恩菲公司。2006 年 12 月 29 日，该专利的权利人变更为有色研究院。

"湿式三效除尘器"实用新型专利权利要求 1 的内容记载为：湿式三效除尘器，包括：上筒体，该上筒体为钢板焊接的筒形体，在上筒体一侧设有进风口，在上筒体的顶部设有出风口，在上筒体下部圆周设有法兰；下筒体，该下筒体为钢板焊接的筒形体，在下筒体下部一侧设有进风口，在下筒体上部一侧设有出风口，在下筒体的上下两端圆周处分别设有法兰，其上部法兰与上筒体下部法兰相固接；锥体，该锥体为钢板焊接而成的漏斗形，锥体的上部圆周设有法兰，其法兰与下筒体下段法兰相固接，锥体的下部设有污水口；湿式风机，该湿式风机固装在机架上，在湿式风机进风口的壳体内装有通水的喷嘴，湿式风机进风口与下筒体上部一侧设有的出风口通过管道相连接，其出风口与上筒体一侧设有的进风口通过管道相连接；电动机，该电动机固装在机架上，通过轴承座内的轴驱动湿式风机；其特征在于：该除尘器还包括：a. 水封，该水封由钢板焊接成漏斗形，水封的上圆周与上筒体下部的内壁焊接，水封的下段设有水封口，在水封漏斗内焊接有三角形挡板；b. 旋流器，该旋流器固装在下筒体内，位于其进风口之上和出风口之下，该旋流器的中心为圆形钢板，在圆形钢板的周边均匀分布焊接带有倾角 35°~47°的叶片。

根据涉案专利权利要求 1 记载的内容，该技术方案的全部必要技术特征包括：A. 上筒体，该上筒体为钢板焊接的筒形体，在上筒体一侧设有进风口，在上筒体的顶部设有出风口，在上筒体下部圆周设有法兰；B. 下筒体，该下筒体为钢板焊接的筒形体，在下筒体下部一侧设有进风口，在下筒体上部一侧设有出风口，在下筒体的上下两端圆周处分别设有法兰，其上部法兰与上筒体下部法兰相固接；C. 锥体，该锥体为钢板焊接而成的漏斗形，锥体的上部圆周设有法兰，其法兰与下筒体下段法兰相固接，锥体的下部设有污水口；D. 湿式风机，该湿式风机固装在机架上，在湿式风机进风口的壳体内装有通水的喷嘴，湿式风机进风口与下筒体上部一侧设有的出风口通过管道相连接，其出风口与上筒体一侧设有的进风口通过管道相连接；E. 轴承座，该轴承座为前后两个，固装在机架上，在轴承座内设有通过轴承支撑与湿式风机的轴相连的轴；F. 电动机，该电动机固装在机架上，通过轴承座内的轴驱动湿式风机；G. 水封，该水封由钢板焊接成漏斗形，水封的上圆周与上筒体下部的内壁焊接，水封的下段设有水封口，在水封漏斗内焊接有三角形挡板；H. 旋流器，该旋流器固装在下筒体内，位于其进风口之上和出风口之下，该旋流器的中心为圆形钢板，在圆形钢板的周边均匀分布焊接带有倾角 35°~47°的叶片。

诉讼中，恩菲公司和有色研究院为证明矿迪公司制造、销售了涉案被控侵权产品，向法庭提交了一份矿迪公司与云南驰宏锌锗股份有限公司（下称"驰宏公司"）签订的设备定购合同，该合同表明矿迪公司于 2006 年 4 月 6 日向驰宏公司销售了 2 台"湿式高效除尘机组"，总销售价格为 72 万元。矿迪公司对该合同的真实性不持异议。恩菲公司和有色研究院现指控上述 2 台"湿式高效除尘机组"为侵犯涉案专利权的侵权产品。

诉讼中，根据恩菲公司和有色研究院申请，北京市公证处对矿迪公司销售的"湿式高效除尘机组"实物进行了现场勘验。结合该公证处的勘验情况，一审法院确认"湿式高效除尘机组"全部必要技术特征包括：a. 上筒体，该上筒体为钢板焊接的筒形体，在上筒体一侧设有进风口，在上筒体的顶部设有出风口，在上筒体下部圆周设有法兰；b. 上筒体至锥体之间的部分为上下两段以法兰方式连接的筒形体，由钢板焊接，在下段一侧设有进风口，在上段一侧设有出风口，在上段圆周处设有法兰，该部分法兰与上筒体下部法兰相固接；c. 锥体，该锥体为钢板焊接而成的漏斗形，锥体的上部圆周处与筒形体下段圆周处以焊接方式相固接，锥体的下部设有污水口；d. 湿式风机，该湿式风机固装在机架上，在湿式风机进风口的壳体内装有通水的喷嘴，湿式风机进风口与下筒体上部一侧设有的出风口通过管道相连接，其出风口与上筒体一侧设有的进风口通过管道相连接；e. 轴承座，该轴承座为前后两个，固装在机架上，在轴承座内设有一根由轴承支撑的与湿式风机共用的轴；f. 电动机，该电动机固装在机架上，通过轴承座内的轴驱动湿式风机；g. 水封，该水封由钢板焊接成漏斗形，水封的上圆周与上筒体下部的内壁焊接，水封的下段设有水封口，在水封漏斗内焊接有长条形挡板；h. 旋流器，该旋流器固装在下筒体内，位于其进风口之上和出风口之下，该旋流器的中心为圆形钢板，在圆形钢板的周边均匀分布焊接有叶片，从水平角度测量，该叶片为倾角36°。

庭审中，恩菲公司和有色研究院认为，被控侵权产品的 a、d、f 特征与涉案专利的 A、D、F 特征相同；被控侵权产品的 b、c、e、g、h 特征与涉案专利的 B、C、E、G、H 特征构成等同。矿迪公司则认为，第一，在被控侵权产品的 b 特征中，在其上筒体至锥体之间的上段部分为中筒体，下段部分为下筒体，与涉案专利的 B 特征相比，多出了中筒体部分，并且将下筒体上部的出风口设置在了中筒体上，下筒体下端没有法兰。第二，在被控侵权产品的 c 特征中，由于下筒体下端没有法兰，锥体的上部圆周处与筒形体下段圆周处是以焊接方式相固接的，在效果上优越于法兰连接方式。第三，在被控侵权产品的 e 特征中，在轴承座内设置的由轴承支撑的轴与湿式风机使用的轴是同一根轴。第四，在被控侵权产品的 g 特征中，水封漏斗内焊接的挡板是长条形的，在效果上优越于三角形。第五，根据对涉案专利权利要求书的理解，所涉及的叶片倾角应理解为叶片自身带有倾角。在被控侵权产品的 h 特征中，叶片是直的，不带倾角。综上，被控侵权产品的 b、c、e、g、h 特征与涉案专利的 B、C、E、G、H 特征不等同。

上述事实，有"湿式三效除尘器"实用新型专利证书、专利文件、恩菲集团和恩菲公司与驰宏公司等签订的合作合同、购销合同、矿迪公司与驰宏公司签订的"湿式高效除尘机组"设备定购合同、公证书以及当事人陈述等证据在案佐证。

一审判决及理由

一审法院认为：原告有色研究院作为"湿式三效除尘器"专利的现专利权人，其依法享有的专利权合法有效，受专利法的保护。在"湿式三效除尘器"专利权人发生变更之前，原告恩菲公司曾为该专利的权利人，在其享有专利权的期间内，所享有的专利权合法有效，亦受专利法的保护。根据专利法的规定，实用新型专利权被授予后，任何单位或者个人未经专利权人许可，都不得实施其专利，即不得为生产经营目的制造、使用、许诺销售、销售、进口其专利产品。

在进行专利侵权判定时，应当以专利权利要求中记载的技术方案的全部必要技术特征与被控侵权产品的全部技术特征逐一进行对应比较。当被控侵权产品的技术特征与原告专利权利要求中对应必要技术特征相比，有一项或者一项以上的技术特征有本质区别时，不构成侵权。将涉案"湿式三效除尘器"专利的 A、B、C、D、E、F、G、H 特征与涉案被控侵权的"湿式高效除尘机组"的 a、b、c、d、e、f、g、h 技术特征进行比较后，a、d、f 特征与 A、D、F 特征相同。b、c、e、g、h 特征与 B、C、E、G、H 不相同。

涉案专利的 B 特征与被控侵权产品的 b 特征相比较，根据涉案专利权利要求书的描述，对下筒体作出的特征限定体现为：从其所处位置上，下筒体是上筒体至锥体之间的部分。而在权利要求书中，并没有对是否可以将下筒体再划分出额外的部分作出限定。下筒体的其他特征体现为在下筒体的上、下部一侧分别设有出风口和进风口，在下筒体的上下两端圆周处分别设有法兰，其上部法兰与上筒体下部法兰相固接。被告矿迪公司对被控侵权产品的下筒体的上部法兰与上筒体下部法兰相固接这一点没有异议，但是，该公司主张，在其上筒体至锥体之间的上段部分为中筒体，下段部分为下筒体，出风口在中筒体上，下筒体的下端圆周处没有法兰。对此，一审法院认为，被告系将下筒体部分再划分出了额外的部分，即中筒体，如果将其所述的中筒体和下筒体作为一个部件看，进风口处于该部件的下段一侧，出风口处于该部件的上段一侧。另外，虽然在其下筒体的下端圆周处没有法兰，但是，它是采用焊接方式固接，与法兰连接方式相比，是以基本相同的手段，实现基本相同的功能，达到基本相同的效果，并且本领域的普通技术人员无须经过创造性劳动就能够联想到的。被告矿迪公司称焊接方式在技术效果上优越于法兰连接的主张，依据不足，一审法院不予支持。故被控侵权产品的 b 特征与涉案专利的 B 特征等同。同理，被控侵权产品的锥体上部圆周没有法兰，是以焊接方式与下筒体相固接，亦是以基本相同的手段，实现基本相同的功能，达到基本相同的效果，属于本领域的普通技术人员无须经过创造性劳动就能够联想到的，故被控侵权产品的 c 特征与涉案专利的 C 特征等同。

涉案专利的 G 特征与被控侵权产品的 g 特征相比较，在水封漏斗内都焊接有挡板，二者区别之处在于涉案专利的挡板是三角形的，被控侵权产品的挡板是长条形的。挡板的功能体现为挡住水流，适应水流旋转后的亦降作用。三角形挡板和长条形挡板都能够实现上述功能。虽然被告矿迪公司称长条形挡板在出口处部分的宽度要大于三角形挡板，在降低水流旋转速度上效果优越于三角形，但是，这种改进所带来的技术效果与原有三角形设计相比，是以基本相同的手段，实现基本相同的功能，达到基本相同的效果，属于本领域的普通技术人员无须经过创造性劳动就能够联想到的。因此，被控侵权产品的 g 特征与涉案专利的 G 特征等同。

对于涉案专利的 H 特征，根据涉案专利权利要求书的限定范围，"带有倾角的叶片"应解释为从水平角度测量，该叶片与水平面呈现一定的角度，而不是指叶片自身是弯曲的，带有角度。故对被告矿迪公司称，根据涉案专利权利要求书的字面理解，"带有倾角的叶片"是指叶片自身带有角度，依据不足，一审法院不予采信。经测量后，涉案被控侵权产品的叶片从水平角度测量，为倾角 36°，因此，被控侵权产品的 h 特征与涉案专利的 H 特征相同。

对于涉案专利的 E 特征，根据涉案专利权利要求书的限定，在轴承座内的轴与湿式风机内的轴是各自独立的，并且相互连接。而在被控侵权产品的轴承座内设置的由轴承支撑的轴与湿式风机使用的轴是同一根轴，与涉案专利的上述特征有本质区别。因此，被控侵权产品的 e 特征与涉案专利的 E 特征不等同。

综上，虽然被控侵权产品的 a、d、f、h 特征与涉案专利的 A、D、F、H 特征相同，被控侵权产品的 b、c、g 特征与涉案专利的 B、C、G 特征等同，但是，被控侵权产品的 e 特征与涉案专利的 E 特征不等同，故不能认定涉案被控侵权产品落入涉案专利的保护范围。原告恩菲公司和有色研究院指控被告矿迪公司制造、销售涉案"湿式高效除尘机组"的行为侵犯了其涉案专利权，并要求判令两被告停止侵权、赔偿损失的请求，依据不足，一审法院不予支持。

一审法院依照《专利法》第十一条第一款、第五十六条第一款之规定，判决如下：

驳回恩菲公司、有色研究院的诉讼请求。

诉讼保全费 7 500 元，由恩菲公司、有色研究院负担（已交纳）。

案件受理费 22 800 元，由恩菲公司、有色研究院负担（已交纳）。

上诉理由

恩菲公司及有色研究院不服原审判决，依法向二审法院提出上诉，请求撤销原审判决，将本案发回重审或者依法改判。其上诉理由为：（一）原审法院审理本案的程序违法，即原审法院未在法定审限内审结本案，未在法定期限内向上诉人交换被上诉人的证据；（二）原审判决擅自更改上诉人的诉讼主张，即原审判决表述"庭审中，恩菲公司和有色研究院认为，被控侵权产品的 a、d、f 特征与涉案专利的 A、D、F 特征相同；被控侵权产品的 b、c、e、g、h 特征与涉案专利的 B、C、E、G、H 特征构成等同"。事实上，上诉人在一审庭审时仅陈述被控侵权产品的 a、d、e、f、h 特征与本专利的 A、D、E、F、H 特征相同，被控侵权产品的特征 b、c、g 与本专利 B、C、G 的特征等同。原审法院将被控侵权产品的 e、h 特征与本专利的 E、H 特征变更为等同，擅自篡改了上诉人的诉讼主张；（三）原审判决未提及上诉人委托科学技术部知识产权事务中心所作的《鉴定报告书》，掩盖了上诉人的重要证据；（四）原审判决对本专利 E 特征的判定有误，本专利只存在一根轴。

矿迪公司服从原审判决。

二审查明事实

二审法院对一审法院查明事实予以确认。二审法院另查明：2007 年 6 月 19 日，矿迪公司曾向国家知识产权局专利复审委员会请求宣告本专利无效，但其又于 2007 年 9 月 26 日撤回了该无效宣告请求。

二审判决及理由

二审法院认为：结合当事人的上诉主张，本案二审的焦点是原审法院审理本案时是否存在程序违法；被控侵权产品是否落入了本专利的保护范围；如果被控侵权产品落入本专利的保护范围，则如何确定侵权责任。

（一）关于原审法院审理本案时是否存在程序违法

原审庭审记录并未载明上诉人有关被控侵权产品的 e、h 特征与本专利的 E、H 特征为相同技术特征的陈述，且两上诉人在本案二审庭审时也主张被控侵权产品的 e 特征与本专利的 E 特征为等同技术特征，故二审法院认定原审法院并未更改上诉人的诉讼主张，两上诉人的相关诉讼主张缺乏事实依据不能成立。两上诉人向原审法院提交的《鉴定报告书》系其单方委托，该鉴定结果并不是原审法院认定本案事实的依据，故原审判决未明确论述该《鉴定报告书》并无不当。原审法院并不存在超审限及逾期交换证据的情形。综上，原审法院审理本案并不存在程序违法情形，两上诉人的相关诉讼主张缺乏事实及法律依据，不能成立，二审法院不予支持。

（二）关于被控侵权产品是否落入本专利的保护范围

由于原审判决已经认定除了被控侵权产品的 e 特征与本专利的 E 特征既不相同也不等同外，其余特征均构成相同或等同技术特征，被上诉人虽然在二审庭审时陈述被控侵权产品的 g、h 特征与本专利的 G、H 特征既不相同也不等同，但因其未在法定期限内提出上诉，故其上述主张二审法院不予采信。因此，结合当事人的上诉主张，判定被控侵权产品是否落入了本专利保护范围的关键是看被控侵权产品的 e 特征与本专利的 E 特征是否构成相同或等同技术特征。

《专利法》第五十六条第一款规定："发明或者实用新型专利权的保护范围以其权利要求的内容为准，说明书及附图可以用于解释权利要求。"根据《最高人民法院关于审理专利纠纷案件适用法律问题的若干规定》第十七条的规定，《专利法》第五十六条第一款所称的"发明或者实用新型专利权的保护范围以其权利要求的内容为准，说明书及附图可以用于解释权利要求"，是指专利权的保护范围应当以权利要求书中明确记载的必要技术特征所确定的范围为准，也包括与该必要技术特征相等同的特征所确定的范围，而等同特征是指与所记载的技术特征以基本相同的手段，实现基本相同的功能，达到基本相同的效果，并且本领域的普通技术人员无需经过创造性劳动就能够联想到的特征。

本专利的 E 特征为"轴承座，该轴承座为前后两个，固装在机架上，在轴承座内设有通过轴承支承与湿式风机的轴相连接的轴"，可见本专利技术方案中确有两根轴，其一为轴承座内的轴，其二为湿式风机的轴，两上诉人有关本专利的 E 特征只有一根轴的诉讼主张无事实依据而不能成立。由于被控侵权产品轴承座内的轴与湿式风机的轴为同一根轴，因此被控侵权产品的 e 特征与本专利的 E 特征不构成相同技术特征。但是，本专利的两根轴是相连接的，结合本专利的权利要求书及说明书的内容，可以看出本专利的电动机在工作状态中带动了轴承座内的轴，由于轴承座内的轴与湿式风机的轴是相连接的，故电动机在工作状态中通过轴承座内的轴带动了湿式风机的轴，从而使湿式风机能够正常运转。而被控侵权产品轴承座内的轴与湿式风机的轴为同一根轴，电动机在工作状态可以直接带动轴承座内的轴亦即湿式风机的轴。可见，无论是本专利的两根轴，还是被控侵权产品的一根轴，其功能和效果都是通过电动机的运转带动湿式风机的运转，使电动机和湿式风机正常发挥其功能。虽然本专利仅表明轴承座内的轴与湿式风机的轴相互连接，并未说明其连接方式，但从本专利技术方案的工作原理来看，其连接方式至少应包括固定连接方式。当二者为固定连接方式时，本领域的技术人员很容易想到通过一根轴来取代采用固定连接的两根轴，故相对于本专利的 E 特征，被控侵权产品的 e 特征系以基本相同的手段，实现基本相同的功能，达到基本相同的效果，并且本领域的普通技术人员无需经过创造性劳动就能够联想到的特征，二者构成等同技术特征。两上诉人有关被控侵权产品的 e 特征与本专利的 E 特征构成等同技术特征的上诉主张理由成立，二审法院予以支持。

（三）关于如何确定矿迪公司的侵权责任

由于被控侵权产品的全部技术特征与本专利的全部技术特征均构成相同或者等同技术特征，故被控侵权产品已落入本专利的保护范围，被上诉人未经专利权人许可生产、销售被控侵权产品的行为侵犯了两上诉人的专利权，应立即停止生产、销售被控侵权产品的被控侵权行为。两上诉人有关销毁侵权产品的诉讼主张，因本案被控侵权产品为案外人合法购买并使用，且两上诉人并未证明尚存在其他侵权产品，故二审法院不予支持。两上诉人有关销毁构成侵权的半成品及模具的诉讼主张，因其未证明构成侵权的半成品及模具的存在，也未证明其所称的模具系专用于生产侵权产品的模具，故二审法院亦不予支持。

关于两上诉人有关损害赔偿的诉讼请求。首先，由于被控侵权行为发生时本专利的权利人为恩菲公司，而不是有色研究院，虽然两上诉人在二审诉讼中主张被控侵权行为仍在继续，但并未提供相应证据证明该主张，故有色研究院在本案中无权主张损害赔偿，对其相应诉讼请求二审法院不予支持，恩菲公司作为被控侵权行为发生时本专利的权利人，其有权就被控侵权行为主张损害赔偿。其次，关于本案损害数额的确定，《专利法》第六十条规定："侵犯专利权的赔偿数额，按照权利人因被侵权所受到的损失或者侵权人因侵权所获得的利益确定；被侵权人的损失或者侵权人获得的利益难以确定的，参照该专利许可使用费的倍数合理确定。"本案两上诉人主张根据其因被上诉人侵权行为造成的损失来确定赔偿数额，并称其 2005 年销售专利产品的利润率为 45.5%，获利为 110 万元左右，被控侵权行为已持续两年，故其在本案中主张 200 万元的经济损失。但由于两上诉人仅提供了其 2005 年的销售合同，并未提供该销售合同已经实际履行的证据，也未提供有效证据证明其主张的 45.5% 的年利润率，故对其主张的损害赔偿数额二审法院不予采纳。由于各方当事人均未提供其他有效证据证明赔偿数额，二审法院根据专利权的类别、侵权人侵权的性质和情节等因素，酌定赔偿数额为 30 万元。

综上，两上诉人有关原审程序违法的上诉理由不能成立，但其有关被控侵权产品的 e 特征与本专利的 E 特征构成等同技术特征的上诉理由成立。被上诉人生产、销售被控侵权产品的行为侵犯了两上诉人所享有的专利权，应承担相应的法律责任。一审判决认定事实不清，适用法律错误，依法应予改判。依据《民法通则》第一百三十四条第一款第（一）项、第（七）项，《专利法》第十一条第一款、第五十六条第一款，《最高人民法院关于审理专利纠纷案件适用法律问题的若干规定》第十七条、第三十一条，《民事诉讼法》第一百五十三条第一款第（三）项之规定，判决如下：

一、撤销北京市第二中级人民法院（2007）二中民初字第 6753 号民事判决，即驳回恩菲公司、有色研究院的诉讼请求；

二、矿迪公司立即停止生产、销售侵犯专利号为 ZL00259070.0、名称为"湿式三效除尘器"的实用新型专利的产品的行为；

三、矿迪公司赔偿恩菲公司经济损失 30 万元；

四、驳回恩菲公司、有色研究院其他诉讼请求。

一审案件受理费 22 800 元，由恩菲公司、有色研究院负担 1 万元（已交纳），矿迪公司负担 12 800 元（于二审判决生效之日起 7 日内交纳）。诉讼保全费 3 020 元，由矿迪公司负担（于二审判决生效之日起 7 日内交纳）。

二审案件受理费 22 800 元，由恩菲公司、有色研究院负担 1 万元（已交纳），矿迪公司负担 12 800 元（于二审判决生效之日起 7 日内交纳）。

案例 33：梁坚平与铭锐公司专利侵权纠纷案

原告（上诉人）：梁坚平

被告（被上诉人）：浙江铭锐光讯科技有限公司（下称"铭锐公司"）

一审法院：北京市第二中级人民法院

一审案号：（2007）二中民初字第 120 号

一审合议庭成员：刘薇、宋光、梁立君

一审结案日期：2007 年 9 月 14 日

二审法院：北京市高级人民法院

二审案号：（2008）高民终字第 12 号

二审合议庭成员：刘继祥、莎日娜、焦彦

二审结案日期：2008 年 3 月 14 日

案由：专利侵权纠纷

关键词：专利侵权、技术鉴定、必要技术特征、等同、相同、许诺销售

涉案法条

《专利法》第五十六第一款

《民事诉讼法》第一百五十三条第一款第（一）项

争议焦点

● 实用新型专利的保护范围以其权利要求的内容为准，说明书及附图可以用于解释权
利要求。

审判结论

驳回原告梁坚平的诉讼请求。

二审判决驳回上诉，维持原判。

一审案件受理费 1 000 元，由梁坚平负担（已交纳）。二审案件受理费 1 000 元，
由梁坚平负担（已交纳）。

起诉及答辩

原告诉称：原告系专利号为 ZL01232946.0、名称为"带人体感应器的数码照相机"

实用新型专利的专利权人。被告在 2006 年 10 月 30 日至 11 月 2 日于北京国际展览中心举办的"2006 中国国际社会公共安全产品博览会"上展出了其小神童图像监控器、小神童视频监控器、小神童视频监控器（MPEG4）三种产品。前述三种涉案产品落入了其涉案实用新型专利保护的范围，侵犯了其专利权。为此，原告诉至法院，请求判决被告立即停止制造、销售、许诺销售三种涉案侵权产品的行为。

被告辩称：铭锐公司的小神童图像监控器、小神童视频监控器、小神童视频监控器（MPEG4）三种产品与涉案原告实用新型专利属不同种产品，技术特征完全不同，没有落入该专利的保护范围。因此，其没有侵犯原告专利权，请求驳回原告的诉讼请求。

事实认定

经审理查明：

原告于 2001 年 8 月 9 日向国家知识产权局申请了一项名称为"带人体感应器的数码照相机"实用新型专利，该申请于 2002 年 5 月 1 日获得授权并于同日公告，专利号为 ZL 01232946.0 号。目前，该实用新型专利权仍然有效。

前述原告涉案实用新型专利的权利要求 1 写明："一种带人体感应器的数码照相机带有人体感应器（1）、探头（2）、照相镜头（3）、数码照相装置（4），其特征是数码照相装置（4）的照相镜头（3）的旁边并列安装有人体感应器（1）的探头（2），探头（2）与照相镜头（3）的间隔距离为 10mm ~ 80mm，探头（2）的直径为 1mm ~ 60mm，高度为 1mm ~ 30mm，人体感应器（1）的感应角度为 5 ~ 170 度，感应距离为 0.5mm ~ 30mm。"

权利要求 3 写明："根据权利要求 1 所述的带人体感应器的数码照相机，其特征在于所述的照相装置（4）由照相镜头（3）、数字图像存储器（6）、取景器（7）、快门按钮（8）、集成电路（9）、液晶显示器（10）、机体（11）组成，机体上设置有聚焦透镜、照相镜头、取景器、快门按钮和液晶显示器。"

被告在 2006 年 10 月 30 日至 11 月 2 日于北京国际展览中心举办的"2006 中国国际社会公共安全产品博览会"上宣传并展出了其小神童图像监控器、小神童视频监控器、小神童视频监控器（MPEG4）三种产品。

原告没有提交涉案三种产品实物。在审理中，被告提交了其小神童图像监控器、小神童视频监控器的实物，并确认其小神童视频监控器（MPEG4）产品除压缩格式不同外，其他均与其小神童视频监控器产品相同。

被告三种涉案产品均具有红外感应器及其探头、摄像镜头、集成电路板、电脑芯片、电源接口、其他接口、机体等技术特征，其中红外感应器及其探头与摄像镜头上下相近排列安装。该产品的工作方式是红外感应器及探头探测到红外信号后即启动摄像机工作，并根据需要将拍摄的图像通过电话线或网线传输给相应设备。

原告认为被告三种涉案产品：1. 具备了其涉案实用新型专利必要技术特征中的人体感应器及探头；2. 该三种产品的摄像镜头与其涉案实用新型专利必要技术特征中的

照相镜头构成等同；3. 该三种产品人体感应器探头与摄像机镜头安装的方式及距离也在其涉案实用新型专利必要技术特征限定的范围内，探头的直径、高度及人体感应器的感应角度、感应距离也在其涉案实用新型专利必要技术特征限定的范围内；4. 该三种产品均具有涉案专利必要技术特征中的数码照相装置。因此，原告认为该涉案三种产品落入了该专利的保护范围。

被告则认为其三种涉案产品：1. 与涉案原告实用新型专利指向的数码照相机功能不同，属不同种产品；2. 没有涉案原告实用新型专利必要技术特征中的数码照相装置；3. 采用的摄像镜头与涉案原告实用新型专利必要技术特征中的照相镜头作用及构造均不同，不构成相同或等同。因此，被告认为三种涉案产品没有落入涉案原告实用新型专利的保护范围。

在审理中，原告申请对被告三种涉案产品是否具有数码照相装置进行技术鉴定。

上述事实，有双方当事人提交的如下证据及双方陈述在案佐证：

1. 原告提交的其涉案专利证书、说明书及权利要求书、专利登记簿副本、检索报告、展会展位布局图、被告产品宣传材料、反映展会情况的光盘等；

2. 被告提交的其小神童图像监控器、小神童视频监控器产品实物。

一审判决及理由

一审法院认为：原告就其涉案实用新型专利所享有的专利权受法律保护。

我国法律规定，实用新型专利的保护范围以其权利要求的内容为准。

涉案原告实用新型专利的权利要求书1写明该专利的必要技术特征为：1. 由人体感应器、探头、数码照相装置及照相镜头组成；2. 数码照相装置的照相镜头的旁边并列安装有人体感应器的探头，探头与照相镜头的间隔距离为10mm～80mm；3. 探头的直径为1mm～60mm，高度为1mm～30mm；4. 人体感应器的感应角度为5～170度，感应距离为0.5mm～30mm。以上内容为该专利的最大保护范围。

涉案原告实用新型专利的权利要求书3则明确了权利要求1所述的数码照相装置的技术特征和含义，即该数码照相装置由照相镜头、数字图像存储器、取景器、快门按钮、集成电路、液晶显示器、机体组成，机体上设置有聚焦透镜、照相镜头、取景器、快门按钮和液晶显示器。前述技术特征和含义是确定被告三种涉案产品是否具有涉案原告实用新型专利必要技术特征中的数码照相装置的依据。

被告三种涉案产品与原告涉案实用新型专利的必要技术特征相比，虽然具有红外感应器及其探头，且该红外感应器及其探头与摄像镜头上下相近排列安装，但该三种产品的摄像镜头与涉案原告实用新型专利必要技术特征中的照相镜头的构造、功能、效果既不相同，也不构成等同。

另外，被告三种涉案产品没有取景器、液晶显示器、快门按钮，与原告涉案实用新型专利权利要求3明确的数码照相装置的技术特征和含义不同，故应认定该三种产品没有原告涉案实用新型专利必要技术特征之一的数码照相装置。

基于以上理由，一审法院认定被告三种涉案产品没有落入涉案原告实用新型专利的保护范围，原告关于被告制造、销售、许诺销售三种涉案产品的行为侵犯了其涉案实用新型专利权的主张及要求判决被告停止制造、销售、许诺销售三种涉案产品行为的诉讼请求，一审法院均不予支持。

鉴于根据现有证据已能就本案作出上述认定，因此原告所提对被告三种涉案产品是否具有数码照相装置进行技术鉴定的申请，一审法院不予支持。

综上，依照《专利法》第五十六第一款之规定，判决如下：

驳回原告梁坚平的诉讼请求。

案件受理费 1 000 元，由原告梁坚平负担（已交纳）。

上诉理由

梁坚平不服一审判决，向二审法院提起上诉，认为一审判决认定事实不清，适用法律不当，请求撤销原审判决，依法改判。主要理由为：被控侵权产品如果将人体感应器取掉，就是一架具有图像发射功能的数码照相机。原审判决没有查明本案的事实，就认定照相镜头与摄像镜头的构造、功能、效果既不相同，也不等同是错误的。被上诉人的被控侵权产品具有数字图像存储器，具有数码照相机的功能。

铭锐公司服从一审判决。

二审查明事实

二审法院查明事实与一审相同。

二审判决及理由

二审法院认为：根据《专利法》第五十六条规定，实用新型专利的保护范围以其权利要求的内容为准，说明书及附图可以用于解释权利要求。从"带人体感应器的数码照相机"实用新型专利的权利要求书看，权利要求 1 记载了该专利的必要技术特征，而权利要求 3 则明确了权利要求 1 所述的数码照相装置的技术特征和含义，即该数码照相装置由照相镜头、数字图像存储器、取景器、快门按钮、集成电路、液晶显示器、机体组成，机体上设置有聚焦透镜、照相镜头、取景器、快门按钮和液晶显示器。根据二审法院查明的事实，铭锐公司的三种被控侵权产品具有红外感应器及其探头、摄像镜头、集成电路板、电脑芯片、电源接口、其他接口、机体等技术特征，其中红外感应器及其探头与摄像镜头上下相近排列安装。该产品的工作方式是红外感应器及探头探测到红外信号后即启动摄像机工作，并根据需要将拍摄的图像通过电话线或网线传输给相应设备。但其没有取景器、液晶显示器、快门按钮，由此可以认定被控侵权产品没有涉案实用新型专利必要技术特征中的数码照相装置。由于被控侵权产品的技术特征没有完全落入涉案实用新型专利的保护范围，因此，梁坚平认为被控侵权产品侵犯其专利权的主张不能成立。

综上，一审判决认定事实清楚、适用法律正确，二审法院应予维持。梁坚平的上诉理由不能成立，对其上诉请求，二审法院不予支持。据此，依照《民事诉讼法》第一百五十三条第一款第（一）项之规定，判决如下：

驳回上诉，维持原判。

一审案件受理费 1 000 元，由梁坚平负担（已交纳）。二审案件受理费 1 000 元，由梁坚平负担（已交纳）。

案例34：天地人公司与康威电器厂、吴伟文专利侵权纠纷案

原告（被上诉人）：广州市番禺区天地人机械有限公司（下称"天地人公司"）

被告（上诉人）：佛山市石湾区康威电器厂（下称"康威电器厂"）

被告（上诉人）：吴伟文

一审法院：广东省佛山市中级人民法院

一审案号：（2004）佛中法民三初字第 106 号

一审合议庭成员：郭云雄、谭海华、魏金莲

一审结案日期：2004 年 7 月 19 日

二审法院：广东省高级人民法院

二审案号：（2004）粤高法民三终字第 278 号

二审合议庭成员：欧修平、孙明飞、高静

二审结案日期：2005 年 4 月 29 日

案由：专利侵权纠纷

关键词：专利侵权、检索报告、专利权的保护范围、等同特征、中止审理

涉案法条

《专利法》第十一条、第四十六条、第五十六条第一款

《民事诉讼法》第一百一十三条、第一百五十三条第一款第（一）项

《民法通则》第一百三十四条第（一）项、第（七）项

《最高人民法院关于审理专利纠纷案件适用法律问题的若干规定》第十条、第十七条、第二十一条、第二十二条

争议焦点

- 即使专利检索报告能够证明某专利不具备创造性，但只要该专利未经国务院专利行政部门宣告无效，它仍为有效专利，依法受到保护。
- 可以向人民法院提起专利侵权之诉的原告为专利权人或利害关系人。
- 专利侵权是以专利权利要求中记载的技术方案的全部必要技术特征与被控侵权产品的全部技术特征逐一进行对应比较，而不是将专利产品与被控侵权产品直接进行侵

权对比。

审判结论

一、被告康威电器厂、吴伟文立即停止生产侵犯原告天地人公司实用新型专利权的产品 KW－A300 型全自动食品切片机，并销毁生产侵权产品的模具；

二、被告康威电器厂、吴伟文赔偿原告天地人公司经济损失 4 万元。逾期履行，按同期银行商业贷款利率加倍支付迟延履行期间的债务利息；

三、驳回原告天地人公司的其他诉讼请求。

一审案件受理费 5 280 元，由被告康威电器厂、吴伟文承担 5 000 元，由原告天地人公司承担 280 元。因该款已由原告天地人公司预付，被告康威电器厂、吴伟文在履行上述判决确定的债务时一并径付原告天地人公司，一审法院不再作收退。

二审法院驳回上诉，维持原判。

二审案件受理费 5 280 元，由康威电器厂和吴伟文负担。

起诉及答辩

原告天地人公司诉称：原告于 2000 年 7 月 6 日向国家知识产权局申请"食品切片机"实用新型的专利权，2001 年 3 月 22 日授予专利，专利号为 ZL00241068.8。被告在未经原告许可下生产、销售原告被授予专利权的产品，其生产的 KW－A300 型全自动切片机，主要技术特征均落入原告实用新型专利的权利要求保护范围，同时被告将生产的 KW－A300 型全自动切片机以低于原告产品的价格大量向外销售牟取利益。其行为已侵犯了原告的专利权，给其造成了巨大的损失。为维护原告的合法权益，请求法院依法判令：1. 两被告立即停止生产 KW－A300 型全自动食品切片机，并销毁有关生产模具。2. 两被告赔偿原告经济损失 15 万元。3. 两被告在《中国专利报》《佛山日报》《广州日报》等报刊上对其侵权行为向原告公开赔礼道歉、消除影响，并保证以后不再实施侵害原告专利权的行为。4. 承担本案的案件受理费、财产保全费、调查费 5 500 元、律师费 1 万元。

被告康威电器厂、吴伟文答辩认为：原告所获取的专利是通过非法手段骗取的，不应该受到法律保护。因为在专利申请日（2000 年 7 月 6 日）前，原告尚未成立；即使原告通过非法手段获取了专利，也不具备实用新型应该具备的新颖性和创造性；原告没有任何有效证据证明被告实施了侵犯其专利权的行为；原告的专利产品与被告产品有显著不同，被告的产品不可能侵犯原告的专利权，因为被告产品的结构和工作原理与原告专利产品截然不同；原告诉讼请求中的赔偿请求没有事实和法律依据，请求法院驳回原告的诉讼请求。

诉讼中，原告举证、被告质证如下：

证据 1：营业执照，证明原告身份。两被告无异议。

证据 2：被告康威电器厂工商登记，证明被告康威电器厂的身份。两被告无异议。

证据 3：专利证书，证明原告享有食品切片机实用新型专利权。两被告对真实性无异议，对合法性有异议，认为专利证书的专利申请日为 2000 年 7 月 6 日，而原告于 2000 年 9 月 13 日才成立，即原告在专利申请日之前尚未注册成立。原告认为天地人食品机械厂是于 1999 年 9 月 6 日成立的个体工商户，天地人公司在 2000 年 9 月 13 日获取合法营业执照，但在此之前已经获得工商局核准开业。

证据 4：专利权利要求书、说明书，证明原告的专利的保护范围。两被告无异议。

证据 5：专利年费交费发票，证明原告按时缴纳专利年费，享有的专利权有效。两被告对真实性无异议，对证明内容有异议，即使原告缴纳了专利年费，并不等于其在此之前每年都缴纳了年费，也不等于其享有的专利权有效。到现在为止，原告也没有证据证明专利权人到底是谁。此外，缴费单位是天地人机械厂，而并非原告。

证据 6：专利检索报告，证明原告享有的专利权符合专利法有关新颖性和创造性的规定。两被告对真实性无异议，对证明内容有异议，报告上也写明，这只是初步结论，而不是最终结论，该报告不能证明原告专利具有新颖性和创造性。

证据 7：原告生产的食品切片机说明书，证明原告享有实用新型专利权的 SS – A300 全自动食品切片机的形状、构造、技术方案。两被告对真实性有异议，说明书没有注明出处，不知是由谁提供，与本案无关。

证据 8：被告侵权产品说明书。

证据 9：原告专利产品与被告侵权产品对比照片。证明两被告生产的 KW – A300 型全自动食品切片机实施了原告享有的专利的侵权事实。两被告认为证据 8 只是复印件，没有河北省石家庄交通炊事机械经营部的公章，对真实性有异议，且与本案无关。对证据 9 的真实性有异议，无法从照片上看出该证据是否合法真实，对证明内容也有异议，该照片无法证明被告实施了侵权行为。

证据 10：专利查询发票，证明原告对本案调查的费用。两被告对发票的真实性无异议，但对证明内容有异议，认为上面记载的内容不能证明与本案有关联性，查询的内容也不明确。原告认为发票是对专利说明书的查询，收据是对权利说明书的查询，分两次查询。两被告只认可发票的真实性，对收据的真实性有异议。

诉讼中，两被告举证，原告质证如下：

证据 1：第一被告的营业执照，证明被告主体资格。原告无异议。

证据 2：检索报告，证明原告专利不具备创造性。原告对真实性和合法性有异议，认为专利检索报告应该由国家知识产权局出具，中国专利信息中心不具备出具专利检索报告的法定资格。两被告认为该检索报告是由中国专利局的一个部门出具的，其真实性和合法性不容置疑，足以证明原告的专利丧失了创造性，原告所提供的检索报告的结论是不全面的。

证据 3：授权公告及原告营业执照，证明原告不是合法的权利主体。原告对真实性无异议，对证明内容有异议，认为原告是合法的权利主体。

证据 4：销售发票及产品图片，证明原告专利不具有新颖性。原告对真实性、合法性和关联性皆有异议，认为原告专利具有新颖性。两被告认为在原告专利申请日前，市场上已经有同样的产品。

综合双方当事人举证、质证情况,一审法院对双方的证据作如下认定:原告所举证据1、2、4,被告均无异议,一审法院予以采信;被告对证据3的合法性有异议,认为原告专利申请日与原告成立日不同,一审法院认为,专利申请日与其公司的成立日并无关联性,况且在此之前原告以个体工商户核准开业,对该证据一审法院予以确认。被告对证据5的证明内容有异议,认为缴纳年费不等于专利权有效,缴费单位是天地人机械厂,并非原告。一审法院认为,专利的年费缴纳单位不一定要求是专利权人,且被告无相反证据表明原告专利权无效,故对该证据一审法院予以确认。被告对证据6的证明内容有异议,这是国家知识产权局依法出具的专利检索报告,对该证据一审法院予以确认。被告对证据7~9的真实性有异议,这几份证据是原告产品说明书及侵权产品说明书,一审法院认为,实用新型专利侵权的判定是以原告权利要求书与被控侵权产品相对比来认定的,因此,对这几份证据一审法院不予采信。证据10是原告对专利说明书和权利说明书的检索费用,是真实合法的,一审法院予以确认。

对两被告所举证据1,原告无异议,一审法院予以确认。原告对证据2的真实性和合法性有异议,认为中国专利信息中心不具备出具专利检索报告的法定资格,一审法院认为,实用新型专利是否丧失了创造性,应该由国家知识产权局认定,对该证据一审法院不予采信。原告对证据3的证明内容有异议,一审法院认为,原告的实用新型专利是国家知识产权局依法授予的,至今没有其他证据表明原告不是其专利权人,对该证据一审法院不予采信。原告对证据4的真实性和合法性均有异议,该证据只能证明市场上有同类商品销售,但不能直接证明该专利丧失了新颖性,一审法院不予采信。

事实认定

经一审法院审理查明:原告于2000年7月6日向国家知识产权局申请了"食品切片机"实用新型专利,2001年3月22日获得授权,专利号为ZL00241968.8,2001年6月27日予以公告。该食品切片机实用新型专利在专利公报上显示:本实用新型专利产品是一种食品切片机,由切片机体、挡料板、刀盘、扶持机构、电机组成,其特征是在挡料板的后面设置一定位机构,定位机构是由定位座、旋柄、丝杆及丝套组成,定位座设置在切片机体上,由旋柄、丝杆及丝套组成定位头,采用双电机,一个电机带动同步带,在同步带上固定夹块,夹块连接在扶持机构上,一个电机带动刀盘转动。原告向法庭提交了被控产品KW-A300型全自动食品切片机,被告对该产品没有异议。该被控产品也是一种食品切片机,由切片机体、挡料板、刀盘、扶持机构、电机组成,其特征是在挡料板的后面设置一定位机构,定位机构是由定位座、旋柄、螺母及螺杆组成,定位座设置在切片机体上,由旋柄、螺母及螺杆组成定位头,采用双电机,一个电机带动同步带,在同步带上固定夹块,夹块连接在扶持机构上,一个电机带动刀盘转动。被控产品与原告专利的区别在于:被控产品的定位机构是由定位座、旋柄、螺母及螺杆组成,由旋柄、螺杆及螺母组成定位头;原告专利的定位机构是由定位座、旋柄、丝杆及丝套组成，由旋柄、丝杆及丝套组成定位头。

另查：康威电器厂是被告吴伟文个人投资经营的独资企业。

一审判决及理由

一审法院认为：本案争议的焦点是被控产品是否侵犯了原告实用新型专利权。根据《专利法》第五十六条第一款的规定，实用新型专利权的保护范围以其权利要求的内容为准。被控产品与原告专利同为食品切片机，系同类产品，两者均由切片机体、挡料板、刀盘、扶持机构、电机组成，在挡料板的后面设置一定位机构，定位机构是由定位座、旋柄、丝杆或螺杆组成，被控产品与原告专利不同的是没有丝套，用螺杆和螺母固定；被控产品也采用双电机结构，一个电机带动同步带，在同步带上固定夹块，夹块连接在扶持机构上，一个电机带动刀盘转动。根据专利法有关规定，被控侵权物中有一个或者一个以上的技术特征与专利独立权利要求保护的技术特征相比，从字面上看不相同，但经过分析可以认定两者是相等同的技术特征，这种情况下应当认定被控侵权物落入了专利权的保护范围。本案被控产品与原告专利相比，虽然被告对一些技术进行了改动，但只是简单的替换，即被告只是将原告专利的丝套换成螺母，丝杆换成螺杆，这一替换是本领域的普通技术人员无需经过创造性劳动就能联想到的技术特征，且这一替换是以基本相同的手段，实现基本相同的功能和效果，即固定挡料板。被控产品的主要技术方案与原告专利相一致，已落入原告专利权保护范围。被告认为原告的实用新型专利已丧失新颖性，但对原告专利的权利要求没有提出任何异议，也没有相关证据加以证实原告专利丧失新颖性。原告的实用新型专利是国家知识产权局依法授予的，应受法律保护。被告康威电器厂、吴伟文未经专利权人许可，以生产经营为目的，生产销售技术特征落入原告专利保护范围的产品，侵犯了原告的实用新型专利权，被告应承担相应的民事责任。因此，对原告停止侵权、赔偿损失的请求予以支持。关于赔礼道歉，因为本案的专利侵权只是侵犯了原告的财产权，对原告声誉并没有直接造成损害，对此请求一审法院不予支持。关于赔偿金额，原告没有提交其遭受损失的有关证据，被告亦未提交其销售侵权产品的有关账册及获利情况，一审法院综合考虑被告生产销售侵权产品的时间、数量及原告为本案支出的合理费用（包括律师费、调查费）等因素，在原告诉讼请求的范围内，依照《最高人民法院关于审理专利纠纷案件适用法律问题的若干规定》第二十一条、第二十二条的规定酌情确定。由于原告没有申请财产保全，也没有缴纳财产保全费，原告请求两被告承担财产保全费无事实依据，对原告该项请求不予支持。据此，依照《专利法》第十一条、第五十六条第一款，《民法通则》第一百三十四条第（一）项、第（七）项，《最高人民法院关于审理专利纠纷案件适用法律问题的若干规定》第十七条、第二十一条、第二十二条的规定，判决如下：

一、被告康威电器厂、吴伟文在一审判决发生法律效力后立即停止生产侵犯原告天地人公司实用新型专利权的产品 KW－A300 型全自动食品切片机，并销毁生产侵权产品的模具；

二、被告康威电器厂、吴伟文在一审判决发生法律效力后 10 日内赔偿原告天地人公司经济损失 4 万元。逾期履行,按同期银行商业贷款利率加倍支付迟延履行期间的债务利息;

三、驳回原告天地人公司的其他诉讼请求。

案件受理费 5 280 元,由被告康威电器厂、吴伟文承担 5 000 元,由原告天地人公司承担 280 元。因该款已由原告天地人公司预付,被告康威电器厂、吴伟文在履行上述判决确定的债务时一并径付原告天地人公司,一审法院不再作收退。

上诉理由

康威电器厂不服原审判决,向二审法院提出:1. 撤销(2004)佛中法民三初字第 106 号民事判决的第一项、第二项。2. 判令发回重审或直接依法改判驳回天地人公司在一审时的诉讼请求。3. 判令一、二审的诉讼费用由天地人公司承担。理由如下:1. 一审判决认定的事实不清。(1)本案中,从天地人公司提供的证据 1 和证据 3 以及康威电器厂和吴伟文提供的专利授权公告可以十分清晰地证明:天地人公司于 2000 年 9 月 13 日注册成立,而本案专利的申请日是 2000 年 7 月 6 日,即天地人公司在申请本案专利时尚未成立。(2)天地人公司的本案专利不具备新颖性和创造性,不应受法律保护。这从康威电器厂提供的检索报告中可以看出,天地人公司的本案专利的 3 个权利要求已被公开披露,应属无效专利。(3)康威电器厂的产品与天地人公司的专利无论在机械结构上还是工作原理上均有不同。康威电器厂的产品,定位机构是由定位座、螺杆、固定螺母构成;天地人公司的专利的定位机构由定位座、旋柄、丝杆及丝套构成。康威电器厂的定位座必须有一光滑的丝套孔,丝套在丝套孔的定位是通过丝杆来决定的,以便丝套能沿丝套孔前后移动,而天地人公司的专利的定位座是一个带有螺纹的螺孔,以便使螺杆旋接固定在定位座上,因此,两者的结构在本质上是不同的。两者的工作原理也不同,康威电器厂的产品是通过旋动螺杆,使螺杆前后移动,再通过螺母将螺杆固定在定位座上;而天地人公司的专利是通过旋柄旋转丝杆,丝杆则使丝杆套前后移动。2. 原审判决适用法律不当。天地人公司起诉的标的为 165 500 元,原审判决仅支持了 4 万元,财产争议部分的诉讼费依法应按比例分担。原审判决由康威电器厂承担 5 000 元,天地人公司仅承担 280 元,不符合《民事诉讼法》和《最高人民法院人民法院诉讼收费办法补充规定》。3. 在原审审理过程中,康威电器厂已向国家知识产权局专利复审委员会申请宣告天地人公司本案专利无效,原审法院未依法中止审理本案是错误的。康威电器厂和吴伟文并请求二审法院在二审时中止审理该案。

天地人公司答辩认为:1. 关于专利申请人与专利权人。本案所涉专利是于 2000 年 7 月 6 日向国家知识产权局申请,2001 年 3 月 22 日国家知识产权局授予天地人公司实用新型专利。虽然天地人公司于 2000 年 9 月 13 日取得法人营业执照,但其不是新设立的公司,而是由原番禺市沙湾镇天地人机械厂变更而成,即将原来的个体工商户改制为有限责任公司,法定代表人为江宇雄,原番禺市沙湾镇天地人机械厂资产也全部被天地人公司所承接。在进行专利申请时，天地人公司已在办理工商登记和核名手续，并在继续生产和经营，2000 年 9 月 13 日只为法人营业执照取得时间，因此，专利机关于 2001 年 3 月 22 日以天地人公司的名义授予实用新型专利并取得编号为 439547 号专利证书并无不妥。因此康威电器厂和吴伟文上诉认为：天地人公司是于 2000 年 9 月 13 日注册成立的，不可能在 2000 年 7 月 6 日以广州市番禺区天地人机械有限公司的名义申请和获得专利的理由不能成立，即天地人公司为当然的专利权人并可取得该专利权益。2. 关于被控侵权产品是否存在专利侵权。天地人公司认为，原审法院认定：被控侵权产品的技术特征完全落入了专利产品权利要求书所要求保护的内容是具有充分的事实依据的。（1）定位机构技术特征等同：专利产品的定位机构是由定位座、旋柄、顶头、丝杆及丝套组成，而被控侵权产品的定位机构由定位调节螺丝胶触头、调节螺丝、螺杆组成，没有采用丝套，但从其技术特征来看，是以基本相同的手段，达到相同的功能、相同的效果。（2）产品结构相同：专利产品与被控侵权产品均为食品切片机，系同类产品，两者均由切片机体、挡料板、刀盘、扶持机构、电机组成，均采用双电机结构，通过一个电机带动同步带，在同步带上固定夹块，夹块连接在扶持机构上，一个电机带动刀盘转动，而上述技术特征为专利产品权利要求书上所保护的内容。综上，原审法院在事实的认定上是清楚的，适用法律恰当，判决合理也符合法律规定，为此请求二审法院查明事实，依法驳回康威电器厂和吴伟文的上诉请求，维持原判。

二审查明事实

经二审审理查明：原审法院认定事实基本属实，二审法院予以确认。

另查明：天地人公司于 2000 年 9 月 13 日核准成立。在二审法院另案审理的江宇雄诉康威电器厂、吴伟文外观设计专利权侵权纠纷上诉一案中［案号为（2004）粤高法民三终字第 280 号］，查明番禺市沙湾镇天地人机械厂是一个体工商户，其经营者为江宇雄，该厂于 2000 年 10 月 8 日注销。ZL00241968.8 号专利的专利权人是天地人公司，但在该专利申请时（2000 年 7 月 6 日），天地人公司尚未成立，天地人公司也没有提交证据证明该专利的申请人是谁。因此，原审法院认定的天地人公司于 2000 年 7 月 6 日向国家知识产权局申请 ZL00241968.8 号专利并没有证据支持。

再查明：ZL00241968.8 号专利的说明书载明："本实用新型的目的在于避免现有技术的不足之处而提供一种切片过程速度均匀，切片平稳可靠，结构简单，维修方便的食品切片机。"定位头的实施方案是："通过旋柄转动，可前后移动丝杆，切片时，丝杆一端的顶头顶在挡料板的后上端，使挡料板在切片时，挡料板受力不变形，切片均匀，能承受较大的力，确保受力均匀，切片过程平稳可靠。"

二审法院还查明：康威电器厂和吴伟文是于 2004 年 4 月 15 日签收传票、应诉通知书、起诉状副本等法律文书的，并于同年 5 月 18 日向原审法院递交中止审理申请书。在二审审理期间，康威电器厂和吴伟文向二审法院提交了《中止审理申请书》。

二审判决及理由

二审法院认为：本案为实用新型专利侵权纠纷案件。

一、关于 ZL00241968.8 号专利的效力问题。虽然康威电器厂和吴伟文提交了中国专利信息中心的专利检索报告，用以证明 ZL00241968.8 号专利不具备创造性，但根据《专利法》第四十六条"宣告专利权无效的决定，由国务院专利行政部门登记和公告"的规定，在 ZL00241968.8 号专利未经国务院专利行政部门宣告无效之前，仍为有效专利，依法应当予以保护。

二、关于天地人公司是否本案适格原告的问题。康威电器厂和吴伟文上诉认为天地人公司在申请本案专利时尚未成立，故 ZL00241968.8 号专利并非天地人公司的合法权利，不应受法律保护。根据一、二审查明的事实，天地人公司是 2000 年 9 月 13 日核准成立的，ZL00241968.8 号专利的申请日是 2000 年 7 月 6 日。易言之，该专利在申请时，天地人公司确未成立。但是，该专利的授权日（2001 年 3 月 22 日）和公告日（2001 年 6 月 27 日）均在天地人公司成立之后，并且，该专利证书上确定的专利权人是天地人公司，对此，康威电器厂和吴伟文并没有异议。因此，二审法院认为，根据《专利法》及其司法解释的规定，可以向人民法院提起专利侵权之诉的原告为专利权人或利害关系人，本案 ZL00241968.8 号专利的专利权人是天地人公司，故天地人公司是适格原告，可以提起本案侵权之诉。ZL00241968.8 号专利的申请人与专利权人是否相同，因本案并不是专利权属纠纷案件，而是专利侵权纠纷案件，故康威电器厂和吴伟文该上诉理由与本案争议无关，二审法院予以驳回。

三、关于被控侵权产品是否落入 ZL00241968.8 号专利的保护范围的问题。康威电器厂和吴伟文上诉认为被控侵权产品的定位机构与 ZL00241968.8 号专利的定位机构在结构和工作原理上均不同，没有落入 ZL00241968.8 号专利的保护范围。对此问题，首先应确定 ZL00241968.8 号专利的保护范围，其次是确定被控侵权产品的技术特征，然后将二者的技术特征一一进行比对，方可得出侵权与否的结论。

双方当事人的争议焦点集中于被控侵权产品的定位机构有无落入 ZL00241968.8 号专利定位机构的保护范围，康威电器厂和吴伟文对其余的技术特征的比对没有提出上诉请求，故二审法院仅就二者定位机构是否相同或等同进行判定。ZL00241968.8 号专利的权利要求说明书载明，其定位机构是由定位座、旋柄、丝杆及丝套组成，定位座设置在切片机体上，由旋柄、丝杆及丝套组成定位头。被控侵权产品的定位机构是由定位座、旋柄、螺母及螺杆组成，定位座设置在切片机体上，由旋柄、螺母及螺杆组成定位头。被控侵权产品与本案专利的区别在于，定位机构上的定位头的组成部分有所不同：本案专利的定位头是由旋柄、丝杆及丝套组成；被控侵权产品的定位头是由旋柄、螺母及螺杆组成。二者的技术特征从字面上判断不同，故还要进一步判定两者是不是等同的技术特征。从 ZL00241968.8 号专利的说明书及附图可知，该专利的定位头是通过旋柄转动，前后移动丝杆，切片时，丝杆一端的顶头顶在挡料板的后上端，使挡料板在切片时，挡料板受力不变形，切片均匀。而被控侵权产品的定位头，也是通过旋柄转动，前后调节螺杆，切片时，螺杆顶在挡料板的后上端，使挡料板在切片时，挡料板受力不变形，切片均匀。可见，二者的功能、效果是相同的，手段也是基本相同的。而且，二者定位机构的组成部分尽管名称不同，但被控侵权产品是将丝杆替换成螺杆，将丝套替换成螺母，这种替换是本领域的普通技术人员无需经过创造性的劳动就能联想到的技术特征，故二者的特征应属等同。康威电器厂还认为本案专利的定位座必须有一光滑的丝套孔，丝套在丝套孔的定位是通过丝杆来决定的，以便丝套能沿丝套孔前后移动，但本案专利的权利要求书、说明书均未提及"丝套孔"这一技术特征，专利侵权是以专利权利要求中记载的技术方案的全部必要技术特征与被控侵权产品的全部技术特征逐一进行对应比较，而不是将专利产品与被控侵权产品直接进行侵权对比。故对康威电器厂和吴伟文上诉认为被控侵权产品未落入本案专利保护范围的请求，二审法院不予支持。

四、关于原审法院未中止审理本案是否妥当以及二审是否中止审理的问题。《民事诉讼法》第一百一十三条规定，被告在收到起诉状副本之日起 15 日内提出答辩状。《最高人民法院关于审理专利纠纷案件适用法律问题的若干规定》第十条规定，人民法院受理的侵犯实用新型、外观设计专利权纠纷案件，被告在答辩期间届满后请求宣告该项专利权无效的，人民法院不应当中止诉讼，但经审查认为有必要中止诉讼的除外。从二审查明的事实可知，康威电器厂和吴伟文是在答辩期届满后才提出中止审理请求的，故原审法院没有中止本案的审理是有法律依据的。对在二审期间康威电器厂和吴伟文向二审法院提出的中止审理的请求，二审法院亦不予支持。

五、原审判决有关诉讼费用的分担是否妥当的问题。原审判决认定康威电器厂和吴伟文的侵权行为成立，即可视为天地人公司的诉讼请求大部分得到了法院的支持。专利侵权诉讼中，原告在提起诉讼时，往往很难提出准确的赔偿数额，只要原告的请求有一定的依据，而且原告没有恶意或不合理地提高请求赔偿额等因素，法院判令侵权方承担大部分诉讼费用，也是合理的。故对康威电器厂和吴伟文的该上诉请求，二审法院不予支持。

综上所述，原审判决查明 ZL00241968.8 号专利申请人为天地人公司的事实虽有不准确的地方，但这对实体判决结果并无影响，故原审判决应予维持。二审法院依照《民事诉讼法》第一百五十三条第一款第（一）项之规定，判决如下：

驳回上诉，维持原判。

二审案件受理费 5 280 元，由康威电器厂和吴伟文负担。

案例 35：霍敬荷、苏柏兴与跃进公司侵犯专利权纠纷案

原告（被上诉人）：霍敬荷

原告（被上诉人）：苏柏兴

被告（上诉人）：镇江跃进机械厂有限公司（下称"跃进公司"）

一审法院：江苏省无锡市中级人民法院

一审案号：（2007）锡民三初字第 0018 号

一审合议庭成员：潘浚、李锡胜、张浩

一审结案日期：2007 年 4 月 17 日

二审法院：江苏省高级人民法院

二审案号：（2007）苏民三终字第 0085 号

二审合议庭成员：张婷婷、徐美芬、曹美娟

二审结案日期：2007 年 8 月 22 日

案由：专利侵权纠纷

关键词：专利侵权、公证、主体资格、定额赔偿、酌情

涉案法条

《专利法》第十一条第一款、第五十六条第一款、第五十七条第一款

《民事诉讼法》第一百二十八条、第一百五十三条第一款第（一）项

《最高人民法院关于审理专利纠纷案件适用法律问题的若干规定》第二十一条、第二十二条

争议焦点

- 原告证据《公证书》仅是对原告购买相关产品的地点、场所、时间等行为所作的公证，公证书涉及的市场上销售主体是否适格并非公证内容。被告以销售主体未办理企业工商登记即为"不存在"，并进而推断公证行为不真实，明显存在逻辑错误，在被告没有其他证据足以否定公证书真实性情况下，原告《公证书》应当作为证据采信。

- 法院无法确定权利人所遭受的损失或侵权人的非法获利，因此，法院可以根据涉案

专利权获得的时间、侵权性质及情节、为制止侵权而支出的调查费用等因素，采用定额赔偿方法，酌情确定赔偿额。

审判结论

一、跃进公司应于一审判决生效之日立即停止侵犯原告霍敬荷、苏柏兴"带弧形灯罩、波纹反光板的摩托车转向灯"实用新型专利权（专利号：ZL00260927.4）的行为，未经原告许可，跃进公司不得为生产经营目的制造、使用、销售、许诺销售其专利产品。

二、被告跃进公司应于一审判决生效之日起 10 日内赔偿原告霍敬荷、苏柏兴经济损失 5 万元。

三、驳回霍敬荷、苏柏兴其他诉讼请求。

案件受理费 4 310 元，由被告跃进公司负担（该款已由原告霍敬荷、苏柏兴预交，被告跃进公司应于一审判决生效后直接支付给原告）。

二审判决驳回上诉，维持原判。

二审案件受理费 4 310 元，由上诉人跃进公司负担。

起诉及答辩

原告霍敬荷、苏柏兴共同诉称：原告自主研发的"带弧形灯罩波纹反光板的摩托车转向灯"于 2001 年 10 月 3 日被国家知识产权局授予实用新型专利权，采用该专利，可以使摩托车的转向灯在波纹反光板和纵向弧形条纹的作用下，灯光变得明亮、绚丽、美观，改变了一般转向灯单调、直板的外形和不明亮的灯光。该专利产品自投放市场以来销量一直很好，深受消费者及摩托车生产厂家青睐，并在 2003 年 10 月第十四届全国发明展览会上荣获银奖。被告跃进公司未经专利权人许可擅自制造、使用、销售、许诺销售仿冒原告拥有专利权的产品，并将该侵权产品安装在其生产的"跃进"牌 YJ125 - 7A 型号的摩托车上，在江苏等省份大量进行销售和许诺销售。2006 年 10 月 27 日，原告在位于无锡市太湖车辆交易市场的无锡市锡山区通达摩托车销售部公证购买了被告跃进公司生产的"跃进"牌摩托车一部。经比对，被告跃进公司制造、销售的侵权产品完全覆盖了原告专利的所有技术特征，已完全落入原告拥有的实用新型专利权的保护范围。被告跃进公司的行为严重侵犯了原告的专利权，并给原告造成极大的经济损失。请求判令被告：1. 立即停止制造、使用、销售、许诺销售仿制原告拥有专利权的侵权产品，并将安装在被告生产的摩托车上的仿制原告专利产品的侵权产品予以收回销毁；2. 销毁用于制造侵权产品的模具及库存侵权产品；3. 赔偿原告经济损失 10 万元；4. 承担本案诉讼费用。

被告跃进公司辩称：无锡市锡山区通达摩托车销售部并未办理工商登记，因而不具备经营主体资格，原告提供的《公证书》不具备真实性，不能证明被告存在侵权行为；跃进公司所用的转向灯是从常州市云雀轿车饰件厂购买的，有合法进货来源，故不应承担侵权赔偿责任。

原告霍敬荷、苏柏兴为支持其诉讼请求及所述的事实和理由提供下列证据：1. 原告专利证书、专利登记簿副本，用以证明原告是"带弧形灯罩、波纹反光板的摩托车转向灯"实用新型专利权人；2. 专利年费收据，用以证明专利权仍在有效期内；3. 专利权利要求书、说明书及检索报告，用以证明本案所涉专利保护范围及特征；4.（2006）锡证民内字第2701号《公证书》，用以证明被告侵权事实。

被告跃进公司针对答辩理由提供下列证据：1. 被告代理人向工商部门查询无锡市锡山区通达摩托车销售部企业登记资料凭证，用以证明无锡市锡山区通达摩托车销售部未办理工商登记；2. 送货单、入库单、现金付款单和收条，用以证明被告进货来源；3. 常州市云雀轿车饰件厂工商登记资料，用以证明被告进货单位实际存在。

经质证，被告跃进公司对原告举证1、2、3真实性、合法性及关联性均不持异议，一审法院亦予以确认；被告跃进公司对原告举证4《公证书》真实性持有异议，认为《公证书》中陈述的出售侵权产品单位并不存在。

原告霍敬荷、苏柏兴对被告举证1、3真实性均不持异议，但认为举证3与本案没有关联性，对举证2真实性、关联性均不予认可，原告认为被告举证2、3并不能说明被告实际购货单位、所购产品就是本案侵权产品。

一审法院认为，原告举证4《公证书》仅是对原告购买相关产品的地点、场所、时间等行为所作的公证，公证书涉及的市场上销售主体是否适格并非公证内容。被告以销售主体未办理企业工商登记即为"不存在"，并进而推断公证行为不真实，明显存在逻辑错误，在被告没有其他证据足以否定公证书真实性情况下，原告举证4《公证书》应当作为本案证据采信。被告跃进公司举证1具备真实性，但举证1所证明的销售主体不适格并不能直接证明销售行为不存在或被告未实施侵权行为，故举证1不足以作为支持被告抗辩观点的证据采用。被告跃进公司举证2送货单等既不能直接证明真实交易对象、交易标的物，也不能证明与本案争议纠纷存在关联性；被告举证3不能证明与本案纠纷存在关联性，故均不应作为本案证据采信。

事实认定

经审理查明：2000年10月27日，嘉恒电子厂向国家知识产权局提出"带弧形灯罩、波纹反光板的摩托车转向灯"实用新型专利申请。2001年10月3日，国家知识产权局授予其实用新型专利并予以公告，专利号为ZL00260927.4。此后，嘉恒电子厂将上述专利权转让给霍敬荷、苏柏兴，并于2004年4月30日进行了专利权转让登记。该专利目前仍属合法有效。其独立的权利要求为：带弧形灯罩、波纹反光板的摩托车转向灯，由灯罩和灯壳组成，其特征在于：用透明或半透明塑料压制弧形灯罩，弧形灯罩的外表面光滑，内表面有纵向弧形条纹，灯壳的内底部，安装波纹反光板，灯壳的中部，安装指示灯。

2006年10月27日，根据霍敬荷、苏柏兴的申请，江苏省无锡市公证处指派公证员张滇、公证工作人员都睿与申请人的委托代理人黄强盛、申永宪一同来到无锡太湖车辆交易市场不同销售场所购买 4 辆摩托车，其中在无锡市锡山区通达摩托车销售部购买了一辆由跃进公司生产的"跃进牌"YJ125 型两轮摩托车，商行出具了送货通知单（号码 0032590）及机动车销售统一发票（发票号码 00160888）。事后，申永宪对上述摩托车分别拍照，并分别拆下摩托车转向灯，交由无锡市公证处分别公证封存。2006年 11 月 2 日，江苏省无锡市公证处出具了（2006）锡证内字第 2701 号《公证书》。

一审法院当庭拆封由江苏省公证处封存的实物，该实物为摩托车转向灯，用透明塑料压制弧形灯罩，弧形灯罩的外表面光滑，内表面有纵向条纹。灯壳的内底部，安装波纹反光板，灯壳的中部，安装指示灯。

另查明，根据国家知识产权局出具的检索报告显示，涉案专利权利要求符合法律有关新颖性、创造性的规定。

一审判决及理由

一审法院认为：霍敬荷、苏柏兴合法拥有的"带弧形灯罩、波纹反光板的摩托车转向灯"实用新型专利权应受法律保护，任何单位或个人未经专利权人许可，都不得为生产经营目的制造、使用、销售、许诺销售专利产品。实用新型专利权的保护范围应以权利要求书为准，说明书和附图可以解释权利要求。经对比，原告经公证购得的由被告跃进公司生产的两轮摩托车上转向灯的技术特征与原告专利权利要求载明的必要技术特征一一对应，落入原告专利权的保护范围。被告跃进公司使用、销售带有涉案转向灯的摩托车的行为侵犯了原告霍敬荷、苏柏兴的专利权，应承担相应的民事责任。原告霍敬荷、苏柏兴要求被告立即停止侵权的请求符合法律规定，一审法院应予支持。由于判令被告跃进公司停止侵权即足以制止侵权行为的继续，故原告要求被告销毁生产模具及库存产品的请求，一审法院不予支持。被告跃进公司辩称《公证书》内容不具备真实性、跃进公司使用的转向灯有合法来源等，均缺乏相应事实依据，一审法院不予采信。原告霍敬荷、苏柏兴向一审法院申请要求酌情判令被告跃进公司赔偿其经济损失 10 万元。一审法院综合下列因素确定赔偿额：1. 原告专利权类别、专利权获得时间；2. 被告侵权性质、情节、范围；3. 原告为制止侵权而支出的调查取证等必要费用。据此，依照《专利法》第十一条第一款、第五十六条第一款、第五十七条第一款，《最高人民法院关于审理专利纠纷案件适用法律问题的若干规定》第二十一条、第二十二条及《民事诉讼法》第一百二十八条之规定，判决如下：

一、跃进公司应于一审判决生效之日立即停止侵犯原告霍敬荷、苏柏兴"带弧形灯罩、波纹反光板的摩托车转向灯"实用新型专利权（专利号：ZL00260927.4）的行为，未经原告许可，跃进公司不得为生产经营目的制造、使用、销售、许诺销售其专利产品。

二、被告跃进公司应于一审判决生效之日起 10 日内赔偿原告霍敬荷、苏柏兴经济损失 5 万元。

三、驳回霍敬荷、苏柏兴其他诉讼请求。

案件受理费 4 310 元，由被告跃进公司负担（该款已由原告霍敬荷、苏柏兴预交，被告跃进公司应于一审判决生效后直接支付给原告）。

上诉理由

上诉人跃进公司不服一审法院判决，向二审法院提起上诉称：1. 一审判决认定事实错误。（1）通达销售部不存在，霍敬荷、苏柏兴公证购买摩托车这一买卖行为的真实性不能确认。首先，通达销售部未进行工商登记；其次，跃进公司在无锡太湖车辆交易市场未找到通达销售部；再次，法院的诉讼文书未能送达通达销售部。（2）即使通达销售部存在，也不能认定涉嫌侵权的转向灯由跃进公司使用。从现有证据来看，被上诉人的证据只能证明其从通达销售部购买了一辆挂有跃进商标的摩托车，从摩托车上拆下的转向灯涉嫌侵犯被上诉人的专利权，而不足以证明涉嫌侵权的转向灯是由上诉人所使用。摩托车的主体与一些零部件如反光镜、转向灯很容易拆换，无锡太湖车辆交易市场既是车辆销售场所又是车辆组装场所，不能排除销售商使用他人的商标或者使用他人的零部件，以提高车辆的知名度或者美观程度，从而达到提高销售量的目的。（3）上诉人所使用的转向灯由配套厂家提供，经与配套厂家沟通及比对，上诉人并未使用侵犯被上诉人专利权的转向灯，故认定上诉人使用侵权产品无事实和法律依据。2. 跃进公司只生产了不到 100 台的摩托车，转向灯的销售价格在 10 元左右，合理利润在 2 元左右，一审判决跃进公司赔偿 5 万元经济损失无事实和法律依据。综上，请求撤销一审判决，驳回被上诉人的诉讼请求，上诉费由霍敬荷、苏柏兴负担。

被上诉人霍敬荷、苏柏兴口头答辩认为，一审判决认定事实清楚，适用法律正确，请求维持原判。

二审查明事实

双方当事人二审中均未提供新的证据。

二审庭审中，霍敬荷、苏柏兴对一审认定的事实无异议。跃进公司除对一审查明的霍敬荷、苏柏兴通过公证在通达销售部购买摩托车一节事实的认定有异议外，对其他事实无异议。对当事人无异议部分的事实，二审法院予以确认。

关于霍敬荷、苏柏兴是否通过公证购买被控侵权摩托车转向灯的事实，二审法院将围绕争议焦点在判决理由部分予以认定。

二审判决及理由

当事人在二审中争议的主要焦点是：1. 被控侵权产品是否为上诉人跃进公司生产；2. 一审确定 5 万元赔偿额是否适当。

围绕当事人争议焦点，结合案件事实，二审法院认为：

一、被控侵权产品系跃进公司生产。1. 霍敬荷、苏柏兴在通达销售部购买摩托车的行为客观存在。主要理由：无锡市公证处出具的（2006）锡证民内字第 2701 号《公证书》显示，霍敬荷、苏柏兴在通达销售部购买的"跃进牌" YJ125 – 7A 型两轮摩托车的制造商为上诉人跃进公司，而该摩托车上安装的转向灯则为本案的被控侵权产品。

二审中，上诉人跃进公司主张通达销售部未在工商部门进行登记，其主体资格不存在，且在无锡太湖车辆交易市场未找到通达销售部，法院的诉讼文书也未能送达通达销售部，故本案公证购买摩托车的行为不可能发生，无锡市公证处的公证内容虚假。对此，二审法院认为：首先，无锡市公证处的公证书明确记载了黄强盛、申永宪在通达销售部购买摩托车的过程，即使通达销售部未在工商部门进行登记，也不足以推翻通达销售部实际销售了被控侵权产品的事实；其次，上诉人跃进公司主张在诉讼时其未找到通达销售部，但并不能证明涉案交易行为发生时，通达销售部实际并不存在；再次，通达销售部不是本案的当事人，法院不需要送达法律文书给通达销售部。故上诉人关于通达销售部不存在，本案公证购买摩托车的事实不可能发生的上诉理由不能成立，二审法院不予采纳。2. 跃进公司关于不排除销售商使用他人商标或他人零部件及其配套厂家未生产侵权转向灯的理由不能成立。因为，涉案侵权转向灯被安装在跃进摩托车上，销售商销售的是跃进摩托车，跃进公司主张不排除销售商生产侵权转向灯的可能，其配套厂家亦未生产侵权转向灯，应对此承担举证责任。但跃进公司未提供证据证明是他人生产的涉案转向灯，故涉案转向灯应认定是跃进公司生产。

二、一审判决确定5万元赔偿额并无不当。一审中，霍敬荷、苏柏兴未能向法院提供其销售专利产品的利润，跃进公司虽然认为其生产的摩托车不到100辆，但未向法院提供相关证据，亦未向法院提供其侵权所获利润，一审法院无法确定权利人所遭受的损失或侵权人的非法获利，因此，一审法院根据涉案专利权获得的时间、侵权性质及情节、为制止侵权而支出的调查费用等因素，采用定额赔偿方法，酌情确定赔偿额为5万元不违反法律规定。上诉人跃进公司关于一审确定赔偿额为5万元无事实和法律依据的上诉理由不能成立，二审法院不予采纳。

综上所述，上诉人跃进公司的上诉理由不能成立，二审法院不予支持。一审判决认定事实清楚，适用法律正确，应予维持。依照《民事诉讼法》第一百五十三条第一款第（一）项的规定，判决如下：

驳回上诉，维持原判。

二审案件受理费4 310元，由上诉人跃进公司负担。

案例 36：陈金龙起诉黄星强专利侵权纠纷案

原告（被上诉人）：陈金龙

被告（上诉人）：黄星强

一审法院： 广东省广州市中级人民法院

一审案号：（2004）穗中法民三知初字第 805 号

一审合议庭成员： 彭新强、陈伟民、谢平

一审结案日期： 2005 年 11 月 11 日

二审法院： 广东省高级人民法院

二审案号：（2006）粤高法民三终字第 172 号

二审合议庭成员： 邓燕辉、张学军、孙明飞

二审结案日期： 2006 年 8 月 3 日

案由： 专利侵权纠纷

关键词： 专利侵权、中止诉讼、专利权保护范围、合法来源、公知技术、先用权、
漏判

涉案法条

《专利法》第十一条、第五十六条第一款

《民法通则》第一百三十四条第一款第（一）项、第（七）项

《民事诉讼法》第一百五十三条第一款第（二）项

《最高人民法院关于审理专利纠纷案件适用法律问题的若干规定》第二十一条

《最高人民法院关于适用〈中华人民共和国民事诉讼法〉若干问题的意见》第一百
八十条

争议焦点

● 尽管被告黄星强有向国家知识产权局专利复审委员会提出无效宣告请求的证据，但
法院有权决定是否中止审理。

● 对于原告要求被告在《广州日报》上向其赔礼道歉的诉讼请求，因专利权在某种程
度上多体现为财产权利，且原告亦未能举证证明被告的侵权行为亦同时给原告造成

了人身权利方面的侵害，因此，对原告该项诉讼请求，法院不予支持。

审判结论

一、维持广州市中级人民法院（2004）穗中法民三知初字第 805 号民事判决第
（二）项、第（三）项：

（二）被告黄星强赔偿原告陈金龙经济损失 1 万元；

（三）驳回原告陈金龙的其他诉讼请求。

二、变更广州市中级人民法院（2004）穗中法民三知初字第 805 号民事判决第一
项为：黄星强在二审判决发生法律效力之日起立即停止生产、销售侵犯陈金龙第
ZL03267403.1 号专利权的产品。

二审案件受理费 3 510 元由黄星强负担。

起诉及答辩

原告于 2004 年 10 月 18 日向一审法院起诉称：原告于 2003 年 7 月 9 日向国家知识
产权局申请了"拉丝效果鞋跟"实用新型专利，于 2004 年 8 月 11 日取得专利权，专利
号为 ZL03267403.1。原告的专利产品推出市场后，以其外形美观、实用的特点深受消
费者欢迎。但最近，原告在广州市环市西路 89 号天富鞋材市场二楼 C141 档发现大量由
被告生产的鞋跟在结构上与原告专利完全相同。被告未经原告许可生产、销售侵犯原告
专利权的鞋跟产品，已经构成侵权。请求判令：1. 被告立即停止生产、销售侵犯原告
专利的侵权产品；2. 销毁用于制作侵权产品的模具、设备及库存产品；3. 赔偿因其侵
权行为对原告造成的经济损失 10 万元；4. 承担本案的诉讼费并登《广州日报》赔礼
道歉。

被告答辩称：由于原告专利缺乏新颖性，被告已经在答辩期内的 2005 年 1 月 27 日
向专利复审委提出宣告原告涉案专利无效的请求，并已经缴纳了相关费用。因此请求法
院中止本案审理。

原告为其起诉所主张的事实向一审法院提交的证据材料有：

1. 第 632802 号《实用新型专利证书》、权利要求书、专利说明书及附图、该专利
的《检索报告》、专利年费收据。证明原告是涉案专利的专利权人、该专利的保护范围
以及该专利至今有效存续。

2. 广州市公证处（2004）穗证内经字第 106776 号《公证书》及公证购买的被控侵
权产品实物。证明被告侵权的事实。

被告为其答辩所主张的事实向一审法院提交的证据材料有：

被告在原告专利申请日前生产的拉丝鞋跟实物、提货单、相关客户的证明、收款收
据、提货清单、提货对账单。证明被告使用的是公知技术。

事实认定

根据当事人的陈述及相关证据材料，一审法院经审理查明并认定如下事实：

原告是 ZL03267403.1、名称为"拉丝效果鞋跟"的实用新型专利的专利权人，该

专利的申请日为 2003 年 7 月 9 日，授权公告日为 2004 年 8 月 11 日。该专利目前有效存续。

该专利独立权利要求的必要技术特征为：一种拉丝效果鞋跟，其特征是：在塑料鞋跟（1）的可视外表面上设有至少一层涂层，其中外层为拉丝状涂层（2）。

原告于 2004 年 9 月 10 日派人与广州市公证处公证人员一道来到广州市环市西路 89 号天富鞋材市场二楼 2202 档的联丰鞋跟、鞋材行提取所购鞋跟，并取得该商行出具的第 0000581 号《联丰鞋跟、鞋材收据》一张及"梁秋美"的名片一张。广州市公证处对上述行为进行了公证，并于 2004 年 9 月 21 日出具（2004）穗证内经字第 106776 号《公证书》。

原告公证购买的被控侵权鞋跟的可视外表面设置有拉丝状涂层。

另查：1. 被告经营的个体工商户广州市白云矿泉联丰鞋材商店的经营范围是零售鞋材，被告的经营地址是广州市环市西路 89 号天富鞋材市场二楼 C141 档，而公证购买被控侵权鞋跟的地址是广州市环市西路 89 号天富鞋材市场二楼 2202 档。而公证书所附的"梁秋美"名片上虽然印制有"南海维思达鞋材有限公司联丰鞋跟鞋材厂"字样，但其"广州办事处"却有三个地址：一是广州市环市西路 89 号天富鞋材市场二楼 2202 档（电话：020 – 86528528），二是广州市环市西路 89 号天富鞋材市场二楼 C141 档（电话：020 – 86503845），三是莲堂大街 8 档（电话：020 – 86516059）。在第 0000581 号《联丰鞋跟、鞋材收据》上，印制的联系电话亦与广州市环市西路 89 号天富鞋材市场二楼 C141 档（电话：020 – 86503845）、莲堂大街 8 档（电话：020 – 86516059）一致。被告在庭审中亦确认被控侵权鞋跟是其销售的。

2. 在庭审中，被告认为"拉丝状涂层"仅是一种视觉效果，不能认为是一种结构，其"拉丝状涂层"的视觉效果是用钢丝网等材料在鞋跟表面上拉擦而形成的，视觉效果不应授予实用新型专利。原告则认为拉丝涂层结构带来了拉丝效果，这就是本专利的创造性，其拉丝结构亦是用钢丝网等材料在鞋跟表面上拉擦而形成的。

3. 原告认为被告有生产、销售被控侵权鞋跟的行为。被告则抗辩认为其有销售被控侵权鞋跟的行为并不等于有生产被控侵权鞋跟的行为，其仅是在档口销售被控侵权鞋跟，如果客户有需要，才根据客户要求向生产厂家下订单。

另外，原告没有对其因被告侵权所受到的经济损失及被告因侵权而获利进行举证。对于被告要求中止本案审理的请求，经合议庭研究决定，本案无需中止诉讼。

一审判决及理由

一审法院认为：原告是 ZL03267403.1、名称为"拉丝效果鞋跟"的实用新型专利的专利权人，其享有的专利权应当受法律保护。

根据《专利法》第五十六条的规定，发明或者实用新型专利权的保护范围以其权利要求书的内容为准。原告涉案实用新型专利独立权利要求的必要技术特征为：一种拉丝效果鞋跟，其特征是：在塑料鞋跟（1）的可视外表面上设有至少一层涂层，其中外层为拉丝状涂层（2）。而被控侵权鞋跟的可视外表面设置有拉丝状涂层，因此，被控侵权鞋跟所使用的技术方案与原告专利的技术方案是一致的，"拉丝状效果"是使用"拉丝状涂层"结构所体现出来的效果，因此被控侵权鞋跟所使用的技术已经落入原告专利的保护范围。

被告是从事鞋材零售的个体工商户的业主。虽然公证购买被控侵权鞋跟的地址与被告的注册经营地址不一致，但由于上述两地址均同属"南海维思达鞋材有限公司联丰鞋跟鞋材厂"的广州办事处的地址，而被告亦确认被控侵权鞋跟是其销售的，因此一审法院对被告有销售被控侵权鞋跟的行为予以确认。

被告虽然是从事鞋材零售的个体工商户的业主，原告也没有证据证明被告直接进行了制造被控侵权鞋跟的行为，但由于被告向专利复审委及一审法院所提交的证据材料均是证明原告专利丧失新颖性的证据，而不是证明其被控侵权鞋跟有合法来源的证据；另外，被告声称其是根据客户的要求向生产厂家下订单生产，被告与生产厂家之间存在委托加工的关系，而委托他人根据自己的要求进行加工生产也应视为生产行为，因此一审法院认定被告有生产被控侵权鞋跟的行为。

综上所述，被告未经原告许可，生产、销售被控侵权鞋跟的行为，已经侵犯了原告ZL03267403.1号专利权，被告应当停止生产、销售被控侵权产品的侵权行为并赔偿原告的经济损失。由于原告因被告侵权而受到的经济损失及被告因侵权而获利均无法查实，本案的赔偿数额，将由一审法院根据原告专利权的性质、创造性程度，被告侵权的情节、后果等因素综合酌定。对于原告要求被告在《广州日报》上向其赔礼道歉的诉讼请求，因专利权在某种程度上多体现为财产权利，且原告亦未能举证证明被告的侵权行为同时给原告造成了人身权利方面的侵害，因此，对原告该项诉讼请求，一审法院不予支持。对原告的其他诉讼请求，亦因缺乏相关的事实依据，一审法院亦不予支持。

依照《民法通则》第一百三十四条第一款第（一）项、第（七）项，《专利法》第十一条、第五十六条第一款，《最高人民法院关于审理专利纠纷案件适用法律问题的若干规定》第二十一条的规定，一审法院判决如下：

一、被告黄星强在一审判决发生法律效力之日起立即停止销售侵犯原告陈金龙第ZL03267403.1号专利权的产品；

二、被告黄星强在一审判决发生法律效力之日起10日内赔偿原告陈金龙经济损失1万元；

三、驳回原告陈金龙的其他诉讼请求。

上诉理由

黄星强不服原审判决，向二审判决提起上诉，请求撤销原审判决，依法改判。理由是：1. 本案应当中止审理。黄星强在一审答辩期内已经向专利复审委提出无效宣告请求，并据此提出中止诉讼的申请，但一审法院未予准许。2. 黄星强所提交的证据足以证明涉案专利在申请日之前已经是公知公用的。并且，黄星强在涉案专利申请日之前已经在相当范围和规模内正常使用相关技术，黄星强没有侵犯陈金龙的专利权。3. 一审判决黄星强赔偿 1 万元过高。

陈金龙答辩请求维持一审判决，驳回黄星强的上诉请求。

二审查明事实

二审期间，双方当事人均未向二审判决提交新的证据。

二审判决审理查明：原审法院查明的事实属实，双方当事人亦没有异议，二审判决予以认可。

另查明，2004 年 10 月 18 日，陈金龙向广州市中级人民法院起诉黄星强，请求判令：1. 黄星强立即停止生产、销售侵犯陈金龙专利的侵权产品；2. 销毁用于制作侵权产品的模具、设备及库存产品；3. 赔偿因其侵权行为对陈金龙造成的经济损失 10 万元；4. 承担本案的诉讼费并登《广州日报》赔礼道歉。

二审判决及理由

二审判决认为：本案属于专利侵权纠纷。陈金龙请求保护的系名称为"拉丝效果鞋跟"的实用新型专利。根据《专利法》第五十六条的规定，发明或者实用新型专利权的保护范围以其权利要求书的内容为准。黄星强对原审法院认定涉案被控侵权产品与陈金龙的专利技术一致一节，未提出异议，二审判决对此予以确认。本案双方争议的焦点问题是：本案是否应当中止审理，以及黄星强提出的公知技术抗辩和先用权抗辩是否成立的问题。

本案中，陈金龙提起本案诉讼，向原审法院提交了涉案专利的《实用新型专利证书》《检索报告》和专利年费等证据，证明涉案专利处于有效状态，未丧失新颖性。结合黄星强向专利复审委提出无效宣告请求所提供的证据，原审法院未中止审理本案，并无不妥。黄星强提出的理由不符合应当中止的情形，二审判决不予支持。

黄星强为证明涉案专利为公知技术，以及在专利申请日前已经制造涉案专利产品，享有先用权，向原审法院提交了鞋跟样板实物、有关厂家提货单、对账单和有关制鞋厂家的证言。二审判决认为，上述证据均系其单方面提供，陈金龙对这些证据的真实性不予认可。而且，虽然这些证据材料中提到有关拉丝效果鞋跟问题，但这些证据材料均未能直接反映拉丝效果鞋跟的具体技术特征。因此，这些证据既不能直接证明在涉案专利申请日之前已经存在相同的技术方案，也不能证明黄星强在涉案专利申请日前已经制造涉案专利产品或者已经做好制造、使用的必要准备。黄星强提出公知技术抗辩和先用权抗辩，证据不足，二审判决不予支持。

综上，根据一、二审查明的事实，应当认定黄星强未经陈金龙许可，生产、销售被控侵权鞋跟，侵犯了陈金龙 ZL03267403.1 号专利权。但应当指出的是，陈金龙提起本案诉讼，请求判令黄星强立即停止生产、销售侵犯陈金龙专利的侵权产品的行为，原审法院根据本案事实也认定黄星强存在生产和销售两种侵权行为，陈金龙和黄星强对此均未提出上诉。原审判决第一项仅判决黄星强停止销售行为，没有判决黄星强停止生产行为的内容，明显不当，二审判决依法予以更正。

关于赔偿数额问题，由于陈金龙因黄星强侵权而受到的经济损失及黄星强因侵权而获利均无法查实，原审法院根据陈金龙专利权的性质、创造性程度，黄星强侵权的情节、后果等因素综合酌定黄星强赔偿陈金龙1万元，并无不妥，二审判决予以维持。黄星强上诉认为原审判决赔偿数额过高，没有事实和法律依据，二审判决予以驳回。

综上所述，原审判决认定事实清楚，适用法律部分错误，遗漏部分判项，二审判决予以纠正。黄星强的上诉请求不能成立，应予驳回。依据《民事诉讼法》第一百五十三条第一款第（二）项、《最高人民法院关于适用〈中华人民共和国民事诉讼法〉若干问题的意见》第一百八十条的规定，判决如下：

一、维持广州市中级人民法院（2004）穗中法民三知初字第805号民事判决第二项、第三项；

二、变更广州市中级人民法院（2004）穗中法民三知初字第805号民事判决第一项为：黄星强在二审判决发生法律效力之日起立即停止生产、销售侵犯陈金龙ZL03267403.1号专利权的产品。

二审案件受理费3510元由黄星强负担。

案例37：兆鹰五金公司与鑫锋五金公司、邓泽森专利侵权纠纷案

原告（被上诉人）：广州市兆鹰五金有限公司（下称"兆鹰五金公司"）

被告（上诉人）：东莞市鑫锋五金实业有限公司（下称"鑫锋五金公司"）

被告：邓泽森

一审法院：广东省广州市中级人民法院

一审案号：（2005）穗中法民三知初字第81号

一审合议庭成员：穆健、郑志柱、冯敬芬

一审结案日期：2005年9月26日

二审法院：广东省高级人民法院

二审案号：（2005）粤高法民三终字第383号

二审合议庭成员：林广海、王恒、邓燕辉

二审结案日期：2006年2月28日

案由：专利侵权纠纷

关键词：专利侵权、行政处罚、现有技术、行政诉讼、中止诉讼、现场勘验、全面审
查、专利权保护范围

涉案法条

《专利法》第十一条第一款、第五十六条第一款、第五十七条第一款

《民法通则》第四十三条、第一百一十八条、第一百三十四条第一款第（七）项

《民事诉讼法》第一百五十三条第一款第（一）项

《最高人民法院关于审理专利纠纷案件适用法律问题的若干规定》第九条第（三）
项、第二十一条、第二十五条

争议焦点

● 人民法院受理的侵犯实用新型、外观设计专利权纠纷案件，被告在答辩期间内请求
宣告该项专利权无效的，人民法院应当中止诉讼，但被告请求宣告该项专利权无效
所提供的证据或者依据的理由明显不充分的，不中止诉讼。

● 人民法院受理的侵犯专利权纠纷案件，已经过管理专利工作的部门作出侵权或者不

侵权认定的，人民法院仍应当就当事人的诉讼请求进行全面审查。

- 鉴于兆鹰五金公司因侵权所受的损失和鑫锋五金公司因侵权而获得的利润均无足够的证据证明，法院参考兆鹰五金公司专利权的类型、鑫锋五金公司的侵权性质和情节及兆鹰五金公司为制止侵权行为所支出的调查取证费用等因素酌情判定鑫锋五金公司赔偿兆鹰五金公司经济损失。

审判结论

一、被告鑫锋五金公司赔偿原告兆鹰五金公司经济损失人民币 12 万元。

二、驳回原告兆鹰五金公司的其他诉讼请求。

一审案件受理费人民币 11 010 元、诉讼保全费人民币 2 720 元，合共 13 730 元，由原告兆鹰五金公司负担 5 492 元，被告鑫锋五金公司负担 8 238 元。一审案件受理费及诉讼保全费已由原告兆鹰五金公司预交，一审法院不予退还，由被告鑫锋五金公司在履行一审判决时将其应负担的部分径付给原告兆鹰五金公司。

二审法院判决驳回上诉，维持原判。

二审案件受理费 11 010 元，由鑫锋五金公司负担。

起诉及答辩

原告兆鹰五金公司诉称：原告于 2002 年 4 月 12 日依法向国家知识产权局提出名称为"一种水烟筒"的实用新型专利申请，国家知识产权局于 2003 年 2 月 26 日授予原告实用新型专利权，专利号为 ZL02226804.9，授权公告日为 2003 年 2 月 26 日，该项实用新型专利权已经具有法律效力。原告从 2002 年 6 月起就一直委托原告的关联企业中山兆兴文具有限公司组织生产有关的专利产品，所有的产品都用于出口。由于有关的专利产品与传统的水烟筒相比具有方便、坚固、美观等优点，加上原告的苦心经营，销售量上升得非常快，利润率也达到 30%，取得了较好的经济效益。原告关联企业中山兆兴文具有限公司原主管技术生产的副厂长程向前利用其职务之便掌握原告专利产品的制造方法、制造工艺和一定的客户资料，于 2003 年 2 月辞职后到被告邓泽森作为大股东和法定代表人的被告鑫锋五金公司处任总经理一职，并煽动原中山兆兴文具有限公司的多名技术工人和工程师离开中山兆兴文具有限公司到被告鑫锋五金公司处工作，生产仿冒原告专利产品的产品。两被告在生产仿冒原告专利产品之外，更利用程向前掌握的原告的客户资料与原告原有的客户联系，声称可以生产和原告同样的产品但价钱就要低得多。两被告的侵权行为给原告造成了巨大的损失。不但使原告逐月增长的销售势头被阻止，还使原告 2004 年三四月份的产品销量大幅下跌，连客户已经签好的合同和订单都得不到履行，使原告和中山兆兴文具有限公司经营困难甚至面临倒闭的危机，原告蒙受了巨额的经济损失。

原告发现被告鑫锋五金公司的侵权行为和侵权产品后，马上向广东省知识产权局提出了要求责令被告鑫锋五金公司停止生产销售侵犯原告专利权的侵权产品的申请，并提出了索赔的请求。广东省知识产权局于 2004 年 6 月 30 日作出了（2004）粤知法处字第

6 号处理决定书，认定被告鑫锋五金公司生产的产品侵犯了原告的专利权，并责令被告鑫锋五金公司停止制造侵权产品、销毁有关的生产模具，但对原告提出的损失赔偿不作处理，要求原告到人民法院另行起诉。被告鑫锋五金公司不服广东省知识产权局的处理决定，向广州市中级人民法院提起了行政诉讼，广州市中级人民法院依法以（2004）穗中法行初字第 20 号行政判决书驳回了被告鑫锋五金公司的诉请。广东省高级人民法院（2005）粤高法行终字第 3 号行政判决书维持了上述判决。被告鑫锋五金公司生产侵犯原告专利权产品的事实已经被认定。

被告邓泽森以被告鑫锋五金公司的名义生产销售侵犯原告专利权的侵权产品，并且盗用原告的客户资源与原告进行恶性竞争，其行为性质极其恶劣，也给原告造成了巨大的损失，两被告为共同侵权人，应共同赔偿原告的损失。故请求判令：1. 两被告共同赔偿原告损失人民币 60 万元；2. 两被告共同承担本案所有的诉讼费用。

被告鑫锋五金公司答辩称：原告的诉讼请求及其事实和理由不成立，请求法院依法驳回原告的全部诉讼请求。1. 被告鑫锋五金公司在 2004 年 5 月 10 日之前就进行过有关"可调节吸烟浓度的水烟壶"产品的试验工作，那是基于专利 ZL01249775. 4 的资料及其他相关资料做的。自 2004 年 5 月 10 日以来，根据广东省知识产权局的处理，鑫锋五金公司停止了这方面的试验，迄今为止鑫锋五金公司没有正式生产、经营原告所谓的专利号 ZL02226804. 9 实用新型专利产品。2. 原告没有证据证明其所谓的 60 万元经济损失与被告鑫锋五金公司 2004 年 5 月 10 日前进行过有关"可调节吸烟浓度的水烟壶"产品的试验工作有关。

被告邓泽森答辩称：同意被告鑫锋五金公司上述答辩意见。另：被告邓泽森只是被告鑫锋五金公司的法定代表人，原告所指控的行为是公司的行为，被告邓泽森无需对公司的行为承担个人责任。原告的起诉书中所涉事实也与被告邓泽森无关，原告无法证明被告邓泽森参与了所谓的侵权行为。请求法院驳回原告对被告邓泽森的诉讼请求。

原告兆鹰五金公司对其陈述的事实在举证期限内提供的证据有：

1. 专利号为 ZL02226804. 9 的实用新型专利证书。

2. 国家知识产权局《专利登记簿副本》。

3. 国家知识产权局《实用新型专利检索报告》。

4. 2004 年 3 月 25 日、2005 年 3 月 25 日国家知识产权局专利收费收据。

上述证据 1～4 证明原告拥有 ZL02226804. 9 的实用新型专利且该项专利目前处于有效状态。

5. 2003 年 11 月至 2004 年 11 月间，原告的海关出口货物报关单。证明在 2003 年 11 月至 2004 年 11 月间，原告出口本案所涉专利产品情况及因被告的侵权行为，导致原告在 2004 年 3 月、4 月销售额大幅下滑，造成百万余元的损失。

6. 广东省知识产权局（2004）粤知法处字第 6 号专利纠纷案件处理决定书。

7. 一审法院（2004）穗中法行初字第 20 号行政判决书。

8. 广东省高级人民法院（2005）粤高法行终字第 3 号行政判决书。

上述证据 6~8 证明广东省知识产权局已认定被告鑫锋五金公司侵犯了原告的专利权且对被告的侵权行为进行了查处。两份行政判决书则维持了广东省知识产权局的处理决定。

被告鑫锋五金公司未在举证期限内提供证据。开庭时当庭向一审法院提交证据材料：

1. 国家知识产权局专利复审委员会第 55949 号《无效宣告请求受理通知书》。

2. 被告鑫锋五金公司向国家知识产权局专利复审委员会提出的《专利权无效宣告请求书》。

上述材料 1~2 证明被告鑫锋五金公司于 2004 年 5 月 24 日向国家知识产权局专利复审委员会提出了对原告 ZL02226804.9 号专利宣告无效的请求，该请求已于 2004 年 6 月 15 日被国家知识产权局专利复审委员会受理。

3. 授权公告日为 2003 年 2 月 26 日，专利号为 ZL02226804.9《实用新型专利说明书》。

4. 授权公告日为 2002 年 7 月 24 日的专利号为 ZL01249775.4《实用新型专利说明书》。

5. 台湾地区专利 089214702《新型专利说明书》及 2001 年 5 月 11 日的该专利公报。

6. ZL02226804.9 号专利与 ZL01249775.4 号专利的对比说明。

上述材料 3~5 证明 ZL02226804.9 号专利的技术特征在 ZL01249775.4 号专利及台湾地区专利 089214702（二者为同一专利）中已公开，而台湾地区专利 089214702 的公告日是 2001 年 5 月 11 日，早于原告的 ZL02226804.9 号专利，对原告的 ZL02226804.9 号专利而言，属已知技术。故原告 ZL02226804.9 号专利已丧失新颖性和创造性。

被告邓泽森未在举证期限内提供证据。

经过开庭质证，被告鑫锋五金公司与被告邓泽森对原告提交的证据 1、2、3、4、6、7、8 的真实性均无异议；但因原告未提交证据 5 的原件，故对其真实性无法确认，并认为该证据也无法证明原告主张的其在 2004 年三四月份受到损失。

因被告鑫锋五金公司未在举证期限内提供证据，原告兆鹰五金公司对被告鑫锋五金公司当庭提交的证据材料不予质证。但提出，ZL02226804.9 号专利与 ZL01249775.4 号专利是两个不同的技术方案。ZL01249775.4 号专利不能作为破坏 ZL02226804.9 号专利新颖性的证据，具体表现在：

1. 烟锅座（4）是 ZL02226804.9 号专利所独有。在该专利权利要求 1 中"烟筒（1）的上端连接有一个烟锅座（4），烟锅座（4）上连接有一个烟锅（5）"，在这里，烟锅座（4）的作用是在同一水烟筒上根据吸食的烟质不同的需要配用形式不同的烟锅（5），进而解决了用一个水烟筒就可以吸食不同的烟质的问题，不仅方便吸烟人吸烟的需要，同时节省大量社会资源。而 ZL01249775.4 号专利则无此技术特征，其水烟筒与烟锅固定搭配，吸食不同的烟质需要不同的水烟筒。

2. 空腔（8）是 ZL02226804.9 号专利独有的技术特征。ZL02226804.9 号专利的权利要求 1 中"烟筒（1）的下端与盛水容器（7）的连接处设有一个空腔（8）"，目的是保证吸烟管与水容器的水面有一定的间距，防止吸烟管直接与盛水容器的水连通而导致吸烟时直接吸入水。而 ZL01249775.4 号专利权利要求明确描述为"导烟管下部一侧设有一接嘴（30），且设有一贯通至该导烟管底端的吸烟孔（124）"。因此，ZL01249775.4 号专利没有披露 ZL02226804.9 号专利权利要求 1 中"烟筒（1）的下端与盛水容器（7）的连接处设有一个空腔（8）"这一技术特征。

3. ZL02226804.9 号专利的排烟阀（11）与 ZL01249775.4 号专利的进气调节阀（40）的功能和作用完全相反。ZL02226804.9 号专利权利要求 2 中"所述的烟筒（1）的下端还设有一个排烟阀（11），排烟阀（11）与烟筒（1）下端的空腔（8）连通"。其作用在于当盛水容器内的烟气浓度如果太大时，可拧松排烟阀，从烟嘴处吹气就可将浓烟排出。限定了排气阀具有"排气"这一技术特征。而 ZL01249775.4 号专利在其权利要求书中明确描述的是"一进气调节阀（40），配置在该导烟管下部一侧，并设有一导同至该烟管底端的进气孔（125），外界空气可自调节阀帽盖（42）上穿孔（421）经由进气孔（125）导入盛水壶（11）内，并透过帽盖螺合于接头上的相对位置，调解空气流入进气孔内的流量。"该专利限定了进气调节阀"进气"这一技术特征。很明显，ZL02226804.9 号专利限定排气阀"排气"，而 ZL01249775.4 号专利限定进气调节阀"调解空气流入进气孔内的流量"这两个不同的技术特征。两者所要解决的问题及为了解决问题所采用的技术方案明显不同，达到的技术效果显然也不一样。

4. ZL01249775.4 号专利的设计是一个不能正常工作的失败的工业设计。该专利的名称为"可调节吸烟浓度的水烟壶"，其说明书中和附图中明确描述的是"一进气调节阀（40），是由一植设于进气孔（125）外侧的中空接头（41），一螺合于接头（41）上的帽盖（42）内，用以封抵住进气孔（125）的阻气元件（43），以及一设置于接头（41）内，常态将阻气元件（43）顶离，接头（41）外的推顶弹簧（44）组成。"经鑫锋五金公司技术人员研究发现，这种结构直接导致吸管（30）与进气管（125）短路，丧失密封，致使吸管（30）与吸管通道（122）不能产生负压，烟无法通过吸管（30）吸出，所以其描述原理不成立，按其描述的结构和原理生产出的水烟壶根本就不能使用，吸不出烟来。

对于原告上述对比说明，被告鑫锋五金公司认为原告 ZL02226804.9 号专利权利要求书中烟锅座（4）与空腔（8）的设置是自然的，而 ZL02226804.9 号专利中排烟阀（11）被 ZL01249775.4 号专利的进气调节阀（40）这一特征所公开。因 ZL01249775.4 号专利与台湾地区专利 089214702 为同一专利，而台湾地区专利 089214702 的公告日是 2001 年 5 月 11 日，早于原告的 ZL02226804.9 号专利，对原告的 ZL02226804.9 号专利而言，属已知技术。故原告的 ZL02226804.9 号专利已丧失新颖性和创造性。

被告鑫锋五金公司与被告邓泽森对原告兆鹰五金公司提交的证据 1、2、3、4、6、7、8 的真实性无异议，一审法院对此予以确认。

原告兆鹰五金公司虽对被告鑫锋五金公司提供的证据材料不予质证，但认可被告鑫锋五金公司提交的证据3即授权公告日为2003年2月26日，专利号为ZL02226804.9《实用新型专利说明书》是本案所涉被侵权专利，且对该专利与被告提交的证据4，即授权公告日为2002年7月24日的专利号为ZL01249775.4《实用新型专利说明书》发表了比对意见，故一审法院对被告鑫锋五金公司提交的证据3、证据4的真实性予以确认。

事实认定

一审法院查明：原告于2002年4月12日向国家知识产权局申请"一种水烟筒"实用新型专利，经审查，国家知识产权局于2003年2月26日授予其专利权，专利号为ZL02226804.9。该专利的权利要求为：1. 一种水烟筒，包括烟筒（1）和烟嘴（2），烟筒（1）内设有一条烟管（3），其特征在于：所述的烟筒（1）的上端连接有一个烟锅座（4），烟锅座（4）上连接有一个烟锅（5），烟锅（5）的底部设有多个小通孔（6），该小通孔（6）与烟筒（1）内的烟管（3）相通；烟筒（1）的下端连接有一个盛水容器（7），烟筒（1）内的烟管（3）伸入盛水容器（7）中，烟筒（1）的下端与盛水容器（7）的连接处设有一个空腔（8）；烟筒（1）的下端还设有一个烟孔接头（9），该烟孔接头（9）与空腔（8）连通，烟嘴（2）通过一条长软管（10）与烟孔接头（9）连接。2. 如权利要求1所述的水烟筒，其特征在于：所述的烟筒（1）的下端还设有一个排烟阀（11），排烟阀（11）与烟筒（1）下端的空腔（8）连通。3. 如权利要求1或2所述的水烟筒，其特征在于：所述的盛水容器（7）为玻璃瓶。4. 如权利要求3所述的水烟筒，其特征在于：所述的烟筒（1）的上端与烟锅座（4）的连接处设有一个托盘（12）。2004年2月13日，原告向国家知识产权局请求作出检索报告，国家知识产权局经检索后于2004年3月5日出具《实用新型专利检索报告》，认为ZL02226804.9号专利全部权利要求1~4符合《专利法》第二十二条有关新颖性和创造性的规定。

2004年6月30日，广东省知识产权局根据原告的请求，就原、被告之间专利权侵权纠纷一案，作出（2004）粤知法处字第6号《专利纠纷案件处理决定书》，查明：该局执法人员于2004年5月10日在被告鑫锋五金公司的经营场所现场勘验检查时，发现正在生产被控产品水烟筒，库存Hm o2 x CP充铬61个、Hm o1 s CP充铬93个、Hm o1 s BN黑镍53个、Hm o2 x BN黑镍63个、Hm o1 s AC红古102个、Hm o2 x AC红古49个和吸烟软管1 200个。该被控产品水烟筒与原告兆鹰五金公司上述实用新型专利权利要求1的技术方案比较，完全覆盖了上述专利权利要求1的全部技术特征。因此，被控产品水烟筒与ZL02226804.9专利权权利要求1比较，属于相同的技术方案，已落入了该实用新型专利权的保护范围。被告鑫锋五金公司未经专利权人许可，在原告拥有的ZL02226804.9实用新型专利权有效期内，制造与该实用新型专利相同的产品，构成侵犯专利权，应当承担相应的法律责任。故根据《专利法》第十一条第一款、第五十七条第一款及《广东省专利保护条例》第三十一条的规定，作出处理决定：一、被告停止制造与 ZL02226804.9 实用新型专利相同水烟筒产品；二、销毁 Hm o2 x CP 充铬 61 个、Hm o1 s CP 充铬 93 个、Hm o1 s BN 黑镍 53 个、Hm o2 x BN 黑镍 63 个、Hm o1 s AC 红古 102 个、Hm o2 x AC 红古 49 个、吸烟软管 1 200 个和水烟筒模具 30 套。

被告鑫锋五金公司不服广东省知识产权局的上述处理决定，于 2004 年 7 月 14 日向一审法院提起行政诉讼。一审法院经审查，认为广东省知识产权局在经过对被控产品进行现场勘验检查、取样、拍照、开庭审理调查案件事实、对比原告兆鹰五金公司专利权权利要求与被告鑫锋五金公司生产的被控产品等工作之后，作出被控产品已落入原告的实用新型专利权保护范围的认定，事实清楚，证据充分，适用法律正确，执法程序并无违反法律规定，遂于 2004 年 10 月 30 日作出（2004）穗中法行初字第 20 号行政判决书，判决维持广东省知识产权局的上述处理决定。被告鑫锋五金公司不服，上诉至广东省高级人民法院，广东省高级人民法院于 2005 年 3 月 7 日作出（2005）粤高法行终字第 3 号行政判决书，对一审法院的上述行政判决予以维持。

另查明：2004 年 5 月 24 日，被告鑫锋五金公司向国家知识产权局提出宣告原告兆鹰五金公司 ZL02226804.9 号实用新型专利权无效的请求并被受理，被告鑫锋五金公司据此向一审法院申请本案中止审理。

被告鑫锋五金公司提出的专利号 ZL01249775.4 "可调节吸烟浓度的水烟壶"权利要求书载明："1. 可调节吸烟浓度的水烟壶，包括一盛水壶（11）、与盛水壶连接的导烟管（12），导烟管内有一延伸至盛水壶内的导杆（122），导杆内设有一贯通至顶端的进烟孔（123），导烟管顶部有一烟草置放容器（13），容器底部设有通孔（132）；导烟管下部一侧设有一接嘴（30），且设有一贯通至该导烟管底端的吸烟孔（124），本实用新型的特征在于：一进气调节阀（40），配置于该导烟管下部一侧，并设有一导通至该导烟管底端的进气孔（125），外界空气可自调节阀帽盖（42）上穿孔（421）经由进气孔（125）导入盛水壶（11）内，并透过帽盖螺合于接头上的相对位置，调节空气流入进气孔内的流量。2. 如权利要求 1 所述的水烟壶，其特征是，接嘴（30）接插有一连接管（60），连接管上端设有一供嘴巴含吸的吸嘴（61）。"在该专利说明书中，进一步说明其技术方案是，在原有水烟壶的导烟管适当位置处，增设一进气调节阀，阀下有一连通盛水壶的进气孔，该阀是一个可以让外界空气导入盛水壶内，同时调节空气进入量的构造单元，让外界空气可以在盛水壶内与烟气混合，改变自吸嘴吸出的烟气浓度。其发明目的在于提供一种可调节吸烟浓度的水烟壶，以满足烟民的需求。

一审判决及理由

一审法院认为：原告兆鹰五金公司是专利号 ZL02226804.9 "一种水烟袋"实用新型专利权人，其专利权受法律保护，除法律另有规定的以外，任何单位和个人未经专利权人许可，不得为生产经营目的制造、使用、销售其专利产品。根据广东省知识产权局（2004）粤知法处字第 6 号《专利纠纷案件处理决定书》的认定，被告鑫锋五金公司生产的产品与原告的实用新型专利相同，已落入原告实用新型专利权的保护范围，而被告鑫锋五金公司的生产未经原告的许可，构成对原告专利权的侵犯。该处罚决定已被人民法院生效判决认定合法有效。被告鑫锋五金公司辩称其在 2004 年 5 月 10 日之前根据 ZL01249775.4 号专利及其他相关资料进行过有关"可调节吸烟浓度的水烟壶"产品的试验工作，迄今为止未正式生产、经营过原告的 ZL02226804.9 号实用新型专利产品，该辩称与广东省知识产权局（2004）粤知法处字第 6 号《专利纠纷案件处理决定书》认定事实不符，且被告鑫锋五金公司未提交其他证据证明其主张成立，而原告的诉请正是基于被告鑫锋五金公司在 2004 年 5 月 10 日之前的侵权行为所提，故一审法院对被告鑫锋五金公司该项主张不予采纳。被告鑫锋五金公司的行为侵犯了原告的专利权，依法应当赔偿原告的经济损失。鉴于原告因侵权所受的损失和被告鑫锋五金公司因侵权而获得的利润均无足够的证据证明，一审法院参考原告专利权的类型、被告鑫锋五金公司的侵权性质和情节及原告为制止侵权行为所支出的调查取证费用等因素酌情判定赔偿额。

关于被告鑫锋五金公司提出的中止诉讼的问题，比较原告的 ZL02226804.9 号"一种水烟筒"实用新型专利与被告鑫锋五金公司提出的 ZL01249775.4 号"可调节吸烟浓度的水烟壶"实用新型专利，原告主张的烟锅座（4）是其专利独有、ZL01249775.4 号专利未披露其专利权利要求 1 中"烟筒（1）的下端与盛水容器（7）的连接处设有一个空腔（8）"这一技术特征及 ZL02226804.9 号专利的排烟阀（11）与 ZL01249775.4 号专利的进气调节阀（40）的功能和作用完全相反等理由成立，一审法院予以采信。而被告鑫锋五金公司的对比说明则依据不足，其要求中止审理的理由不充分，一审法院不予采信。根据《最高人民法院关于审理专利纠纷案件适用法律问题的若干规定》第九条第（三）项的规定，被告鑫锋五金公司关于中止本案诉讼的主张依据不足，一审法院不予支持。

关于原告要求被告邓泽森与被告鑫锋五金公司共同承担赔偿责任的诉请，因原告兆鹰五金公司未提交证据证明被告邓泽森侵犯其权利的情况，且被告邓泽森系被告鑫锋五金公司法定代表人，根据《民法通则》第四十三条的规定："企业法人对它的法定代表人和其他工作人员的经营活动，承担民事责任。"故一审法院对原告该项诉请不予支持。

综上所述，依照《民法通则》第四十三条、第一百一十八条、第一百三十四条第一款第（七）项，《专利法》第十一条第一款、第五十六条第一款、第五十七条第一款，《最高人民法院关于审理专利纠纷案件适用法律问题的若干规定》第二十一条的规定，判决如下：

一、在一审判决发生法律效力之日起 10 日内，被告鑫锋五金公司赔偿原告兆鹰五金公司经济损失人民币 12 万元。

二、驳回原告兆鹰五金公司的其他诉讼请求。

案件受理费人民币 11 010 元、诉讼保全费人民币 2 720 元，合计共 13 730 元，由原告兆鹰五金公司负担 5 492 元，被告鑫锋五金公司负担 8 238 元。一审案件受理费及诉讼保全费已由原告兆鹰五金公司预交，一审法院不予退还，由被告鑫锋五金公司在履行一审判决时将其应负担的部分迳付给原告兆鹰五金公司。

上诉理由

鑫锋五金公司不服上述判决，向二审法院提起上诉，认为根据《最高人民法院关于审理专利纠纷案件适用法律问题的若干规定》第二十五条之规定：人民法院受理的侵犯专利权纠纷案件，已经过管理专利工作的部门作出侵权或者不侵权认定的，人民法院仍应当就当事人的诉讼请求进行全面审查。但原审法院未对鑫锋五金公司是否存在侵犯兆鹰五金公司专利权行为进行全面的实质性的审查，仅仅依据广东省知识产权局（2004）粤知法处字第 6 号《专利纠纷案件处理决定书》即作出鑫锋五金公司构成专利侵权的认定，导致原审法院对本案的事实认定不清，作出错误判决。（一）鑫锋五金公司没有侵犯兆鹰五金公司的专利权。鑫锋五金公司一直以来进行的"可调节吸烟浓度水烟壶"产品的试验工作是基于 ZL01249775.4 号实用新型专利的资料及其他相关资料而为，且 ZL01249775.4 号专利与台湾地区专利 089214702 号专利为同一专利，该 ZL01249775.4 号专利和 089214702 号专利已完全覆盖了兆鹰五金公司享有专利权的 ZL02226804.9 号专利的技术特征，兆鹰五金公司主张其 ZL02226804.9 号专利所独有的技术特征应当认定为是 ZL01249775.4 号专利和 089214702 号专利的技术特征的等同特征，根据《最高人民法院关于审理专利纠纷案件适用法律问题的若干规定》第十七条之规定，属于 ZL01249775.4 号专利权的保护范围。ZL01249775.4 号专利的授权公告日为 2002 年 7 月 14 日，089214702 号专利的授权公告日为 2001 年 5 月 11 日，均早于 ZL02226804.9 号专利的授权公告日 2003 年 2 月 26 日，即 ZL02226804.9 号专利产品的技术特征早已于 2001 年 5 月 11 日被 089214702 号专利所公开，应当属于已知技术，ZL02226804.9 号专利已丧失新颖性和创造性。因此，鑫锋五金公司利用已完全覆盖 ZL02226804.9 号专利技术特征的 ZL01249775.4 号专利而为的一系列试验行为没有侵犯兆鹰五金公司的专利权。（二）鑫锋五金公司进行的"可调节吸烟浓度的水烟壶"产品试验没有给兆鹰五金公司造成经济损失。首先，鑫锋五金公司一直进行的是"可调节吸烟浓度水烟壶"产品的试验工作，从未正式生产、销售过该产品，从未因此获得过利润。其次，鑫锋五金公司并未对兆鹰五金公司实施专利侵权行为，也就不存在兆鹰五金公司因鑫锋五金公司所谓的侵权行为遭受了经济损失，且兆鹰五金公司无法提供相应证据以支持其遭受经济损失之主张。因此，原审法院判决鑫锋五金公司赔偿兆鹰五金公司经济损失 12 万元，没有事实与法律依据。综上所述，请求二审法院依法撤销原审判决，诉讼费由兆鹰五金公司负担。在二审法院二审法庭调查时，鑫锋五金公司补充认为其已向国家知识产权局提出宣告兆鹰五金公司 ZL02226804.9 号专利无效的请求并被受理，因此请求中止审理本案。

兆鹰五金公司口头答辩称：1. 鑫锋五金公司在此之前没有提出中止审理的请求，且没有证据予以支持，故法院不应采纳。2. 鑫锋五金公司侵犯专利权的事实已由广东省知识产权局认定并作出处理决定，鑫锋五金公司不服该决定，向原审法院提起行政诉讼，经审理，原审法院及广东省高级人民法院作出一、二审判决，均维持了广东省知识产权局的处理决定。3. 鑫锋五金公司所称进行试验的说法与事实不符，在广东省知识产权局的查处中已经发现样品与成品，以及相关的生产设备。

二审判决及理由

二审法院认为：兆鹰五金公司是专利号 ZL02226804.9 "一种水烟筒"实用新型专利权人，依据《专利法》第十一条的规定，除法律另有规定的以外，任何单位或者个人未经专利权人许可，都不得实施其专利，包括不得为生产经营目的制造其专利产品。2004 年 5 月 10 日，广东省知识产权局执法人员在鑫锋五金公司的经营场所进行现场勘验检查时，发现鑫锋五金公司正在生产被控产品水烟筒。广东省知识产权局认为该被控产品水烟筒与兆鹰五金公司上述实用新型专利权利要求 1 的技术方案比较，完全覆盖了上述权利要求 1 的全部技术特征，已落入了 ZL02226804.9 实用新型专利权的保护范围。据此，广东省知识产权局于 2004 年 6 月 30 日作出（2004）粤知法处字第 6 号《专利纠纷案件处理决定书》，认定鑫锋五金公司未经专利权人许可，在兆鹰五金公司拥有的 ZL02226804.9 实用新型专利权有效期内，制造与该实用新型专利相同的产品，构成侵犯专利权，应当承担相应的法律责任，并作出相应的处理决定。鑫锋五金公司对广东省知识产权局的上述处理决定不服，向原审法院提起了行政诉讼。在行政诉讼过程中，鑫锋五金公司对被控侵权产品的技术特征与专利产品的技术特征是否相同这一问题，不作出正面回答，对于兆鹰五金公司的侵权指控也没有提出反驳主张和证据。原审法院经审理认为，广东省知识产权局在经过对被控产品进行现场勘验检查、取样、拍照、开庭审理调查案件事实、对比兆鹰五金公司专利权权利要求与鑫锋五金公司生产的被控产品等工作之后，作出被控产品已落入兆鹰五金公司的实用新型专利权保护范围的认定，事实清楚，证据充分，适用法律正确，执法程序并无违反法律规定，遂于 2004 年 10 月 30 日作出（2004）穗中法行初字第 20 号行政判决，判决维持广东省知识产权局的上述处理决定。鑫锋五金公司不服该判决，上诉至二审法院，二审法院于 2005 年 3 月 7 日作出（2005）粤高法行终字第 3 号行政判决，对原审法院的上述行政判决予以维持。鑫锋五金公司对上述已经发生法律效力的行政判决所认定的事实，没有提供相反的证据予以推翻，因此，二审法院认定鑫锋五金公司的被控侵权产品已经落入了兆鹰五金公司 ZL02226804.9 实用新型专利权的保护范围。鑫锋五金公司上诉认为原审法院没有依照《最高人民法院关于审理专利纠纷案件适用法律问题的若干规定》第二十五条的规定对本案进行全面审查，仅仅依据广东省知识产权局（2004）粤知法处字第 6 号《专利纠纷案件处理决定书》即作出鑫锋五金公司构成专利侵权的认定，导致原审法院对本案的事实认定不清，作出错误判决。二审法院认为，在行政诉讼过程中，原审法院已经对被控侵权产品的技术特征与专利产品的技术特征是否相同这一问题进行了全面审理，因此，鑫锋五金公司的上述上诉主张不能成立，二审法院不予支持。

鑫锋五金公司上诉认为兆鹰五金公司 ZL02226804.9 号专利产品的技术特征已被 ZL01249775.4 号专利所公开，而 ZL01249775.4 号专利与台湾地区 089214702 号专利为同一专利，台湾地区专利早已于 2001 年 5 月 11 日被公开，兆鹰五金公司 ZL02226804.9 号专利的技术特征属于已知技术，其已丧失新颖性和创造性。因此，鑫锋五金公司利用已完全覆盖 ZL02226804.9 号专利技术特征的 ZL01249775.4 号专利而为的一系列试验行为没有侵犯兆鹰五金公司的专利权，鑫锋五金公司已向国家知识产权局提出宣告兆鹰五金公司 ZL02226804.9 号实用新型专利权无效的请求并已被受理，本案应中止审理。对此，兆鹰五金公司认为，其 ZL02226804.9 号"一种水烟筒"实用新型专利与鑫锋五金公司提出的 ZL01249775.4 号"可调节吸烟浓度的水烟壶"实用新型专利是两个不同的技术方案，具体表现在：1. 烟锅座是 ZL02226804.9 号专利独有，其作用是在同一水烟筒上根据吸食的烟质不同的需要配用形式不同的烟锅，进而解决了用一个水烟筒就可以吸食不同的烟质的问题；而 ZL01249775.4 号专利则无此技术特征，其水烟筒与烟锅固定搭配，吸食不同的烟质需要不同的水烟筒。2. 空腔是 ZL02226804.9 号专利独有的技术特征，其目的是保证吸烟管与水容器的水面有一定的间距，防止吸烟管直接与盛水容器的水连通而导致吸烟时直接吸入水；而 ZL01249775.4 号专利权利要求则未披露其专利权利要求 1 中"烟筒的下端与盛水容器的连接处设有一个空腔"这一技术特征。3. ZL02226804.9 号专利的排烟阀与 ZL01249775.4 号专利的进气调节阀的功能和作用完全相反。前者的作用在于当盛水容器内的烟气浓度如果太大时，可拧松排烟阀，从烟嘴处吹气就可将浓烟排出，限定了排气阀具有"排气"这一技术特征；后者限定进气调节阀"进气"这一技术特征。因此，两者所要解决的问题及为了解决问题所采用的技术方案明显不同，达到的技术效果显然也不一样。二审法院认为，兆鹰五金公司的上述对比说明全面、充分，理由成立，应予支持，鑫锋五金公司的对比说明依据不足，二审法院不予采信。《最高人民法院关于审理专利纠纷案件适用法律问题的若干规定》第九条第（三）项的规定："被告请求宣告该项专利权无效所提供的证据或者依据的理由明显不充分的"，人民法院可以不中止诉讼，因此，鑫锋五金公司上诉主张本案应中止审理，其依据不足，二审法院不予支持。

综上分析，兆鹰五金公司 ZL02226804.9 号专利处于专利权有效状态，应予保护。鑫锋五金公司没有提供证据证明其被控侵权产品是采用了 ZL01249775.4 号专利或台湾地区 089214702 号专利的技术；上述行政判决已经认定鑫锋五金公司的被控侵权产品已经落入了兆鹰五金公司 ZL02226804.9 号实用新型专利的权利保护范围，因此，鑫锋五金公司上诉认为其没有侵犯兆鹰五金公司 ZL02226804.9 号实用新型专利权的主张不能成立，二审法院不予支持。

原审法院鉴于兆鹰五金公司因侵权所受的损失和鑫锋五金公司因侵权而获得的利润均无足够的证据证明，参考兆鹰五金公司专利权的类型、鑫锋五金公司的侵权性质和情节及兆鹰五金公司为制止侵权行为所支出的调查取证费用等因素酌情判定鑫锋五金公司赔偿兆鹰五金公司经济损失 12 万元。该判决并无不当，二审法院予以维持。

综上所述，原审判决认定事实清楚，适用法律准确，应予维持。鑫锋五金公司上诉无理，应予驳回。依照《民事诉讼法》第一百五十三条第一款第（一）项的规定，判决如下：

驳回上诉，维持原判。

二审案件受理费 11 010 元，由鑫锋五金公司负担。

案例38：沈其衡诉上海能达建筑装饰工程有限公司专利侵权纠纷案

原告（上诉人）： 沈其衡

被告（被上诉人）： 上海能达建筑装饰工程有限公司

一审法院： 上海市第一中级人民法院

一审案号：（2004）沪一中民五（知）初字第99号

一审合议庭成员： 刘洪、章立萍、徐燕华

一审结案日期： 2006年9月18日

二审法院： 上海市高级人民法院

二审案号：（2006）沪高民三（知）终字第109号

二审合议庭成员： 张晓都、于金龙、王静

二审结案日期： 2006年12月1日

案由： 专利侵权纠纷（禁止反悔）

关键词： 专利权的保护范围、复审、无效、必要技术特征、等同原则、禁止反悔原则

涉案法条

《专利法》第二十二条第三款、第五十六条第一款

《民事诉讼法》第一百五十三条第一款第（一）项、第一百五十八条

争议焦点

- 发明或者实用新型专利权的保护范围以其权利要求的内容为准，说明书及附图可以用于解释权利要求。专利权人在专利权授权审查程序和专利权无效宣告审查程序，以及随后的司法审查程序中对有关技术特征进行的说明，也是解释专利权利要求的重要依据。
- 即使该相应的两项技术特征等同能够成立，由于上诉人在向北京市第一中级人民法院提起行政诉讼的诉状中陈述，"活动桩设有供锁具插入的孔"的含义，是指："锁具不是永久固定在孔中，而是根据使用状态呈现两种连接关系，即锁定时位于活动桩的孔中，打开时，从孔中取出，与活动桩的孔分离"；上诉人该陈述也得到了北京

市第一中级人民法院、北京市高级人民法院，以及专利复审委员会的确认，从而认为涉案专利权利要求1有新颖性和创造性被维持有效，因此，根据禁止反悔原则，上诉人亦不能以等同为由主张专利侵权成立。

审判结论

原告沈其衡的诉讼请求，不予支持。

一审案件受理费3 510元，由原告沈其衡负担。

二审法院判决驳回上诉，维持原判。

二审案件受理费人民币3 510元，由上诉人沈其衡负担。

起诉及答辩

原告沈其衡诉称：其系"汽车地桩锁"实用新型专利的专利权人，为实施上述专利，其出资设立了上海固坚锁业有限公司。被告上海能达建筑装饰工程有限公司销售的汽车车位锁产品的结构特征已完全落入了原告上述专利的保护范围，系专利侵权产品，而被告的经营人员徐国强、曾敏曾是上海固坚锁业有限公司的销售人员，被告明知该产品是专利侵权产品仍对外销售。原告认为，被告主观上有侵权的故意，其行为已经侵犯了原告的专利权，给原告造成经济损失，故请求一审法院判令被告停止侵权，赔偿原告经济损失（包括合理费用）人民币10万元。

被告上海能达建筑装饰工程有限公司辩称：1. 被控侵权产品由案外人上海川阳工程机械制造有限公司（下称"川阳公司"）授权其销售，该产品有相应的专利；2. 原告专利因晚交专利年费而无效；3. 原告在专利无效宣告审查程序中对专利的权利要求书中关于活动桩和锁具的描述作了限制，根据禁止反悔原则，被控侵权产品的技术特征并未落入原告专利权的保护范围，故不构成侵权，请求一审法院依法驳回原告的诉讼请求。

事实认定

庭审中，双方当事人对以下事实没有争议，一审法院予以确认：

2000年12月18日，原告向国家知识产权局申请名为"汽车地桩锁"的实用新型专利，2001年11月21日被授予专利权，专利号为ZL00263355.8。该实用新型专利的权利要求1记载："一种汽车地桩锁，其特征在于：它由底座（1）、芯轴（2）、活动桩（3）和锁具（4）构成，所述底座（1）固定在地面上，所述活动桩（3）通过芯轴（2）与底座（1）相连，活动桩设有供锁具（4）插入的孔。"原告向一审法院提交了最新一期（2005年12月28日）缴纳专利年费的凭证。

2003年3月19日，案外人川阳公司向专利复审委员会提出宣告原告上述专利权无效的请求。2004年3月22日，专利复审委员会作出第6101号无效宣告请求审查决定，宣告上述专利权利要求1无效，在权利要求2、3、4的基础上维持专利权继续有效。原告不服该决定，向北京市第一中级人民法院提起行政诉讼，原告在行政起诉状中对涉案专利权利要求1的四个技术特征作了具体结构描述："A. 底座，参见图1，是一个呈一字形的零件，两端设有孔。B. 轴。C. 活动桩，参见图1、图2、图6，是一个呈一字形的零件，端部有孔。D. 关于锁具的描述，权利要求1记载，活动桩设有供锁具插入的孔。该描述的含义是，锁具不是永久固定在孔中，而是根据使用状态呈现两种连接关系，即锁定时位于活动桩的孔中，打开时，从孔中取出，与活动桩的孔分离。"2004年11月29日，北京市第一中级人民法院作出（2004）一中行初字第754号行政判决，判决撤销专利复审委员会作出的第6101号无效宣告请求审查决定，并要求专利复审委员会重新就ZL00263355.8号"汽车地桩锁"的实用新型专利权作出无效宣告请求审查决定。专利复审委员会不服，提起上诉。2005年4月15日，北京市高级人民法院作出（2005）高行终字第37号行政判决，判决驳回上诉，维持原判。2006年3月15日，专利复审委员会重新作出第8127号无效宣告请求审查决定，维持原告专利权有效，目前该决定已经生效。

2004年5月8日，上海方达物业经营公司出具《情况说明》一份，记载："我上海方达物业经营公司下属东方名城管理处承担'东方名城'小区物业管理工作，2003年12月17日，我公司与上海能达建筑装饰工程有限公司签订'汽车车位锁'等产品购销合同，向该公司购买了77套'车位锁'产品，上述产品价值16 940元，所有合同价款已全部支付给'能达'公司。上述产品现均已安装于'东方名城'小区内。现本《说明》后随附上述'车位锁'产品购销合同、销售发票、《质保书》等复印件（原件现留存我公司）。另将一完整的已安装于'东方名城'小区的'能达'公司供货的'车位锁'一套拆下，并原样封存，加盖'东方名城管理处'印章，交与上海固坚锁业有限公司人员带回，以存证。"

上述《情况说明》随附的《质保书》系由被告的强鑫锁业分公司出具，上面记载："本公司生产的系列车辆防盗锁和汽车车位锁对用户实行以下服务……，上述产品质量问题发生后如无法修好，本公司负责免费更换。"该份《质保书》与被告宣传资料中所刊载的《质保书》内容基本相同。

另查明，原告为本案支付了律师费4 000元。

以上事实，由《实用新型专利证书》《实用新型专利说明书》、缴纳专利年费收据、《情况说明》及附件、《企业法人营业执照》、律师费发票，以及第6101号、第8127号无效宣告请求审查决定书、行政起诉状、（2004）一中行初字第754号行政判决书、（2005）高行终字第37号行政判决书等证据证明，上述证据均经查证属实。

庭审中，原告向一审法院提交了由上海方达物业经营公司东方名城管理处封存的"汽车车位锁"一套，并且认为该产品系由被告生产、销售。被告经辨认确认产品封存完好，但称其从未生产过该产品，并称其确向上海方达物业经营公司销售过汽车车位锁，但其所销售的产品均有川阳公司的标记，由于被控侵权产品上没有任何标记，故无法确认该产品是否由其销售。

川阳公司在诉讼中确认其委托被告销售过汽车车位锁，但其委托被告销售的产品均有"川阳"标记。

被告在庭审中向一审法院提交了《专利产品销售委托书》、专利号为 ZL02260710.2 的实用新型专利证书，以证明被告所销售的汽车车位锁系由川阳公司生产并委托其销售。

经当庭质证，原告对被告提供的上述证据的真实性、关联性均提出了异议。

一审法院认为，被告提供的上述证据以及川阳公司的陈述之间能够相互印证，形成证据链，故一审法院对被告提供的上述证据予以确认，据此查明：

2003 年 10 月 5 日，川阳公司出具《专利产品销售委托书》一份，记载："兹有上海川阳工程机械制造有限公司发明及生产的专利产品，专利号为 ZL02260710.2 的汽车车位锁，已委托上海能达建筑装饰工程有限公司进行市场销售。"经比对，被控侵权产品与专利号为 ZL02260710.2 的实用新型专利的技术特征一致。

此外，原告在其诉川阳公司专利侵权纠纷一案，即一审法院（2005）沪一中民五（知）初字第 17 号的民事起诉状中称川阳公司不但自行销售汽车车位锁侵权产品，而且授权本案被告等销售前述侵权产品。

一审法院认为，原告的"汽车地桩锁"实用新型专利经无效宣告请求审查程序被最终维持有效，故其专利权应当受到法律保护，被告辩称原告专利因晚交专利年费而无效，但未能提交相关证据证明，一审法院不予采信。

一审判决及理由

本案的争议焦点之一是被控侵权产品是否由被告生产、销售。

首先，关于被控侵权产品是否由被告销售问题。一审法院认为，根据上海方达物业经营公司出具的《情况说明》、被告与上海方达物业经营公司签订的关于"汽车车位锁"的供货合同以及被告开具的发票等证据，可以认定被控侵权产品系由被告向上海方达物业经营公司销售。

其次，关于被控侵权产品是否由被告生产问题。从被控侵权产品本身以及外包装，均无法判断该产品的实际生产者。原告认为，根据被告销售被控侵权产品时所附《质保书》以及宣传资料中刊载的《质保书》内容来看，被告明确其生产汽车车位锁，故该产品应系被告生产。而被告则辩称其所销售的汽车车位锁系由川阳公司生产，并提供了相应的证据予以证明，川阳公司亦承认授权被告销售其生产的专利号为 ZL02260710.2 的专利产品汽车车位锁，同时，原告在诉川阳公司专利侵权纠纷案中自称川阳公司授权被告销售汽车车位锁。一审法院认为，在被告提出反驳意见并提供相应证据时，原告仅凭《质保书》来主张被控侵权产品系由被告生产的依据尚不充分，一审法院难以支持。

本案的争议焦点之二是被告销售的被控侵权产品是否落入原告专利权的保护范围。

根据《专利法》第五十六条第一款规定，发明或者实用新型专利权的保护范围以其权利要求的内容为准，说明书及附图可以用于解释权利要求。经庭审比对，被控侵权产品系一种汽车地桩锁，该地桩锁的底座为一字形零件，固定在地面上，中间有凹槽，底座右端有一锁具固定其中，底座左端通过芯轴连接一个"∧"形零件，该零件左、右杆的上端活动连接，通过折叠，右杆可以嵌入左杆之中，右杆的底端有一通孔，在底座右端锁具锁起时锁舌插入该孔内，使右杆与底座相连，从而构成三角形的装置。与原告涉案专利相比，被控侵权产品有底座、芯轴及锁具，但没有活动桩，只有一个"∧"形零件（即被告所述的伸缩臂），原告认为该伸缩臂实际上是两个活动桩，只是两个活动桩在顶端相连，因此，两者是等同的。一审法院认为，原告在权利要求书中并未对活动桩的结构形状作描述，但在专利无效宣告请求审查程序中，原告将活动桩限制为一字形的零件，端部有孔，原告对活动桩的前述限制应适用禁止反悔原则，结合原告专利的权利要求书，活动桩与底座是通过芯轴相连的，如果被控侵权产品是两个活动桩，则每个活动桩都必须有一个芯轴将其与底座相连，但被控侵权产品只有一个芯轴，再结合被控侵权产品的伸缩臂左、右杆不可分离且可以相互折叠的特征，由此可见，伸缩臂应为一个不可拆分的"∧"形零件，而非两个一字形零件所组成，与活动桩有本质的区别，原告所称与事实不符，一审法院不予支持。由于伸缩臂与活动桩的不同，导致两者在与底座的连接方式、整个车位锁的结构原理等方面均有所区别，因此，被控侵权产品并未落入原告专利权的保护范围。

综上所述，被告销售的被控侵权产品并未落入原告专利权的保护范围，不构成对原告专利权的侵犯，原告的诉讼请求缺乏事实和法律依据，一审法院不予支持。依照《专利法》第五十六条第一款的规定，判决如下：

原告沈其衡的诉讼请求，一审法院不予支持。

本案案件受理费 3 510 元，由原告沈其衡负担。

上诉理由

判决后，沈其衡不服，向二审法院提出上诉。

其上诉请求是：撤销原判，支持上诉人的一审诉讼请求；判令被上诉人承担一、二审的诉讼费用。

其上诉理由主要是：一审判决认定事实存在明显错误；适用法律不当：1. 一审判决对"零件"概念的理解不当；2. 被控侵权产品是被上诉人制造并销售的，其结构特征已全部覆盖涉案专利的必要技术特征；3. 被控侵权产品是将一种专利产品的锁具插入孔从右活动杆（桩）的上端移到下端，将用于与其他零件连接的芯轴从右活动杆（桩）的下端移动到上端。因此，被控侵权产品右活动杆上端与左活动杆上端用芯轴连接这一技术特征，与涉案专利的活动桩与底座相连这一必要技术特征属于基本相同的手段。一审判决并未对被控侵权产品是否构成对上诉人专利等同进行裁判。

被上诉人上海能达建筑装饰工程有限公司答辩称：上诉人的上诉理由不能成立，请求驳回上诉，维持原判。

二审查明事实

二审中，上诉人和被上诉人均未提交新的证据。

经审理查明，原审判决查明的事实属实。

另查明，专利复审委员会重新作出的第 8127 号无效宣告请求审查决定认为："在锁闭地桩锁时，本专利权利要求 1 的活动桩上所设置的孔可供锁具整体的插入以达到锁闭地桩锁的目的，开启地桩锁时，可将锁具全部取出，活动桩上也无需设置附加的固定装置来固定锁具，因而本专利相对于现有技术具有实质性特点和进步，本领域技术人员在现有技术基础上不能达到本专利权利要求 1 所述结构的汽车地桩锁，因此权利要求 1 相对于附件 1、2 具备《专利法》第二十二条第三款所规定的创造性。"因而在此基础上维持了上诉人的专利权有效。

二审判决及理由

二审法院认为：当事人依法取得的专利权受法律保护，他人不得侵犯。发明或者实用新型专利权的保护范围以其权利要求的内容为准，说明书及附图可以用于解释权利要求。专利权人在专利权授权审查程序和专利权无效宣告审查程序，以及随后的司法审查程序中对有关技术特征进行的说明，也是解释专利权利要求的重要依据。

上诉人诉称：一审判决认定事实存在明显错误，适用法律不当：1. 一审判决对"零件"概念的理解不当；2. 被控侵权产品是被上诉人制造并销售的，其结构特征已全部覆盖涉案专利的必要技术特征；3. 被控侵权产品是将一种专利产品的锁具插入孔从右活动杆（桩）的上端移到下端，将用于与其他零件连接的芯轴从右活动杆（桩）的下端移动到上端。因此，被控侵权产品右活动杆上端与左活动杆上端用芯轴连接这一技术特征，与涉案专利的活动桩与底座相连这一必要技术特征属于基本相同的手段。一审判决并未对被控侵权产品是否构成对上诉人专利等同进行裁判。

二审法院认为，一审判决使用"零件"一词进行表述的准确与否，并未影响其对被控侵权产品技术特征的分析和本案的审理结果。

关于被控侵权产品是否全部覆盖上诉人专利的必要技术特征和适用等同原则的问题，经查，根据上诉人的权利要求、北京市第一中级人民法院（2004）一中行初字第 754 号判决、专利复审委员会作出的第 8127 号无效宣告请求审查决定等文件，以及权利人在相应程序中的陈述，权利要求 1 中记载的"活动桩设有供锁具插入的孔"的含义，是指"锁具不是永久固定在孔中，而是根据使用状态呈现两种连接关系，即锁定时位于活动桩的孔中，打开时，从孔中取出，与活动桩的孔分离"。而被控侵权产品的锁具是"固定在底座上的，在底座右端锁具锁起时锁舌插入该孔内，使右杆与底座相连"。故被控侵权产品的该技术特征与上诉人专利权利要求中记载的"活动桩设有供锁具插入的孔"的技术特征是不相同的。即使该相应的两项技术特征等同能够成立，由于上诉人在向北京市第一中级人民法院提起行政诉讼的诉状中陈述，"活动桩设有供锁具插入的孔"的含义，是指："锁具不是永久固定在孔中，而是根据使用状态呈现两种连接关系，即锁定时位于活动桩的孔中，打开时，从孔中取出，与活动桩的孔分离"；上诉人该陈述也得到了北京市第一中级人民法院、北京市高级人民法院，以及专利复审委员会的确认，从而认为涉案专利权利要求 1 有新颖性和创造性被维持有效，因此，根据禁止反悔原则，上诉人亦不能以等同为由主张专利侵权成立。由于该两项技术特征既不相同，也不能主张等同，故即使上诉人关于被控侵权产品"右活动杆上端与左活动杆上端用芯轴连接"技术特征与涉案专利权利要求记载的"活动桩与底座相连"技术特征等同的主张能够成立，被控侵权产品的技术特征亦未覆盖涉案专利权利要求记载的全部技术特征。

综上，被控侵权产品的技术特征并未覆盖上诉人本案专利权利要求的技术特征，没有落入上诉人该专利权的保护范围。因此，对于被控侵权产品是否由被上诉人生产一节的认定，已无意义。原审判决不支持上诉人的诉讼请求，并无不当。上诉人的上诉理由不能成立。依照《民事诉讼法》第一百五十三条第一款第（一）项、第一百五十八条之规定，判决如下：

驳回上诉，维持原判。

二审案件受理费人民币 3 510 元，由上诉人沈其衡负担。

案例39：张宇诉许丽琴、闫世刚专利侵权纠纷案

原告（上诉人）：张宇
被告（被上诉人）：许丽琴
被告（被上诉人）：闫世刚

一审法院：广东省佛山市中级人民法院
一审案号：（2004）佛中法民三初字第64号
一审合议庭成员：梁冬、谭海华、怀晓红
一审结案日期：2004年8月9日

二审法院：广东省高级人民法院
二审案号：（2004）粤高法民三终字第326号
二审合议庭成员：欧修平、孙明飞、高静
二审结案日期：2005年8月4日

案由：专利侵权纠纷

关键词：专利侵权、等同侵权、等同特征、专利权的保护范围、必要技术特征

涉案法条

《专利法》第十一条第一款、第二十三条第三款、第五十六条
《民事诉讼法》第五十三条、第一百五十三条第一款第（一）项
《最高人民法院关于审理专利纠纷案件适用法律问题的若干规定》第十七条
《最高人民法院关于民事诉讼证据的若干规定》第三十四条

争议焦点

● 当权利要求中引用了附图标记时，不应以附图中所反映出的具体结构来限定专利权利要求中的技术特征，专利保护的范围也不应完全受说明书中公开的具体实施例的限制。说明书及附图对权利要求的解释可以是公平的扩大或者缩小的解释。
● 等同特征是指与所记载的技术特征以基本相同的手段，实现基本相同的功能，达到基本相同的效果，并且本领域的普通技术人员无需经过创造性劳动就能联想到的特征。

审判结论

驳回原告张宇的诉讼请求。

本案一审案件受理费 16 410 元，由原告张宇承担。

二审法院判决驳回上诉，维持原判。

本案二审案件受理费 16 410 元，由张宇负担。

起诉及答辩

原告张宇诉称：原告于 2002 年 4 月 8 日向国家知识产权局提交了名为"带蒸汽燃油燃烧装置加热隧道式加硫机"专利申请，国家知识产权局于 2003 年 10 月 22 日授予原告实用新型专利，专利号为 ZL02226650. X。原告自办的公司使用该专利技术后效果较好。被告许丽琴自 2003 年 11 月底开始利用原告专有的实用新型技术，制造、销售与原告专利技术相同的产品 JL–280 燃油式湿热定型机。并在"第十届广州国际鞋类皮革及工业设备展览会"上展示、销售侵权产品。其侵权产品卖往全国各地，使原告公司产、销量剧降，给原告造成重大经济损失。被告闫世刚明知被告许丽琴生产、销售侵权产品，却还进行购买、使用已构成侵权，应当承担侵权责任。据此请求法院判令：1. 被告许丽琴停止侵权行为，出具不再侵权的保证书并在广州、佛山登报公开赔礼道歉；2. 被告闫世刚停止侵权行为；3. 被告许丽琴赔偿原告调查取证费 8 万元，赔偿经济损失 100 万元，合计 108 万元人民币。4. 两被告承担本案的诉讼费。

被告许丽琴辩称：其生产销售的 JL–280 燃油式湿热定型机技术特征不同于原告 ZL02226650. X 实用新型专利的必要技术特征，没有侵犯原告的专利权。据此请求法院依法驳回原告的诉讼请求。

被告闫世刚辩称：其购买设备时不知道设备涉嫌侵权，不存在侵权行为。

原告张宇举证，被告许丽琴、闫世刚质证及法院认证如下：

证据 1：原告身份证复印件，证明原告的主体资格。两被告对该证据皆无异议，一审法院对该证据予以确认。

证据 2：被告闫世刚开办的广州市白云区石井福罡鞋厂（下称"福罡厂"）的工商登记资料，证明被告身份。两被告对该证据皆无异议，一审法院对该证据予以确认。

证据 3~6：原告的实用新型专利证书、专利说明书、实用新型专利检索报告、专利费发票和专利检索费发票，证明原告专利合法性、有效性及稳定性。两被告对上述证据皆无异议，一审法院对上述证据予以确认。

证据 7~9：被告许丽琴开办的南海市平洲平北钜龙鞋机制造厂（下称"钜龙厂"）涉嫌侵权产品 JL–280 燃油式湿热定型机销售说明书、钜龙厂涉嫌侵权产品 JL–280 燃油式湿热定型机参展许诺销售、销售说明书、钜龙厂 JL–280 燃油式湿热定型机在第十三届广州国际鞋类皮革及工业设备展览会上被投诉的回执，证明该厂侵犯原告专利权。两被告对上述证据的真实性无异议，但认为钜龙厂并非本案被告，且该证据不能证明 JL–280 燃油式湿热定型机侵犯了原告的专利权。一审法院对上述证据的真实性予以确认，但对其是否侵犯原告的专利权将结合案件其他证据综合认定。

证据10：被告闫世刚处的涉嫌侵权产品照片，证明被告侵权。两被告认为法院（2004）佛中法民三初字第64-1号裁定中明确要查封的是YZ-228AR型燃油式湿热定型机，而查封的是JL-280燃油式湿热定型机，依法应予解封。经查，本案原告诉争的涉嫌侵权产品是JL-280燃油式湿热定型机，而其申请法院进行证据保全的为YZ-228AR型燃油式湿热定型机，原告申明其申请中确系笔误。而被告许丽琴生产的被控产品上本身并未标明型号，只是在产品宣传册中进行了相关的分类。事后，原告已向一审法院说明并改正此事，一审法院对依据（2004）佛中法民三初字第64-1号裁定查封的被控产品已予解封，并作出（2004）佛中法民三初字第64-3号裁定对本案被控产品JL-280燃油式湿热定型机予以查封。一审法院对该证据予以确认。

证据11：成本核算表，证明被告许丽琴非法利润。两被告认为该材料是原告自行编制的，对真实性不予确认。一审法院认为，该材料仅为原告单方面制作的一个说明材料，不符合证据的要件，不能作为定案证据使用。

证据12：律师费发票，证明原告维权费用。两被告认为该费用应在诉讼请求内。一审法院对该证据的真实性予以确认，并采纳两被告的质证意见。

被告许丽琴举证，原告质证及法院认证如下：

证据1~2：被告许丽琴的身份证及钜龙厂登记资料，证明被告身份。原告对该证据无异议。一审法院对上述证据予以确认。

被告闫世刚举证，原告质证及法院认证如下：

证据1：出货单，证明闫世刚开办的福罡厂2004年1月15日通过合法方式向被告许丽琴购买燃油式湿热定型机一台。原告对上述证据无异议。一审法院对上述证据予以确认。

证据2：福罡厂出兑协议，证明被告闫世刚已不是福罡厂的负责人。原告对该证据无异议。该证据显示，2004年4月20日，被告闫世刚与张秀英签订了针对闫世刚开办的福罡厂的一个出兑协议，约定福罡厂出兑给张秀英。一审法院认为，福罡厂为被告闫世刚开办的个体工商户，被告闫世刚应对福罡厂的债权债务承担民事责任，因福罡厂于2004年1月15日已向被告许丽琴购买并使用被控产品，由此产生的法律责任应由本案被告闫世刚承担。在其后该厂是否已出售给案外人，并不影响本案的实体处理，因此，该证据与本案并无关联性，一审法院不将该证据作为本案的定案依据。

案件审理中，根据原告张宇的申请，一审法院进行了证据保全，查封了被告闫世刚从被告许丽琴处购买的JL-280型燃油式湿热定型机，并制作了笔录。原告对证据保全及笔录均无异议，两被告认为法院（2004）佛中法民三初字第64-1号裁定中明确要查封的是YZ-228AR型燃油式湿热定型机，而查封的是JL-280燃油式湿热定型机，依法应予解封。因本案原告申请法院进行证据保全的申请中确有笔误，事后原告已向一审法院说明并改正此事，一审法院对依据（2004）佛中法民三初字第64-1号裁定查封的被控产品已予解封，并作出（2004）佛中法民三初字第64-3号裁定对本案被控产品 JL－280 燃油式湿热定型予以查封。故一审法院对依法查封的证据及笔录予以确认。

事实认定

经审理查明：原告于 2002 年 4 月 8 日向国家知识产权局提交了名为"带蒸汽燃油燃烧装置加热隧道式加硫机"专利申请，国家知识产权局于 2003 年 10 月 22 日授予原告实用新型专利，专利号为 ZL02226650. X。该专利现为有效。该专利独立权利要求为：带蒸汽燃油装置加热隧道式加硫机，涉及对现有隧道式加硫机，不改变机架和机架箱壁板、输送马达及输送带装置结构，包括供热供汽系统装置的一种带蒸汽燃油燃烧装置加热隧道式加硫机，其特征是：1. 所述机架上，按装配要求预留安装燃油燃烧机供热供汽系统的位置（3）；2. 所述燃油燃烧机供热供汽系统由加热箱（8）及侧盖（12）、（13）、回流管（14）、进风管（7）、风机（6）、热交换器（16）构成；3. 所述加热箱（8）连通进风管（7）和风机（6）；4. 所述加热箱（8）连通回流管（14）；5. 所述热交换器的一端连接风机（6）和进风管（7），其另一端连接回流管（14）；6. 所述热交换器（16）的燃烧供风管（17）连接燃油型燃烧器；7. 所述热交换器（16）的安装口（15）安装喷淋器和喷淋进水管（19）。

被告许丽琴开办的钜龙厂制造、销售本案被控产品 JL－280 燃油式湿热定型机。该机为包括机架和机架箱壁板、输送汽缸及输送带装置结构以及供热供汽系统装置的一种带蒸汽燃油燃烧装置加热隧道式加硫机。其具体结构为：1. 通过输送带将整机分为上下两部分，机架下方为供热供汽系统，上方为加热区；2. 整个燃油燃烧机供热供汽系统包括加热箱及上下侧盖、进风管、风机、热交换器；3. 加热箱连通进风管和风机；4. 加热箱下部的一个隔板（同时亦为加热箱下侧盖）将热交换室与加热箱分开，并在该隔板前右方留有凹槽，该凹槽通向热交换室；5. 热交换器的另一端连接风机和进风管；6. 热交换器的燃烧供风管连接燃油型燃烧器；7. 热交换器的安装口安装喷淋器和喷淋进水管。

另查明，2004 年 1 月 15 日，被告闫世刚开办的福罡厂从被告许丽琴处购得 JL－280 燃油式湿热定型机 1 台。

一审判决及理由

一审法院认为：原告张宇的 ZL02226650. X 号实用新型专利现为有效，应受法律的保护。该案争议的焦点是被告许丽琴生产销售的 JL－280 燃油式湿热定型机是否落入原告专利的保护范围。

经过庭审技术对比，被控产品在主要原理上与原告专利相同，部分结构相同，另有部分结构存在区别。被告许丽琴辩称，原告专利有马达而被控产品没有，因马达属于原告专利前序部分的内容，其表现的为原告专利的技术领域而非必要技术特征，且马达仅仅作为一个动力装置而存在，而被控产品的汽缸也为一个动力装置，故对被告的这一辩称，一审法院不予采信。被告许丽琴又辩称，原告专利有独立封闭的加热箱及两侧盖而被控产品没有。因原告专利说明书明确表述：加热箱为机架封闭机架壁板后，接上进风口和回流管的两个侧盖平行对齐安装位置（3）所形成的可通过轨道输送鞋箱的内胆壁板空间。由此可知，加热箱可通过轨道输送鞋箱，因此不可能为一个封闭的独立箱体，被告许丽琴认为原告的加热箱为一个封闭的箱体没有依据。而加热箱的侧盖又是必不可少的，被控产品加热箱本身亦有上下两侧盖，虽然其下侧盖实际上还起到了一个将热交换室与加热箱分开的隔板作用，但其对加热箱来讲，本身也起到了侧盖的作用，故对其这一辩称，一审法院亦不予采信。被告许丽琴还辩称，原告专利加热箱与热交换室是独立的，而被控产品热交换室和加热区是一体的。经参考原告专利的说明书，加热箱本身为供热供汽系统的一部分，因此必然与热交换室相连，对被告的这一辩称，一审法院也不予采信。被控产品与原告专利主要在以下两个方面存在不同：1. 原告专利加热箱位于机架下方，被控产品的加热箱在机架上方。原告专利必要技术特征1明确陈述：所述机架上，按装配要求预留安装燃油燃烧机供热供汽系统的位置（3）。其特征2又明确：所述燃油燃烧机供热供汽系统由加热箱（8）及侧盖（12）、（13）、回流管（14）、进风管（7）、风机（6）、热交换器（16）构成。因原告独立权利要求中对预留位置（3）的表述不甚清楚，根据说明书和附图可以用于解释权利要求的规定，结合原告专利说明书附图1－b，可以看出位置（3）位于机架的下方。原告称其加热箱并非在机架的下方，与其权利要求中的表述及说明书和附图相矛盾，一审法院不予采纳。2. 原告专利有回流管连通加热箱和热交换器，而被控产品中不存在回流管。被控产品由加热箱下部的一个隔板将热交换室与加热箱分开，并在该隔板前右方留有凹槽，该凹槽通向热交换室，被控产品通过这一个凹槽实现余热回流。因被控产品相对于原告专利少了回流管这一重要设备，必然引起与原告专利中和回流管有关的所有技术特征的不同——即与原告专利必要技术特征4（所述加热箱（8）连通回流管（14））和5（所述热交换器的一端连接风机（6）和进风管（7），其另一端连接回流管（14））均有不同。原告主张，被控产品的凹槽实际上就是回流管，被控产品这一特征与原告专利的必要技术特征构成等同。因等同特征是指以基本相同的手段，实现基本相同的功能，达到基本相同的效果，并且本领域的普通技术人员无需经过创造性的劳动就能够联想到的特征，而本案中，被控产品缺少了一个原告专利中必不可少的连通装置——"回流管"，并引起与"回流管"相关的一系列变化，相对于原告专利来讲，这种变化不是局部的某一点。无论被控产品的凹槽与原告专利中的回流管是否具有基本相同的功能，达到基本相同的效果，其与原告专利相比并没有采取基本相同的手段，而且对于本领域普通技术人员来讲，这一特征并非无需经过创造性劳动就能够联想到。因此，被控产品的凹槽不构成对原告专利必要技术特征的等同。故对原告的这一主张，一审法院亦不予采纳。综上，被控产品没有落入原告专利权的保护范围，被告许丽琴生产销售被控产品的行为没有侵犯原告的专利权。被告许丽琴辩称，其生产销售的JL－280燃油式湿热定型机技术特征不同于原告ZL02226650.X实用新型专利的必要技术特征，没有侵犯原告的专利权的主张，一审法院予以采信。被告闫世刚使用被控产品本身就有合法来源，现被控产品没有落入原告专利的保护范围，则其使用行为亦不存在侵权。对原告要求被告许丽琴、闫世刚停止侵权行为的诉讼请求一审法院不予支持，其基于两被告侵权而提起的其他诉讼请求一审法院亦不予支持。

综上所述，一审法院依照《专利法》第十一条第一款、第五十六条第一款的规定判决如下：

驳回原告张宇的诉讼请求。

案件受理费 16 410 元，由原告张宇承担。

上诉理由

张宇不服原审判决，向二审法院提起上诉，请求撤销原判，判令被上诉人停止侵权行为，出具不再侵权保证书，并在《北京皮革》《中外鞋讯》上公开赔礼道歉；赔偿经济损失、办案取证费人民币 108 万元；承担本案诉讼费用。理由如下：一、原审法院认定事实不当，处理显失公正。1. 原审判决认定位置（3）位于机架的下方是错误的。涉案专利的权利要求书描述的是一个带蒸汽燃油燃烧机供热供汽的循环装置，其附图也是表明循环装置的示意图，并非一个纯结构特征的描述。原审法院用纯结构特征的方式推论显然是错误的。权利要求书没有描述位置（3）位于机架的具体位置，即是可上，也可下。说明书、附图只是权利要求中的一个具体方案，原审法院不能用单一具体方案中的具体形状来限定本专利权利要求的范围。2. 原审判决认定专利的回流管与被控侵权产品的回流凹槽是不相等同的特征是错误的。涉案专利的权利要求书描述的是一个带蒸汽燃油燃烧机供热供汽的循环装置，而被控侵权产品也同样是一个带蒸汽燃油燃烧机供热供汽的循环装置。被控侵权产品中热气体在加热箱经过隔板上通孔进入热交换器，隔板上的通孔就起到管道的作用，且热气体回到热交换器主要靠风机的抽取，所以该回流凹槽与回流管比较并无实质变化。被控侵权产品完全包含涉案专利所有的技术特征，构成侵权。二、许丽琴在原审法院证据保全的记录上承认生产、销售被控侵权产品 20 ~ 30 台，且在 2004 年 4 月 30 日庭审的宣读中也无异议，这说明许丽琴侵权非法所得数额至少是 100 万元。

许丽琴答辩称：

一、一审判决对张宇涉案专利必要技术特征中加热箱的安装位置认定正确，即加热箱位于机架下方。涉案专利权利要求书称"在机架上，按装配要求预留安装燃油燃烧机供热供汽系统的位置（3）"，而燃油燃烧机供热供汽系统包括加热箱、侧盖、回流管、进风管、风机和热交换器。也就是说，加热箱要安装在该特定的位置（3）。但对位置（3）如何进行预留、加热箱在位置（3）中如何具体安装，权利要求书的表述不清，一审法院正确适用《专利法》第五十六条的规定，将涉案专利说明书及附图用于解释其权利要求中的燃油燃烧机供热供汽系统的位置，结合涉案专利附图 1 - b，就可以清楚、准确地认定加热箱位于涉案专利的机架下方。上诉人称"附图是表明循环装置的示意图，并非一个纯结构特征的描述"，以及"说明书、附图只是本专利权利要求中其中的一个具体方案"，该说法违反了专利法对实用新型专利说明书及附图的规定。根据《专利法》第二十六条第三款的规定，由于实用新型专利权保护的就是实用新型专利产品的形状、构造或者其结合，而实用新型专利说明书和必要的附图就是对实用新型专利产品的形状、构造或者其结合予以清楚、完整的说明，附图必须清楚、完整地表现结构。如果仅仅是一个示意图的话，是不可能达到清楚、完整地说明实用新型专利产品的形状、构造或者其结合的程度的。因此，涉案专利说明书及附图中关于燃油燃烧机供热供汽系统的位置说明依法可以作为解释和判断加热箱位置的依据。

二、一审判决正确认定许丽琴涉案产品没有张宇专利必要技术特征中的回流管。回流管是涉案专利的必要技术特征，而被控侵权产品没有这种回流管。上诉人称被控侵权产品有回流凹槽，该回流凹槽在循环特征上与回流管完全相同，构成对涉案专利的等同侵权，这是对实用新型专利权保护范围的错误认识和对等同原则的片面理解。上诉人认为被控侵权产品在循环特征上与其专利相同，其实质是将原理纳入专利保护范围，这违反了《专利法实施细则》的规定。根据《专利法实施细则》第二条第二款的规定，实用新型专利权保护的是实用新型专利产品的形状、构造或者其结合，并不保护原理，原理不是实用新型专利权的保护对象。被控侵权产品中的进风口（即上诉人所谓的回流凹槽、通孔）与涉案专利中的回流管不构成等同。被控侵权产品中的进风口与涉案专利中的回流管相比并没有采用基本相同的手段，因为进风口的形状上、构造上与回流管明显不同，且由于缺少回流管，还必然引起一系列变化，进风口及其引起的这一系列变化凝结了许丽琴的创造性劳动。

三、一审判决认定被控侵权产品具有侧盖和加热箱错误。1. 涉案专利《说明书》第一页最后一段叙述："加热箱实际为机架封闭机架箱壁板后，接上进风和回流管的两个侧盖平行对齐安装位置所形成的可通过轨道输送鞋箱的内胆壁板空间"。根据这种叙述，加热箱为一个独立、相对封闭的立体空间，该六面体的六个面除了平行对齐安装的两个侧盖外，其他四面由在轨道上传送的鞋箱的4个挡板面（不是机架箱壁板）组成。其中，侧盖既起到连接进风管、回流管作用，又起到封闭、形成一内胆空间的作用。2. 一审判决书未能正确理解张宇专利中加热箱的上述具体形状和构造，并错误地认定许丽琴产品中将热交换器与加热区隔开的挡板起到了侧盖作用，但事实上，许丽琴产品中的挡板并没有也不能起到连接进风管、回流管和封闭形成独立空间的侧盖作用。因为许丽琴产品的加热区前后两面是贯通的，并且，没有可通过轨道输送的鞋箱的另四个面，即使有上下两侧盖，也不可能形成独立、相对封闭的内胆空间即加热箱。因此，一审判决认定许丽琴产品具有张宇涉案专利中的上述两个必要技术特征错误。

四、一审法院在一审中程序违法。1. 追加闫世刚为本案共同被告，不符合必要共同诉讼的构成要件。本案不是必要共同诉讼，闫世刚不是必要共同诉讼人，不应成为本案共同被告。根据《民事诉讼法》第五十三条规定，构成必要共同诉讼的前提之一是诉讼标的共同，共同诉讼的一方当事人对诉讼标的享有共同的权利义务。就侵权案件而言，多个被告必须构成共同侵权才能成立必要共同诉讼，而本案不符合上述条件。即便许丽琴和闫世刚侵犯张宇实用新型专利权（只是假设），但侵权方式不同——许丽琴因制造、销售专利产品而侵权，闫世刚因使用专利产品而侵权，双方之间没有形成共同的制造、销售专利产品行为或共同使用专利产品的行为；即使许丽琴和闫世刚之间曾有燃油式湿热定型机买卖关系，但仅凭该买卖合意并不能证明双方有侵犯张宇实用新型专利权的共同故意，不符合共同侵权的构成要件，因此，许丽琴与闫世刚不是共同侵权人，不应成为本案共同被告。张宇起诉闫世刚与许丽琴应属于两个独立的诉，人民法院应当分别立案进行审理，不应作为必要共同诉讼进行审理。2. 张宇申请追加被告已过举证期限。根据《最高人民法院关于民事诉讼证据的若干规定》第三十四条的规定，原告增加诉讼请求应当在举证期限内提出。原告申请追加被告作为一种诉讼请求，已过举证期限，人民法院应不予受理。3. 证据保全措施违反法定程序。既然张宇申请追加被告闫世刚程序违法，理由也不成立，那么张宇对闫世刚从许丽琴处购买的涉案产品 JL - 280 湿热定型机进行证据保全就没有合法根据，该机器就不能作为证据使用，但一审法院仍将这一违法取得的证据进行技术对比，实在是一个严重的程序错误。综上所述，许丽琴涉案产品与张宇涉案专利有明显区别，未落入张宇涉案专利保护范围，没有侵犯张宇的专利权，一审判决认定事实清楚，适用法律正确，而且张宇违反法定程序，请求二审判决维持一审判决。

闫世刚答辩意见同许丽琴一致。

二审查明事实

经二审审理查明，原审法院认定事实属实，二审法院予以确认。

另查明：2004 年 2 月 7 日，张宇向原审法院提起诉讼，请求法院判令：许丽琴停止侵权行为，出具不再侵权的保证书并在广州、佛山登报公开赔礼道歉；闫世刚停止侵权行为；许丽琴赔偿张宇调查取证费 8 万元，赔偿经济损失 100 万元，合计 108 万元人民币；许丽琴、闫世刚承担本案的诉讼费用。

二审判决及理由

二审法院认为：本案为实用新型专利侵权纠纷案件。张宇的 ZL02226650. X 实用新型专利权经过国家知识产权局依法授权，应受到法律保护。

《专利法》第五十六条第一款规定，实用新型专利权的保护范围以其权利要求为准，说明书及附图可以用于解释权利要求。《最高人民法院关于审理专利纠纷案件适用法律问题的若干规定》第十七条规定，专利权的保护范围应当以权利要求书中明确记载的必要技术特征所确定的范围为准，也包括与该技术特征相等同的特征所确定的范围。由此可见，当权利要求中引用了附图标记时，不应以附图中所反映出的具体结构来限定专利权利要求中的技术特征，专利保护的范围也不应完全受说明书中公开的具体实施例的限制。说明书及附图对权利要求的解释可以是公平的扩大或者缩小的解释。在本案中，对于权利要求书中记载的"在机架上，按装配要求预留安装燃油燃烧机供热供汽系统的位置（3）"这一技术特征所确定的范围，双方当事人产生了争议。上诉人张宇认为说明书及附图不应限定权利要求的范围，位置（3）位于机架的具体位置可上，也可下。而被上诉人许丽琴认为燃油燃烧机供热供汽系统的位置，结合附图1-b，位于机架下方，上诉人张宇对此作了扩大的解释。然而，不论燃油燃烧机供热供汽系统的位置是在机架的上方，还是在机架的下方，权利要求书未作明确限定，且该技术特征都属于以基本相同的手段，实现基本相同的功能，达到基本相同的效果，并且本领域的普通技术人员无需经过创造性劳动就能够联想到的技术特征。因此，被控侵权产品的该技术特征与涉案专利的该技术特征等同。原审判决认定该技术特征与涉案专利的该技术特征不同，适用法律不当，二审法院予以纠正。

关于被控侵权产品是否存在权利要求书中记载的必要技术特征中的连通加热箱和热交换器的回流管，以及回流凹槽或通孔是否与该技术特征等同问题，首先，在被控侵权产品中，连通加热箱与热交换器的是回流凹槽，这个回流凹槽与涉案专利的回流管在形状、结构及其结合上是不相同的，因此，需要进一步比对二者是否等同。其次，根据《最高人民法院关于审理专利纠纷案件适用法律问题的若干规定》第十七条第二款规定，等同特征是指与所记载的技术特征以基本相同的手段，实现基本相同的功能，达到基本相同的效果，并且本领域的普通技术人员无需经过创造性劳动就能联想到的特征。被控侵权产品的回流凹槽与涉案专利必要技术特征中连通加热箱和热交换器的回流管相比，两者的功能和效果基本相同，都是使加热箱中的热气回流到热交换器中再进行加热，但是，由于被控侵权产品的回流凹槽与涉案专利的回流管在形状、结构及其结合上的不相同，导致被控侵权产品的回流凹槽与涉案专利的回流管并不能实现相互替换，张宇也没有举证证明用回流凹槽代替回流管，是本领域的普通技术人员无需经过创造性劳动就能够联想到的事实依据。因此，上诉人此项上诉请求，二审法院不予支持。由于被控侵权产品的回流凹槽与涉案专利中连通加热箱和热交换器的回流管既不相同，也不等同，该被控侵权产品没有落入涉案专利的保护范围。原审判决对此所作认定正确，判决结果并无不当，二审法院予以维持。

至于被上诉人许丽琴对原审判决的部分事实认定及诉讼程序提出的问题，因其没有提起上诉，不属于本案二审的审理范围。

综上所述，二审法院依照《民事诉讼法》第一百五十三条第一款第（一）项的规定，判决如下：

驳回上诉，维持原判。

二审案件受理费16 410元，由张宇负担。

实用新型专利（电学领域）

案例 40：普源精电公司与安泰信公司、力高新达公司专利侵权纠纷案

原告（上诉人）：北京普源精电科技有限公司（下称"普源精电公司"）
被告（被上诉人）：深圳市安泰信电子有限公司（下称"安泰信公司"）
被告（被上诉人）：北京力高新达商贸有限公司（下称"力高新达公司"）

一审法院：北京市第二中级人民法院
一审案号：（2007）二中民初字第 1945 号
一审合议庭成员：张晓津、何暄、冯刚
一审结案日期：2007 年 12 月 20 日

二审法院：北京市高级人民法院
二审案号：（2008）高民终字第 318 号
二审合议庭成员：刘辉、岑宏宇、焦彦
二审结案日期：2008 年 6 月 6 日

案由：专利侵权纠纷

关键词：专利侵权、技术鉴定、等同特征、无效宣告

涉案法条

　　《专利法》第十一条第一款、第五十六条第一款
　　《民事诉讼法》第一百三十条、第一百五十三条第一款第（一）项
　　《最高人民法院关于适用〈中华人民共和国民事诉讼法〉若干问题的意见》第一百八十条

争议焦点

● 在进行专利侵权判定时，应当以专利权利要求中记载的技术方案的全部必要技术特

征与被控侵权物的全部技术特征逐一进行对应比较。当被控侵权物的技术特征与原告专利权利要求中对应必要技术特征相比，有一项或者一项以上的技术特征有本质区别时，不构成侵权。

● 一审法院判决后，宣告涉案专利权部分无效的第 10517 号无效宣告请求审查决定发生了法律效力，因此，涉案专利权的保护范围在本案二审诉讼期间发生了变化，属于二审期间发生的新的重大事实。鉴于普源精电公司涉案专利权利要求 1、2 已被宣告无效，其基于已被宣告无效的涉案专利权利要求 1 提出的诉讼请求，已无事实和法律依据，应予驳回。

审判结论

驳回普源精电公司的诉讼请求。

二审法院判决驳回上诉，维持原判。

一审案件受理费 10 878 元，由普源精电公司负担（已交纳）。鉴定费 4 万元，由普源精电公司负担（已交纳）。二审案件受理费 9 668.40 元，由普源精电公司负担（已交纳）。

起诉及答辩

原告普源精电公司起诉称：普源精电公司是"用于数字示波器的视频触发装置"的实用新型专利权人。被告安泰信公司研制的 ADS7062SA、ADS7022S 数字示波器在技术特征上完全落入了原告专利的保护范围。被告力高新达公司销售了上述示波器。两被告未经原告许可，制造、销售 ADS7062SA、ADS7022S 数字示波器的行为侵犯了原告的专利权。现原告提起诉讼，请求：1. 判令被告安泰信公司停止制造、销售涉案侵权产品，销毁制造涉案侵权产品的模具及其他专用设备、材料；2. 判令被告安泰信公司向原告赔礼道歉；3. 判令被告安泰信公司赔偿原告经济损失 50 万元及原告因本案诉讼支出的合理费用 86 840 元；4. 判令被告力高新达公司停止销售涉案侵权产品。

被告安泰信公司答辩称：ADS7062SA、ADS7022S 数字示波器是安泰信公司自行研制的产品，与原告的专利有本质区别，没有落入原告专利的保护范围。安泰信公司制造、销售上述产品的行为不构成对原告专利权的侵犯。据此，请求驳回原告的诉讼请求。

被告力高新达公司未向一审法院提交答辩意见。

事实认定

一审法院经审理查明：2003 年 4 月 24 日，李维森、王铁军、王悦向国家知识产权局提出了名称为"用于数字示波器的视频触发装置"的实用新型专利申请。国家知识产权局于 2004 年 4 月 28 日授予李维森、王铁军、王悦专利权，专利号为 ZL03250492.6。2005 年 6 月 24 日，该项专利的权利人变更为普源精电公司。目前，该项专利权处于有效状态。

"用于数字示波器的视频触发装置"实用新型专利权利要求 1 的内容记载为：一种用于数字示波器的视频触发装置，包括顺序串联连接的视频极性选择器、增益放大器和行场信号分离器，其特征在于：还包括峰值检波器，基准电平发生器和电平比较器，其中：

峰值检波器，从所获取的视频信号中检测出视频峰值信号，它的输入端连接增益放大器的输出端，以获取增益放大器输出的视频信号，其输出端连接电平比较器的第一输入端，将所述峰值信号送给电平比较器；

基准电平发生器，提供与所述峰值信号进行比较的标准电平信号，其输出端连接所述电平比较器的第二输入端；

电平比较器，其输出端连接所述增益放大器的反馈输入端，用于比较所述峰值信号和标准电平信号，将比较得到的信号差值输出到所述增益放大器。

根据"用于数字示波器的视频触发装置"实用新型专利权利要求 1 记载的内容，该技术方案的全部必要技术特征包括：

A. 一种用于数字示波器的视频触发装置；

B. 包括顺序串联连接的视频极性选择器、增益放大器、行场信号分离器；

C. 还包括峰值检波器，从获取的视频信号中检测出视频峰值信号，它的输入端连接增益放大器的输出端，以获取增益放大器输出的视频信号，输出端连接电平比较器的第一输入端，将所述峰值信号送给电平比较器；

D. 还包括基准电平发生器和电平比较器，基准电平发生器提供与所述峰值信号进行比较的标准电平信号，其输出端连接所述电平比较器的第二输入端；电平比较器输出端连接所述增益放大器的反馈输入端，用于比较所述峰值信号和标准电平信号，将比较得到的信号差值输出到所述增益放大器。

2006 年 12 月 5 日，普源精电公司的委托代理人从力高新达公司购买了安泰信公司制造、销售的 ADS7062SA、ADS7022S 数字示波器各 2 台。北京市海淀区公证处对普源精电公司的上述购买行为进行了公证，并对上述物品进行了封存。

诉讼中，普源精电公司认为其公证购买的上述两种型号产品的视频触发装置是相同的，该装置具有涉案专利的全部必要技术特征，是本案被控侵权物。安泰信公司认可 ADS7062SA、ADS7022S 两种型号数字示波器的视频触发装置相同。

安泰信公司制造的 ADS7062SA、ADS7022S 两种型号数字示波器的视频触发装置（下称"被控侵权物"）的全部必要技术特征包括：

a. 用于 ADS7000 系列数字存储示波器的视频触发装置；

b. 包括顺序串联连接的增益放大器、视频极性选择器、行场信号分离器；

c. 还包括峰值检波器，从获取的视频信号中检测出视频峰值信号，输入端连接缓冲驱动器 3 的输出端，输出端连接信号放大器的输入端；

d. 还包括高通和缓冲驱动器 3，高通用来滤除缓冲驱动器 2 输出信号中的低频分量和直流分量，去除增益放大器和缓冲驱动器 2 直流漏电流引起的电平飘移对峰值检波器输入信号的影响，其输出端连接缓冲驱动器 3；缓冲驱动器 3 用于隔离前后级信号之间的影响，其输出端连接峰值检波器；

e. 还包括信号放大器，该信号放大器连接在峰值检波器的输出端和滤波器的输入端之间，用于放大视频峰值信号；

f. 还包括滤波器，该滤波器连接在所述信号放大器和所述增益放大器之间，用于滤除信号放大器输出的信号中的高频噪声。

安泰信公司认为被控侵权物没有落入涉案专利的保护范围。

在本案审理过程中，一审法院依据普源精电公司的申请，委托北京九洲世初知识产权司法鉴定中心对本案相关技术问题进行了鉴定。北京九洲世初知识产权司法鉴定中心出具了鉴定报告。该报告书在以涉案专利权全部有效的前提下提出了以下意见：1. 被控侵权物的 a 特征与涉案专利的 A 特征均为在数字示波器中使用的视频触发装置，二者相同。2. 被控侵权物的 b 特征与涉案专利的 B 特征均为视频触发信号幅值控制前向通道中三个功能模块的顺序连接关系，二者功能基本相同，采用的技术手段基本相同。3. 被控侵权物的 c 特征与涉案专利的 C 特征均为视频触发信号幅值控制反馈通道中峰值检波器及与其他功能块的连接关系，二者功能基本相同，采用的技术手段基本相同。4. 被控侵权物的 d 特征与涉案专利的 D 特征均可以视为视频触发电路反馈通道中的一个整体模块，但是二者在实现的功能和采用的技术手段上有本质区别。

普源精电公司对该报告中的相关问题向北京九洲世初知识产权司法鉴定中心提出了质询。鉴定人员出庭接受了质询，并就普源精电公司提出的问题作出了答复。安泰信公司同意该鉴定报告的结论。

上述事实，有"用于数字示波器的视频触发装置"实用新型专利证书、专利文件、北京市海淀区公证处出具的公证书、北京九洲世初知识产权司法鉴定中心出具的鉴定报告书、封存的被控侵权产品实物以及当事人陈述等证据在案佐证。

一审判决及理由

一审法院认为：原告普源精电公司作为"用于数字示波器的视频触发装置"专利的现专利权人，其依法享有的专利权合法有效，受专利法的保护。根据专利法的规定，实用新型专利权被授予后，任何单位或者个人未经专利权人许可，都不得实施其专利，即不得为生产经营目的制造、使用、许诺销售、销售、进口其专利产品。

在进行专利侵权判定时，应当以专利权利要求中记载的技术方案的全部必要技术特征与被控侵权物的全部技术特征逐一进行对应比较。当被控侵权物的技术特征与原告专利权利要求中对应必要技术特征相比，有一项或者一项以上的技术特征有本质区别时，不构成侵权。

在北京九洲世初知识产权司法鉴定中心出具的报告基础上，将涉案被控侵权物的 a、b、c、d、e、f 技术特征与涉案"用于数字示波器的视频触发装置"专利的 A、B、C、D 特征进行比较后，a 特征与 A 特征之间均为在数字示波器中使用的视频触发装置，二者是相同的。

被控侵权物的 b 特征与涉案专利的 B 特征相比较，涉案专利的 B 特征解释为首先对触发信号的正、负极性进行选择，正负极性选定后的触发信号经增益放大器放大后，同时输入到行场信号分离器和幅值控制的反馈通道。而被控侵权物的触发信号首先经增益放大器放大后，再通过视频极性选择器对放大后的信号进行正、负极性选择，正负极性选定且放大后的触发信号同时输入到行场信号分离器和幅值控制的反馈通道，它在视频极性选择器位置的不同并没有改变行场信号分离器输入信号的性质，也没有改变整个控制回路的控制效果，是以基本相同的手段，实现基本相同的功能，达到基本相同的效果，属于本领域的普通技术人员无须经过创造性劳动就能够联想到的，故被控侵权物的 b 特征与涉案专利的 B 特征等同。

被控侵权物的 c 特征与涉案专利的 C 特征相比较，涉案专利的 C 特征解释为峰值检波器用于检测从增益放大器输出的视频峰值信号，其输入端连接增益放大器的输出端，输出端连接电平比较器的第一输入端。被控侵权物的峰值检波器也是用于从增益放大器获取的视频信号中检测出视频峰值信号，其输入端连接缓冲驱动器 3 的输出端，输出端连接信号放大器的输入端。虽然峰值检波器输入输出端连接的模块不一样，但两峰值检波器均是以相同的方式实现对视频峰值信号检测，其功能相同。因此，二者属于相等同的技术特征。

被控侵权物的 d 特征与涉案专利的 D 特征相比较，涉案专利由电平比较器和基准电平发生器构成的整体模块接在峰值检波器的输出端，而被控侵权物由高通和缓冲驱动器 3 构成的整体模块接在峰值检波器的输入端。两模块一个位于峰值检波器前，一个位于峰值检波器后，两模块的外部区别只是电路中视频信号峰值检波是在模块前还是模块后的不同。涉案专利技术方案的工作方式为：从增益放大器输出的视频峰值信号经峰值检波器检测出视频峰值信号，视频峰值信号输出至电平比较器的第一输入端；基准电平发生器提供与峰值信号进行比较的标准电平信号，标准电平信号输入电平比较器的第二输入端；峰值信号与基准电平信号经电平比较器比较，得到的信号差值输出到误差信号放大器。它是作为一个整体模块实现的功能，即此模块的实质是由运算放大器构成的比较器电路，通过比较电路得到视频峰值信号与标准电平信号的差值信号，利用差值信号控制增益放大器的增益调整。在被控侵权物中，没有采用由基准电平发生器和电平比较器构成的整体模块，而是由高通和缓冲驱动器 3 构成的整体模块。其工作方式为：从增益放大器输出的视频信号经高通滤波器，隔离直流分量，去除增益放大器和缓冲驱动器 2 直流漏电流对峰值检波器输入信号的影响；从高通滤波器输出的信号经缓冲驱动器 3，缓冲驱动器 3 隔离前后级视频信号之间的影响，输出视频信号到峰值检波器，峰值检波器检测出视频峰值信号，视频峰值信号直接输出到信号放大器。在功能方面，被控侵权物的视频触发电路中的增益放大器采用的是三极管，三极管的直流漂移比涉案专利的视频触发电路中采用的运算放大器大很多，并采用了交流耦合放大器工作方式，通过多个电容器隔离各级电路产生的直流漂移，得到稳定的增益控制。它与涉案专利的 D 特征有本质区别，因此，二者既不相同亦不等同。

综上，虽然被控侵权物的 a、b、c 特征与涉案专利的 A、B、C 特征相同或等同，但是，被控侵权物的 d 特征与涉案专利的 D 特征不相同亦不等同，故不能认定涉案被

控侵权物落入涉案专利的保护范围。原告普源精电公司指控两被告制造、销售涉案
ADS7062SA、ADS7022S 两种型号数字示波器的行为侵犯了其涉案专利权，并请求判令
两被告停止侵权、赔礼道歉并赔偿损失，依据不足，一审法院不予支持。

一审法院依照《专利法》第十一条第一款、第五十六条第一款，《民事诉讼法》第
一百三十条之规定，判决如下：

驳回普源精电公司的诉讼请求。

鉴定费 4 万元，由普源精电公司负担（已交纳）。

案件受理费 10 878 元，由普源精电公司负担（已交纳）。

上诉理由

普源精电公司不服原审判决，向二审法院提出上诉，请求撤销原审判决，改判支持
其全部诉讼请求。理由是：鉴定结论对被控侵权物的技术特征 d 与涉案专利权利要求 1
的技术特征 D 既不相同也不等同的认定是错误的，一审法院采信鉴定结论不当。安泰
信公司制造并销售、力高新达公司销售的涉案产品侵犯了普源精电公司的专利权，应当
承担相应的民事责任。

安泰信公司、力高新达公司服从原审判决。

二审查明事实

二审查明事实与一审相同。

二审判决及理由

二审法院认为：本案至一审诉讼程序终结时，普源精电公司所享有的涉案专利仍全
部有效，其诉讼请求也是基于涉案专利权利要求 1 所保护的范围而提出。一审法院采信
的鉴定结论同样是针对涉案专利权利要求 1 的技术方案作出的。但是在一审法院判决
后，宣告涉案专利权部分无效的第 10517 号无效宣告请求审查决定发生了法律效力，因
此，涉案专利权的保护范围在本案二审诉讼期间发生了变化，属于二审期间发生的新的
重大事实。鉴于普源精电公司涉案专利权利要求 1、2 已被宣告无效，其基于已被宣告
无效的涉案专利权利要求 1 提出的诉讼请求，已无事实和法律依据，应予驳回。普源精
电公司如认为涉案产品侵犯其有效的专利权的，可以另行起诉。

由于在二审法院审理过程中，发生了重大事实变更，故二审法院依法对原审判决认
定的事实予以纠正，但原审判决驳回普源精电公司诉讼请求的处理结果并无不当，可予
维持。普源精电公司的上诉请求已无事实依据，应予驳回。依照《民事诉讼法》第一
百五十三条第一款第（一）项、《最高人民法院关于适用〈中华人民共和国民事诉讼
法〉若干问题的意见》第一百八十条之规定，判决如下：

驳回上诉，维持原判。

一审案件受理费 10 878 元，由普源精电公司负担（已交纳）。鉴定费 4 万元，由普源
精电公司负担（已交纳）。二审案件受理费 9 668.40 元，由普源精电公司负担（已交纳）。

后　记

　　《务实知识产权判例精选》系列丛书历经近两年的策划、收集、整理、修改，终于正式出版。务实中心（www. bipi. org）在本套丛书的收集、整理编辑、出版过程中，力求从便于读者使用的角度出发，为其分析、研究、利用浩如烟海的知识产权裁判文书提供全方位的立体化信息服务。在此谨对参与此丛书编写的刘晓军法官、岑宏宇法官、陈勇法官表示由衷的感谢。

　　同时，要特别感谢知识产权出版社的李琳编辑、卢海鹰编辑，没有她们对众多案例的辛勤编辑、审读工作，本丛书是难以面世的。另外，还要感谢曾经和正在北京务实知识产权发展中心工作的全体同仁，中心的每一步发展都承蒙他们付出的辛勤工作。

　　由于种种因素，书中一定有不少谬误与不妥之处，欢迎知识产权界同行及广大读者来信（infor@ bipi. org）雅正。

北京务实知识产权发展中心

2010 年 6 月